미국사
다이제스트100

10
미국사
다이제스트100

초판 1쇄 펴낸 날 | 2023년 1월 27일

지은이 | 유종선
펴낸이 | 홍정우
펴낸곳 | 도서출판 가람기획

책임편집 | 김다니엘
편집진행 | 차종문, 박혜림
디자인 | 이예슬
마케팅 | 방경희

주소 | (04035) 서울시 마포구 양화로7안길 31(서교동, 1층)
전화 | (02)3275-2915~7
팩스 | (02)3275-2918
이메일 | garam815@chol.com

등록 | 2007년 3월 17일(제17-241호)

이 도서의 국립중앙도서관 출판예정도서목록(CIP)은 서지정보유통지원시스템 홈페이지(http://seoji.
nl.go.kr)와 국가자료종합목록 구축시스템(http://kolis-net.nl.go.kr)에서 이용하실 수 있습니다.
(CIP제어번호 : CIP2020034444)

10
미국사
다이제스트100

United States
of America

유종선 지음

가람
기획

머리말

필자가 쓴 미국사 100장면이 가람기획을 통해 세상에 나온 지 벌써 25년이 되었다. 여러 부족한 점에도 불구하고 많은 독자들이 이 책을 읽고 격려의 말씀을 보내 주셔서 필자로서는 그저 감사할 뿐이다. 집필 당시 서두르다 보니 내용에 아쉬운 부분이 많아 빠른 시일 내에 다시 손을 볼 생각이었지만 차일피일 미루다 시간이 지나고 말았다.

지난 2012년에 내용을 전면적으로 손보고 제목도 달리 하여 출간을 다시했는데, 나름 최선을 다해 전편에 있었던 내용상 오류들을 바로잡고 내용을 보충하고 많은 항목들을 새로 집필했다. 그렇지만 전편의 형식과 내용에 근본적 수정을 가하지는 않았다. 그 이유는 이 책의 역사 기술이 다른 미국사 책들과 비교해 나름의 장점과 특색을 가지고 있다고 보았기 때문이다. 이번 개정판에서는 2012년 원고를 크게 손보지는 않고, 지난 10년간 벌어진 일들에 맞추어 몇 가지 기술을 바로잡고 마지막 장을 다시 쓰는 정도에 그쳤다.

본서는 미국사의 연대기적 기술이 아니다. 필자가 선정한 100개의 사건, 주제, 인물들로 각 시대의 역사가 모아지고 이 장면들이 파노라마처럼 이어져 하나의 일관된 이야기를 풀어나가는 그러한 형식으로 되어 있다. 그러다 보니 역사의 자세한 부분들이 누락되는 문제가 있기는 하지만 역사를 전체로 바라보고 의미를 생각해 보는 데에는 이런 역사기술 방법이 더 유용할 수도 있다. 어차피 미국사를 본격적으로 공부해 보려는 사람이 아니라면 본서만으로도 미국사에 대한 기본적 지식을 얻기에 충분할 것이다.

각 장면이나 주제를 기술하는데 있어서는 필요하다고 생각되는 경우 필자의 해석과 의견을 덧붙였다. 물론 최선을 다해 객관적 입장을 견지하고자 했지만 완벽하게 객관적인 역사기술이란 있을 수 없다. 필자 나름 미국을 경

험하고 공부하고 그래서 '맞다'고 생각되는 견해들은 숨기지 않고 드러내고
자 했다. 어차피 판단은 독자들의 몫이다. 무수히 많은 역사적 사실들을 그저
연대 순으로 늘어놓기보다는 지나치게 주관적이지만 않다면 나름의 체계적
인 줄거리와 해석을 보여주는 역사기술이 더 의미가 있을 것이다.

  이 책이 나오는데 교정, 편집, 디자인에 수고하신 가람기획 출판사 여러분
께 진심으로 감사를 드린다. 그분들의 노력이 아니었다면 본서가 이처럼 아
름다운 모습으로 다시 태어날 수가 없었을 것이다.

2023년 1월
유종선

차례

제1장
개척

United States
of America

미국이라는 나라:
영국의 식민지에서
세계적인 제국으로

미국은 영국의 식민지로 시작하여 1776년에 독립한 나라다. 식민지 역사를 포함해도 약 400년, 독립 기준으로는 250년도 안 된 나라이니 반만년 우리 역사와 비교하면 차라리 '신생국'이라고도 할 수 있겠다. 그렇지만 오늘날 미국은 3억의 인구, 한반도 40배의 영토, 세계 경제의 25% – 반세기 전에는 거의 50%였다 – 를 가진 세계 최강대국이다. 아니, 강대국이라기보다 제국이라는 표현이 더 맞을 듯하다. 미국이 오늘날 어떤 의미에서든 세계를 '지배'하고 있다는 사실에 이의를 제기할 사람은 그리 많지 않을 것이기 때문이다.

어떻게 해서 이런 짧은 시간에 미국이라는 거대한 제국이 역사에 등장했고 이의 운명이 어떻게 될 것인지가 이 책에서 앞으로 하게 될 이야기의 줄거리다. 그 이야기는 차차 하도록 하고 일단은 미국이라는 나라에 대한 간단한 소개부터 시작하자.

미국(United States of America)이라는 국명은 우리가 잘 아는 미국 독립선언문에 처음 등장한다. 말 그대로는 '아메리카 국가 연합'이라는 뜻인데, 이를 번역해서 한국과 중국에서는 미합중국(美合衆國), 줄여서 미국이라고 쓴다(이와 달리 일본에서는 쌀 미米 자를 써서 미국米國이라고 한다).

16세기의 제도가인 세바스찬 뮌스터가 1561년에 제작한 신대륙 지도. 쿠바, 자메이카, 도미니카 등의 섬들이 명확하게 제시되어 있고 마젤란 해협도 올바르게 표시되어 있다. 유카탄 반도는 섬으로 제시되어 있다. 왼쪽 위에는 중국과 일본이 마르코 폴로가 불렀던 이름인 캐세이와 지팡구로 표기되어 있으며, 인도와 중국은 위치가 바뀌긴 했지만 명백한 아시아 대륙으로 얼굴을 내밀고 있다.

　아무튼 미국의 국명에 나오는 '아메리카'는 유럽인들이 콜럼버스가 발견한 신대륙을 지칭할 때 쓴 지리적 명칭이고 '국가'(States)는 미국의 각 주를 말한다. 스테이트(State)라는 영어 단어가 본래 국가를 뜻하므로, 이름만을 놓고 보면 미국은 단일 국가가 아닌 여러 국가들의 연합체라고도 볼 수 있다. 실제로 독립 전쟁 때만 해도 북미의 영국 식민지들은 하나의 통일 국가를 염두에 두지 않고 그저 서로 뭉쳐 영국에 맞서서 함께 싸운다는 생각만을 하고 있었다. 이런 의미에서 국가 연합(United States)이라는 단어를 사용한 것이다.

　오늘날의 미국은 물론 단일 국가다. 그렇지만 미국의 각 주는 독립 전쟁 당시와 마찬가지로 국가에 준하는 독립성을 여전히 가지고 있으며, 적어도 헌법상으로는 중앙정부는 헌법에 명시된 제한된 권리만을 행사할 수 있을 뿐이다. 물론 중앙정부와 대통령의 권한이 과거에 비해 커진 것은 사실이지만 중앙정부로부터 독립을 지키려는 각 주의 노력도 만만치 않으며, 이것이 미국식 민주주의의 토대인 '견제와 균형'의 중요한 한 부분을 이루고 있는 것으로 보인다.

미국은 현재 50개의 주로 구성되어 있다. 48개 주는 본토에 있고, 알래스카와 하와이 등 두 개의 주만 본토 밖에 위치해 있다. 수도인 워싱턴 D. C.는 특별구로 관리되고 있다. 50개의 주들이 어떻게 미국에 편입되었는지에 대해서는 앞으로 좀 더 자세히 설명하겠지만 간단히 말하면 원래 영국 식민지였던 동부 13개 주가 모체이고 그밖에는 원주민, 영국, 프랑스, 스페인, 러시아 등으로부터 전쟁을 통해 빼앗거나 사들인 것이다. 지리적으로 볼 때 미국은 대략 북위 24도에서 49도 사이의 북미 대륙을 동서로 길게 관통하고 있다. 남북의 거리는 약 2천 마일, 동서로는 4천 마일 정도이고 전체 면적은 360만 평방마일이다. 동해안에는 애팔래치아산맥, 서해안에는 로키산맥이 남북으로 길게 누워 있고 그 사이에 광활한 평지와 사막이 펼쳐져 있다. 이를 따라 동부, 중부, 서부를 얼추 구별하고 여기에 남부를 따로 분류하는 것이 일반적이다. 그러나 명확하게 미국 본토를 지리적으로 구별하는 통일된 방식은 없으며 경계선도 분명하지 않다. 기후적으로는 5대호 연안은 한대성 기후, 남쪽은 아열대성 기후, 서부 해안은 지중해성 기후, 중서부 일부는 사막성 기후, 그밖에는 대개 사계절 구분이 뚜렷한 온대성 기후이다.

미국 국기는 '성조기'(the Star-Spangled Banner, '별이 점점이 박힌 깃발'이라는 뜻)인데, 이는 미국 국가(國歌) 제목이기도 하다. 성조기는 영국과의 독립 전쟁 때 제작되었고 국가는 1812년 영미전쟁 당시 프랜시스 스콧 키라는 사람이 가사를 썼다. 미국을 이해하는 데 중요한 의미가 있으므로 가사를 한번 살펴보자.

The Star-Spangled Banner

O! say can you see by the dawn's early light,

What so proudly we hailed at the twilight's last gleaming,

Whose broad stripes and bright stars through the perilous fight,

O'er the ramparts we watched, were so gallantly streaming?

And the rockets' red glare, the bombs bursting in air,

Gave proof through the night that our flag was still there;

O! say does that star-spangled banner yet wave,

O'er the land of the free and the home of the brave?

성조기여 영원하라

여명의 빛이여

황혼의 마지막 빛에

자랑스레 서 있던 우리 성조기

밤의 어두움을 뚫고

요새 위에 아직도 용감히 펄럭인다

대포의 섬광과 작열하는 포탄에도

성조기는 굳건히 서 있구나

펄럭이는 성조기여

자유의 땅과 용자의 고향에 영원하라

전쟁 와중에, 전쟁을 소재로 만들어진 미국 국가는 내용 또한 군가처럼 들린다. 마치 끝없는 전쟁으로 점철된 미국의 역사를 노래하는 듯하다. 미국은 전쟁을 통해 태어났고 전쟁을 통해 제국으로 성장했으며 전쟁을 통해 제국의 지위를 유지하고 있다. 미국처럼 전쟁을 '좋아하고' 자주 전쟁을 치른 나라는 세계 역사상 찾아보기 어렵다. 걸핏하면 민주주의, 자유, 세계 평화를 외치는 미국이 사실은 유례없는 호전국이라는 이 역설적 사실을 어떻게 이해해야 할까? 물론 '위선적'이라는 비난의 한 마디로 간단히 이 질문에 답할 수도 있다. 그렇지만 미국이라는 이 복잡하고 거대한 나라를 이처럼 간단히 규정하는 것이 타당한가? 상식적으로 생각해도 어떤 사회든 심각한 자기모순과 위선 속에서는 오래 존속할 수 없다. 모순을 안고도 미국이라는 나라가 여전히 강대국으로서의 지위와 자기 정체성을 유지할 수 있는 것은 모순을 모순으로 느끼지 않고 해소해 나가는 그들만의 독특한 삶의 방식이 있기 때문이다. 미국이 전쟁과 평화를 동시에 외칠 수 있는 이유는 그 전쟁이 바로 평화를 위한 것이라는 숭고한 명분이 있기 때문이다. 미국의 국가가 이를 말해 주고 있다.

위의 예에서 보듯 미국은 실로 다양한 얼굴을 가진 나라다. 종교와 도덕이 땅에 떨어진 것처럼 보이지만 대통령은 자신의 집무실에서 각료들과 함께 성경 공부를 한다. 전쟁으로 많은 미국인들이 희생되는 와중에 백악관 앞에서는 반전주의자들이 시위를 벌인다. 이기적인 개인주의가 판을 치지만 부자들은 자선사업에 아낌없이 돈을 내놓는다. 민주주의와 자유를 외치면서도 가장 폭압적인 해외의 독재 정권들을 지원해 온 나라가 미국이다. 이 중에는 물론 위선적이고 자기기만적인 요소들도 있다. 그렇지만 모두가 그런 것은 아니다. 우리 눈에는 우스꽝스러운 자기기만으로 보이지만 미국 스스로는 진심으로 전혀 그렇게 생각하지 않는 것들도 많다. 이런 미국적 사고방식과 삶의 모습을 역사를 통해 이해해 보고자 하는 것이 미국 역사를 공부하는 목적이다. 미국 역사에는 미국인들의 가치관과 삶을 크게 굴절시킨 중요한 사건과 장면들이 있다. 이런 장면들이 연속적으로 이어지면서 그들의 가치관과 삶의 방식은 점점 일관되고 분명한 모습을 지니게 되고 이는 다시 역사의 새로운 장면들을 통해 후대로 전승된다. 그 역사의 주요 장면들이 이 책을 통해 모습을 드러내게 될 것이다.

사람이 살고 있었네:
아메리카 원주민의 기원
(BC 3만년~2만년)

그때 세계는 −
BC 3만 년 전 신인新人의 후기 구석기 문화 시작
BC 4만~3만년 경 한반도, 충남 공주 석장리 유적 (후기 구석기 문화)

잘 알려져 있듯이 아메리카 신대륙을 '발견'한 사람은 크리스토퍼 콜럼버스다. 그런데 콜럼버스가 발견한 신대륙에는 이미 사람이 살고 있었다. 자기가 발견한 땅이 인도라고 믿었던 콜럼버스는 그들을 인도 사람들(인디오, Indios)이라 불렀다. 이 북미 원주민은 아메리카 대륙에서 기원한 또 하나의 호모 사피엔스가 아니고 아시아에서 건너온 종족이다. 이들이 건너오기 전 아메리카에는 인류의 흔적이 없다. 원주민은 말하자면 아메리카 최초의 인류이자 최초의 이민인 셈이다. 그들은 언제, 어떤 경로로 아메리카로 건너왔을까?

때는 지금으로부터 약 3만 년 전. 갈색 피부, 검은 머리카락과 검은 눈동자, 튀어나온 광대뼈로 한눈에 몽골족임을 알 수 있는 한 무리의 사람들이 시베리아 동쪽 끝 오늘날의 데주뇨프 곶(Cape Dezhnev)에 서 있다. 원래 그들의 고향은 몽골의 고비 사막 부근이다. 지금 서 있는 곳에서는 남서쪽으로 3천 마일이나 떨어진 곳이다. 추위와 굶주림, 그리고 원주민의 습격을 헤치고 이곳까지 오는 데 수십 년이 걸렸고 그 사이에 함께 길을 나섰던 동료 대부분이 목숨을 잃었다.

북미에 흩어져 살던 원주민 부족들. 머리 모양과 장신구가 다양하다. 작가, 연대 미상의 그림.

그들은 왜 고향을 떠나야만 했을까? 그들이 살던 고비 사막은 원래 넓은 초원과 비옥한 토지로 축복받은 땅이었다. 그런데 갑자기 기후가 변하여 땅이 말라가기 시작했다. 살아남기 위해 그들은 새로운 초원을 찾아나서지 않을 수 없었다. 운 나쁘게도 그들 앞에는 척박한 땅만이 펼쳐져 있었고, 급기야 살을 에는 추위가 몰아치는 이곳까지 내몰렸다. 게다가 이들을 쫓는 원주민 추격대가 언제 들이닥칠지 모른다. 어떻게 해야 할 것인가?

갑자기 눈앞의 구름이 걷히고 남서쪽 저편에 우뚝 솟은 땅(오늘날 베링해 가운데 있는 빅 다이오미드 섬)이 보였다. 당시 지구는 빙하기였고 알래스카 주변의 바다 수면이 지금보다 수백 미터나 낮았다. 지금은 해협이 아시아와 북미 끝 대륙을 가르고 있지만 당시에는 하나의 다리처럼 양 대륙이 좁은 육지로 연결되어 있었다. 빙하 사이의 협곡을 따라 그들은 해가 뜨는 쪽을 향해 무조건 나아가 보기로 했다. 추위와 사투를 벌이며 25마일을 걸어 당도한 그곳에는 그러나 먹을 것이 없었고 터를 잡고 살기에는 너무 춥고 황량했다. 동쪽으로 가까이에 또 다른 큰 산이 보였으므로 그들은 계속 걸어가 오늘날 알래스카 시워드 반도 서쪽 끝에 당도했다. 이리하여 최초의 '인디오'가 아메리카 대륙에 발을 내디뎠다.

위의 이야기는 물론 상상으로 지어낸 것이다. 하지만 전혀 근거 없는 이야기는 아니다. 아메리카 원주민의 기원에 대해서는 의견이 분분하지만 대부분의 학자들은 이들이 몽골족이며 시베리아로부터 위의 길을 따라 아메리카로 건너왔다고 말한다. 물론 한 무리만 건너온 것이 아니고 수천, 수만 년에 걸쳐 많은 사람들이 건너왔다. 당시 북미 대륙은 빙하로 뒤덮여 있을 때이므로 이들은 빙하 사이로 남진을 계속하여 남북미 전체에 퍼져 살게 되었다.

아메리카로 건너온 이들 몽골족은 유럽인들이 몰려오기까지 수천 년, 아마도 수만 년을 다른 문명들로부터 격리된 채 독자적인 삶을 살아왔다. 오늘날의 멕시코와 페루 지역에는 고도의 문명이 발달했는데, 이를 처음 목도한 스페인 사람들은 당시 그 지역의 도시들이 마드리드만큼이나 크고 베니스만큼이나 아름다웠다고 말했다. 마야 제국에서 사용된 달력은 유럽인들이 자랑하는 율리우스 달력보다 더 정확했다.

이에 비해 북미 원주민들은 문명적으로 훨씬 낙후된 상태에 있었다. 1500년대까지도 대부분의 북미 원주민 종족들은 문명사에서 말하는 초기 철기 시대쯤에 해당하는 반농경 반수렵 생활 단계에 머물러 있었다. 그중에서 문명적으로 좀 발달한 종족으로는 현재의 뉴멕시코주와 애리조나주 일대에 살던 푸에블로족(푸에블로란 원래 그들이 살던 집을 말한다)이 거의 유일했다. 그들은 외적의 침입을 막기 위해 절벽 위에 높이 견고한 집을 짓고 공동 생활을 했다.

푸에블로족이 정착 생활을 한데 비해 대평원에 살던 원주민들은 들소 떼를 따라 이동하면서 수렵 생활을 했다. 수렵이라고는 하지만 걸어 다니면서 활과 창으로 하는 아주 원시적인 형태였다. 서부 영화를 보면 원주민들이 날

존 화이트라는 초기 유럽 정착민이 그린, 16세기 버지니아주 팸리코강 유역에 살던 원주민 부족의 생활을 묘사한 그림. A는 죽은 왕들의 납골당, B는 제관들이 주문을 외고 기원하는 기도처, C는 그들의 축제, D는 축제 때 먹는 음식, 위쪽의 E는 담배밭, 그리고 위 오른쪽의 F는 날짐승이나 새들로부터 옥수수밭을 지키기 위해 망을 보는 곳이다. 원주민들의 평화스럽고 자연 동화적인 삶을 잘 보여준다.

렵한 말에 올라타고 초원을 질주하는 장면이 나오는데, 사실 이들이 탄 말은 나중에 식민지인들이 유럽에서 들여온 것이다.

미국 동북부 뉴잉글랜드 지역에 살던 원주민들은 주로 농경 생활을 했는데 콩, 호박, 담배 등을 길렀다. 때로는 카누를 타고 물고기도 잡고 사슴 같은 들짐승도 사냥했다. 비버를 잡아 껍질로 외투를 지어 입기도 했지만 대부분의 남자들은 한겨울에도 거의 벌거벗고 살았다. 이들은 유럽인들과의 접촉이 잦았던 탓에 그들의 종교와 문화에 비교적 많이 동화되어 갔다.

오늘날 버몬트주 챔플린 호수 부근에는 원주민 가운데 가장 호전적이라고 알려진 모호크족, 체로키족이 살았다. 이들의 생활은 뉴잉글랜드 지역 원주민들과 비슷했다. 유럽인들이 몰려오자 이들은 상호동맹(히아와타 동맹)을 맺고 침입자들에게 조직적으로 저항하기도 했다. 유럽인들이 가장 위대한 원주민 지도자 중 하나로 생각했던 세쿼야는 체로키족의 추장이었다. 그밖에 동남 지역에는 아팔라족, 치카소족, 크리크족이 살았는데, 이들은 엄격한 신분제도를 가지고 있었고 도자기와 직조 기술에서 다른 원주민들을 앞섰다.

원주민 사회는 대부분 매우 단순한 조직을 가지고 있었다. 공동체의 기본 단위는 추장이나 장로협의체가 이끄는 부족이었다. 추장이나 장로의 권위는 절대적이었고 같은 부족민들 사이의 분쟁은 이들의 중재에 의해 대부분 평화적으로 해결되었다. 넓은 땅에 흩어져 살았으므로 부족들 사이에는 거의 왕래가 없었고, 이웃하여 산다 해도 서로의 영역을 침범하지 않았다. 다른 인류의 조상들과 마찬가지로 그들도 영혼불멸을 믿었고 자연을 숭배했고 평화적이었다. 서부 영화에서는 원주민이 호전적이고 잔인하며 미개한 유목민족으로 묘사되지만 이는 유럽인들이 그들의 땅과 목숨을 빼앗은 것을 정당화하기 위해 지어낸 이야기일 뿐이다.

정확한 통계는 없지만 콜럼버스가 발견할 당시 아메리카에는 남북을 합쳐 수천만 명의 원주민들이 살고 있었던 것으로 추정된다. 그러나 북미에는 단지 약 5백만~1천만 명 정도만이 살았다. 이들은 왜 남쪽에 더 몰려서 살게 되었을까? 아마도 자연 환경 때문이었을 것이다. 북미 대륙에서 빙하가 녹기 시작한 것은 불과 7~8천 년 전의 일이고 그전까지는 따뜻한 남쪽이 훨씬 살기 좋았다. 현재 미국에 사는 원주민의 전체 숫자는 혼혈을 포함하여 약 300만 명 정도다. 유럽인들의 잔인한 정복과 그들이 가지고 온 문명의 선물, 곧 홍역과 감기와 성병 등으로 수백, 수천만의 원주민이 목숨을 잃었다. 살아남은 이들은 대부분 아직도 미국 사회의 밑바닥에서 낙후된 삶을 살고 있다.

우리는 앞으로 개척과 자유와 문명의 이름 아래 희생된 수많은 원주민을 만나게 될 것이다. 아메리카 원주민의 역사는 흑인 노예의 역사와 함께 미국 역사의 치부이고 미국의 양심을 할퀴는 지울 수 없는 상처로 남아 있다.

"지구는 둥글다, 서쪽으로 가자!":
크리스토퍼 콜럼버스
(1492년)

그때 세계는 –
1492년 스페인, 이베리아 반도의 그라나다 함락
1498년 포르투갈, 바스쿠 다 가마, 인도항로 발견

크리스토퍼 콜럼버스 일행이 아메리카 대륙, 정확히 말하면 오늘날 서인도 제도의 산살바도르 섬을 발견한 것은 1492년 10월 12일 새벽 2시 경이다. 산타마리아 등 세 척의 범선을 끌고 스페인의 팔로스 항을 떠난 지 33일만의 일이었다. 콜럼버스가 아메리카를 발견했다고 하지만 실제로는 그의 발에 '우연히 채였다'고 하는 것이 좀 더 맞는 표현이다. 왜냐하면 원래 그는 보석과 향신료를 찾아 동양의 어딘가로 가고자 했던 것이지, 미개인이 사는 신대륙을 찾아 나섰던 것은 아니기 때문이다. 콜럼버스는 죽을 때까지도 자신이 발견한 신대륙이 지구 어디쯤에 있는지, 그리고 자신의 발견이 세계사에서 얼마나 중요한 일이었는지 몰랐다.

엄밀히 말하면, 아메리카를 발견한 것은 콜럼버스가 아니다. 우선은 그보다 앞서 살았던 원주민들이 먼저 발견했고, 콜럼버스 이전에 일본이나 중국의 배들이 태평양을 표류하다 아메리카 서해안 어딘가에 닿았을 가능성도 있다. 1010년에는 한 무리의 노르만인들이 아이슬란드에서 오늘날의 뉴펀들랜드로 건너와 2, 3년을 머문 적도 있다. 조금만 남쪽으로 내려가면 따뜻하고 비옥한 땅이 한없이 펼쳐져 있음을 이들이 알았더라면 이후 역사는 어떻게 달라졌을까?

어찌 되었든 콜럼버스가 발견한 것은 임자 없는 빈 땅이 아니었다. 원주민들이 이미 터를 잡고 살고 있었기 때문이다. 이미 임자가 있는 물건을 두고 이를 내가 '발견'했다든지, 심지어 '내가 발견했으니까 내 것'이

두 얼굴의 콜럼버스. 자신을 환대한 원주민들에게 문명과 기독교의 이름으로 잔학 행위를 저질렀다.

라고 우긴다면 이는 전형적인 강자의 횡포나 다름 없다. 콜럼버스나 유럽인들이 아메리카를 발견했다는 것도 따지고 보면 같은 논리다. 이미 그곳에 터를 잡고 사는 원주인을 몰아내고 그 땅을 빼앗은 정복자의 자기 합리화에 불과한 것이다.

그럼에도 콜럼버스의 아메리카 발견은 분명 세계사의 가장 획기적인 사건 가운데 하나이다. 노르만인의 발견은 발견으로 끝났지만 콜럼버스가 아메리카를 다시 발견한 후에는 유럽인들이 대거 몰려와 식민지를 만들고 오늘날의 아메리카를 건설했다. 이것은 당시 유럽의 정치 경제적 상황이 콜럼버스의 아메리카 발견 시점과 절묘하게 맞아 떨어졌기 때문이다.

우선 중세 말기의 혼란을 틈타 지방의 강자로 떠오르기 시작한 여러 군주들이 넘치는 군사력을 해외로 돌릴 필요성이 생겼다. 해외 식민지는 야심만만하고 위험한 군인들에게 힘의 분출구를 제공함으로써 국내적 정치 안정을 기할 수 있었고, 식민지에서 흘러들어오는 보화는 왕에게 부를 가져다주었다. 더 결정적으로는 곧이어 닥친 종교개혁과 종교전쟁의 여파로 유럽에 수많은 종교난민이 발생한 사실을 지적할 수 있다. 신대륙은 이들에게 이상적인 피난처를 제공해 주었다. 유럽의 상황이 이렇지 않았다면 콜럼버스의 아메리카 발견도 일회적 사건으로 지나가버렸을지 모른다.

콜럼버스의 항해와 신대륙 발견은 흔히 모험과 용기와 개척 정신의 상징으로 사람들 입에 오르내린다. 확실히 그는 비범한 용기의 소유자였음이 틀림없다. 당시 지구가 둥글다는 사실을 믿었던 사람은 거의 없었고, 둥글기 때문에 어느 곳을 가기 위해서는 정반대의 길을 택해도 될 것이라는 기발한 착상에 도달한 사람은 더욱 없었다. 다만 콜럼버스가 몰랐던 것은 지구가 과연 얼마나 큰가 하는 것이었다. 잘 알려져 있다시피 그가 궁극적으로 가고자 한 곳은 인도였다. 그러나 서쪽으로 가는 길이 지금까지 사람들이 다니던 동쪽 길보다 열 배나 더 멀다는 것을 알았더라면 아무리 용감한 사람이라도 쉽게 길을 떠나지는 못했을 것이다.

아무튼 그가 모험길에 나서게 된 데에는 여러 가지 이유가 있었다. 그는 열렬한 가톨릭 신자였는데, 당시 이슬람의 위협이 심각했던 상황에서 중국과 인도의 왕들 가운데 기독교에 동조할 사람들이 있을지 찾아보고자 하는 것도 이유 중 하나였다고 한다. 그밖에도 유럽의 패자를 꿈꾸는 이사벨라 여왕의 야심, 군인으로서의 정복욕, 그리고 무엇보다 돈에 대한 욕심도 있었다.

당시 유럽에서 향신료는 음식과 약품으로 두루 쓰인 대단히 귀중한 물품이었는데, 주로 중동 지방을 통해 동양에서 유럽으로 흘러들어왔다. 문제는 그 무역 통로의 한가운데에 오스만튀르크가 버티고 앉아 있다는 것이었다. 그들을 피해 아프리카 대륙을 멀리 남쪽으로 돌아가는 길이 알려져 있었지만 너무 멀고 위험했다.

생각 끝에 콜럼버스는 지구가 둥글다는 것을 믿고 무조건 서쪽으로 가보기로 했다. 운 좋게 동양으로 가는 새로운 길을 찾아낸다면 동양 무역을 독점하여 일확천금을 할 수 있을 것이고, 혹시 중간에 임자없는 땅이라도 발견하면 거기에 나라를 세우고 왕이 될 수도 있을 것이었다. 그가 스페인을 떠날 때 소지했던 스페인 여왕 이사벨라의 특허장을 보면 목적을 달성했을 때 그가 받게 될 '영예와 은전'에 대하여 이렇게 말하고 있다.

…… 우리는 그대 콜럼버스가 대양에서 앞서 말한 도서와 대륙(일본과 중국을 말함.
콜럼버스는 인도의 동쪽에 이들 나라들이 있음을 알았고, 동쪽으로부터 가면 인도에 앞서 이들

나라에 먼저 도착할 것이라고 믿었다 - 지은이을 발견하고 정복한 후 이의 제독이 되기를
원하노라. …… 그리고 차후로 경은 자신을 돈(Don)크리스토퍼 콜럼버스라고
부르고 이의 칭호를 쓸 수 있으며, 경의 아들과 상속자가 위의 직책을 맡게 되면
그들에게도 돈(Don), 제독, 국왕 대리 및 총독의 칭호를 붙일 수 있노라. ……

돈(Don)은 스페인의 귀족 칭호다. 직조공의 아들로 태어난 콜럼버스에게
이것은 대단한 영예였으리라.

콜럼버스는 '서인도'를 발견함으로써 이런 자신의 꿈이 이루어질 것을 확
신했다. 첫 번째 항해를 성공적으로 마친 후에도 그는 두 번이나 더 자기가
발견한 땅으로 건너가 그의 나라를 건설하고자 했으나 불행히도 돈과 명예
그 어느 것도 얻지 못했다. 결국은 같이 목숨을 걸었던 동료들과 그를 재정
적으로 후원했던 이사벨라 여왕, 모두한테 버림받고 1506년에 가난 속에 쓸
쓸하게 사망했다.

스페인 여왕이 그를 배신한 이유는 아마도 신대륙에서 쏟아져 나오는 보
물들이 그에게만 맡겨두기에는 너무 양이 많고 아까웠기 때문이었을 것이
다. 콜럼버스가 닻을 내린 섬의 강가에는 사금이 지천으로 널려 있었고 원주
민들은 금으로 된 장식들을 온몸에 주렁주렁 매달고 있었다. 원주민들은 조
금도 아까워하지 않고 이를 유럽인들에게 선물로 주었고, 마음만 먹으면 그
냥 빼앗아올 수도 있었다. 콜럼버스처럼 야심만만한 인물에게 이 보고를 맡
겨두기보다는 직접 심복들을 보내 관리하는 것이 훨씬 안전하고 이득이 되
리라는 것은 당연한 이치였다.

오늘날 콜럼버스에 대한 평가는 엇갈린다. 절세의 영웅이자 모험가로 추
앙하는 사람들도 일부 있지만 추잡한 장사꾼, 잔인한 정복자로 비난하는 사
람들이 더 많다. 특히 콜럼버스와 그의 부하들이 원주민들에게 가한 잔학 행
위는 그의 명성에 결정적인 흠을 남겼다.

그는 특히 미국에서 제대로 인정받지 못하고 있다. 콜럼버스 기념일
(Columbus Day, 원래 콜럼버스가 신대륙에 닿은 10월 12일이었지만 지금은 10월 둘째 주
월요일로 바뀌었다)이 있기는 하지만 떠들썩한 기념행사는 열리지 않는다. 가

장 큰 이유는 원주민을 비롯한 소수민족들의 거센 반발 때문이다. 그가 신대륙으로 건너온 일은 유럽인들에게는 복음이었을지 몰라도 원주민들에게는 비극의 시작이었다. 동시에 그가 가톨릭 신자이자 이탈리아 사람이었고 스페인과 밀접했다는 사실도 주류 미국인들의 정서와는 맞지 않는 면이 있었을 것이다.

어찌 되었든 콜럼버스 이후 신대륙은 보화를 강탈하는 데 혈안이 된 유럽 침략자들의 무법천지로 변해 갔다. 스페인의 독주를 시기한 포르투갈이 항의하자 교황은 1494년에 이 거대한 땅을 그들에게 공평하게 나누어주었다. 머잖아 영국, 프랑스, 네덜란드가 신대륙 경영에 합류했고 이리하여 유럽인들에 의한 아메리카 정복의 역사가 시작되었다.

파괴하는 해방자:
잉카와 아즈텍 왕국의 멸망
(1519~1532년)

그때 세계는 −
1517년 독일, 루터, 면죄부 판매 공격과 95개조 항의문 발표
1519년 포르투갈, 마젤란 일행, 세계일주 시작

콜럼버스 이후 약 100년 동안 신대륙은 스페인의 독무대였다. 당시 스페인과 같이 바다를 주름잡던 포르투갈은 신대륙보다 아프리카에 더 관심이 많았고 영국과 프랑스는 종교개혁의 여파로 국내가 뒤숭숭하여 해외로 눈을 돌릴 여유가 없었다. 그런데 스페인은 훗날 영국의 경우와는 달리 사람을 이주시켜 식민지를 만드는 것보다 신대륙에 풍부한 금, 은의 약탈이나 원주민들을 이용한 농장 경영에 더 큰 관심이 있었다. 이를 위해 스페인은 군대를 보내 토착 원주민들을 무력으로 정복해 나갔는데, 그런 와중에 수많은 원주민이 희생되고 그들의 문화가 파괴되었다. 사실 기독교적 인종 우월주의에 젖어 있던 유럽인의 눈에 신대륙 원주민은 인간 이하의 미개한 동물로 비쳤고 (이들이 사람이냐 짐승이냐 하는 문제는 당시 유럽 기독교계의 가장 큰 논쟁거리 가운데 하나였다) 따라서 그들의 원주민 정복은 '사냥'이라는 말이 어울릴 만큼 잔인하고 비인간적이었다.

당시 신대륙에는 오늘날의 멕시코와 페루에 두 개의 거대한 왕국이 번성하고 있었다. 아즈텍 왕국과 잉카 왕국이 그것인데, 발달된 무기와 강인한 전투력, 그리고 일확천금의 욕심으로 무장한 소규모 스페인 원정대들에 의해

유럽인이 신대륙에서 저지른 가장 잔혹한 한 장면. 황금에 눈이 먼 피사로에 의해 자행된 잉카 왕 아타우알파의 처형 장면. 17세기 후반에 그려진 그림으로 페루 쿠스코 박물관이 소장하고 있다.

이 두 나라는 힘없이 무너지고 말았다. 아즈텍 왕국을 정복한 사람은 유명한 에르난도 코르테스다. 원정길에 나섰던 1519년 당시 코르테스의 나이는 불과 서른 둘이었다. 그가 이끄는 병력은 군인 500여 명, 말 10여 필, 대포 몇 문이 전부였다. 이런 적은 병력으로 강대한 군사 왕국인 아즈텍과 맞선다는 것은 자살에 가까운 무모한 행위처럼 보였다. 그러나 창과 칼 따위 원시적인 무기로는 이들을 당해낼 수 없었다. 그를 막아선 마야족들은 불과 몇 번의 전투 끝에 그에게 항복하고 말았다. 더구나 당시 아즈텍의 왕인 몬테주마는 악명높은 폭군으로 민심을 잃고 있었다. 원주민들은 생김새가 다르고 신기하게 차려입은 코르테스 일행을 신이 보낸 해방자라고 생각해 열렬히 환영했다. 코르테스는 이렇게 하여 끌어모은 반군을 이끌고 아즈텍 제국의 수도인 테오티우아칸을 향해 진격했다. 그가 온다는 소식에 아즈텍 귀족 수천 명이 화평을 청하기 위해 촐룰라 대광장에 모여 그를 맞이했으나 그는 아무런 무장도 하지 않은 이들을 잔인하게 모두 학살해 버리고 말았다. 겁에 질린 몬테주마는 목숨을 보존하는 대가로 자진해서 항복하고 엄청난 양의 금은보화를 선물로 바쳤다. 이리하여 그는 하루아침에 아즈텍의 주인이 되었다. 이후 아즈텍인들의 반란으로 잠시 어려움에 처하기도 했지만 결국 이 싸움도 코르테스의 승리로 돌아갔고, 반란을 주도한 아즈텍 최후의 틀라토아니(왕)쿠아우테목이 포로로 잡히면서 화려한 문명을 자랑하던 아즈텍 왕국도 지구상에서 사라지고 말았다.

잉카 왕국은 더 쉽게 멸망했다. 프란시스코 피사로라는 사람이 정복의 주인공이다. 코르테스의 무용담과 잉카의 보물 ─ 또는 그 소문 ─ 에 매료

된 피사로는 소규모 원정대를 이끌고 잉카 제국으로 쳐들어갔다. 1524년과 1526년의 두 차례 원정을 통해 자신감을 얻은 그는 마침내 1532년에 최후의 원정에 나섰다. 106명의 보병, 62명의 기병이 그가 가진 병력의 전부였으나 그의 군대는 거짓말처럼 8만 명의 잉카 군대를 격파하고 왕궁이 있는 카하마르카로 돌진했다. 아타우알파 왕은 포로로 잡혔고 목숨을 부지하는 대가로 하나의 방에 금, 두 개의 방에 은을 가득 채워 몸값을 지불하기로 약속했다. 그는 약속을 지켰지만 피사로는 그럴 생각이 전혀 없었다. 아타우알파는 재판을 받고 처형당했는데 죄목은 어이없게도 반역죄였다. 화형 대신 교수형을 받게 해 달라는 간청이 받아들여진 것이 그나마 그에게 위안이 되었을까? 1533년 원주민들이 최후의 항전을 벌이던 쿠스코가 피사로 원정대의 수중에 떨어지면서 잉카 제국 역시 종말을 고했다. 피사로는 새로운 수도 리마를 건설하고 총독이 되어 식민지 페루를 다스렸다.

많은 역사가들이 코르테스와 피사로를 위대한 정복자, 난세의 영웅으로 칭송한다. 그러나 이들이 저지른 살육과 잔혹 행위, 그리고 이들에 의해 정복된 원주민들이 겪은 고통을 이해한다면 이들에 대한 평가는 달라질 수밖에 없을 것이다.

아무튼 이런 식으로 16세기 중반쯤에는 아르헨티나 일부를 제외한 중남미 전역이 스페인 원정대들에 의해 정복되고 곳곳에 식민도시가 건설되었다. 어느 정도 정복이 완성되면서 스페인의 원주민 학살도 잦아들고 이들에 대한 정책도 완화되었던 듯하다. 그 결과 유럽인과 원주민 사이에 혈통 및 문화의 광범위한 교류가 이루어져 오늘날 보듯이 유럽풍도 아니고 토착풍도 아닌 독특한 남미

스페인의 침략으로 멸망한 잉카의 신성한 도시 마추픽추의 폐허. 여기 살던 원주민들이 언제, 어떻게 사라졌는지는 아무도 모른다.

문화가 형성되기 시작했다. 그러나 일부 원주민은 유럽인의 지배를 끝까지 거부한 채 오늘날까지도 오지에서 그들의 혈통과 문화를 간직하며 살아가고 있는데, 이들의 반체제적 성향이 오늘날 많은 중남미 국가들의 정치적 불안의 온상이 되고 있다. 1994년 초에 멕시코에서 발생한 유혈 농민폭동의 주도세력도 이들 토착 원주민들이다.

스페인의 신대륙 정복은 역사상 유례를 찾아볼 수 없을 만큼 눈부신 것이었다. 불과 100년 사이에 로마가 4세기에 걸쳐 정복한 것보다도 더 광대한 땅을 차지한 스페인은 신대륙으로부터 쏟아져 들어오는 막대한 재화로 엄청난 부를 축적할 수 있었다. 이때가 스페인 국력의 황금기였다. 당시 신대륙에서 보물을 싣고 스페인으로 가다가 카리브 연안에서 침몰한 배들이 요즘 들어 발견되곤 하는데, 배 하나에 실려 있는 보물들이 요즘 돈으로 수억 내지 수십억 달러에 달하는 것도 있어 사람들을 놀라게 한다.

스페인은 또한 북미에도 손을 뻗쳐 에르난도 데 소토가 이끄는 탐험대가 플로리다, 조지아, 캐롤라이나, 앨라배마 일대를 탐험했고, 후안 데 오나테가 푸에블로 원주민이 살던 뉴멕시코 지역을 정복하여 산타페라는 식민도시를 건설했다. 그러나 전반적으로 스페인의 식민활동은 북미보다는 중남미에 집중되었다. 스페인에 뒤이어 신대륙으로 진출한 프랑스, 영국, 네덜란드 등은 자연히 남미보다는 북미 경영에 주력하게 되었다.

최초의 식민도시 건설:
제임스타운
(1607년)

그때 세계는 –
1600년 영국, 동인도 회사 설립
1606년 네덜란드, 지브롤터에서 스페인 함대 격파. 오스트레일리아 발견

　스페인이 이처럼 신대륙 경영으로 황금기를 누리고 있을 때 유럽의 다른 나라들은 종교개혁의 소용돌이에 휘말려 있었다. 마르틴 루터가 1517년 로마 가톨릭교를 공개적으로 비난함으로써 시작된 종교개혁 운동은 곧 유럽 전역에 급속도로 파급되어 곳곳에서 프로테스탄트와 가톨릭의 분쟁을 야기했다. 영국에서는 1534년 헨리 8세가 스스로를 영국 교회의 수장으로 선포함으로써 종교분쟁의 막이 올랐다. 이로써 야기된 국내 정세의 불안은 1558년 엘리자베스 여왕이 집권하고 나서야 조금씩 해소되기 시작했는데, 이런 복잡한 국내 사정으로 인하여 영국은 16세기 말까지도 신대륙에 눈을 돌릴 여유가 없었다.

　엘리자베스 여왕과 셰익스피어로 대표되는 16세기 후반의 영국은 낭만적 열정과 모험심으로 가득한 시기였다. 금은보화로 가득 찬 신대륙 이야기는 일확천금을 노리는 상인들이나 정복욕에 불타는 군인들 모두에게 가슴 설레는 일이 아닐 수 없었다. 또한 정치적으로도 신대륙 진출은 국내의 정세 불안을 해소할 수 있는 좋은 방법으로 여겨졌다. 우선 종교분쟁의 여파로 많은 종교적 난민들이 발생했고, 전과자, 극빈자들의 수 또한 급증하여 새로운 정

치 불안의 요소로 등장하고 있었다. 이런 불만 계층은 신대륙으로 건너가 새로운 삶을 꾸려보려는 희망을 가졌고, 이것은 국내 위정자들도 은근히 바라는 바가 아닐 수 없었다.

다만 강력한 해군력으로 대서양을 제패하고 있는 스페인이 걸림돌이었다. 그렇지만 스페인은 이미 국력의 전성기를 지나 쇠퇴기에 접어들고 있었고 호시탐탐 영국이 그 자리를 노리고 있었다. 영국과 스페인의 일전은 불가피했다. 드디어 1588년, 스페인 무적함대와 영국 함대간에 양국의 운명을 건 대전투가 벌어져 영국이 대승을 거두었다. 이로써 영국은 스페인을 밀어내고 유럽의 패자로 등극했고, 스페인이 독점해 왔던 신대륙에도 손을 뻗칠 수 있게 되었다.

영국의 신대륙 경영은 스페인과는 매우 다른 방식으로 추진되었다. 스페인은 국왕이 식민지에 직접 군대와 사람을 보내 다스렸지만 영국은 개인이나 회사로부터 얼마간의 대가를 받고 식민지를 경영하는 특허장을 주는 방식을 취했다. 물론 특허장을 가졌다고 해서 마음대로 할 수 있는 것은 아니고 본국에 있는 해당 관청이나 국왕이 파견한 관리의 감독을 받았다. 훗날에는 영국 국왕이 직접 총독을 파견하여 관리하는 직할 식민지도 생겨났다.

영국 국왕으로부터 이런 특허장을 최초로 받아든 사람은 험프리 길버트라는 인물이다. 그는 엘리자베스 여왕으로부터 특허장을 받아들고 1583년 뉴펀들랜드로 건너가 사정을 알아보고 귀국하던 중 타고 있던 배가 침몰하는 바람에 목숨을 잃고 말았다.

험프리 길버트의 뒤를 이어 신대륙으로 건너간 사람이 그의 이복동생인 월터 롤리다. 그는 먼저 플로리다 이북의 해안 지역을 탐험하고, 엘리자베스 여왕을 기념하여 이 땅을 버지니아(Virginia, '처녀'라는 뜻. 엘리자베스 여왕은 영국과 결혼했다고 말하며 평생 독신으로 지냈다)라 불렀다. 롤리는 오늘날 노스캐롤라이나 연안의 로어노크 섬을 물색하여 이곳에 식민지를 건설하고자 했다. 그가 첫 번째로 파견한 사람들은 1년 만에 포기하고 되돌아왔다. 1587년, 여자와 아이들을 포함한 117명이 다시 이곳으로 건너갔다. 그러나 때마침 스페인과의 전쟁이 터져 이들에게 보급품을 공급해줄 배를 띄울 수가 없었고,

영국의 식민지 개척자 월터 롤리 경. 1580년대 북미 버지니아에 식민지 건설을 시도했으나 실패로 끝났다.

1590년 보급선이 도착해 보니 이들은 흔적도 없이 사라져 버리고 말았다. 이들이 어떻게 되었는지는 오늘날까지 아무도 모른다. 먹을 것을 찾아 육지로 건너갔다 원주민들에 의해 살해되었든지, 아니면 배를 타고 본국으로 되돌아오려다가 바다에서 실종되었을 것이다. 혹자는 이들이 육지로 건너가 원주민들과 어우러져 잘 살았다고도 하고, 오늘날에도 이들과 원주민 사이의 혼혈 후손임을 주장하는 사람도 있지만 모두 확인할 수 없는 이야기다.

로어노크 섬의 비극에도 불구하고 신대륙에 식민지를 건설하려는 노력은 멈추지 않았다. 월터 롤리의 뒤를 이어 신대륙 진출에 나선 것은 런던 주식회사(London Company)라는 한 투자가들의 모임이었다. 런던 주식회사가 제임스 국왕으로부터 남부 버지니아(당시 버지니아는 플로리다 이북의 해안 지역을 의미했고 따라서 오늘날의 뉴잉글랜드 역시 당시에는 버지니아로 불렸다)에 대한 특허권을 획득한 후 식민지 건설을 위하여 일단의 '개척자들'을 파견한 것은 1606년 크리스마스 무렵이었다. 원래는 120명의 성인 남자들이 세 척의 배에 나누어 타고 떠났으나 항해 도중 16명이 사망하고 104명만이 이듬해 오늘날 체사피크 만(灣)연안에 도착했다. 이들은 만을 따라 50킬로미터쯤 들어간 곳에 자리를 잡고 이곳을 제임스타운이라 불렀다.

원래 런던 주식회사는 스페인이 서인도에서 거둔 성공에 자극을 받아 이곳에서도 대단한 사업 계획을 가지고 있었던 듯하다. 그러나 도착한 개척자들이 발견한 것은 울창한 원시림과 사나운 원주민들뿐이었다. 게다가 제임스타운 부근은 늪지여서 모기가 많고 말라리아가 만연해 있었다. 결국 최초의 이민자들은 첫 겨울을 넘기면서 전체의 절반 가량이 목숨을 잃었다. 런던 주식회사는 낙담하지 않고 1608년과 1609년 2차에 걸쳐 더 많은 개척자들을 보냈으나 사정은 별로 좋아지지 않았다. 당시 개척자들의 삶이 얼마나 힘들고 비참했던지, 총독 데일이 감옥에 있는 사형수들을 감형하여 이곳으로 좀 보내달라고 본국에 간청을 할 정도였다. 목숨을 걸고 달려들 사람들이 아니면 살아남기 힘들었기 때문이었을 것이다.

그런데 전혀 뜻밖에도 이들을 구해준 것이 있었다. 담배였다. 원주민들이 피우던 담배는 스페인 사람들에 의해 유럽에 소개된 후 유럽 귀족들의 필수 기호품으로 자리 잡았으며, 스페인은 담배무역을 통해 큰돈을 벌어들이고 있었다. 그런데 제임스타운 근처에 살던 원주민들이 친절하게도 이들 개척자들에게 담배농사를 가르쳐 주었던 것이다. 당시 담배는 없어서 못 팔 만큼 유럽에서 귀한 물건이었으므로 개척자들은 다투어 담배를 재배하기 시작했다. 다만 이곳 원주민들이 재배하는 담배는 너무 독해서 유럽인의 기호에 맞지 않았으므로 서인도 제도에서 부드러운 담배 씨앗을 가져다 심었다. 개척자들은 고생 끝에 담배농사로 크게 성공했고 이 소식이 유럽에 알려지면서 꿈에 부푼 유럽인들이 제임스타운으로 대거 몰려오기 시작했다. 이렇게 해서 버지니아는 담배 식민지(Tabaco Colony)로 자리를 잡았다.

사실 제임스타운 사람들이 살아남을 수 있었던 데에는 원주민들의 도움이 컸는데, 여기에 대해서는 한 가지 재미있는 일화가 전해진다. 초대 총독 존스미스가 어느 날 인근 원주민 마을을 친선 방문했는데, 느닷없이 주민들이

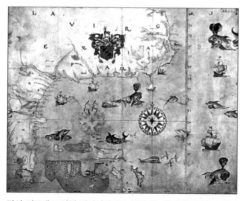

당시 지도에 그려진 버지니아라고 불린 땅. 월터 롤리 경의 인장이 뚜렷이 나타나 있고, 앞바다에는 신대륙의 바다동물들이 과장되게 그려져 있다.

그를 붙잡아 도끼로 내리치려 했다. 그런데 아리따운 원주민 처녀 하나가 뛰어들어 그를 껴안고 추장에게 눈물로 선처를 호소하는 바람에 겨우 목숨을 건졌다. 알고 보니 그 아가씨는 추장의 딸로 이름은 포카혼타스라고 했는데, 평소 스미스에게 연정을 느낀 나머지

목숨을 걸고 그를 살려냈다는 것이다. 이것은 스미스 자신이 했던 이야기이므로 얼마나 신빙성이 있는지는 의문이지만, 아무튼 이 원주민 아가씨는 훗날 제임스타운의 주민인 존 롤프와 결혼함으로써 더욱 유명해졌다. 이 세기의 결혼식에는 제임스타운 주민들과 원주민들이 모여 큰 잔치를 벌였고 이 덕분에 이들 사이에는 한동안 돈독한 우애관계가 지속되었다. 포카혼타스는 곧 기독교로 개종하고 레베카라는 세례명을 얻었다. 1616년에는 남편을 따라 영국으로 건너가 런던 귀족사회에서 선풍적인 인기를 끌기도 했는데, 불행히도 신대륙에서는 이름도 들어보지 못한 천연두라는 병에 걸려 이듬해에 죽고 말았다.

버지니아가 식민지로 성공을 거둘 수 있었던 또 다른 이유는 런던 주식회사가 이민들을 끌어모으기 위해 주민들에게 토지를 사유로 불하해 주었기 때문이다. 개인당 50에이커 정도의 땅을 임대해 주었는데 말만 임대였을 뿐, 실제로는 거의 완전한 사유를 인정했다. 이 때문에 본국에서 땅도 없고 희망도 없는 빈민들이 대거 몰려와 이곳에서 새로운 삶을 개척하려 했다.

물론 시련이 없지는 않았다. 특히 1622년에는 원주민들의 대대적인 공격으로 300명 이상의 개척민들이 목숨을 잃고 많은 농장들이 파괴되었다. 이 때문에 런던 주식회사가 큰 타격을 입고 특허장을 반납해 버렸기 때문에 그후로 버지니아는 영국 국왕의 직할 식민지가 되었다.

뿐만 아니라 담배농사는 땅을 급속하게 황폐화시켰으므로 개척민들은 울창한 숲을 뚫고 새로운 농토를 마련하느라 온갖 고생을 겪지 않으면 안 되었다. 여기에는 자연히 많은 인력이 필요했는데 생각처럼 많은 사람들이 건너오지는 않았으므로 대부분의 농장주들은 그야말로 쉴 틈 없는 육체노동에 시달릴 수밖에 없었다. 어찌 되었든 아름답고 귀족적인 오늘날의 버지니아주를 보고 당시 개척민들의 어려운 생활을 떠올리기는 쉽지 않다. 결국에는 많은 사람들이 땅을 이웃의 부유한 농장에 팔고 고용인으로 전락하거나 신천지를 찾아 서쪽으로 떠났고, 담배농사는 몇몇 돈 많은 농장주에게 집중되었다. 훗날 버지니아, 캐롤라이나, 조지아 등 남부 식민지에서 대규모 플랜테이션 농업이 성행하게 된 데에는 이런 역사적 배경이 있다.

메이플라워호의 사람들:
'순례의 조상들' 신대륙 도착
(1620년)

그때 세계는 –
1618년 영국, 30년 전쟁 시작
1640년 포르투갈 왕국, 스페인으로부터 독립하여 부활

버지니아에 건너온 최초의 이민자들이 이처럼 갖은 고생을 하며 신대륙 경영의 기초를 마련했음에도 불구하고 오늘날 미국인들은 이들을 자기네들의 진정한 선조로 생각하지 않는다. 우선 이들 대부분은 빈민, 부랑아, 전과자 등, 선조로 내세우기는 좀 부끄러운 비천한 계층 출신이었다. 더구나 이들이 신대륙으로 건너온 것은 목적은 오로지 돈벌이였을 뿐이며 개척, 자유, 모험 등 오늘날 미국인들이 자랑스럽게 생각하는 가치와는 거리가 멀었다. 뿐만 아니고 이들이 훗날 만들어낸 노예제도, 귀족제도, 장원제 등 남부의 생활상도 오늘날 미국인들이 생각하는 신대륙의 이상과는 전혀 맞지 않는 것이었다. 그러나 미국이 이렇게 비천하고 어떻게 보면 차라리 노예에 가까운 노동자들에 의해 시작된 것은 엄연한 역사적 사실이다. 미국이 개척정신에 불타고 자유와 평등의 숭고한 이념을 가진 이들에 의해 시작되었다는 것은 어느 나라에나 있을 법한 하나의 건국신화에 불과하다.

어찌 되었든 미국인들이 오늘날 그들의 선조로 자랑스럽게 내세우는 사람들은 이른바 '순례의 조상들'(Pilgrim Fathers)이라는, 1620년에 메이플라워호를 타고 뉴잉글랜드로 건너온 일단의 청교도들이다. 더 정확히 말하면 이

들은 '분리주의자들'(The Separatists)이라는 청교도의 한 급진적 분파이다.

여기서 17세기 영국의 종교적 상황을 잠시 살펴볼 필요가 있다. 영국의 프로테스탄트들을 청교도라고 불렀던 것은 우리가 잘 아는 사실이다. 대륙에서 종교개혁이 일어나자 영국의 헨리 8세는 1534년에 이른바 수장령(首長令)을 발표하여 로마 교황과

얼음이 덮인 플리머스 항에 도착한 메이플라워호. 후대에 그려진 그림이지만 '순례의 조상들'이 품었던 이상과 불안감을 잘 표현하고 있다. 필그림 박물관 소장.

의 관계를 일방적으로 끊어버리고 스스로 영국 교회의 수장이 되었다. 이것도 어떻게 보면 종교개혁이라고 할 수 있겠지만 헨리 8세가 만든 영국 교회는 교황이 임명한 사제들을 몰아내고 국왕이 새로 사제들을 임명한 것에 지나지 않았다. 교회의 조직이나 교리는 로마 교회의 것들을 거의 그대로 따랐다. 분파에 따라 정도의 차이는 있었지만 청교도들은 여기에 반대했고 이 때문에 영국에서는 16~17세기 내내 국왕과 청교도들 사이에 분쟁이 끊일 날이 없었다.

청교도 가운데도 여러 분파가 있었는데, '분리주의자들'은 가장 급진적인 부류에 속했고 따라서 일찍부터 박해의 대상이 되었다. 이들은 박해를 피해 네덜란드의 라이덴으로 피난을 갔다가 그곳마저도 안전하지 못하자 신대륙으로 넘어갈 결심을 하게 된 것이다. 이들은 버지니아 주식회사와 몇몇 상인들을 접촉하여 이들로부터 식민지 경영 허가장과 자금을 받아들었다. 마침내 1620년 9월 6일, 남녀노소 102명의 '순례자들'이 메이플라워호에 승선, 영국 플리머스 항을 출발해 역사적인 항해에 나섰다. 두 달간의 힘든 항해 끝에 이들은 원래 예정했던 지점보다 훨씬 북쪽인 오늘날 플리머스 연안 케이프 코드에 도착했다. 1620년 11월 11일의 일이었다.

그런데 이들이 도착한 곳은 너무 북쪽이어서 아직까지 사람들이 본격적으로 탐험하거나 특허장을 받아든 일이 없었고, 따라서 이들은 배에서 내리기 전에 시민적 정치공동체를 자체적으로 구성하기로 협약을 맺었다. 이것이 유명한 '메이플라워 서약'이다. 배에 탔던 성인 남자 41명이 서명한 협약의 내용은 다음과 같다.

> 신의 이름으로, 아멘. 아래 서명한 우리들은 경외하는 군주, 신의 은총으로 말미암은 영국, 프랑스, 아일랜드의 군주이자 신앙의 수호자인 제임스 국왕의 충직한 신하들로서, 신의 영광과 기독교 신앙의 증진, 그리고 우리 왕과 조국의 명예를 위해 항해하여 버지니아 북부에 최초의 식민지를 건설하고자 하노라. 이 문서를 통해 우리 자신들을 더 잘 조직하여 보전하고 위에 말한 목적들을 충분히 달성하기 위해 신과 각자의 면전에서 엄숙히 그리고 상호간에 정치적 시민공동체를 결성하기로 약속하노라. 또한 식민지의 공공선을 위해 가장 적절하다고 여겨지는 법, 명령, 규칙, 헌법, 직책들을 시의에 맞게 제정할 것과 우리 모두는 이 식민지 정부에 모든 합당한 복종을 바치기로 약속하노라. 이의 증인으로서 우리는 아래 이름을 쓰고 서명하노라. 11월 11일 케이프 코드. 제임스 국왕의 영국, 프랑스, 아일랜드 치세 18년, 스코틀랜드 치세 54년. 주후 1620년.
>
> [이하 41명의 서명]

이에 따라 이들은 동료 중 존 카버를 지도자로 선출하고, 정착지에 종교적 자유와 인민 평등을 근간으로 하는 공동체를 건설하기로 서로간에 약속했다. 이것은 아마 역사상 시민들이 모두 참여한 계약에 의해 국가가 만들어진 유일무이한 예가 될 것이다. 후일 매사추세츠에 합병될 때까지 이들이 세운 플리머스 식민지는 북미에서 완벽한 자치권을 갖고 있던 몇 안 되는 식민지였다.

희망을 안고 배에서 내리기는 했지만 그들이 이후에 겪어야 했던 어려움은 상상을 초월하는 것이었다. 때는 마침 겨울이어서 북쪽의 사나운 추위가 몰아닥쳤고 먹을 것도 태부족이었다. 결국 그해 겨울에 절반 이상이 목숨을 잃었다. 그러나 불굴의 신앙적 열정으로 뭉친 그들은 포기하지 않았고, 이듬해 메이플라워호가 본국으로 돌아갈 때 아무도 그 배를 다시 타지 않았다.

그들에게 주어진 행운이라면 주위에 버려진 농토가 많았고 무엇보다도 원주민들의 도움을 받을 수 있었다는 점이었다. 원주민들은 이들에게 옥수수 씨앗을 주고 농사짓는 법도 가르쳐주었다. 그해 추수가 끝나고 순례의 조상들은 자신들을 도와준 원주민들을 초대하여 옥수수와 야생 칠면조로 사흘동안 감사에 넘치는 잔치를 벌였다. 이것이 미국 추수감사절의 기원이라고 전해진다.

일단 이런 어려움을 극복하고 나자 궁핍하나마 그런대로 낯선 땅에 자리 잡고 살 수 있게 되었다. 이들의 종교적 열정과 개척정신을 동경하는 사람들이 더러 바다를 건너 찾아오기도 했다. 그렇지만 플리머스는 끝내 식민지로는 번성하지 못하고 1691년에 이웃 매사추세츠 식민지에 합병되고 말았다. 합병 당시 플리머스에는 겨우 7천 명의 주민이 남아 있었다. 그럼에도 불구하고 그들이 보여준 개척정신과 불굴의 의지는 훗날 미국인들에게 신화처럼 살아남았고 오늘날의 강대한 미국을 이룬 정신적 자산이 되었음은 누구도 부인할 수 없다.

DIGEST 7 U.S.A

어느 퀘이커교도의 '신성한 실험':
펜실베이니아 식민지 건설
(1681년)

그때 세계는 -
1649년 영국, 공화정 선언
1670년 러시아, 스텐카 라진의 대반란

펜실베이니아는 1681년 퀘이커교도인 윌리엄 펜에 의해 건설된 최초 식민지 가운데 하나다. 플리머스와 마찬가지로 열렬한 종교적 신념에 의해 건설된 식민지다. 그 경위를 간단히 살펴보자.

영국 청교도 분파 중에 '친구들의 모임'(the Society of Friends), 우리가 흔히 퀘이커교도라고 부르는 사람들이 있었다. 그들은 성경이나 교회의 권위를 부인하고 대신 모든 사람의 영혼에 예수 그리스도의 빛이 똑같이 비치고 있다고 믿었다. 이런 점에서 모든 사람은 서로 형제이고 동등한 존재이다. 그들은 서로를 '존경하는 당신'(thee, thou)이라 불렀고 '살인하지 말라'는 계명을 들어 전쟁에 나가는 것을 거부했다. 이런 과격한 이념 때문에 그들은 본국에서 가혹한 탄압을 받았지만 그럴수록 그들의 세력은 들불처럼 퍼져 나갔다. 이들은 1652년 최초의 선교사를 파견한 것을 시작으로 신대륙으로 진출하기 시작했다. 신대륙에서도 이들은 지나치게 위험한 집단으로 인식되어 많은 식민지 정부들이 법으로 이들의 종교를 금지했다. 그러나 이들은 여기에 소극적 저항으로 맞서면서 끈질기게 생명력을 키워나갔고 결국은 식민지 정부들도 마지못해 이들을 묵인할 수밖에 없었다.

그런데 윌리엄 펜이라는 한 부유한 퀘이커교도 덕분에 이들은 뜻하지 않게 꿈에 그리던 그들만의 이상향을 신대륙에 건설할 수 있게 되었다. 펜은 자메이카를 정복한 윌리엄 펜 경의 아들로서, 1667년 그의 나이 23살에 퀘이커교도가 되었다. 독실한 국교도였던 그의 아버지는 낙담한 나머지 두 번 다시 그를 보지 않겠다고 맹세했으나 임종에 이르러서는 결국 그를 용서하고 많은 재산을 물려주었다. 그중에는 당시 뉴저지에 식민지 경영권을 가지고 있던 요크 공작으로부터 받아야 할 1만 6천 파운드 상당의 채권이 포함되어 있었다. 요크 공작은 채무의 대가로 펜에게 신대륙에 있는 자기 땅의 일부를 떼어주고 국왕에게 청원하여 식민지 허가장도 받아주었다. 당시 퀘이커의 이상주의에 들떠 있던 펜은 곧 이 땅을 완전한 신교의 자유를 보장하는 지상 낙원으로 만들기로 결심했다. 국왕은 이 땅에 펜실베이니아(Pennsylvania, '펜의 숲'이라는 뜻)라는 이름을 하사했다.

1681년 〈펜실베이니아 지방에 관하여〉라는 소책자가 영어, 프랑스어, 독일어, 네덜란드어로 출판되었다. 펜은 이 책에서 펜실베이니아로 건너올 수 있는 길을 자세히 소개하고 주민들에게는 완전한 정치적 자유와 종교적 자유를 보장한다고 말했다. 일확천금의 허황된 꿈을 꾸는 사람들은 사양하고 대신 가난한 농민과 노동자 이주민들을 위해 가족을 거느린 성인 남자 1인당 50에이커의 토지를 무상분배하고 200에이커의 땅은 1에이커당 1페니에 임대한다는 파격적인 조건도 내걸었다. 순식간에 수천 명에 이르는 이주 희망자들이 몰려들었고 이듬해에는 펜이 직접 건너와 식민지 건설을 감독했다. 델라웨어와 스쿨킬강 사이의 아름다운 구릉지대에 바둑판 모양의 도시를 건설하고 이를 필라델피아(Philadelphia, '우애의 도시'라는 뜻)라고 불렀다.

펜은 곧 자기의 이상을 실천에 옮기기 시작했다. 1682년 '정부의 대강'(the Frame of Government)이라는 법령을 공포하여 스스로 총독이 된 후 각 동네의 덕망 있는 인사들로 구성된 단원제 의회를 조직했다. 이곳에서는 영국 의회식의 난상토론보다는 상호이해와 우애의 정신에 입각하여 모든 일이 만장일치로 처리되도록 했는데, 이것은 펜 자신의 이상주의와 인간성에 대한 신뢰에서 비롯된 것이다. 1699년에는 이를 더욱 발전시킨 권리장전(a Charter of

원주민과 교섭하는 윌리엄 펜(모자쓴 이). 펜실베이니아를 개척한 퀘이커교도의 지도자 펜은 '신성한 실험'을 통해 인류가 종교와 인종을 초월, 평등하게 공존할 수 있음을 증명해 보였다.

Privileges)을 발표했다. 사형은 오직 살인범에게만 국한하는 유례없이 관대한 형법도 제정 실시했다.

펜은 이상향 건설을 위한 자신의 이와 같은 노력을 '신성한 실험'이라고 불렀다. 이 실험은 큰 성공을 거두어 불과 3년 사이에 펜실베이니아 인구는 1만여 명을 헤아리게 되었다. 특히 독일계 퀘이커교도라고 할 수 있는 메노파 교도들(The Mennonites)이 대거 몰려와 곳곳에 독일풍 동네를 건설했다(이 때문에 오늘날도 펜실베이니아에는 독일의 유풍이 많이 남아 있다). 펜 자신도 이런 성공에 고무되어 "나는 아메리카에서 가장 위대한 식민지를 건설했다"고 자랑스럽게 말하곤 했다.

그러나 사람들의 심성은 펜의 생각만큼 착하지 않았다. 그가 신임하여 임명한 관리들은 그와 주민들을 속이고 돈을 횡령하기 일쑤였고 관리와 의회 간의 권력 다툼은 그를 넌덜머리나게 했다. 관대한 형법은 오히려 범죄를 조장하는 결과를 가져와 하는 수 없이 이를 엄격하게 개정하지 않으면 안 되었다. 여기에 이웃한 메릴랜드 식민지와 국경 분쟁이 예상 외로 심각했고(이 문제는 결국 1767년에 가서야 해결된다)상속인인 장남이 부랑아로 속을 썩이기도 했다.

그렇지만 펜은 끝까지 자신의 '신성한 실험'을 포기하지 않고 죽을 때까지 이의 완성을 위해 노력했다. 근세사에서 여러 종족과 종교적 교파들이 단일

정부 밑에서 평등의 이념을 기초로 공존 공영한 것은 펜실베이니아가 아마 최초의 예일 것이다. 그의 이상주의는 18세기 유럽의 계몽주의자들에게 막대한 영향을 주었다. 군주제, 봉건주의, 종교적·인종적 단일성 없이도 사람들은 행복하게 살아갈 수 있다고 한 볼테르의 주장은 펜실베이니아의 '신성한 실험'에서 많은 영향을 받은 것으로 알려져 있다.

13개의 식민지:
영국의 식민지 진출
(17~18세기)

그때 세계는 –
1688년 영국. 명예혁명
1689년 청. 네르친스크 조약을 맺어 러시아와 국경 정함

버지니아와 플리머스를 시작으로 북미 동해안에는 영국의 식민지가 속속 건설되기 시작했다. 17세기와 18세기 초에 이르기까지 모두 13개의 식민지가 건설되었는데, 앞에서 언급한 버지니아, 플리머스, 펜실베이니아 등 세 곳을 제외한 나머지 식민지들의 이름과 건설 경위는 다음과 같다.

매사추세츠

1630년 존 윈스롭이 국왕의 특허장을 받아들고 1천여 명의 청교도들과 함께 건너와 건설한 식민지다. 투자회사나 국왕의 관할 하에 있던 다른 식민지와 달리 완전한 자치권을 부여받았다. 존 윈스롭은 배에서 내리기 전에 동료들에게 '기독교적 사랑의 모범'이라는 제목의 설교를 했는데, 여기 나오는 '언덕 위의 도시'라는 구절이 후일 많은 사람들에 의해 인용되면서 이른바 미국 예외주의(American Exceptionalism, 미국은 신에 의해 특별히 선택받은 나라라는 생각)를 상징하는 표현이 되었다. 이후 영국 내전의 여파로 수만 명의 청교도가 이곳에 건너와서 크게 발전했다. 주요 도시는 보스턴. 주민 대부분이 청교도들이었던 이유로 엄격한 종교적 규율이 시행되었고 다른 어떤 식민지보다

영국이 17세기에서 18세기 초반에 걸쳐 북미 동해안에 건설한 식민지. 버지니아와 플리머스를 시작으로 매사추세츠, 뉴욕 등 모두 13개가 건설되었다.

반영국적인 분위기가 강했다.

메릴랜드

아일랜드 귀족이었던 조지 캘버트가 1629년 찰스 1세에게 특허장을 신청함으로써 건설한 식민지다. 그는 일을 시작하지도 못하고 1632년 사망했으나 아들 세실리우스 캘버트가 유업을 이어받아 1634년에 최초의 이민자들을 파견했고 이들은 체사피크 만 북단 일대에 자리를 잡았다. 가톨릭교도였던 캘버트는 원래 이곳을 가톨릭교도들에게만 개방할 생각이었으나 이민자를 끌어들이기 위해 종교 관용법(1634)을 발표하고 프로테스탄트도 받아들이기 시작했다. 그러나 나중에는 프로테스탄트의 세력이 오히려 강대해져 가톨릭교도가 공민권을 박탈당하는 일도 벌어졌다. 옥수수, 담배, 육류 등을 생산하는 농업 식민지로 발전했다.

로드 아일랜드

매사추세츠의 지나치게 경직된 종교적인 분위기에 반발하여 로저 윌리엄스가 자신의 추종자들을 이끌고 1636년 로드 아일랜드 프로비던스에 건설한 식민지이다. 완전한 종교의 자유를 보장하고 매사추세츠와는 달리 주민 모두에게 동등한 투표권을 부여함으로써 많은 이민자를 끌어모았다.

코네티컷

역시 매사추세츠 출신 토머스 후커 목사가 추종자들과 함께 1636년에 건설했다. 하트포드와 뉴헤이븐을 중심으로 발전했으며 1662년에 찰스 2세로부터 정식 특허장을 받았다.

메인과 뉴햄프셔

존 휠라이트가 매사추세츠에서 건너와서 건설했다. 처음에는 매사추세츠 식민지에 부속되어 있었다가 뉴햄프셔는 1680년에 독립했고 메인은 1820년에야 떨어져 나왔다.

뉴욕

원래 네덜란드인들이 식민지를 건설하여 정착하고 있었으나 1688년 영국이 이를 무력으로 빼앗고 뉴욕으로 이름을 바꾸었다. 주로 해상무역을 통해 번성했으며 영국령이 된 후로도 네덜란드는 물론 스칸디나비아, 독일, 영국 등에서 많은 이민자가 몰려와 일찍부터 국제적이고 다문화적인 독특한 전통을 가지게 되었다.

뉴저지

1664년에 뉴암스테르담(후일 뉴욕)으로부터 떨어져 나와 건설된 식민지다. 토지 무상 분배, 종교의 자유, 민주주의를 표방했기 때문에 많은 이민자가 몰려들었다. 1702년에 영국 국왕의 직할 식민지가 되었다.

캐롤라이나

1663년 찰스 2세가 8명의 궁정 대신에게 버지니아와 플로리다 사이의 지역에 대한 특허장을 교부함으로써 건설된 식민지이다. 성공회 이외의 종교를 금지했으며, 쌀과 담배를 주로 재배하는 농경 식민지로 번성했다. 1729년에 왕의 직할 식민지가 되면서 노스캐롤라이나와 사우스캐롤라이나로 나뉘었다.

조지아

1732년 제임스 오글소프가 조지 2세로부터 특허장을 받았다. 술과 노예를 금하는 엄격한 정책, 토지 소유의 제한, 그리고 이웃 플로리다와의 잦은 분쟁으로 이민자들의 인기를 끌지 못했다. 1751년에 영국 국왕의 직할 식민지가 되었다.

델라웨어

1638년 스웨덴인들이 건설한 식민지로 출발했다. 1655년 네덜란드가 이 땅을 빼앗아 이웃 뉴암스테르담 식민지에 편입했지만 뉴암스테르담 식민지가 영국으로 넘어가면서 다시 영국 소유가 되었다. 1681년 펜실베이니아 식민지가 건설될 당시 윌리엄 펜의 청원에 의해 펜실베이니아의 일부로 편입되었으나 주민들의 독립 열망이 강했다. 1776년 식민지의 독립 때 펜실베이니아 주로부터 독립을 선언하고 떨어져 나왔다. 오늘날에도 곳곳에 스웨덴의 유풍이 강하게 남아 있다.

쫓겨가는 원주민:
필립 왕의 전쟁
(1675~1676년)

그때 세계는 −
1673년 중국, 삼번의 난
1687년 영국, 뉴턴이 만유인력법칙 발견

신대륙의 역사는 흔히 개척, 용기, 모험의 역사로 불린다. 그러나 이처럼 고상한 덕목의 뒤에 과연 무엇이 숨어 있을까? 왜 식민지인들에게 용기와 모험정신이 필요했을까? 물론 고향을 떠나 새 땅에 정착하는 것은 누구에게도 쉬운 일은 아니다. 그러나 식민지인들에게는 더욱 어려운 문제가 하나 있었다. 바로 신대륙의 원주인, 원주민들과의 싸움이었다.

원주민들과 식민지인들간의 관계가 처음부터 적대적이었던 것만은 아닌 모양이다. 플리머스에 도착한 '순례의 조상들'이 원주민들의 도움으로 살아남은 것은 잘 알려진 이야기이지만, 개척 초기만 해도 원주민들은 고향을 떠나온 유럽 '난민'들이 자리를 잡고 살도록 여러모로 보살펴 주었다. 그러나 이주민들이 증가하고 이들이 서쪽으로 진출해오면서 이들과 원주민간에는 필연적으로 싸움이 잦아지게 되었다. 물론 이 싸움은 처음부터 원주민들에게 불리했다. 이들이 아무리 용감하다 해도 도끼나 창 같은 원시적 무기로 장총을 당해낼 수는 없었기 때문이다. 이 점을 충분히 간파한 유럽인들은 원주민과의 싸움이 본격화되면서 매우 잔인하고 조직적인 방법으로 이들에 대한 말살 정책을 추진해갔다.

당시 식민지인들이 원주민들을 얼마나 잔인하게 소탕했던지, 한밤중에 원주민 마을을 습격하여 불을 지르고 바깥에 지켜 서 있다가 도망나오는 주민 모두를 살해하는 그런 일들이 많았다. 1637년 매사추세츠에 거주하는 청교도들과 피쿼트족과의 싸움에서는 한 동네에 살던 원주민 600명이 이런 식으로 몰살당한 일도 있었다. 이에 맞서 일부 원주민들이 조직적인 저항을 시도하기도 했으나 백인들의 반격을 당해내지 못하고 점점 서쪽으로 밀려나게 되었다.

1675년, 쫓겨가던 뉴잉글랜드의 원주민들은 마지막 힘을 모아 백인들에게 최후의 저항을 시도하게 된다. 이른바 '필립 왕의 전쟁'(1675~1676)으로 불리는 이 전쟁은 식민지 시대 유럽인과 원주민 사이에 벌어진 가장 치열한 전쟁이었다. 이 전쟁으로 뉴잉글랜드에 거주하던 백인 16분의 1이 죽고 그들의 마을 절반이 불탔다. 원주민들 피해는 더욱 막심했다. 전쟁에 가담한 부족민들 거의 모두가 죽거나 잡혀서 노예로 팔려갔다.

필립 왕(King Phillip)은 이 전쟁을 이끈 원주민 추장 메타콤의 기독교 세례명이었다. 기독교로 개종했던 그의 아버지가 붙여준 이름인데, 그의 아버지는 플리머스에 내린 '순례의 조상들'을 도와주었던 왐파노아그족의 추장 마사소이트였다. 마사소이트는 오랫동안 유럽인과 사이좋게 지내다가 1661년에 죽고, 아들 메타콤이 뒤를 이어 추장이 되었다. 메타콤은 이전부터 백인들에게 나쁜 감정을 가지고 있었는데 추장이 되자 저항적인 동족들을 끌어모아 백인들과 전쟁을 벌일 준비를 했다.

1675년 6월, 왐파노아그 원주민 세 명이 무고하게 백인들에게 살해되는 사건이 일어나자 메타콤은 이를 구실로 전사들을 끌고 스완지와 인근 마을들을 습격, 주민 일부를 살해하고 마을에 불을 지른 후 달아났다. 식민지 토벌대가 뒤를 쫓았으나 그는 이미 산 속으로 피신한 후였다. 메타콤을 잡지 못한 토벌대는 인근의 원주민 마을들을 무차별로 소탕해나가기 시작했고 이에 원주민들은 모두 메타콤 편으로 돌아섰다. 이제 싸움은 서로의 사활을 건 전면전으로 확대되어 갔다.

싸움은 격렬했고 양측의 피해도 엄청났다. 매사추세츠, 메인, 뉴햄프셔의 변두리에 있던 백인 마을들은 원주민의 습격으로 거의 대부분이 불타 버렸다. 로드 아일랜드 사우스 킹스턴 부근에서 벌어진 그레이트 스웜프 전투(그레이트 스웜프 학살이라고도 함)에서는 원주민 나라간세트족의 전사 1천여 명이 전사했다. 1676년 봄에 메타콤은 코네티컷강을 따라 동쪽으로 진출해 프로비던스, 플리머스, 보스턴을 위협했다. 그러나 식민지 토벌대의 대규모 역공세가 잇달아, 메타콤과 함께 전쟁을 이끌던 나라간세트 추장 카논체트가 전사하고 원주민군은 매사추세츠 디어필드에서 결정적인 패배를 했다. 메타콤은 남은 전사들을 이끌고 도망치다가 브리지워터에서 백인과 내통한 심복에게 암살되고 말았다. 1676년 8월 12일의 일이었다.

메타콤의 저항이 실패로 돌아가면서 원주민과 백인의 대결은 사실상 끝이 났다. 이후로도 원주민들은 프렌치 · 인디언 전쟁(또는 불인전쟁, 1754~1763)때 프랑스에 가담하여 식민 지배에 저항했으나 프랑스의 패배로 뜻을 이루지 못했고, 그 후로도 메타콤의 뒤를 잇는 위대한 추장 폰티악이 최후의 저항을 시도했지만(폰티악의 반란, 1763~1766)이 또한 실패로 돌아갔다. 이런 식으로 원주민들은 백인들의 '용기'와 '개척정신'에 의해 자신들의 땅과 목숨을 빼앗기고 신대륙의 소수민족으로 전락해갔던 것이다.

제2장
신대륙의 생활

United States
of America

자유를 찾아서:
신대륙 이민
(17세기 후반)

그때 세계는 –
17세기 후반 영국에서 휘그 · 토리 양당 성립
1701~1714년 유럽, 스페인 계승전쟁

신대륙에 속속 식민지들이 세워지기 시작했지만 최초의 이민자들이 겪어야 했던 어려움을 생각하면 신대륙은 사실 꿈의 낙원은 아니었다. 위험한 뱃길, 척박한 땅과 기후, 굶주림과 외로움, 사나운 원주민 등. 그러나 이런 여러 악조건에도 불구하고 사람들은 끊임없이 바다를 건너 미지의 땅으로 몰려들었다. 1690년 25만에 불과했던 식민지 인구는 이후 25년마다 두 배씩 늘어 1775년에는 250만을 헤아렸다.

이들은 무엇을 바라며 신대륙으로 건너왔을까? 그것은 한 마디로 '자유'였다. 지긋지긋한 전쟁과 압제와 가난으로부터의 자유. 막연하게나마 사람들이 가슴에 품었던 것은 이런 자유의 이상이었다. 신대륙에 건너온 사람들은 구대륙에서 자유와 행복을 박탈당한 평민과 하층 계급 출신이 대부분이었다. 잘 사는 귀족들이 올 리는 없었다.

과연 신대륙은 이들의 꿈을 이루어줄 수 있을 것인가? 엄격히 말해 신대륙은 영국의 식민지였고 영국 국왕과 영국법의 지배를 받아야 했다. 그러나 영국은 지리적으로 너무 멀리 떨어져 있어 식민지에 대해 어떤 효과적인 지배력을 행사한다는 것이 사실상 불가능했다. 여기에 각 식민지들은 이민을 끌

어모으기 위해서라도 신앙의 자유, 주민자치, 토지사유 등의 특혜를 내걸지 않을 수가 없었다. 이런 것도 없다면 누가 목숨을 내걸고 여기까지 오겠는가?

버지니아 식민지는 이미 1619년에 투표를 통한 주민의 참정권, 의회제도, 토지사유를 규정한 신대륙 최초의 민주주의 헌법을 제정했다. 나아가 '메이플라워 서약'은 아주 급진적이고 이상적인 직접 민주주의의 이념을 담고 있다. 불행하게도 플리머스 자치령이 그리 오래가지 못했으므로 이런 이상이 광범위하게 실현되지는 못했다. 그러나 정도의 차이는 있을지라도 많은

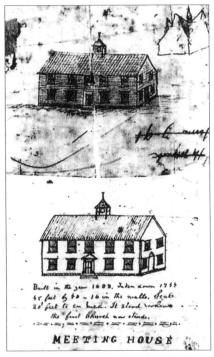

초기의 이주민들은 추위와 굶주림 그리고 생명의 위협을 무릅쓰면서도 신앙의 자유를 지키기 위해 개척을 계속했다. 그림은 1683년 플리머스에 세워진 예배당.

사람들은 이런 종류의 정치적 이상을 마음에 품고 있었고, 이런 경향은 특히 북부에서 강했다.

예를 들어 매사추세츠 식민지를 세운 매사추세츠 만 식민회사가 영국 정부로부터 받아든 특허장은 사실상 식민지의 거의 완전한 자치를 허용하고 있었다. 이에 따라 매사추세츠 식민지는 매년 정한 날짜에 주민 모두가 참여하는 투표를 통해 관리들을 선출하고 주민들의 의사를 정치에 반영하기 위한 양원제 의회 제도를 발전시켰다. 또한 주민들은 이른바 부락자치회(Town Meeting)라는 자치기구를 만들어 치안, 농사, 교육 등 주민의 생활에 관계되는 모든 문제들을 자체적으로 해결했다. 뉴잉글랜드의 여러 주에는 아직도 이런 주민 자치의 전통이 강하게 남아 있어 여기에서 주민들의 의견이 집약되고 여론이 형성된다.

다른 식민지들의 경우도 마찬가지였다. 식민회사와 특권을 가진 사람들은 물론 자신들의 권리를 포기하고 싶지 않았겠지만 유럽식의 왕정이나 귀족정치를 해서는 되는 일이 아무 것도 없었다. 사람들이 이를 무시해 버리면 그만이었고, 그들을 제재할 만한 뾰족한 수도 없었다. 결국 식민지 당국은 울며 겨자 먹기로 주민들의 참정권을 확대하지 않을 수 없었다. 주민 직선의 의회가 점차 식민 총독과 관리들을 제치고 식민지의 실질적인 최고 의사결정기구로 자리 잡게 되었다. 그러나 사실은 이마저도 그 권한이 대단히 제한적일 수밖에 없었다. 사람들은 필요한 최소한의 것 외에는 의회나 정부에 자신들의 권리를 넘겨주려 하지 않았고, 대부분의 일을 개인 또는 작은 공동체 차원에서 스스로 처리했다. 이처럼 신대륙에는 독립 이전에 이미 프랑스 사상가인 토크빌(Alexis de Tocqueville)이 말한 '미국식 민주주의'가 자리를 잡아가고 있었다.

물론 신대륙에서 사람들이 누렸던 자유와 민주주의를 필요 이상으로 과장할 필요는 없다. 우선 신앙의 자유가 종교적 관용을 뜻하는 것은 아니었다. 국교도들에게 박해받았던 청교도들은 이제 그들만의 세상이 되자 그들 종파 이외에는 누구도 같이 사는 것을 허락하지 않았다. 가톨릭은 말할 것도 없고 퀘이커나 위그노같은 프로테스탄트들조차 매사추세츠가 아닌 다른 식민지들로 발길을 돌려야만 했다. 거기에 칼뱅식의 신정정치를 동경하던 청교도 성직자들은 민주주의를 천하고 사악한 정치제도로 몰아붙였다.

신분제의 구습도 없어지지 않았다. 처음에는 모두 똑같이 가난했고 똑같이 고생을 했다. 그러나 시간이 가다보니 그들 사이에도 빈부차가 생겨났고 부자들은 자연스럽게 유럽의 귀족들을 닮아가기 시작했다. 본국과의 유대가 강했던 남부에서 특히 그런 경향이 짙었다. 농장 경영으로 돈을 번 '졸부'들은 유럽풍 저택을 짓고 밤마다 호화로운 연회를 열었다. 그들은 어떤 면에서는 영국의 귀족들보다 훨씬 거들먹거리고 영국식 전통에 충실하려 들었다. 18세기 초 남부를 방문한 영국의 어느 귀족은 "영국은 변했는데 버지니아는 변하지 않았다. 버지니아인들은 본국 사람들보다 한층 더 영국적이다"라고 말했다.

그럼에도 불구하고 신대륙은 여전히 자유의 무한한 가능성의 땅이었다. 아직 얼마 되지 않는 사람들이 해안선을 따라 점점이 몰려 살고 있을 뿐, 서쪽으로 하루만 가면 임자 없는 땅이 그들을 기다리고 있었다. 고생할 각오만 되어 있다면 이곳은 관리도 목사도 간섭할 수 없는 무한한 자유의 땅이었다. 자유라는 말을 이해하는 데에는 복잡한 이론이 필요하지 않았다. 이곳에서 자유는 이론이 아닌 생활과 생존의 원리였다. 말 그대로 그것은 양심에 따라 무엇이든지 할 수 있음을 뜻하는 것이었다.

물론 자유에는 대가가 따른다. 자유는 구호만으로 얻어지는 것이 아니다. 자유가 실질적인 의미를 갖기 위해서는 자립적 경제기반, 곧 '내 땅'이 있어야만 했다. 물론 땅은 서쪽에 널려 있었다. 그러나 아무리 힘들여 내 땅을 일궈 놓았다 하더라도 그것만으로는 안심할 수 없었다. 우선은 자기네 땅을 빼앗겼다고 생각하는 원주민들의 사나운 도전이 있었고, 식민지가 확대되면서 정부도 이들이 애써 일궈놓은 땅에 '부당한' 소유권을 주장하는 일들이 늘어났다. 이런 위협들로부터 내 땅을 지키기 위해서는 효과적 자위 수단, 곧 무기를 소지하는 것이 필수적이었다. 자유란 곧 내 땅을 갖는 것이고 이를 지키기 위해서는 무기를 가져야 한다는 생각은 후일 미국헌법에 자유권과 함께 재산권, 무기 소지의 권리가 불가침의 기본권으로 명문화되는 바탕이 된다. 어떤 학자들은 이를 두고 미국 민주주의의 공화적 전통이라고도 말하지만, 엄밀히 말해 미국인들은 헌법 이전에 이미 그들의 삶을 통해 이런 원칙들을 몸으로 익혀가고 있었던 것이다.

'검둥이' 노예를 들여오다:

흑인 노예선 등장
(17세기 말)

그때 세계는 –
1699년 네덜란드, 인도에서 커피 재배 성공
1700년 동북 유럽, 북방전쟁 시작

자유의 땅 신대륙에서 근세사의 가장 악명 높은 노예제도가, 그것도 200년 이상이나 계속되었다는 것은 분명 역사의 아이러니가 아닐 수 없다. 비록 이제 공식적으로 노예제도가 철폐되기는 했지만 여기서 비롯된 인종간의 갈등은 여전히 남아 있으며, 언제 터질지 모르는 시한폭탄처럼 미국의 앞날에 어두운 그림자를 드리우고 있다.

미국에서 흑인 노예는 언제 어떻게 시작되었을까? 식민지인들이 새 땅에 이주하여 가장 먼저 부딪힌 문제 중의 하나는 일손이 턱없이 부족하다는 것이었다. 도구도 변변치 않았던 시절에 거친 땅을 일구는 데 많은 노동력이 필요했을 것은 두말할 나위가 없다. 남부에서는 이 문제가 더욱 심각했는데 그곳의 주요 산물인 담배가 특히 많은 일손을 필요로 했기 때문이다. 그러므로 남부의 농장주들은 아주 일찍부터 노동력을 안정적으로 공급받아야 할 필요성을 절감하고 있었다.

처음에는 흑인이 아닌 백인 노예들이 이 문제를 어느 정도 해결해 줄 수 있었다. 노예하면 보통 흑인 노예를 생각하지만 개척 초기에는 백인 노예들이 흑인 못지않게 많았다. 대서양을 건너오는데 뱃삯을 지불하지 못한 가난

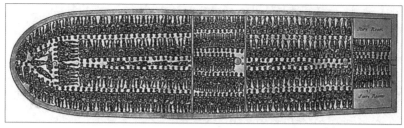

18세기 영국의 흑인 노예선 설계도. 당시 최고의 상품인 인간을 최소공간에 최대로 넣는 방법을 보여주는 유명한 설계도다. 배 안에 시체를 넣는 곳도 보인다. 많은 흑인이 운송 도중에 죽었음을 알려준다.

뱅이들, 본국에서 추방된 범법자나 채무자들, 유럽에서 마구잡이로 납치되어 온 어린이와 집시들이 농장에서 노예로 일하는 경우가 많았다.

이런 백인 노동력이 비교적 값싸고 풍부하게 공급되고 있었으므로, 그리고 아직은 식민지 경제 규모가 그렇게 크지 않았으므로 식민지에서 노동력 부족은 처음에는 별로 심각한 문제가 아니었다. 그러나 1680년을 즈음하여 백인 노동자들의 공급이 갑자기 끊기게 되었고 이를 계기로 이전부터 조금씩 있어 왔던 흑인 노예 수입이 본격화되었다.

아프리카 흑인들이 최초로 신대륙에 건너온 것은 1619년이라고 한다. 네덜란드 선적의 범선 한 척이 그해에 스무 명의 '검둥이들'을 싣고 제임스타운에 들어왔던 것이다. 이후로도 가끔 노예선들이 들어왔지만, 당시만 해도 백인 노동자가 흔했으므로 흑인 노예는 상당 기간 동안 극소수에 불과했다. 그런데 17세기 말부터 흑인 노예들이 물밀듯 쏟아져 들어와 불과 수십 년 만에 캐롤라이나 등 남부 몇 주에서는 흑인의 수가 백인의 수에 맞먹기 이르렀다.

흑인들이 처음부터 노예였는지 아니면 계약 노동자였는지는 확실치 않다. 다만 노예제도가 법률로 공식적으로 인정된 것은 1662년 버지니아법이 처음이며, 그 이전에는 하나의 사회적 관습으로 시행되고 있었다. 버지니아법은 새로 태어난 아이의 노예 여부를 어머니의 신분에 따라 정하고, 노예가 기독교인으로 세례를 받더라도 노예 신분에서 해방되지 않는다고 규정하고 있었다. 이후 대부분의 식민지는 버지니아처럼 법으로 노예제도를 승인하거나 적어도 묵인하는 입장을 취했는데, 이런 법령과 사회적 관습이 얽혀 가면서 노예제도는 식민지에서 아주 당연한 사회적 제도로 자리 잡아갔다.

또 하나 주목할 점은 초기에는 남부 못지않게 북부에도 많은 노예가 있었다는 사실이다. 다만 북부에서는 남부와 달리 노예들이 주로 집안의 허드렛일을 맡아 했고 그들에 대한 대우도 비교적 덜 가혹한 편이었다. 그러나 이것은 어떤 도덕적 이유에서라기보다는 북부와 남부의 경제 구조가 현저히 달랐기 때문이다. 다시 말해 북부에는 많은 노동력을 필요로 하는 대규모 농장들이 없었다는 것이다. 처음에는 북부나 남부를 막론하고 노예제도가 그렇게 비도덕적인 것으로 여겨지지 않았다. 심지어 평등과 박애를 내세웠던 퀘이커교도들조차도 집안에 몇 명의 흑인 노예를 가지고 있는 것을 부의 상징으로 자랑스러워 할 정도였다.

기독교와 노예제도가 어떻게 조화될 수 있겠느냐고, 양심적인 청교도들이 어떻게 노예를 가질 수 있었겠느냐고 반문하는 사람도 있을 것이다. 그러나 일반적으로 서구 기독교 역사만을 놓고 보자면 이 둘은 전혀 모순되지 않는다고 말할 수 있다. 적어도 프랑스혁명 이전까지 서구에서 기독교의 원리를 근거로 불평등한 사회적 신분제도가 국가적으로 부정된 예는 찾아볼 수 없기 때문이다. 신대륙에서도 이 점은 마찬가지였다. 사람들은 유럽에서 전통적으로 내려오던 노예제도를 아주 당연하게 받아들였고, 때로는 성직자들이 앞장서서 노예제도를 옹호하는 일도 많았다. 성서 어디를 뒤져보아도 노예를 없애라는 말은 없다는 것이 이들의 주장이었다. 경제적 이유를 들어 노예제도를 옹호하기도 했다. 노예가 없으면 식민지 경제는 곧 파탄이 날 것이고 그렇게 되면 신대륙의 꿈과 희망도 사라질 것이라고 했다. 노예는 주인이 돈을 주고 산 '재산'이기 때문에 어떻게 다루고 처분하든 주인의 자유라고 말하는 사람도 있었고, 나아가 흑인들은 인종적으로 미개한 종족이므로 개화된 백인의 지배를 받는 것이 당연하다는 논리를 펴는 사람도 있었다.

평등과 노예라는 전혀 모순되는 두 가지가 당연하다는 듯이 공존하는 이중성. 그러나 따지고 보면 미국 역사의 이런 이중성은 비단 노예제도에서만 발견되는 것은 아니다. 여기에는 문명의 이름으로 희생된 원주민, 청교도적 근검정신이 일구어낸 황금만능주의, 반공을 위한 국제적 독재와 제국주의 등이 포함된다. 그러나 정도의 차이만 있을 뿐 이런 이중성은 모든 나라의 역사에서 공통적으로 발견된다는 사실도 잊어서는 안 된다.

식민지 교육열, 대학을 낳다:
하버드 대학 창립
(1636년)

그때 세계는 −
1634년 네덜란드, 튤립 투기 열풍
1636년 조선, 병자호란 발발

매사추세츠주 케임브리지에 있는 하버드 대학교는 오늘날 명실상부한 세계 최고의 대학이다. 세계 각국에서 몰려온 약 7천 명의 학부생과 1만 4천 명의 대학원생들이 학업에 열중하고 있고, 이들을 가르치는 교수만도 2천 명이 넘는다. 지금까지 8명의 미국 대통령, 75명의 노벨상 수상자를 배출했고 생존해 있는 졸업생 가운데 재산 1조 원이 넘는 거부가 62명이나 된다. 대한민국 1년 예산의 10분의 1이 넘는 약 35조 원의 기금을 운영하고 있고 약 1천 6백만 권의 장서를 소장한 세계 최대 대학도서관도 보유하고 있다. 지금은 세계 최고 대학 자리를 놓고 예일, 스탠포드 등이 하버드와 경합하고 있지만 역사와 전통, 그리고 상징성을 생각한다면 미국 최고이자 세계 최고의 대학은 여전히 하버드다.

하버드 대학은 1636년에 설립되었다. 원래 이름은 뉴 칼리지(New College). 최초의 설립 목적은 '글을 읽을 줄 아는 목사들'을 양성하는 것이었다(이는 바꿔 말하면 당시 글을 읽을 줄 모르는 목사들이 많았다는 뜻도 된다). 말이 대학이지 설립 당시에는 전임 교수도 없었고 학생 몇 명이 조그만 방에 둘러앉아 라틴어책을 읽고 한담을 나누는 일종의 독서클럽 정도였다. 이를 딱하게 여긴

한 독지가가 당시로서는 거금인 800파운드의 기금과 수백 권의 개인장서를 기부함으로써 비로소 대학다운 모습을 갖출 수 있었다. 기부자의 이름은 존 하버드인데, 목사이면서 큰 재산가였다. 그를 기념하여 1639년 하버드 칼리지로 이름을 바꾸었고 그 이름이 지금까지 이어져오고 있다.

설립 목적에서 알 수 있듯이 하버드 대학의 초기 교육과정은 고전과 신학교육 중심이었고 청교도적 색채가 강했다. 졸업생 대부분은 목회자로 진출했다. 이후 학생

하버드 대학 캠퍼스 안에 있는 존 하버드의 동상. 케임브리지를 방문하는 사람들의 필수 코스로, 방문객들의 끊임없는 손길에 구두 부분이 하얗게 닳아 있다. 그러나 따분한 학생들이 한밤중에 가끔 방뇨를 하는 일이 있어 정작 하버드 대학생들은 절대 만지지 않는다고 한다.

들이 늘고 규모가 커지면서 분위기도 점차 세속적이고 자유롭게 바뀌어 갔고 19세기에 들어서면서 신학과 문학 외에 여러 다양한 학과들이 설치되면서 오늘날 우리가 보는 종합 대학의 모습을 갖추게 되었다.

여기서 신기하게 생각되는 것은 하버드 대학이 창설된 1636년은 청교도들이 처음 이곳에 발을 내딛은 지 불과 15년밖에 지나지 않았을 뿐 아니라 당시 보스턴 인구가 1만 5천 명에 불과했다는 사실이다. 아직 이민 초기라서 인구도 많지 않았고 낯선 땅에 새로 자리를 잡느라 모두들 고생이 이만저만이 아니었던 시절인데 대학을 세운 이런 '배부른' 여유는 어디서 나왔을까?

물론 먹고사는 문제가 급선무였던 것은 사실이다. 그렇지만 이것 못지않게 초기 이민자들이 힘을 쏟았던 것이 바로 교육 문제였다. 어느 정도 자리가 잡히고 인구가 늘면서 이들이 가장 먼저 한 일은 학교를 세우는 것이었다. 먼저 매사추세츠 정부가 50가구 이상이 거주하는 모든 동네에 학교 설립을 의무화하는 법안을 통과시켰고 뒤이어 뉴잉글랜드의 모든 식민지들이 이를 따랐다. 특히 퀘이커교도들이 정착한 펜실베이니아 식민지의 교육열이

높았다. 1683년에 식민지 최초의 공립 초등학교가 문을 열었고 곧 모든 퀘이커 공동체에 공립학교가 들어섰다. 이와 함께 필라델피아에는 수많은 사립학교가 세워져 학생들에게 언어, 수학, 과학, 음악, 미술을 가르쳤다.

하버드 대학의 뒤를 이어 고등교육기관들도 식민지 곳곳에 들어섰다. 윌리엄앤메리 대학(버지니아, 1691), 예일 대학(코네티컷, 1701), 프린스턴 대학(뉴저지, 1747), 펜실베이니아 대학(펜실베이니아, 1743), 컬럼비아 대학(1754, 뉴욕) 등 이른바 아이비리그로 알려진 동부 명문 사립대학들이 식민 초기에 문을 열었다.

식민지인들이 이처럼 일찍부터 교육에 열정을 보였던 데에는 여러 가지 이유가 있었을 것이다. 첫째는 물론 종교적인 것이었다. 위에서 말한 매사추세츠 정부가 제정한 교육법의 이름은 '사탄의 유혹을 물리치기 위해 제정된 법률'이었는데, 이름에서 암시되듯이 이 법은 '사탄의 유혹을 물리치기 위해' 사람들에게 글을 가르쳐 성서를 읽을 수 있도록 하는 것이 주된 목적이었다. 퀘이커교도들이 세운 공립학교들도 그들의 종교적 교리와 삶의 방식을 학생들에게 가르치는 것이 주된 목적이었다.

물론 종교적인 이유만 있었던 것은 아니다. 인구는 늘고 자리는 잡혀가는데 당장 자녀들을 공부시킬 마땅한 학교들이 없다는 것도 중요한 현실적 이유였다. 물론 모국인 영국에는 좋은 학교들이 많았지만 일부 부유한 사람들 말고는 이렇게 자녀들을 유학시킬 만한 여유가 없었다. 여기에 이민자들의 정신적 박탈감 내지는 보상심리 같은 요소도 중요한 역할을 했다. 상대적으로 비천한 출신에다 낯선 땅에서 힘든 노동을 하며 살아가던 식민지인들을 본국 사람들은 멸시하는 경향이 있었고 이들이 심리적으로 보상을 받을 수 있는 유일한 방법은 부자가 되거나 자녀들을 잘 교육시키는 것이었다. 식민 초기 버지니아에서 담배농장을 경영하여 부자가 된 한 사람이 모국을 방문한 자리에서 우리 사는 곳에도 좋은 대학(1693년 설립된 윌리엄 앤 메리 대학)이 생겼다고 자랑을 하자, 옆에 있던 한 사람이 '담배농사나 지으면 되지 대학은 무슨……' 하고 빈정댔다는 유명한 일화가 있다. 그가 느낀 모욕감이 어땠을지는 충분히 짐작할 수 있다. 요즘도 미국에서 가장 교육열이 높은 사람들은 최근 미국으로 건너온 이민자들인데, 힘든 이민생활을 자녀들을 훌륭하게 키워 보상받으려는 비슷한 심리가 작용한 것이 아닐까 싶다.

아무튼 이렇게 해서 신대륙에 세워진 학교들은 신대륙의 자유로운 분위기에 편승하여 초기의 고답적인 모습들을 벗어버리고 점차 개방적이고 진보적이며 세속적인 분위기로 바뀌어 갔다. 이 자유로운 분위기에 이끌려 유럽에서조차 저명한 학자들과 학생들이 몰려왔고 18세기 이후로는 식민지 부자들도 더 이상 자녀들을 본국에 유학보내려 하지 않았다. 그 결과 초기에 세워진 명문 사학들은 물론이고 이후 설립된 수많은 대학들이 세계 유수 대학으로 발전했다. 최근 〈유에스 뉴스 앤 월드 리포트〉지 발표에 따르면 현재 세계 10대 최우수 대학 중 8개, 100대 우수 대학 중 약 60개가 미국에 있다. 이 세계적 대학들이 오늘날 미국이 자랑하는 최첨단 지식과 학문을 생산해 내는 보고이다. 오늘날 미국의 진정한 힘은 경제력이나 군사력이 아니라 이 대학들에 있는지도 모른다.

삼각무역과 대농장:
북부와 남부의 상이한 경제 상황
(18세기 초반)

DIGEST
13
U . S . A

그때 세계는 -
1699년 러시아, 칼로비츠의 화약, 터키의 후퇴 시작
1699년 청, 영국의 광동무역을 허가

　자유와 더불어(또는 그것보다 더욱) 신대륙 이민자들에게 절박했던 것은 먹고사는 문제였다. 무작정 바다를 건너오기는 했지만 막상 무엇을 해서 자신과 가족을 먹여 살릴지는 정말 막막한 일이 아닐 수 없었다. 우선 눈에 띄는 것은 임자 없이 버려진 무한한 땅이었다. 일찌감치 건너와 해안 지역의 좋은 땅을 차지한 사람들은 그래도 운이 좋았다. 나중에 온 사람들을 맞이한 것은 울창한 원시림과 돌로 뒤덮인 척박한 땅이었다.

　막막하기는 했지만 별다른 방법은 없었다. 우선 눈비를 피할 수 있는 오두막을 얼기설기 짓고 집 주위의 나무들을 잘라내고 돌무더기를 치워 농사지을 땅을 마련했다. 그곳에 옥수수와 밀을 심었다. 첫 수확을 할 때까지는 야생 칠면조, 사슴, 물고기 따위를 닥치는 대로 잡아 연명하는 수밖에 없었다. 옷은 사슴이나 양가죽을 대충 꿰매어 입었다. 정말 가혹한 삶이 아닐 수 없었다. 엄청난 육체노동에도 불구하고 먹을 것조차 충분하지 않았다.

　생사를 넘나드는 힘든 생활이었지만 어쨌든 이들은 살아남았다. 자연히 이들은 힘들여 가꾼 자신의 땅과 삶의 터전을 목숨처럼 소중히 생각했고, 홀로 역경을 헤쳐 가면서 강한 자립심이 몸에 배게 되었다. 이들 자영농들의

식민지 초기 해상무역도.
무역로와 거래 상품들을
보여주고 있다.

통나무집과 개간된 농토들이 숲과 들판에 점점이 들어서면서 신대륙은 점차 사람이 살 만한 땅으로 변해 갔다.

이리하여 일단 최소한의 삶의 기반이 확보되자 이민자들은 점차 다른 경제 활동으로 눈을 돌리게 되었다. 여기에는 북부와 남부 사이에 커다란 차이가 있었다.

북부는 산지가 많은 지형적 특성 때문에 상대적으로 농업에는 불리했다. 농사는 그저 먹거리를 확보하는 것이 목적이었다. 대신에 울창한 산림과 풍부한 해산 자원이 있었다. 지천으로 널린 질좋은 참나무와 소나무는 배를 만들기에 안성맞춤이었다. 곳곳에 크고 작은 조선소가 세워지고, 여기서 만든 배를 가지고 고기잡이와 무역을 해서 큰돈을 번 사람들이 늘어났다. 고기잡이의 주 어종은 대구였는데, 대구잡이로 돈을 번 사람들은 자랑스럽게 대구를 가문의 문장(紋章)으로 삼기도 했다.

무역은 처음에는 생필품 위주였다가 나중에는 이익이 많이 남는 밀무역이 성행했다(영국은 식민지인들의 허가받지 않은 무역 행위를 엄격히 규제했다). 이른바 삼각무역(Triangular Trade)이라는 것인데, 그 과정은 조금 복잡했다. 우선 뉴잉글랜드의 양조장에서 빚은 럼주를 배에 가득 싣고 아프리카의 해안으로 간다. 럼주는 아프리카 사람들에게 특히 인기가 있어 럼주 몇 병이면 노예 한 명을 살 수 있을 만큼 값이 비쌌다. 이렇게 해서 사들인 노예들을 배에 싣고 이번에는 서인도 제도로 가서 이들을 농장에 팔아넘겼다. 그 돈으로 다시 럼주의 원료인 당밀을 사서 뉴잉글랜드로 돌아오면 부두에는 양조장 주인들이 줄서서 이들을 기다리고 있었다.

삼각무역은 엄청난 이윤을 남겼으므로 식민지인들은 너도나도 이 사업에 뛰어들었고, 뉴욕과 볼티모어는 이의 기지로 크게 번성했다. 특히 1697년에는 지금까지 영국 아프리카 회사(The Royal African Company)에서 독점해오던 노예무역이 개방되면서 이후로 식민지와 아프리카간의 노예 직거래가 큰 규모로 늘어났다. 또한 무역의 확대로 선박에 대한 수요가 늘어나 뉴잉글랜드 해안 여러 곳에는 대규모 조선소들도 생겨나고 내륙에서는 양조업이 번성하는 등의 파급효과도 있었다.

그러나 삼각무역의 규모가 엄청나게 늘어나면서 영국의 대외무역 기반을 위협하는 지경에까지 이르자 영국은 이를 규제하는 조치들을 취하기 시작했다. 1733년의 당밀법, 1764년의 설탕법은 서인도 제도로부터 당밀과 설탕의 유입을 규제하기 위해 마련된 것이다. 그러나 식민지들은 당연히 이런 법들을 지키지 않았으며 거기서 비롯된 영국과 식민지의 갈등이 훗날 독립전쟁의 불씨를 댕기는 계기가 되었던 것이다.

아무튼 이런 식으로 북부에는 어업과 무역업, 상업이 발달했고 보스턴, 뉴욕 같은 항구들이 번창했다. 자연히 생활 자체가 큰 도시를 중심으로 이루어졌고 일부 자영농을 제외한 대부분의 사람들이 도시에 모여 살았다.

남부는 사정이 전혀 달랐다. 지형적으로 산지가 적고 넓은 들판이 펼쳐져 있었으므로 자연히 농업이 주산업이 되었다. 교통이 편리하고 인력 수급이 용이한 해안에는 대규모 플랜테이션 농장들이 길게 늘어섰고 내륙에는 주로 나중에 이민 온 사람들과 농장에서 독립해 나온 사람들이 거친 땅을 개간하고 터를 잡았다. 버지니아와 메릴랜드의 농장들은 처음부터 거의 담배만을 재배했지만 캐롤라이나, 조지아에서는 담배 외에도 쌀과 염료 작물을 재배해 수출했다(영화에서 보는 것처럼 남부에서 대규모로 목화를 재배하기 시작한 것은 훨씬 뒤의 일이다). 담배, 쌀, 염료 작물은 거의 대부분 수출용이었으므로 해상무역과 조선업도 따라서 발전했다. 사우스캐롤라이나 주의 도시인 찰스턴은 농산물의 집산과 수출항으로 크게 번성했다.

남부와 북부 간 이런 경제 구조의 차이는 사회, 문화, 정치 등 삶의 다른 영역에도 영향을 미칠 수밖에 없었다. 남부는 점차 대농장주들의 귀족사회가 되었다. 이들은 궁궐보다 크고 화려한 저택을 짓고 밤마다 잔치를 벌였으며 수입한 값비싼 옷과 보석으로 치장했다. 이에 비해 소규모 자영농과 노동자들은 엄청난 육체노동과 궁핍에 시달렸다. 노예들의 상황은 더 말할 필요도 없었다. 화려한 저택과 목가적인 농촌 풍경의 이면에는 뭔지 모르게 억압적이고 정체된 듯한 삶의 분위기가 음습하게 자리 잡고 있었다.

이에 비해 북부는 적어도 겉으로는 훨씬 활달하고 자유로우며 도회적인 분위기였다. 물론 여기에도 부자들이 있고 가난한 사람들이 있었다. 그렇지만 전체적으로 볼 때 남부에 비해서는 경제적으로나 사회적으로 훨씬 평등했을 뿐 아니라, 부자라고 해서 거들먹거리거나 가난하다고 대놓고 멸시하기 힘든 분위기가 있었다.

남부와 북부는 이런 삶의 방식의 차이로 인해 이미 식민시대부터 서로를 불신하고 충돌하는 일이 잦았다. 나라가 둘로 나뉘기 일보 직전 상황까지 가기도 했고 급기야는 사활을 건 전쟁까지 벌였다. 전쟁을 겪고 세월이 흐르면서 차이가 많이 없어졌다고는 하지만 몇백 년이 지난 오늘날까지도 미국의 남부와 북부는 사회, 정치, 경제적으로 여전히 매우 다른 전통이 지배하는 이질적인 사회다.

세일럼의 마녀들:
종교적 광신이 빚은 마녀사냥
(1691년)

그때 세계는 -
1692년 유럽, 라호그의 싸움(영국 · 네덜란드 해군이 프랑스 해군 격파)
1701년 조선, 장희빈 사사

서양에서 마녀 이야기는 아주 오래된 것이다. 기독교적 상상력으로 지어
낸 것인지 아니면 기독교 이전의 미신적 전통인지는 모르지만, 아무튼 서양
에서 마녀라면 일단 뾰족한 턱에 매부리코를 가진 마귀할멈이 떠오른다. 마
녀는 빗자루를 타고 하늘을 날아다니고 쟁반을 공중에 떠다니게 하고 기괴
한 잔치를 벌이고 마귀와 동침하기도 하는 모습으로 그려지고 있다.

이런 마녀들이 1691년 매사추세츠 세일럼에 등장했다. 그것도 한둘이 아
니고 150명 이상이나 되었고 이 가운데 19명이 붙잡혀 사형을 당했다. 이것
이 유명한 세일럼의 마녀소동인데, 당시 뉴잉글랜드 지방을 휩쓸던 종교적
광신의 분위기를 잘 대변해주는 사건이다.

알려진 바에 따르면 사건의 전말은 다음과 같다. 코튼 매더라는 촉망받는
젊은 목사가 있었는데, 보스턴에서 한 노파가 마녀로 몰려 죽은 사건을 소재
로《마술과 귀신들림에 관해 최근에 알려진 신의 중요한 계시》라는 책을 썼
다. 책의 내용은 실제로 이 노파는 마녀가 아닌데도 사람들의 무지로 억울하
게 죽었기 때문에 누가 마귀인지 아닌지를 판단하는 데에는 더욱 신중한 태
도가 필요하다는 것이었다.

그런데 세일럼에 사는 십대 소녀 몇 명이 이 책을 읽고, 평소 알고 지내던 한 원주민 여인이 마녀일 것이라는 심증을 갖게 되었다. 그들은 주위 사람들에게 이 사실을 알리면서 심지어는 그녀가 타고 다니는 빗자루를 보았다는 그럴듯한 거짓말까지 덧붙였다. 불쌍한 원주민 여인은 곧 붙잡혀서 심문을 받게 되었는데, 놀란 이 여인이 자기는 진짜 마녀가 아니고 진짜 마녀는 다른 데에 있다면서 자신이 알던 여자 둘을 끌어들였다. 이런 식으로 사태는 걷잡을 수 없이 확대되어 무려 150명이 넘는 사람들이 마귀 혐의로 체포되고 이들을 재판하기 위한 특별재판소가 설치되었다. 여기에서 '마귀임이 분명한' 19명은 공개교수형을 당했는데, 여기에는 경건한 목사 한 명도 포함되어 있었다.

청교도 목사인 코튼 매더가 쓴 문제의 책. 이 책을 읽은 소녀들의 입방아에서 시작된 마녀소동은 5명의 남자와 14명의 무고한 여인의 목을 매다는 어처구니없는 광기를 보여주었다.

이 소동은 반년 이상을 끌다가 1692년 여름이 되어서야 겨우 진정되기 시작했다. 이런 광란의 분위기는 아주 이상한 것이어서, 뭔가 잘못된 줄은 알면서도 한번 휩쓸리면 쉽게 빠져 나오지 못하는 법이다. 결국 시의 가장 저명하고 존경받는 인사들까지 소동에 연루되는 지경에 이르러서야 사람들은 꿈에서 깨어났다. 특별재판소는 해산되고 투옥된 마귀 혐의자들도 풀려났다. 재판에 관여했던 몇몇 판사들은 잘못을 시인하고 자기들도 그때 왜 그런 일을 했는지 모르겠다고 말했다.

사실 이런 유의 마녀소동은 신대륙에서 처음 있었던 것이 아니고 서양에서는 아주 오랜 전통을 가지고 있다. 중세 때는 마녀를 가려내기 위해 끓는 물에 손을 집어넣게 한다든지 벌겋게 달군 쇠 위를 걸어가게 하는 방법을 썼고, 마녀로 판명되면 대개 화형에 처했다. 이에 비하면 세일럼의 마녀재판은 인도적이라고까지 말할 수 있겠다. 아무튼 이런 마녀소동이 신대륙에서도 벌어졌다는 것은 한편으로 신대륙이 아직도 유럽적이고 중세적인 정신세계에 살고 있었음을 반영하기도 하지만 다른 한편으로는 당시 신대륙을 휩쓸던 이상한 종교적 분위기를 대변하는 것이기도 하다.

개척 초기 신대륙에서는 청교도들이 건설한 뉴잉글랜드는 말할 것도 없고 영국 성공회 세력이 강했던 버지니아, 캐롤라이나 등에서도 대단한 종교적 열정이 몰아치고 있었다. 교회 참석은 모두에게 의무적이었으며, 교회를 다니지 않으면 관리가 될 수도 없고 투표권을 가질 수도 없는 경우가 많았다. 좀 더 자유로운 분위기를 찾아 신대륙으로 건너온 많은 사람들에게 이것은 적지 않은 실망이었다. 왜냐하면 청교도들은 청교도들대로 그리고 국교도들은 국교도들대로 신대륙을 그들만의 천국으로 여기고 다른 종파 사람들에 대해서는 더욱 배타적인 태도를 취했기 때문이다. 이단은 물론이고 같은 프로테스탄트라고 해도 신조가 조금이라도 다른 사람들은 지역사회에서 철저히 배척당했다.

한 가지 예를 보자. 1636년에 로저 윌리엄스라는 사람이 교회는 국가로부터 완전히 떨어져 나오지 않으면 교회 본래의 목적을 이룰 수 없을 것이라고 주장하자 매사추세츠 정부는 즉시 그를 추방하기로 결정했다. 앤 허친슨이라는 여성은 한 술 더 떠서, 신에 의해 구원받기로 예정된 사람들은 국가의 법을 지킬 필요와 의무가 없다고 주장하여 역시 추방 판결을 받았다. 두 사람은 결국 매사추세츠를 떠나 로드 아일랜드에 그들만의 이상적 공동체를 건설했다.

사람들이 국가라는 공동체를 이루고 사는 데 있어 종교의 자유를 어디까지 인정할 것인가는 매우 어려운 문제다. 특정 종교만을 강요하면 개인의 자유를 제한하게 되고, 아무 종교나 허용하면 국가의 안정을 해치게 된다. 결국 아무리 개방적인 사회라 해도 종교의 자유에는 어느 정도 제한을 두기 마련이다. 17세기 영국이 그랬고 신대륙에서도 사정은 마찬가지였다. 그러나 어찌 되었든 사람들은 유럽에서보다는 신대륙에서 훨씬 더 많은 종교의 자유를 누렸다. 그것은 전에도 말했듯이 누구든지 지금 사는 곳이 마음에 들지 않으면 새로운 땅을 찾아 떠나가면 그만이었기 때문이다. 그러므로 신대륙은 종교적 이상향을 꿈꾸는 많은 유럽인들이 몰려들어 말 그대로 하나의 거대한 유토피아의 실험장이 되어 갔다. 먼저 청교도들이 이런 이상을 품고 대서양을 건너왔고 퀘이커교도들과 가톨릭교도들도 그 뒤를 따랐다.

오늘날에도 미국은 정치, 사회, 문화의 모든 면에서 청교도의 전통이 압도적으로 강한 동시에 종교적 획일주의를 정면으로 거부하는 전통도 여전히 남아 있다. 이런 모순이 가끔은 사회적 질서를 어지럽히는 요소로 작용하기도 하지만 이보다는 오히려 미국만의 자유롭고 다원적인 사회 건설에 이바지하는 측면이 많다. 1993년 5월에 텍사스주 웨이코에서 90명에 이르는 어느 사교 집단의 집단자살 사건이 일어나 사회적으로 큰 문제가 된 적이 있다. 그러나 그런 사건에도 불구하고 사교를 규제해야 한다는 사회적 여론이나 정부의 조치가 없는 것을 보면 미국인들은 이마저도 종교적 자유의 필수 불가결한 요소로 생각하고 있는 듯하다.

종파의 벽을 허물고
신대륙의 정신을 통합하다:
대각성 운동 (1720~1750년 무렵)

그때 세계는 –
1727년 청, 러시아와 카흐타 조약을 맺어 몽고 · 시베리아 경계를 결정
1740년 오스트리아 계승전쟁 시작

　오늘날까지 미국 사회에 큰 영향을 미치고 있는 미국사의 가장 큰 사건 가운데 하나로 학자들은 18세기 초에 북미 모든 식민지를 휩쓴 '대각성 운동'(The Great Awakening)을 꼽는 것을 주저하지 않는다. 대각성 운동이란 이른바 부흥 순회 전도사들이 주도한 개신교 부흥운동인데, 1720년 무렵부터 거의 30년 동안 계속되면서 루터의 종교개혁에 버금가는 엄청난 영향을 신대륙에 미쳤다.

　대각성 운동의 시발은 1719년 네덜란드 개혁교회 소속 테오도러스 프렐링후이젠 목사가 뉴저지 래리탄 계곡에서 개최한 일련의 '부흥회'에서 비롯되었다고 한다. 그러나 이를 뉴잉글랜드 전역으로 확산시키는 데 결정적 공헌을 한 인물은 노샘프턴의 젊은 목사 조너선 에드워즈다. 에드워즈는 프렐링후이젠 목사의 집회에 참석하여 큰 감명을 받고 자신도 프렐링후이젠 같은 위대한 부흥사가 되기로 결심을 했다. 그가 노샘프턴에서 순회 부흥집회를 시작한 것은 1734년인데, 원죄, 회개, 신과의 교감을 열정적으로 외쳐대는 그의 설교는 너무도 강력하여 집회에 참석한 많은 사람들이 이른바 개심(conversion)이라는 신비한 종교적 체험을 하게 되었다. 그는 자신의 이런 경

험을 토대로《노샘프턴의 수많은 영혼들을 개심시킨 신의 놀라운 일들》이라는 책을 썼는데, 책은 나오자마자 영국, 독일, 네덜란드에서까지 베스트셀러가 되었다.

남부에서는 조지 화이트필드라는 또 다른 젊은 목사가 대각성의 불을 댕겼다. 화이트필드는 영국의 성공회 본부로부터 조지아 식민지에 파견된 선교사였는데, 우연히 서배너에서 에드워즈의 책을 읽고 부흥사의 길로 들어섰다. 그는 1739년 필리델피아를 시작으로 전국을 도는 순회 부흥집회에 나섰는데, 외형적으로만 본다면 그는 가장 성공한 부흥사였다. 73일 동안 800마일을 여행하면서 130회의 부흥집회를 이끈 일도 있었다. 그는 타고난 웅변가로, 그의 목소리는 야외에서 2천 명의 청중이 똑똑히 알아들을 수 있을 만큼 우렁찼다. 설교 모습도 인상적이어서, 강단에서 몸을 격렬하게 움직이고 우레 같이 고함을 치며 때로는 강단 위에서 춤을 추기도 했다. 대학 졸업 목사들의 판에 박힌 설교에 싫증이 난 대중들은 그의 설교에 열광적으로 몰입했고 이런 열정적 분위기는 마치 폭풍처럼 조지아에서 메인까지 전 식민지를 휩쓸었다. 1742년에는 대각성 운동이 최고조에 달하여 대부분의 성공회, 가톨릭, 청교도 교회들이 일요일에도 텅텅 빌 지경이 되었다. 또한 부흥집회에서 '회심'을 경험한 사람들은 '새빛회'(New Lights)라는 전국적인 회심자들의 모임을 결성하고 열성적인 활동을 벌였는데, 후일 이들로부터 모르몬교, 밀러주의자 같은 신비적 종교운동이 일어나게 된다.

한편 초기 대각성 운동을 주도했던 조너선 에드워즈 목사는 이것이 지나치게 격정적으로 흘러가는 것을 우려하여 이로부터 일체 손을 끊고 두메산골로 들어가 원주민 선교에 힘을 쏟았다. 이 기간 중에 그는 근세 칼뱅신학의 위대한 저술로 꼽

대각성 운동의 가장 유명한 부흥사 가운데 한 명인 화이트필드 목사의 설교 장면.

히는 세 권의 책《참다운 덕의 본질》,《원죄》,《의지의 자유》를 저술했다. 이 저술들은 칼뱅신학의 난제인 악의 문제와 인간 의지의 문제를 정면으로 다룬 것으로, 신의 전능함과 죄악된 인간의 무기력함, 성화(聖化)의 아름다움, 신과의 교감의 중요성을 강조했다. 에드워즈는 후일 프린스턴 대학 총장이 되어 교육자로서도 큰 발자취를 남겼으며 생전에 '가장 훌륭한 미국인'으로 불렸다.

20년 이상 북미를 휩쓸었던 대각성 운동은 1750년을 전후해 갑자기 사그라들었다. 그러나 이 운동은 미국의 정신세계와 역사 전반에 지울 수 없는 영향을 남겼다. 이 운동의 중요성은 무엇보다도 이것이 전 식민지에 걸친 최초의 대중운동이었다는 데에 있다. 이전까지 각 식민지들간에는 별다른 유대감이 없었고, 심지어 각 종파, 특히 남부의 국교도와 북부의 청교도 사이에는 미묘한 적대감마저 있었는데, 대각성 운동은 이런 벽을 단숨에 허물어버리고 식민지들간에 뚜렷한 정신적 통합을 일구어냈다. 또한 대각성 운동이 내건 반형식주의와 탈정치주의의 기치는 정교의 엄격한 분리라는 미국 민주주의의 기초를 닦는 데 결정적으로 공헌했다. 뿐만 아니고 대규모 군중집회들은 미국 정신세계의 큰 물줄기인 반귀족적 대중주의를 만들어냈다.

대각성 운동은 미국의 교육제도에도 많은 영향을 미쳤다. 원래 대각성 운동은 반주지주의적 경향을 띠었고 일부 과격한 부흥사들은 집회 중에 책들을 불태우기도 했다. 그러나 많은 사람들은 이것이 지나치게 격정적으로 흐르는 것을 염려했고, 각 종단들은 부흥사들에게 체계적으로 신학과 목회 방법을 가르치기 위한 대학들을 경쟁적으로 세우기 시작했다. 뉴저지 프린스턴 대학(1746), 다트머스 대학(1769), 로드 아일랜드 대학(1764, 오늘날의 브라운 대학), 킹스 칼리지(1754, 오늘날의 컬럼비아 대학), 퀸스 칼리지(1766, 오늘날의 러트거스 대학)등이 당시 세워진 대학들이다. 비종파적 교육기관으로는 1740년에 설립된 펜실베이니아 아카데미(오늘날의 펜실베이니아 대학)가 유일했다.

'최초의 미국인':
신대륙의 정신, 벤자민 프랭클린
(1706~1790년)

그때 세계는 –
1778년 오스트리아 · 프로이센간에 바이에른 계승전쟁이 일어남

미국사 교과서들을 보면 대체로 18세기 전반에 대한 이야기가 별로 없다. 이유는 이 시기에 눈에 띄는 커다란 사건들이 없기 때문이다. 전반적인 상황은 평온해 보였다. 그러나 이 평온함의 뒤에서 식민지는 조용히 홀로서기를 준비하고 있었다. 인구가 늘고 산업이 발전하고 소득이 높아졌다. 곳곳에 학교가 세워지고 대학들을 중심으로 문학, 철학, 예술, 과학이 발흥했다. 근면, 용기, 자유를 추구하는 신대륙적 삶의 방식과 가치가 이 시기에 확고하게 자리를 잡았다. 이 모두는 독립이라는 역사적 사건을 위한 준비였고 이의 서곡이었다.

그런 의미에서 벤자민 프랭클린(1706~1790)은 이 시대 신대륙의 정신과 역사를 상징하는 인물이다. 밑바닥에서 시작하여 오직 근면과 성실함을 무기로 삶의 모든 영역에서 완벽한 성취를 이룬 그를 사람들은 '최초의 미국인'이라 부르며 존경했다.

벤자민 프랭클린은 1706년 보스턴에서 태어났다. 아버지 조사이어 프랭클린은 양초와 비누를 만들어 파는 조그만 가게 주인이었다. 그는 두 번 결혼하여 모두 17명의 자녀를 두었는데, 벤자민은 그의 두 번째 부인 애비아 폴

저가 낳은 10명의 자녀 중 여덟 번째였다.

어린 시절 벤자민은 변변한 교육도 받지 못하고 아버지 가게에서 견습공으로 일했다. 이런 일상에 더 이상 희망이 없다고 본 그는 17살이 되던 해 무작정 집을 뛰쳐나와 필라델피아로 향했다. 인쇄소에서 견습공으로 힘든 노동을 하는 한편 밤에는 열심히 책을 읽으며 넘치는 지식욕을 채웠다. 그의 성실한 태도는 곧 주위의 시선을 끌었고, 주변 사람들의 도움으로 자신의 인쇄소를 차리는 한편 〈펜실베이니아 가제트〉라는 신문을 사들여 단기간에 이를 펜실베이니아에서 가장 영향력 있는 신문으로 만들었다.

1732년에는 자신의 인쇄소에서 역사적인 《가난한 리처드의 연감》을 펴냈다. 다가올 한 해의 날씨, 생활정보, 간단한 지식, 삶의 지혜 등을 다룬 일종의 종합 안내서인데, 나오자마자 식민지 전역에서 선풍적인 인기를 끌었다. 《가난한 리처드의 연감》은 1958년까지 발행되었으며, 매년 1만 부 이상이 팔린 당시 베스트셀러였다. 이 책을 통해 프랭클린은 큰 재산을 모았고 동시에 그의 이름을 모든 사람들에게 알릴 수 있었다. '한 푼을 저축해야 한 푼이라도 번다', '빈 수레가 요란하다' 같은 유명한 경구들이 《가난한 리처드의 연감》에서 나온 말이다.

프랭클린은 이렇게 모은 돈을 도서관, 학교, 병원, 소방서 같은 공공시설을 짓는 데 아낌없이 투자했다. 1736년 식민지 최초의 주민 자원봉사형 소방서인 유니언 소방사를 설립했고, 1751년에는 필라델피아 대학(오늘날의 펜실베이니아 대학)설립을 주도하고 초대 총장으로 부임했다.

다른 한편으로 그는 어린 시절부터 관심이 많았던 기계와 과학에 관심을 기울여 열효율이 높은 난로, 사다리 의자, 다초점 안경, 피뢰침 같은 지금도 유용하게 쓰이는 수많은 물건들을 발명했고 질병, 곤충, 해류, 인구, 전기, 태양의 흑점 등을 연구해 일가를 이루었다. 이런 뛰어난 과학적 지식과 업적으로 하버드, 예일, 윌리엄 앤 메리, 옥스포드 대학에서 명예 박사학위를 받고 영국 왕립학술원 명예 회원이 되었다. 이제 사람들은 정규교육이라고는 2년밖에 받지 못한 그를 '프랭클린 박사'라고 부르기 시작했다.

1747년에 마침내 인쇄사업을 접고 정치에 뛰어들었다. 1751년 펜실베이니아 주의회 의원으로 당선된 이후 그의 정치적 행보는 거칠 것이 없었다. 그의 주도로 우체국, 공공병원, 군대의 체계가 획기적으로 개선되었다. 1757년 펜실베이니아 식민지 사절로 영국에 파견되어 15년 동안 영국에 머물며 명사들과 교류하고 의회 연설을 통해 영국이 식민지에 부과한 인지세법을 철폐하는 데 크게 이바지했다.

18세기 신대륙의 역사와 정신을 상징하는 인물 벤자민 프랭클린. 부자이면서도 무척 검소했고 매사에 철저하며 종교적으로도 경건했다.

프랭클린은 열렬한 식민지 독립운동 지지자였다. 그는 일찍부터 독립을 위해 모든 식민지들이 단결한 것을 호소했다. '최초의 미국인'이라는 영예로운 별명은 이때 얻은 것이다. 1775년 보스턴에서의 무력충돌을 시작으로 식민지 독립운동이 본격화되면서 그는 선봉에 서서 운동을 이끌었다. 독립선언서를 기초하고 이에 서명한 후 곧바로 신생 미합중국 대사로 프랑스에 파견되어 프랑스의 군사적 지원과 참전을 끌어냈다. 1785년 오랜 대사 생활을 마치고 귀국했다. 이미 80살의 노령이었으나 여전히 그는 활력과 의욕이 넘쳤다. 1787년 제헌회의에 펜실베이니아주 대표로 참석해 헌법 제정에 이바지한 것을 마지막으로 오랜 공직 생활을 마감했다. 1790년 평온하게 눈을 감았고 장례식에는 2만 명의 사람들이 운집하여 위인의 죽음을 애도했다.

프랭클린은 18세기 신대륙의 역사와 정신을 상징하는 인물이다. 그는 뛰어난 사업가이자 과학자, 정치가, 외교관, 문필가였다. 개인적으로 그는 부자이면서도 무척 검소했고 매사에 철저하며 종교적으로도 경건했다. 스무 살에 절제, 침묵, 절약, 겸손 등 실천해야 할 13개의 덕목을 정하고 평생 매일같이 밑줄을 그어가며 이것을 실천하기 위해 노력했다는 일화는 유명하다. 이를 두고 역사가 헨리 코메이저는 프랭클린을 "무결점의 완벽한 덕을 갖춘 청교도"라고 평가했다. 물론 그의 조금은 위선적인 듯한 태도, 완벽주의, 순진한 이상주의에 조소의 눈길을 보내는 사람도 있었다. 그러나 가난한 집에서 태어나 근면과 성실함으로 인생의 모든 분야에서 최고의 경지를 이룬 그는 분명 신대륙의 이상에 걸맞는 새로운 인간상의 전형을 제시했다. 이런 의미에서 문필가 월터 아이작슨이 그를 "미국 사회의 미래상을 제시했던 인물"이라고 한 것은 매우 적절한 촌평이다.

제3장
독립과 건국

United States
of America

영국과 프랑스,
식민지 갈등 시작되다:
프렌치·인디언 전쟁 (1755~1763년)

그때 세계는 –
18세기 후반 영국, 산업혁명 시작
1773~1775년 러시아, 푸가초프의 난

개척 초기 신대륙에는 영국뿐 아니라 프랑스도 나름대로 식민지 진출에 열을 올리고 있었다. 처음에는 영국이 뉴잉글랜드 남쪽, 프랑스는 그 위쪽으로 땅을 나누어 사이좋게 진출하고 있었기 때문에 별 문제가 없었으나 양국이 본격적으로 식민지 확장을 시도하면서 충돌은 피할 수 없는 것이 되었다. 이른바 프렌치 · 인디언 전쟁(1755~1763)은 이렇게 해서 일어난 전쟁인데, 프랑스가 평소 좋은 관계를 유지하던 원주민들을 대규모로 싸움에 끌어들임으로써 이런 이름을 얻게 되었다. 이 전쟁은 어떻게 보면 영국과 프랑스의 식민지 쟁탈전에 불과하지만 이후 영국과 식민지 사이의 갈등이 고조되고 이것이 결국 식민지의 독립선언으로 이어졌다는 점에서 미국사에서 매우 중요한 의미를 갖는 사건이다.

영국과 프랑스의 충돌은 진작부터 있어 왔지만 대단한 일은 아니었고, 본격적인 싸움의 초점은 5대호 남쪽의 오하이오 계곡을 누가 차지하느냐 하는 것이었다. 퀘벡을 거쳐 5대호 연안까지 진출한 프랑스는 북쪽이 너무 춥고 땅도 황량했으므로 자연히 5대호 남쪽을 돌아 아래쪽으로 진출하려 했다. 한편 영국의 각 식민지들도 이민이 몰려들면서 새로운 땅이 필요했는데, 남쪽은 애팔래치아산맥이 가로막고 있었으므로 오하이오 계곡은 이들에게도 거의 유일한 진출로가 될 수밖에 없었다.

싸움은 버지니아 오하이오 주식회사라는 한 식민회사가 영국 정부로부터 오하이오 계곡 식민 특허장을 받아들고 이주 희망자들을 모집한 데에서 시작되었다. 프랑스는 이를 '부당한 영토 침해'로 간주하고 군대를 보내 곳곳에 요새를 쌓고 이주민들을 위협하기 시작했다. 이에 맞서 버지니아 정부도 소규모 원정대를 파견했으나 이들은 도착 즉시 프랑스 군대에 의해 쫓겨나고 말았다. 훗날 미국 독립전쟁의 영웅 조지 워싱턴이 불과 22살의 나이로 이 원정대의 대장을 맡았다.

이런 사정이 알려지면서 진작부터 프랑스의 진출에 불안해하던 영국 정부는 이내 대규모 원정대를 파견하여 프랑스와 일전을 벌이기로 했다. 이렇게 해서 이른바 프렌치 · 인디언 전쟁이 벌어지게 된 것이다.

개전 초에는 프랑스군의 연전연승이었다. 최초의 대규모 충돌은 1755년 6월 19일 두케인 요새(오늘날의 피츠버그)부근에서 벌어졌는데, 명장 몽칼름 후작이 이끄는 프랑스-원주민 연합군이 에드워드 브래덕 장군이 이끄는 영국군과 맞서 싸워 대승을 거두었다. 영국군 1,377명 가운데 977명이 이 전투에서 죽거나 다쳤다. 이후에도 프랑스군은 윌리엄 헨리 요새 전투(1757), 타이콘데로가 전투(1758)에서 승리했다.

당시 영국은 7년 전쟁(1756~1763)이라는 유럽의 분쟁에 휘말려 신대륙을 돌아볼 여유가 없었다. 프랑스도 사정은 마찬가지였으나 1758년에 대재상 윌리엄 피트가 영국 수상이 되면서 사정이 달라졌다. 그는 프렌치 · 인디언 전쟁이 앞으로 영국의 신대륙 경영에 치명적으로 중요하다는 사실을 깨닫고 불리한 전황을 반전시키기 위해 곧장 신대륙에 최정예 원정대를 추가로 파견했다. 이들의 활약에 힘입어 영국군은 1759년부터 프랑스군을 몰아붙이기 시작했고 결국 양국군은 1759년 9월 퀘벡에서 최후의 일전을 벌이게 되었다.

싸움은 처음부터 프랑스군에 불리했다. 수적으로는 불리했지만 영국군은 잘 훈련된 정예부대였고 지휘관인 제임스 울프 장군은 젊지만 유능하고 용

영국군에게 함락당하기 1년 전인 1758년의 퀘벡 전경. 이 전쟁에서의 패배로 아메리카의 프랑스 식민지는 영국과 스페인에게로 넘어갔다.

감했다. 게다가 영국군은 세인트 로렌스강의 제해권을 완전히 장악하고 있었다. 프랑스군은 요새에 틀어박혀 쳐들어오는 영국군을 맞아 싸울 수밖에 없었다.

퀘벡 요새는 워낙 견고하고 강쪽으로 높은 절벽이 있어 공격이 쉽지 않았다. 그러나 전혀 예상치 않게 영국군은 요새 정면의 절벽을 기어올라 프랑스군의 배후를 급습했고, 허를 찔린 프랑스군은 제대로 싸워보지도 못하고 대패하고 말았다. 전투 중에 몽칼름 후작과 더불어 울프 장군도 전사했다.

퀘벡 전투로 프렌치 · 인디언 전쟁은 사실상 끝이 났다. 다음 해에는 최후의 요새인 몬트리올이 함락되었고, 캐나다 총독은 캐나다에 프랑스가 갖고 있던 모든 영토를 영국에 넘긴다는 항복문서에 서명했다. 그러나 영국과 프랑스 사이의 식민지 문제가 최종 타결된 것은 유럽에서 7년 전쟁이 끝나고 열린 파리 강화회의(1763)에서였다. 캐나다는 뉴펀들랜드 연안과 카리브 연안의 몇몇 섬을 제외한 신대륙의 모든 식민지를 영국에게 빼앗겼다. 7년 전쟁 때 프랑스 편을 들었던 스페인은 플로리다를 영국에 넘겨주는 대신 루이지애나와 그 서쪽의 프랑스 식민지를 넘겨받았다.

프렌치 · 인디언 전쟁은 규모만 따진다면 그리 큰 전쟁은 아니었다고 할 수 있지만 결과는 대단히 중요한 것이었다. 우선 전쟁의 위험 앞에서 식민지들이 처음으로 단결의 필요성을 절감하게 되었다. 본국 정부의 중재가 있기는 했지만 1754년 6월에 식민지 대표들은 뉴욕주 올버니에 모여 상호연맹의 절대적 필요성을 확인하고, 벤자민 프랭클린이 기초한 연맹규약을 채택했다. 비록 각 식민지들의 반대로 무산되기는 했지만 이 규약은 중앙정부의 조세권과 방위권을 명시함으로써 훗날 세워질 독립국가의 모습을 예견했다.

두 번째로, 프렌치 · 인디언 전쟁의 승리로 식민지에 대한 영국의 간섭이 본격화되었다는 점이다. 전쟁 중 식민지들은 의용군도 보내고 물자도 보급하는 등 나름대로 이바지를 했으나, 프렌치 · 인디언 전쟁은 기본적으로 영국 혼자 치러낸 전쟁이었다. 막대한 전쟁 비용을 지출한 영국은 전쟁이 끝나자 당연히 식민지에 보상을 요구하면서 간섭을 강화했고, 여기서 비롯된 갈등이 결국은 식민지의 독립선언과 전쟁으로 이어지게 된다. 재미있는 것은 조지 워싱턴, 이스라엘 퍼트넘 같은 독립전쟁의 영웅들이 프렌치 · 인디언 전쟁에 참전하면서 귀중한 실전 경험을 익히게 되었다는 것인데, 결과적으로 보면 영국은 자신의 피를 흘려가며 식민지 독립을 위해 길을 닦아준 셈이 되고 말았다.

차상자를 던져라!:
보스턴 차 사건
(1773년)

그때 세계는 −
1772년 오스트리아 · 프로이센 · 러시아에 의해 제차 폴란드 분할
1773년 러시아, 푸가초프의 난 발발

프렌치 · 인디언 전쟁은 1763년 영국의 승리로 끝이 났다. 그로부터 불과 13년 뒤인 1776년 식민지는 영국에 대해 독립을 선언했다. 이 13년 동안에 무슨 일이 있었을까? 프렌치 · 인디언 전쟁 당시 동지로서 같이 프랑스에 맞서 싸웠던 이들이 돌연 서로 총을 겨누는 적이 되어버린 이유는 무엇일까?

미국혁명(식민지 독립전쟁에서 건국에 이르는 일련의 사건들을 미국인들은 즐겨 '혁명'이라 부른다)의 원인에 대해서는 관점에 따라 다른 설명들이 있을 수 있다. 가장 전통적인 설명에 따르면 식민지가 영국으로부터 독립을 추구하게 된 근본적인 이유는 '자유'에의 열망이었다. 물론 식민지가 영국의 예속 하에 있었고 식민지인들이 이를 혐오했던 것은 사실이다. 그러나 사실 영국의 신대륙 식민지 지배정책은 대단히 관대했으며, 예를 들어 영국의 인도지배와는 본질적으로 달랐다. 식민지인들이 본국 사람들보다 더 부자유스러웠다거나 자유를 더 박탈당하고 있었다는 증거는 별로 없다. 더욱이 불과 10여 년 전만 해도 자유라는 말을 거의 입에 올리지 않던 식민지인들이 갑자기 이 말을 마치 지상 최고의 덕목인 양 외치고 다니는데, 이것은 누가 봐도 부자연스러운 일이었다.

이것은 미국의 독립이 '자유'라는 한 단어만으로는 충분히 설명될 수 없음을 암시한다. 어떤 의미에서 '자유'는 독립전쟁을 일으킨 다른 '덜 고상한' 이유를 가리는 명분이었는지도 모른다. 어떤 학자들은 그 '덜 고상한 이유'란 바로 경제적인 것이라고 말한다. 프렌치·인디언 전쟁 이후 영국이 식민지에 대해 각종 세법을 부과하면서 경제적 압박을 가해오자 그동안 영국의 보호를 받으며 부를 쌓아올린 식민지의 소수 거부들이 대중들을 전쟁의 대열에 끌어들이기 위해 자유라는 명분을 동원했다는 것이다. 실제로 '자유의 아들들'(Sons of Liberty)을 자처하며 독립전쟁을 '자유를 위한 전쟁'으로 몰아갔던 새뮤얼 애덤스나 존 핸콕 등이 당시 보스턴의 부유한 상인들이었던 것을 보면 이런 주장에 전혀 일리가 없지는 않다. 심지어 독립전쟁 직후 제정되어 민주주의 헌법의 교과서라고까지 불리는 미국헌법이 사실은 부자들의 재산권 보호를 위해 만들어진 것이며, 자유, 평등 따위의 고상한 이념들은 부수적인 것에 불과하다고 주장하는 사람들도 있다.

아무튼 미국 독립전쟁이 프렌치·인디언 전쟁 후 영국이 식민지에 새로이 부과한 각종 세금이 직접적인 원인이 되어 일어났던 것은 사실이다. 프렌치·인디언 전쟁, 그리고 이와 동시에 치러진 7년 전쟁으로 막대한 전비를 지출한 영국은 이를 보충하기 위해 식민지들에 더 많은 세금을 부과하기로 하고 이와 관련된 각종 법들을 무더기로 만들어 시행하기 시작했다. 당밀법(1764), 요새비용 분담법(1765), 인지법(1765), 타운센트법(1767)등이 그것이다. 여기에 대해 식민지들은 자신들의 동의 없이 이 법들이 만들어졌다는 이유로 이의 철폐를 요구하고 – '대표 없이 과세 없다'는 것은 명예혁명 이후 영국에서 하나의 확고한 원칙으로 자리 잡고 있었다 – 영국 상품들에 대한 대규모 불매운동을 전개했다. 일부 과격주의자들은 '자유의 아들들'이라는 비밀결사를 조직하여 영국 세무원들을 테러하기도 했다. 식민지의 거센 반발에 부딪힌 영국은 부득이 인지법을 철폐했지만 이미 식민지에 고조된 반영(反英)분위기는 되돌릴 수 없었다.

이전부터 반영 분위기가 특히 강했던 보스턴에서 결국 충돌의 막이 올랐다. 1768년 이후로 영국은 만약의 사태에 대비하여 보스턴에 4천 명의 병력

원주민 차림의 식민 지인들이 보스턴 항에 정박 중인 배에 올라 차상자를 바다 속에 던져넣고 있다.

을 주둔시켜 왔는데 1770년 3월 이들과 보스턴 주민들 사이에 사소한 이유로 충돌이 벌어져 주민 몇 명이 사망하는 사태가 벌어졌다. 사망자는 노예한 명을 포함하여 다섯 명에 불과했지만 '자유의 아들들'은 곧 이 사건을 '보스턴 대학살'이라고 어마어마하게 부풀려서 떠들어대기 시작했다. 이들의장례식에는 보스턴 주민 1만 6천 명 가운데 1만 명 이상이 참석하여 대규모시위를 벌였다. 다른 식민지들에서도 이와 비슷한 움직임이 일어날 조짐이보였다. 다행히 영국이 군대를 본 진지로 신속하게 철수시키고 타운센트법을 일부 철폐하는 등 식민지에 유화적인 태도를 취함으로써 사건은 더 이상확대되지 않았다. '자유의 아들들'에게 이것은 대단히 실망스러운 일이었다.

별다른 일 없이 몇 년이 지나갔다. 그러나 이것은 폭풍 전의 고요에 불과했다. 1773년 이른바 '보스턴 차 사건'이라는 좀 더 심각한 충돌 사태가 발생했다. 사건의 간략한 경위는 다음과 같다. 1767년에 제정된 타운센트법은 식민지로 들어오는 인도산 차에 관세를 부과했는데, '보스턴 학살' 사건으로 이법이 철폐되면서도 이 조항만큼은 그대로 남아 있었다. 이에 따라 식민지에서는 찻값이 상승하고 차의 밀무역이 성행하여 밀수업자들이 큰돈을 벌기도했다. 문제는 영국이 1773년 영국 동인도 회사에 식민지로의 모든 차 수출에대한 독점권을 부여하고 수출관세를 면제해 준 데 있었다. 이렇게 되면 동인도 회사의 차가 밀수품보다도 가격이 낮아져서 식민지 차 시장을 사실상 독점하게 될 것이고 지금까지 차 무역으로 돈을 벌던 미국 상인들은 파산하게될 것이 뻔했다. 또한 차 무역을 한 회사가 독점하게 되면 당장은 값이 내릴지 몰라도 결국은 회사가 자신의 독점적 지위를 이용하여 값을 터무니없이 올려 받게 될 것이다. 이런 이유로 식민지에서는 반영 여론이 비등하고 영국산 차에 대한 대대적인 불매운동이 벌어졌다. 차를 싣고 필라델피아와 뉴욕에 도착한 동인도 회사 배들은 짐도 풀지 못하고 항구를 떠나야 했다.

보스턴에서는 이번에도 '자유의 아들들'이 좀 더 과격한 행동으로 나섰다. 1773년 12월 16일, 모호크 원주민으로 분장한 일단의 '자유의 아들들'이 항구에 정박 중이던 세 척의 동인도회사 소속 배에 올라가 배에 쌓여 있던 342개의 차상자를 바다에 던지며 '잔치'를 벌였다. 항구에 늘어선 주민들은 박수를 치며 환호했다. 이것이 유명한 '보스턴 차 사건'이다.

이번에는 영국 정부도 물러서지 않았다. 영국 의회는 바다에 버려진 찻값을 매사추세츠 식민지가 배상할 때까지 보스턴 항구를 폐쇄하고 사건 주모자들을 영국으로 압송하여 재판하겠다는 일련의 강제법(The Coercive Acts, 식민지인들은 이를 '도저히 참을 수 없는 법'The Intolerable Acts이라고 불렀다)을 통과시켰다. 곧 이어 영국군 4개 연대가 보스턴에 도착했고, 의회는 이듬해 캐나다 이남으로부터 오하이오, 미시시피강에 이르는 지역을 퀘벡 식민지에 병합한다는 이른바 퀘벡법을 통과시켰다. 이것은 식민지인들의 서부 진출을 사실상 봉쇄하는 것으로, 식민지의 반영 감정은 이제 돌이킬 수 없는 것이 되고 말았다.

미국 독립전쟁은 이렇게 해서 시작되었는데, 여기서 다시 처음 질문으로 돌아가 보자. 식민지가 독립을 추구하게 된 것이 '자유' 때문이 아니라면 경제적인 이유일까? 프렌치 · 인디언 전쟁 이후 영국이 식민지에 부과한 각종 세금이 결정적인 계기가 된 것은 부인할 수 없는 사실이다. 그러나 진심으로 자유의 이상에 불탔던 많은 사람들, 그래서 독립을 위한 투쟁에 기꺼이 참여하여 목숨까지 버릴 준비가 되어 있었던 사람들은 '하찮은' 경제적 이익 때문에 식민지가 독립을 원했다는 주장에 절대 동의하지 않을 것이다. 아마도 아메리카 식민지가 이제 영국 혼자 다스리기에는 너무 힘이 커졌다는 것이 근본적인 이유가 아닐까? 명분과 계기야 어떻든 식민지들이 독립하고자 했던 것은 언젠가는 있게 될 자연스러운 역사의 흐름이었다고 보면 될 것이다.

미국의 탄생:
독립선언
(1776년)

그때 세계는 –
1776년 조선, 규장각 설치
1776년 오스트리아, 빈 국립극장 창설

　보스턴 차 사건은 전쟁의 서막이었다. 1774년 6월 조지아를 제외한 12개 식민지 대표들이 필라델피아에 모여 '참을 수 없는 법들'의 철회를 영국 왕에게 청원했으나, 왕은 이를 단호히 거부했다. 1775년 4월 18일, 매사추세츠 주의 렉싱턴에서 영국군과 식민지인들 사이에 최초의 무력 충돌이 일어나 식민지인 8명이 전사했다. 식민지의 여론은 들끓기 시작했다. 친영적 분위기가 강했던 버지니아에서조차 독립을 외치는 목소리가 커져 갔다. 미국 독립혁명의 지도자 가운데 한 명인 패트릭 헨리가 의회에서 "자유가 아니면 죽음을 달라"는 유명한 연설을 한 것도 이때였다.

　최초의 무력 충돌이 벌어진 한 달 뒤, 식민지 대표들은 마침내 필라델피아에 모여 영국과의 전쟁을 결의하고 식민지 연합군을 조직하기로 결정하는 한편, 조지 워싱턴을 연합군 총사령관에 임명했다. 그로부터 약 1년이 지난 1776년 7월 4일, 식민지 대표들은 다시 필라델피아에 모여 토머스 제퍼슨이 기초한 독립선언서를 만장일치로 채택하고 엄숙하게 미국의 독립을 선포했다. 공식적으로 미국이라는 나라가 탄생하는 순간이었다.

　여기서 이상한 점은 보스턴 차 사건으로부터 2년 반이나 세월이 흐른 뒤에 식민지가 독립을 선언했다는 것이다. 왜 이렇게 많은 시간이 걸렸을까? 그것은 한마디로 식민지에 독립을 반대하는 강한 여론이 있었기 때문이다. 당시만 해도 대부분의 사람들이 영국 이민 1세나 2세여서

독립선언 조인식. 1776년 7월 4일, 대륙회의에서 토머스 제퍼슨을 비롯한 5인의 기초위원이 독립선언문을 의장에게 제출하고 있다.

모국에 강한 애착을 가지고 있었다. 이들에게 식민지의 독립은 곧 모국에 대한 배신을 의미했다. 영국의 식민지 정책이 약간 가혹한 것은 사실이지만 이런 사정을 국왕에게 호소하여 평화롭게 해결할 수 있지 않을까? 왜 굳이 싸움을 벌여서 동족의 가슴에 총부리를 겨눠야 할까? 독립주의자들이 '충성분자'(The Loyalists)또는 '보수반동'(The Tories)이라고 매도한 이런 반독립주의자들이 전체 식민지 인구의 3분의 1은 되었고 이들은 독립선언 후에도 영국편을 들기 일쑤였다. 뉴욕 같은 곳에서는 식민지 연합군보다 영국군에 지원하여 싸운 사람이 더 많을 정도였다.

　토머스 페인이《상식》이라는 책을 쓰지 않았더라면 식민지의 이런 여론 분열은 끝내 극복되지 못하고 독립주의자들의 노력은 실패했을지 모른다. 퀘이커교도이면서 격정적인 이상주의자였던 페인은 신대륙의 이상에 고무되어 1774년 대서양을 건너왔다. 그런데 막상 도착해 보니 신대륙은 독립 문제로 어수선한 분위기였다. 그가 보기에 이것은 정말 어처구니없는 일이었다. 너무나 당연한 일을 왜 망설이는 것일까? 그는 곧 격정적인 펜을 휘둘러 신대륙 독립의 당위성을 역설했다. 이렇게 해서 근대 정치사의 가장 유명한 저술의 하나인《상식》이 세상에 나오게 되었다.

　《상식》은 꿈과 자유로 가득 찬 거대한 신대륙이 폭군이 지배하는 조그만 섬나라의 지배를 벗어나야 한다는 것은 그야말로 하나의 '상식'에 불과하

다는 요지를 담고 있다. 유명하기는 하지만 사실 이 책은 사상적 깊이도 없고 이성보다는 감정에 호소하는 경향이 있었다. 그러나 바로 이런 점 때문에 《상식》은 식민지에서 폭발적인 반향을 불러일으켰다. 1776년 1월에 출판되자마자 쇄를 거듭하여 50만 부 이상이 팔렸다. 당시 식민지 인구가 노예를 포함하여 3백만 명 정도였는데, 50만 부라면 성인 백인 남자들은 대부분 이 책을 읽었다는 말이 된다. 이 책의 영향이 얼마나 컸던지 런던에서는 사람들이 '토머스 페인'이라는 글자를 구두 밑창에 새겨 넣고 그를 '밟아대는' 것이 유행할 정도였다.

아무튼 이렇게 해서 식민지에서는 반영과 독립의 기운이 부쩍 고무되었고 곧 이어 소집된 3차 식민지 회의에서는 버지니아 대표 리처드 헨리 리의 발의로 독립 문제가 구체적으로 거론되었다. 식민지 회의는 독립선언서를 기초할 소위원회를 구성했고, 당시 문필가로 이름을 날리던 토머스 제퍼슨이 중심이 되어 선언문 초고를 작성했다. 이 초고는 본 회의에 넘겨져 별다른 수정 없이 채택되었다. 다만 영국의 노예무역을 비난한 부분에 대해서는 남부의 농장주들과 북부 노예상들이 맹렬히 반대하여 삭제하기로 했다.

독립선언서는 식민지가 독립을 선언하는 대원칙을 밝히고 영국 국왕의 부당한 식민지 정책을 열거하는 내용으로 되었는데, 우리에게는 특히 다음 부분이 잘 알려져 있다.

…… 우리는 다음을 자명한 진리로 생각한다. 모든 사람은 평등하게 태어났으며 신은 그들에게 누구도 빼앗을 수 없는 몇 가지 권리를 부여했다. 여기에는 생명과 자유와 행복추구의 권리가 포함된다. 이 권리를 확보하기 위해 인민은 정부를 만들었으며, 정부의 정당한 권력은 인민의 동의에서 나온다. 정부가 이런 목적을 파괴할 때에는 인민은 언제든지 이를 변혁 내지 폐지하고, 인민의 행복과 안전을 가장 효과적으로 가져다주어야 한다는 원칙에 기초하고 이를 위한 기구를 갖춘 정부를 새로이 조직할 수 있는 권리가 있다. …… 학대와 착취가 오랫동안 계속되고 인민을 절대 전제정치 밑에 예속하려는 계획이 분명히 드러나면, 이런 정부를 타도하고 미래의 안전을 위해 새로운 보호자를 마련하는 것이 인민의 권리이고 또한 의무인 것이다. 식민지는 지금까지 이런 고통을 겪어왔고, 이제

우리가 지금까지 내려온 정부를 변혁해야 할 필요성도 여기에 있는 것이다. ……
그러므로 여기 모인 우리 미합중국 대표들은 우리의 뜻이 옳음을 인류의 법정에
호소하면서, 식민지의 선한 인민의 이름과 권위로써(식민지의 독립을) 엄숙히
선언하노라. …… 이를 위해 우리는 신의 가호에 의지하여 서로의 면전에서 우리
생명과 재산과 신성한 명예를 바치기로 약속하노라.

[이하 56인의 서명]

독립선언서의 이 부분은 두말할 것도 없이 영국 명예혁명의 이론적 토대
였던 존 로크의 사회계약론의 영향을 받은 것이다. 미국의 독립선언서는 평
등, 천부인권, 인민의 동의, 저항권 등 근대 민주주의의 핵심 사상을 이론이
아닌 실천 강령으로 선언한 최초의 문서로서 중요한 의미를 갖는다. 물론 독
립선언서를 만들고 이를 승인한 식민지 회의의 대표들이 이런 고상한 이념
들을 얼마나 마음깊이 양심적으로 신봉하고 있었는지는 별개의 문제다. 왜
냐하면 그들 중에는 많은 노예를 거느린 남부의 농장주들과 노예무역으로
치부한 북부의 상인들도 다수 끼어 있었기 때문이다. 또한 독립선언서 후반
에 열거된 영국 국왕의 폭정 사례들이 얼마나 사실에 부합되는 이야기들인
지, 그리고 과연 미국 독립전쟁이 여기서 암시되는 것처럼 폭정에 맞선 인민
의 거룩한 투쟁이었는지에 대해서도 많은 이견이 나올 수 있을 것이다. 이런
점에서 보면 미국의 독립선언서는 그것이 표방하는 고상한 이념에도 불구하
고 하나의 정치적 선전에 불과하다는 평가도 나올 만하다.

그럼에도 불구하고 근대 민주주의 역사에서 미국 독립선언서가 갖는 중요
성은 결코 과소평가할 수 없다. 기안자들이 어떤 목적과 생각을 가지고 만들
었든, 독립전쟁에 참가한 많은 사람들은 진실로 독립선언서가 내세우는 고
상한 이념을 위해 싸우고 이를 위해 목숨을 바쳤다. 특히 민주주의의 이상에
고취된 수많은 유럽인들이 자원하여 독립전쟁의 의용군으로 나선 것은 그야
말로 망외의 소득이었다. 이로부터 불과 15년 후에는 미국 독립의 영향을 받
아 프랑스에서 대혁명이 일어나고 온 유럽이 구체제 타파의 격랑에 휩쓸리
는 세계사의 커다란 변혁이 몰아닥치게 되는 것이다.

전쟁과 승리:
요크타운 전투
(1781년)

그때 세계는 −
1781년 오스트리아 요제프 2세, 농노제 폐지
1783년 영국 · 프랑스 · 스페인간에 베르사유 평화조약 성립

식민지의 독립선언으로 일단 전쟁은 시작되었지만 이상하게도 사태는 조용히 흘러가고 있었다. 영국은 당시 세계 최강의 군대를 보유하고 있긴 했지만 대서양을 건너 군대와 물자를 대규모로 수송하는 일은 결코 쉽지 않았다. 그렇다고 미국이 − 이제는 더 이상 식민지가 아니다 − 영국을 몰아붙여 빨리 전쟁을 끝낼 수 있는 형편도 아니었다. 여전히 독립에 반대하는 목소리가 만만치 않았고 몇몇 주는 아예 필요한 군대와 물자를 보내주지도 않았다. 심지어 영국군에 가담하여 싸우는 사람들도 적지 않았다.

사정이 이러했으므로 처음에는 탐색전 정도의 소규모 전투만 산발적으로 벌어졌다. 뉴욕을 누가 차지하느냐가 싸움의 초점이었다. 뉴욕은 허드슨강으로 통하는 전략적 요충지로서, 이곳을 빼앗기면 '성지' 필라델피아가 위험에 처하게 된다. 윌리엄 하우 장군이 이끄는 영국군은 1776년 말 이곳에 대규모 공세를 펼쳐 강력한 방어진지를 구축하고 저항하는 워싱턴군을 뉴욕에서 몰아내는 데 성공했다. 워싱턴은 황망히 패잔병을 이끌고 델라웨어강을 건너 후퇴할 수밖에 없었다. 미국은 이때가 최대의 위기였다. 그런데 때가 마침 성탄절이어서 영국군이 명절을 쇠기 위해 추격을 갑자기 멈추는 바

람에 워싱턴군은 겨우 사지에서 벗어날 수 있었다. 어떻게 보면 신사적인 영국군이, 잠시 쉬었다가 새해 들어 다시 싸우자는 신호를 보낸 것인데, 워싱턴의 입장으로서는 그럴 만한 여유가 전혀 없었다. 이대로 가다가는 패할 것이 불 보듯 뻔했기 때문이다. 생각 끝에 워싱턴은 후퇴하던 발길을 돌려 얼어붙은 델라웨어강을 다시 건너갔다. 그리고는 성탄절을 맞아 느긋하게 쉬고 있던 영국군을 트렌턴에서 미명에 기습하여 대승을 거두었다. 비록 작은 전투이긴 하지만 여기에서 승리함으로써 땅에 떨어졌던 군대의 사기가 크게 올라갔고, 여세를 몰아 이듬해에는 새러토가 대전투에서도 합중국군이 승리함으로써 적어도 전쟁을 지구전으로 끌고 갈 수 있는 발판이 마련되었다.

전쟁은 지루하게 계속되었다. 별다른 전투도 없이 진지에 처박혀 대치하거나 소규모 유격전으로 시간을 보냈다. 합중국으로서는 빨리 전쟁을 끝내고 싶어도 군사력, 특히 해군력이 턱없이 열세였기 때문에 별다른 방법이 없었다. 프랑스가 1778년에 합중국 편에 가담하여 참전했지만 전황을 크게 바꾸지는 못했다. 영국은 초반에 결정적인 승기를 잡았으나 형편없는 지휘관들과 또 절반쯤은 불운으로 인하여 아까운 기회를 놓쳐버리고 말았다. 새러토가에서 패배한 뒤로는 영국도 섣불리 군사 행동에 나설 수가 없었다.

그러나 영국으로서는 이 전쟁을 무한정 끌고 갈 형편이 아니었다. 아무리 제해권을 장악하고 있다 해도 대서양을 건너 본국에서 필요한 병력과 물자를 보급받는 데에는 한계가 있었다. 너무 오래 끌면 영국군은 제풀에 지쳐 쓰러질 것이다. 또 식민지에 힘을 쏟느라 뒤가 약해진 틈을 노려 프랑스가 본토를 침공해 온다든지 하면 큰일이 아닐 수 없었다. 결국 영국은 1780년에 들어 군사 행동을 재개하기로 결정했다.

영국은 북쪽에서는 뚜렷한 돌파구가 없다고 보고 방향을 크게 돌려 남부를 공략하기로 했다. 남부를 휘몰아 북진하면서 식민지의 심장부 버지니아를 제압하고 합중국 연합군을 남과 북 양쪽에서부터 압박한다는 전략이었다. 1780년 5월 콘월리스 경이 지휘하는 영국군 대부대가 사우스캐롤라이나의 요충지인 찰스턴을 공격하여 함락시켰다. 합중국군 5천 명이 고스란히 영국군 포로가 되었는데, 이는 지금까지 합중국군이 입은 최대의 피해였다. 이

독립전쟁을 결말지은 요크타운 전투. 1781년 미국 남부 버지니아에서 벌어진 이 전투에서 독립군과 프랑스 해군의 협공으로 영국군을 패배시켰다.

어 8월에는 호레이쇼 게이츠 장군이 이끄는 합중국 원정대를 캠던에서 대파하고 샬럿, 윈스버로를 거쳐 캐롤라이나와 버지니아 전역을 휩쓸었다. 그나마 나다니엘 그린 장군이 이끄는 민병대의 눈부신 활약으로 영국군의 진격이 조금이나마 지체되었다. 아무튼 영국군은 1781년 8월 1일 체사피크 만 입구의 요크타운을 점령하여 이곳에 난공불락의 요새를 건설하기 시작했다. 이곳만 지키고 있으면 강력한 영국 해군이 체사피크 만을 마음놓고 드나들면서 합중국의 심장부를 제압할 수가 있는 것이다.

이제는 워싱턴도 뭔가 행동을 해야만 했다. 사실 영국군이 남부를 유린하는 동안 워싱턴은 별로 한 일이 없었다. 사람들은 조바심을 냈고 정적들은 그의 비겁함을 공격하기 시작했다. 말이 총사령관이지 그가 지금까지 보여준 것이 뭐냐, '술취한 독일 놈들' 몇 명 해치운 것 말고 한 일이 있냐, 이렇게 몰아세우는 사람들도 있었다. 1776년 크리스마스 때 워싱턴이 독일 용병으로 구성된 영국군을 기습한 것을 비꼰 것이다. 워싱턴은 점잖게 이 비난을 받아넘겼지만 내심 켕기는 구석이 없지는 않았다.

워싱턴은 원래 뉴욕에 자리 잡고 꼼짝하지 않는 영국군 본대를 공격할 생각이었다. 그러나 프랑스군 사령관인 로샹보는 요크타운 공격을 주장했고 결국 그의 의견이 채택되었다. 워싱턴은 뉴욕을 공격하는 척하면서 비밀리에 군대를 남진시켰다. 동시에 그라스 제독이 이끄는 프랑스 해군 함대가 서인도 제도를 떠나 체사피크 만으로 향했다. 1781년 9월 5일, 프랑스 함대와 영국 함대가 체사피크 만에서 조우하여 프랑스군이 승리했다. 이로써 체사피크 만의 제해권이 합중국 측으로 넘어갔고, 프랑스 배들이 이제 막 도착한 합중국과 프랑스 군대를 요크타운 근처로 신속히 실어 날랐다. 요크타운을 포위한 연합군은 1만 5천, 영국군은 그것의 약 절반이었다. 영국군은 맹렬히 저항했지만 수적으로 열세인데다가 보급선이 완전히 끊겨 갈수록 고전했다. 영국군의 유일한 희망은 뉴욕에 있는 본대가 그들을 구하러 달려오는 것이었지만 어찌된 일인지 뉴욕 주둔 사령관인 헨리 클린턴 경은 주저하면서 시간만 끌었다. 결국 10월 17일 콘월리스는 휘하의 모든 장병과 함께 항복했다. 클린턴은 이틀 후 군대를 이끌고 뉴욕을 출발했으나 그때는 이미 모든 상황이 종료된 뒤였다.

요크타운에서 영국군은 확실히 큰 타격을 입었다. 그렇다고 영국이 이 때문에 전쟁에서 졌다고 말할 수는 없다. 요크타운 전투 후에도 영국군은 여전히 뉴욕, 찰스턴, 서배너, 디트로이트를 점령하고 있었다. 프랑스군은 서인도 제도로 돌아가 버렸고 바다는 다시 영국의 차지가 되었다. 전투에서 승리했는데도 별로 달라진 것은 없고, 그렇다고 고립무원 상태에서 달리 군사 행동을 취할 수도 없었던 워싱턴은 크게 실망했다. 후일 그는 이때가 전쟁 중 가장 어려웠던 시기였으며 그때는 정말 "눈앞이 캄캄했다"고 말했다.

지친 것은 영국도 마찬가지였다. 반전여론이 들끓었고 식민지 대신 셸번 경 같은 자유주의자들의 영향으로 궁정에서도 이제 전쟁을 끝내자는 분위기가 고조되었다. 식민지를 놓치기 싫었던 국왕 조지 3세는 그렇다면 하야하겠다고 엄포를 놓기도 했지만 결국 대신들의 의견에 따르지 않을 수 없었다.

강화회의는 파리에서 참전국 대표들이 모인 가운데 열렸는데, 너무 많은 것을 요구하는 프랑스 때문에 협상이 지지부진했다. 사실 프랑스는 20년 전 영국에게 당한 수모를 갚아 주고 싶었지만 영국은 굴복할 의사가 전혀 없었던 것이다. 거기에 합중국은 영국과 단독강화를 위한 비밀협상을 진행시키고 있었고, 엎친 데 덮친 격으로 서인도 제도에 정박해 있던 프랑스 함대가 영국군의 공격을 받아 궤멸하는 불상사가 일어났다. 결국 프랑스는 아무 것도 얻지 못하고 1783년 9월 3일 강화 조약에 서명을 해야만 했다. 이 조약에서 영국은 합중국을 독립국으로 인정하고 대서양에서 미시시피강에 이르는 광대한 지역을 합중국 영토로 내놓았다. 얻은 것이라고는 미시시피강을 영국 상인들에게도 개방한다는 것과 전쟁 중에 몰수한 '충성분자들'(The Loyalists)의 재산을 원래 주인들에게 돌려주겠다는 약속뿐이었다. 결국 전쟁으로 이득을 본 나라는 합중국뿐이었다.

독립의 영웅, 건국의 아버지:
조지 워싱턴
(1732~1799년)

그때 세계는 –
1783년 조선, 박지원 《열하일기》 저술
1786년 영국 · 프랑스 통상조약

잘 알다시피 독립전쟁은 합중국의 승리로 끝이 난다. 그러나 손쉬운 승리는 아니었다. 엎치락뒤치락 7년을 끌다가 요크타운 전투에서 승리함으로써 합중국이 겨우 이길 수 있었다.

독립전쟁에서 합중국이 결국 승리할 수 있었던 여러 가지 이유가 있다. 영국은 초반에 승리를 거둘 수 있었으나 무능한 현지 지휘관들 때문에 다 잡은 승리를 놓친 일이 한두 번이 아니었다. 그래도 제해권을 쥐고 있는 한 싸움은 근본적으로 영국에 유리했는데, 뜻하지 않게 1778년 프랑스가 합중국 편에 가담하여 참전함으로써 전세가 일변했다.

여기에다가 합중국으로서는 행운이 따른 일도 많았다. 1776년 말의 뉴욕전투에서는 합중국 군대가 거의 궤멸하다시피 참패를 거듭했는데, 이때 영국군 사령관이었던 윌리엄 하우 경이 크리스마스 잔치를 며칠만 연기하고 계속 밀어붙였다면 합중국 군대는 재기불능의 타격을 받았을지도 모른다. 아무튼 당시 영국은 서두르지 않아도 승리는 떼어 놓은 당상이라는 달콤한 생각에 빠져 합중국군을 몰아붙이지 않았던 것이다.

그러나 합중국의 승리를 이야기할 때 우리는 한 사람의 위대한 인물 조지 워싱턴(1732~1799)을 언급하지 않을 수 없다. 합중국이 초반의 열세를 극복하고 궁극적으로 승리를 거둘 수 있었던 데에는 합중국군 총사령관 조지 워싱턴의 뛰어난 용기와 지략 그리고 지도력이 결정적 역할을 했다.

워싱턴은 1732년 버지니아 마운트 버넌에서 태어났다. 그의 아버지는 그 지역에서는 제법 성공한 농장주의 한 사람이었다. 워싱턴의 어린 시절에 관해서는 알려진 바가 그렇게 많지 않은 데다 잘못 알려진 부분도 많다. 예를 들어 어린 시절 '사과나무 사건'이 그렇다. 여섯 살 때 일인데, 정원에서 선물로 받은 작은 도끼를 가지고 놀다가 아버지가 아끼는 사과나무(벚나무라고도 전해진다)를 찍어 넘어뜨렸다. 아버지는 누가 한 짓인지 모르고 가족과 하인들을 모아 놓고 불같이 화를 냈다. 워싱턴은 겁에 질렸지만 정직하게 자기가 했노라고 말했다. 벌을 받을 줄 알았는데 뜻밖에 아버지는 그를 따뜻하게 끌어안고 말했다. "얘야, 네 진실을 말하는 용기가 이 따위 사과나무 천 그루보다 나한테는 더 기쁘단다!" 이런 비슷한 일이 있었는지는 모르지만 아무튼 여섯 살난 아이가 도끼로 사과나무를 쓰러뜨렸다는 이야기는 믿기 어렵다. 그가 어린 시절부터 강 이쪽에서 저쪽까지 돌팔매를 날릴 정도로 힘이 셌다는 이야기도 마찬가지다. 그의 집 앞의 강은 지금 가서 보아도 아무리 힘센 사람이라도 돌팔매로 건너편에 닿을 수 있을 것 같지는 않다. 어쨌든 위대한 인물의 어린 시절에 대해서는 언제나 어느 정도 과장된 이야기들이 있기 마련이다.

아무튼 워싱턴은 아버지가 일찍 세상을 떴음에도 불구하고 넉넉한 가세로 매우 유복한 어린 시절을 보냈다. 그런데도 부자들이면 누구나 가는 대학에 가지 않았던 것을 보면 공부에는 별로 흥미가 없었던 듯하고 대신 말타기, 사냥, 무도회 등 전형적인 남부 귀족의 생활을 즐겼다. 그는 풍채가 훌륭할 뿐 아니라 전체적으로 장중하고 위엄있는 외모를 갖추고 있었다. 거기다 달변은 아니지만 말솜씨도 뛰어나 누구나 그와 이야기를 시작하면 그를 좋아하지 않고는 못 배기게 하는 재주도 있었다.

워싱턴은 프렌치 · 인디언 전쟁 직전 버지니아 정부에서 파견된 오하이오 계곡 민병 정찰대장으로 근무하면서 군대와 인연을 맺었다. 그곳에서 뜻하

크리스마스 저녁, 적을 기습 공격하기 위해 부하들을 이끌고 델라웨어강을 건너는 워싱턴. 이 전투에서의 승리가 전세를 뒤집는 전환점이 되었다.

지 않게 프랑스 대군과 교전이 벌어져 구사일생으로 목숨을 건졌는데, 아무튼 그의 무모하다 싶을 정도의 용감성은 이때 이미 증명되었다. 곧이어 프렌치·인디언 전쟁이 일어나자 그는 후일 독립전쟁 때 크게 활약한 호레이쇼 게이츠, 이스라엘 퍼트넘과 함께 식민지 의용대 대장으로 영국군에 가담하여 싸웠다. 이를 통해 영국군의 전술을 익히고 귀중한 전투 경험을 쌓았지만 영국군이 식민지인과 식민지군을 멸시하는 데 분개하여 이후 철저한 반영 독립주의자가 되었다.

워싱턴은 1775년 제2차 식민지 회의(대륙회의)에서 식민지 연합군 총사령관으로 선출되었다. 워싱턴은 버지니아 대표로 근사한 군복을 입고 회의에 참석했는데, 이런 암시가 없었다 하더라도 전투 경험, 인격, 통솔력, 재산 등 모든 면에서 그에 버금갈 만한 사람이 전혀 없었으므로 사령관으로 선출되는 건 별로 어렵지 않았다.

일단 사령관이 되기는 했지만 워싱턴에게 닥친 어려움은 한두 가지가 아니었다. 우선 식민지 군인들은 대부분 모자에 '자유 아니면 죽음을 달라'는 구호를 써붙이고 의욕만 앞서 있지, 전투 경험이 하나도 없는 오합지졸에 불과했다. 게다가 식민지들로부터의 재정 지원이 턱없이 부족하여 급료는 물론 병사들에게 최소한의 무기를 지급할 형편도 되지 못했다. 이런 악조건 하에서도 합중국군이 그런대로 버텨나가고 결국 승리할 수 있었던 것은 전적으로 워싱턴 개인의 희생과 능력에 힘입은 바가 크다.

사실 독립전쟁 중 워싱턴에 대해서는 지지자와 비판자 사이에 평가가 크게 엇갈린다. 옹호자들은 워싱턴이 군사작전의 귀재로서, 새러토가 전투나 요크타운 전투 등 전쟁의 명암을 가른 큰 전투들에서 합중국 측이 승리한 것은 전적으로 워싱턴의 뛰어난 전술 때문이었다고 말하지만, 비판자들은 워싱턴이 그리 대단한 지략가가 아니었으며, 다른 유능한 장군이 사령관을 맡았더라면 전쟁이 좀 더 일찍 끝날 수 있었을 것이라고 말한다. 또한 워싱턴은 지나치게 원칙에만 충실하여 부하들에게 필요 이상으로 가혹했고, 그 때문에 전쟁기간 내내 탈영병이 끊이지 않았다고 말하는 사람도 있다. 객관적으로 보아 워싱턴이 나폴레옹에 버금가는 불세출의 명장이었다고 말하는 것은 무리가 있다. 그러나 독립전쟁 당시 워싱턴이 수행한 역할은 단순히 총사령관이라는 군사적 직책을 훨씬 뛰어넘는 것이었다. 한마디로 그는 합중국의 단결과 힘을 상징했으며, 그가 있었기 때문에 그나마 합중국이 그런대로 단결하여 싸울 수 있었다고 보는 것이 그에 대한 타당한 평가일 것이다.

아무튼 워싱턴은 군인으로뿐 아니라 정치가로서도 뛰어난 소질과 야망을 갖고 있었다. 그래서 전쟁이 합중국의 승리로 막을 내린 후 사령관직에서 물러나 귀향했지만 그를 열화같이 지지하는 사람들에 둘러싸여 합중국의 초대 대통령으로 화려하게 재등장했다. 대통령으로 8년을 재임하면서 합중국의 기초를 다지는 데 크게 이바지한 후 명예롭게 은퇴한 그는 오늘날까지도 '건국의 아버지'로 미국인들의 존경을 받고 있다.

"자유의 나무는 피를 먹고 자란다":
셰이즈의 반란
(1786년)

그때 세계는 -
1783년 조선, 박지원 《열하일기》 저술
1788년 영국 · 네덜란드 · 프로이센간에 3국동맹 성립

미국은 전쟁에서 이겼다. 미국인들은 그토록 열망하던 자유를 얻었고 자유의 이상을 억압하던 영국왕의 '폭정'에서 벗어났다. 많은 사람들의 눈에 이제 미국의 앞날에는 장밋빛 미래만이 펼쳐져 있는 것으로 보였다. 과연 그랬을까? 전쟁 직후의 상황은 그것과는 전혀 거리가 멀었다. 전쟁 후유증이 만만치 않았던 것이다.

전후의 가장 심각한 문제는 경제침체였다. 7년 여의 전쟁으로 국토가 황폐해진 것은 물론, 영국이라는 거대한 시장이 떨어져 나감으로써 신대륙에서 생산되는 농산물과 공산품의 판로가 막혀버렸다. 전쟁 전까지만 해도 영국의 간섭 때문에 신대륙이 번창하지 못하고 있다고 믿었는데 막상 독립을 해보니 신대륙이 그나마 번성했던 것은 영국이라는 거대한 방패막이 있었기 때문임을 깨달은 것이다. 전후의 미국은 복잡한 시장통에서 어머니 손을 놓쳐버린 어린아이처럼 갈 길을 못 찾고 우왕좌왕하고 있었다.

그런데 문제의 해결을 더욱 어렵게 만든 것은 강력하고 효과적인 중앙정부가 없다는 것이었다. 전쟁에서 승리함으로써 하나의 독립국가로 인정은 받았지만 미국은 아직 준독립적 권리를 행사하는 13개 주의 느슨한 협력체

에 지나지 않았다. 전쟁 중인 1777년 11월, 대륙회의는 13개 자치주들이 어떻게 단일국가를 이룰 것인지의 대강을 정한 연방규약을 정했는데, 이에 따라 기존의 대륙회의가 연방의회로 이름을 바꾸고 중앙정부의 기능을 수행해 오고 있었다. 그러나 말이 중앙정부지 연방의회는 아무 실권이 없는 형식적 기구에 불과했다. 무엇보다도 조세권이 없어 돈이 필요할 때마다 주정부들에 손을 벌려야 했다. 더구나 주정부들이 이런 요청을 거절한다 해도 중앙정부로서는 속수무책일 뿐이었다. 일례로 전쟁 때 외국에서 빌려쓴 돈을 갚기 위해 1781년 연방의회가 1,100만 달러를 주정부들에 요구했을 때 중앙정부가 거둬들인 것은 150만 달러에 불과했다.

물론 주정부들이 이처럼 중앙정부에 협조하지 않았던 데에는 자신들 발등에 떨어진 불을 끄는 일이 더 시급했기 때문이다. 중앙정부와 마찬가지로 각 주도 전쟁 비용을 마련하느라 엄청난 지출을 했으므로 전후에는 모든 주가 눈덩이처럼 불어나는 재정적자에 시달릴 수밖에 없었다. 그때나 지금이나 정부가 단기간에 수입을 올릴 수 있는 방법은 세금인상 이외에는 별로 뾰족한 수가 없다. 각 주는 경쟁이라도 하듯이 주민세를 비롯한 각종 세금을 올리기 시작했는데, 가뜩이나 전후 경기 침체로 형편이 어려웠던 주민들에게 그것은 이만저만 부담이 아니었다.

1786년 매사추세츠에서 발생한 셰이즈의 반란은 전후의 이런 어려운 사정을 배경으로 하고 있다. 다른 주와 마찬가지로 매사추세츠 의회 역시 늘어나는 재정적자를 해소할 목적으로 일종의 인두세를 신설하여 주민들에게 부과하기로 했는데, 5인 가족 기준 가구당 20파운드라는 약간 과도한 액수였다. 거기에 농부들에게 돈을 빌려주고 받지 못한 채권자들도 정부에 강제적 조치를 발동하도록 압력을 가하고 있었다. 이것은 농부들에게 이만저만한 타격이 아니었다. 왜냐하면 곡물의 판로가 완전히 막혀버린 상황에서(전쟁 전만해도 삼각무역을 통해 곡물이 안정된 가격으로 서인도 제도로 수출되었으나 전후 영국은 자국령인 서인도 제도에 제3국으로부터 곡물이 수입되는 것을 금지했다) 그들은 세금이나 채무를 변제할 능력이 전혀 없었던 것이다. 빚을 갚지 못해 집과 전답을 차압당하거나 그마저도 없을 경우 감옥에 잡혀 들어가는 사람들이 속출했다.

1786년 12월, 스프링필드에서 일단의 농민들이 정부의 가혹한 정책에 항의하는 집회를 개최했다. 주동자는 대니얼 셰이즈라는 독립전쟁 참전 용사였다. 평화적 집회였지만 주정부가 군대를 보내 이를 강제해산하려 한데서 분위기가 급변했다. 셰이즈는 사람들을 이끌고 인근 무기고로 달려가 경비대에 무기를 요구했다. 경비대 대장은 이 요구를 거부하고 경고 없이 총을 쏘아 시위대 세 명이 사망했다. 총소리에 놀란 사람들은 뿔뿔이 흩어졌지만 셰이즈와 일부 사람들은 인근 산으로 숨어들어가 토벌대를 상대로 유격전을 벌였다. 그러나 이들도 이듬해 2월 토벌대에 완전히 소탕되고 말았다.

셰이즈의 반란은 그것 자체만으로는 그리 큰 사건은 아니었다. 그러나 이 사건이 미친 여파는 의외로 커서, 매사추세츠를 비롯한 각 주들은 농부들의 부채를 유예 또는 감면하는 조치들을 서둘러 제정함으로써 이런 사태가 또다시 벌어지는 것을 미연에 방지하고자 했다. 그렇게 하지 않았더라면 어쩌면 유사한 사태가 전국적으로 일어나 나라 전체가 큰 위기에 빠졌을지도 모르는 일이었다. 동시에 이런 '내란사태'가 벌어져도 연방의회가 아무 것도 할 수 없음이 드러나자 좀 더 강력한 중앙정부를 만드는 것이 좋겠다는 주장이 광범위한 공감을 얻기 시작했다. 이듬해 헌법제정회의가 개최된 직접적인 계기는 셰이즈의 반란이었으며, 회의에서는 이같은 민중의 봉기를 어떻게 막고 안정적인 정부를 세울지가 중대한 관심사였다. 제헌회의에서 마련한 헌법이 어떤 의미에서는 '반민주적'이고 '반인민적'인 틀을 잡게 된 데에는 이런 이유도 있었다.

아무튼 셰이즈의 반란은 이렇게 미국 건국에 뜻밖의 중요한 공헌을 했는데, 이를 두고 당시 파리에 가 있던 토머스 제퍼슨은 다음의 유명한 말을 남겼다.

"가끔 조그마한 반란이 일어나는 것은 좋은 일이고 정치 세계에는 이것이 필요하기도 하다.
마치 자연계에 가끔씩 폭풍이 부는 것이 필요하듯이…….
자유의 나무는 애국자와 폭군의 피를 먹고 자란다. 이것이 자연의 법칙이다."

연방주의냐, 반연방주의냐:
헌법 제정
(1788년)

■ 그때 세계는 −
1788년 러시아 · 스웨덴간의 전쟁
1789년 프랑스, 삼부회 소집 · 프랑스 대혁명 발발

영국과의 전쟁에서 승리하고 난 후에도 미국은 아직 통일된 국가가 아니었다. 물론 1777년 제정된 연방규약에 따라 연방의회가 중앙정부 기능을 수행해 오고는 있었지만, 말이 중앙정부지 연방의회는 아무런 실질적 권한이 없었다. 미국은 여전히 준독립적인 권리를 행사하는 13개 자치주의 느슨한 협력체에 지나지 않았던 것이다. 존 애덤스가 초대 주영 대사로 부임하여 런던에 도착했을 때 영국 외무성의 한 관리가 "아니, 왜 혼자만 왔습니까? 우리는 13명의 대사가 같이 오는 줄 알았는데"라고 뼈있는 농담을 했다. 한마디로 나라의 체면이 말이 아니었다.

이런 상황에서 좀 더 강력한 중앙정부의 출현을 바라는 여론이 비등했고 알렉산더 해밀턴 등이 주동하여 1787년 5월 필라델피아에서 '현 정부의 위기에 대처하고 연방을 지키기 위해 연방규약을 개정하기 위한' 13개주 연합회의가 개최되었다. 조지 워싱턴, 제임스 매디슨, 알렉산더 해밀턴 등 당시의 유명한 지도자급 인사들이 이 모임에 각 주 대표로 참석했다. 존 애덤스와 토머스 제퍼슨은 대사로 외국에 나가 있어서 불참했다.

원래 이 모임의 취지는 기존의 연방규약을 약간만 손질하자는 것이었지만

만나서 서로 의견들을 들어보니 그것으로는 부족하고 아예 처음부터 헌법을 다시 만들자는 쪽으로 의견이 모아졌다. 그래서 이 문제에 조예가 깊은 제임스 매디슨에게 새 헌법의 초안을 부탁했다(이 때문에 제임스 매디슨은 '미국헌법의 아버지'로 불린다).

사실 매디슨은 이전부터 이것을 예상하고 나름대로 생각해둔 것이 있었다. 그래서 그는 1) 국가 최고의 주권은 인민과 이를 대표하는 연방의회에 속한다, 2) 집행부와 사법부를 두되 중요 관료와 판사는 의회가 임명한다, 3) 연방의회는 양원제로 한다, 4) 하원의원은 국민의 직접선거로 선출하고 상원의원은 하원에서 선출한다, 5) 각 주가 연방의회에 보낼 의원 수는 각 주의 자유민의 수에 비례한다는 내용을 골자로 하는 헌법 초안을 제시했다. 이를 매디슨 안이라고 부른다. 여기에 제시된 정부의 삼권분립과 양원제에 대해서는 원칙적으로 이견이 없었다. 그러나 연방의회의 구성 문제는 달랐다. 매디슨 안은 명백하게 큰 주에 유리하게 되어 있었기 때문이다. 작은 주들을 대신해 뉴저지 대표 윌리엄 피터슨이 새로운 안을 제시했다. 연방의회를 단원제로 하고 각 주가 똑같은 수의 대표를 보내자는 안이었다. 당연히 버지니아처럼 인구가 많은 주들은 매디슨 안을 지지했고, 작은 주들은 뉴저지 안을 지지했다.

여기에서 알 수 있듯이 새 헌법을 만드는 데 제일 먼저 문제가 되었던 것은 중앙정부에서 강한 발언권을 갖고자 하는 각 주간의 암투였다. 작은 주의 입장에서 보면 뉴저지 안도 일리가 없지는 않았다. 그러나 인구에서 엄청난 차이가 나는 여러 주가 중앙정부에서 똑같은 발언권을 갖는다는 것은 현실적으로 볼 때 큰 주들의 반발을 살 것이 뻔했다. 만약 이것 때문에 버지니아, 뉴욕 같은 큰 주들이 빠져 나간다면 연방은 하루아침에 와해될 것이다. 결국 대표들은 간단한 토의 끝에 뉴저지 안은 폐기하기로 결정했다.

그러나 매디슨 안에도 문제가 없지는 않았다. 그 안대로 진행되면 중앙정부는 몇몇 큰 주들이 좌우하게 되는데 그러면 작은 주들이 연방에서 탈퇴하려 하지 않을까? 대표들은 이 문제로 갑론을박했지만 묘책이 나오지 않았다.

여기에 돌파구가 마련된 것은 코네티컷 주 대표단이 양자의 입장을 절충

한 이른바 '타협안'을 들고 나오면서였다. '타협안'은 글자 그대로 큰 주와 작은 주의 입장을 타협한 내용을 담고 있었다. 즉 매디슨 안대로 연방의회는 양원으로 하고, 하원의원들은 각 주의 인구에 비례하여 국민의 직접선거로 뽑는다, 그러나 상원은 각 주에서 동등한 수의 대표를 보낸다는 것이다. 문제는 이 '인구'에 노예를 포함시킬 것이냐 하는 것이었다. 노예가 많은 남부나 상대적으로 그 수가 적은 북부 모두 이해득실을 따지느라 골치가 아팠다. 남부주들의 입장에서는 노예를 포함시키면 연방의회에 보낼 수 있는 의원 수는 많아지지만 그만큼 연방정부에 내야 할 돈도 많아진다는 것이 문제였다. 각 주의 연방정부에 대한 재정부담 비율을 인구 수에 따르기로 했기 때문이다. 북부 주들은 재정분담률을 계산할 때는 노예를 포함시키고 연방 하원 의석수를 정할 때는 노예를 포함시켜서는 안 된다고 주장했다. 남부 주들이 여기에 격렬히 반대했음은 물론이다. 격론 끝에 이 문제는 이른바 '5분의 3 타협안'으로 타협을 보았다. 노예 수의 5분의 3만을 인구에 포함시킨다는 것이다. 여기에서는 노예주들이 많은 양보를 한 것으로 인정되었으므로 그들을 달래기 위해 적어도 1808년까지는 노예제도를 법적으로 폐지하지 못한다는 내용을 헌법에 넣기로 했다. 이 '절묘한' 타협안은 모두의 압도적 지지를 얻었다. 이렇게 해서 어려운 문제 하나가 해결되었다.

다음으로 격론이 벌어진 것은 대통령의 지위와 선출 방식에 관한 문제였다. 강력한 정부를 원했던 사람들은 국가를 대표하는 대통령의 권한 강화와 의회로부터의 독립을 주장했다. 여기에는 의회의 독재를 견제한다는 명분도 동원되었다. 그러나 많은 대표들이 이는 말이 대통령이지 사실상 왕정을 도입하자는 것이라며 강력히 반대했다. 더구나 대통령을 의회가 아닌 인민이 선출하게 되면 대통령이 인민을 등에 업고, 마치 영국혁명 당시 크롬웰이 그러했듯이 독재를 할 위험도 있었다.

치열한 논쟁이 계속되었지만 이 문제도 결국은 적당한 선에서 타협이 이루어졌다. 대통령의 지위를 완전히 독립시키되 의회가 대통령에 대해 강력한 견제 권한을 갖도록 하고 인민 직선이 아닌 간선을 통해 대통령을 선출하도록 한 것이다. 즉 인민이 선거를 하되 대통령을 직접 뽑는 것이 아니고 대통령 선거인단만을 선출하여 이들이 나중에 대통령을 뽑는다는 것이다. 각 주에서 보낼 선거인단의 수는 그 주가 연방 하원과 상원에 보내는 대표단의 숫자와 같도록 했다.

이런 타협 과정을 거쳐 헌법 최종안이 완성되었다. 그해 9월 17일 39명의 각 주 대표들이 여기에 서명을 했고 주의회의 승인을 거쳐 이 헌법이 정식 효력을 갖도록 서로 간에 합의했다.

물론 각 주의 승인을 얻는 것도 쉬운 일은 아니었다. 새 헌법은 눈에 띄게 강력한 중앙정부를 지향하고 있었는데, 주의 독립과 자치를 주장하는 많은 사람들이 온갖 방법으로 헌법의 비준을 막고자 했다. 이들을 반연방주의자들이라고 부른다. 이들의 주장을 반박하기 위해 매디슨, 해밀턴, 제이 등 3인이 쓴 연방정부 옹호론이 유명한 《연방주의자 논집》이다.

전후의 혼란 상태를 지켜워하던 사람들은 대체로 반연방주의자들보다는 연방주의자들의 주장에 동조하는 경향이었고, 새 헌법은 우여곡절 끝에 델라웨어 주를 시작으로 13개 주 모두의 동의를 얻는 데 성공했다. 새 헌법은 1788년 7월 2일에 정식으로 발효되었으며, 이듬해 4월 6일 대통령 선거가 실시되어 조지 워싱턴이 초대 대통령으로 선출되었다. 이리하여 미국은 통일된 국가로서 민주주의의 긴 여정을 시작하게 된다.

견제와 균형:
미국헌법의 정신

그때 세계는 –
1790년 안남 · 버마, 청에 귀속
1791년 폴란드, 신헌법 공포

　제헌회의에서 만들어진 미국의 헌법은 이른바 '미국식 민주주의'로 일컬어지는 독특한 정치제도를 구현하고 있으며, 그 근본 원리는 '견제와 균형'이라는 말로 요약될 수 있다. 이를 좀 더 자세히 살펴보자.

　기존의 연방규약과 비교할 때 새 헌법에서 가장 눈에 띄게 달라진 점이 있다면 연방정부의 권한이 크게 강화되었다는 것이다. '연방규약' 하에서는 각 주정부가 동의하지 않는 한 연방정부는 거의 아무 것도 할 수가 없었다. 새 헌법에서는 연방정부가 독자적으로 법을 제정하고 집행하며 필요시 공권력(군대, 경찰, 감옥 등)으로 이를 강제할 수 있는 제도적 장치가 마련되었다. 연방정부에서 제정된 법은 이제 명실상부한 최고법으로, 주정부는 무조건 이를 따라야만 하는 것이다.

> 본 헌법에 의거하여 제정된 미합중국의 법률, 그리고 미합중국의 권한에 의해 체결되는 모든 조약은 이 국가의 최고법이며 모든 주의 법관은 주의 헌법이나 법률에 이와 배치되는 규정이 있을지라도 이의 구속을 받는다.
>
> (헌법 제6조)

나아가 주 국회의원과 행정관리는 "본 헌법을 지지할 것을 서약"(제6조)해야만 하며, 각 주는 연방의 법을 집행하기 위해 필요시 경찰력을 동원할 의무를 지게 되었다.

그러나 헌법과 연방 법률이 국가의 최고법이라고 해서 모든 문제에 연방정부가 전권을 갖지는 않는다. 오히려 연방정부가 권한을 행사할 수 있는 분야는 몇 가지로 제한되어 있으며, 그밖에 "헌법에 명시적으로 연방정부에 부여되지 않은 권한, 그리고 명시적으로 주정부에 대하여 금지하지 않은 권한"은 전적으로 주정부에 속하도록 했다. 이에 따라 주정부는 주정부의 운영, 기업설립 허가, 종교와 교육의 문제, 국민의 건강 안전 복지에 관한 문제에서 완전히 독립적인 권한을 가지며, 조세권도 원칙적으로 주정부에 위임되었다.

연방정부는 기본적으로 선전포고권과 외교권을 가지며, 여기에 제한된 범위에서의 조세권, 지방군대에 대한 일반적 감찰권이 추가되었다. 또한 이민을 허가하고 대외무역과 국내무역을 규제할 수 있는 권한도 연방정부에 귀속되었다.

결국 새 헌법은 연방정부의 권한을 강화하되 동시에 주정부의 독립성도 보장함으로써 양자간에 힘의 견제와 균형이 이루어지도록 했다. 이것은 연방정부가 지나치게 허약하여 국가의 기강과 질서가 무너지거나 반대로 연방정부가 지나치게 강대하여 국민의 의사를 무시한 독재국가가 되는 것을 막기 위함이었다.

새 헌법이 추구한 '견제와 균형'의 원리는 국가 운영에 민주적 요소와 귀족정치적 요소를 적절히 배합한 데서도 찾아볼 수 있다. 즉 선거를 통해 국민이 직접 정부에 참여하는 것을 허용하는 대신, 다수의 국민이 모든 것을 마음대로 처리하지 못하도록 하여 소수 의견도 보호받을 수 있는 제도적 장치들을 마련한 것이다.

사실 새 헌법은 기존의 어떤 법률보다도 많은 민주적 요소들을 파격적으로 도입했다. 선거권과 피선거권을 부여하는데 있어 재산의 제한을 일부 없앤 것이 가장 단적인 예가 될 것이다. 오늘날에는 재산을 근거로 피선거권과

미국 국회의사당 전경. 대통령과 의회는 상호 견제와 균형의 관계에 있지만 헌법 규정에 따라 엄격히 말하면 의회의 권한이 더 우위에 있다.

선거권을 제한할 수 없다는 것이 확고한 민주주의 원칙 가운데 하나지만, 당시만 해도 재산이 없는 사람은 노예나 다름 없고 시민으로서의 권리와 책임을 다할 수 없다는 것이 일반적인 생각이었다. 그럼에도 여성과 노예의 참정권은 거부되었다. 일부러 그랬다기보다는 아예 논의 자체가 되지 않았다. 당시로서는 상상도 할 수 없는 일이었기 때문이다.

그러나 국민 대다수가 힘들게 생활을 꾸려가는 무산대중인 상황에서 이들의 의사가 국가를 좌우하게 되면 일부 부유한 유산계급의 운명은 어떻게 될 것인가? 가난한 대중이 수적인 힘을 앞세워 부유한 소수의 재산을 빼앗으려 하지 않을까? 부자가 대다수였던 '헌법의 아버지들'에게 이것은 심각한 걱정거리였고, 결국 그들은 '다수의 독재'를 막기 위한 제도적 장치가 필요하다는 데 의견을 같이했다.

미국헌법에 국회가 양원제로 되어 있는 것은 바로 이 때문이다. 하원은 인민의 직접투표로 인구비례에 의해 선출되기 때문에 이는 기본적으로 다수의 의견을 대변한다. 이에 비해 상원에는 각 주가 똑같은 수의 의원을 보내도록 했고 이들의 선출 역시 주민이 아닌 주의회가 하도록 했다. 이렇게 되면 자연히 명망 있고 부유한 인사들이 상원에 모이게 되므로 이들이 하원을 견제하면서 소수의 이익을 대변하게 될 것이다. 1913년에 헌법이 개정되어 현재는 상원의원도 주민 직접선거로 선출되지만, 상원이 부유한 소수의 이익을 대변하는 전통은 오늘날까지도 여전히 매우 강하게 남아 있다.

마지막으로 정부 내에서의 견제와 균형에 관한 것이다. 헌법이 제정될 당시 사람들이 무엇보다도 우려했던 것은 입법부의 독재 가능성이었다. 아무리 상하원간에 상호견제 기능이 있다 해도 입법부는 기본적으로 다수의 인민을 대표하는 기구이므로 언제나 다수독재의 위험성을 안고 있는 것이다. 새 헌법은 이런 입법부 독재를 막기 위해 행정부, 특히 대통령에게 입법부를 견제할 수 있는 광범위한 권한을 부여했다. 위헌심사권이라는 막강한 권한을 쥔 연방대법원 판사를 대통령이 지명하고, 입법부가 통과시킨 법에 대통령이 거부권을 행사할 수 있도록 한 것 등이 그 예이다. 물론 그렇다고 해도 국가 의사의 최종결정권은 어디까지나 입법부에 있으며, 대통령이 거부한 법이라도 입법부가 다시 통과시키면 대통령도 이에 대해서는 다시 거부권을 행사하지 못하도록 했다.

이렇게 해서 '견제와 균형'의 원칙에 입각한 정부 조직이 완성되었다. 이는 미국헌법의 위대한 발견이다. 미국헌법은 권력을 철저히 불신하고, 권력을 가진 개인 또는 조직이 '선의'와 '절제력'으로 스스로를 제어할 수 있을 것이라는 환상을 단호히 거부했다. 권력은 오직 또 다른 권력에 의해서만 억제될 수 있을 뿐이다. 이는 권력과 정부에 대한 진정한 근대적 이해이며, 지금까지의 역사적 경험으로 볼 때 권력의 남용과 독재를 막을 수 있는 가장 효과적인 방법이다. 오늘날 대부분의 민주주의 국가들이 바로 이 '견제와 균형의 원칙'을 근간으로 하는 헌법을 운용하고 있는데, 이는 전적으로 미국헌법의 위대한 발견에 힘입은 바가 크다.

한밤중의 법관, 사법부를 수호하다:
대법원장 존 마셜과 위헌심사권
(1803년)

그때 세계는 –
1816년 독일, 독일연방의회 개최
1816년 아르헨티나의 모든 주, 독립을 선언

미국의 정부제도는 오늘날 수많은 민주주의 국가가 채택하고 있는 '견제와 균형'의 표본으로 일컬어지고 있다. 이 원칙은 특히 중앙정부의 조직, 즉 행정부, 의회, 사법부의 관계에서 단적으로 나타난다. 의회는 입법권을 갖지만 대통령은 이를 거부할 수 있다. 반대로 의회는 대통령의 선전포고나 그가 승인한 외국과의 조약을 파기할 수 있는 권한이 있다. 사법부는 의회의 법률이나 대통령의 통치 행위를 심사하여 그것이 헌법에 위배된다고 판단될 경우 이를 취소할 권한이 있다. 그렇지만 대법관은 대통령이 지명하여 의회의 승인을 거쳐 임명된다. 두말할 나위 없이 이런 상호견제와 균형의 원칙은 어느 한 기구의 권한이 비대해져 정부가 독재로 나가는 것을 방지하기 위함이다.

그런데 원래 헌법에는 입법부와 행정부간의 견제와 균형만이 규정되어 있을 뿐이지, 사법부에 대해서는 뚜렷한 언급이 없었다. 오늘날 사법부가 위헌심사권이라는 막강한 권한을 갖게 된 것은 전적으로 4대 대법원장 존 마셜의 공이라 해도 과언이 아니다.

마셜은 원래 연방주의자로 2대 대통령 애덤스 행정부에서 국무장관을 지냈다. 그런데 1800년 애덤스의 임기가 끝날 즈음해서는 그때까지 위세를 부리던 연방주의자들의 세력이 현저히 약화되어 있었다. 특히 워싱턴이 1799년 사망함으로써 연방주의자들은 세력의 구심점을 완전히 잃고 말았다. 결국 1800년 선거에서 해밀턴의 적수인 제퍼슨이 3대 대통령으로 당선되고 반연방주의자들이 의회내 다수세력으로 등장했다.

대법원장 존 마셜. 1801년부터 1835년까지 대법원장을 역임했으며 사법부의 위헌심사권을 확립하여 사법부의 위상 강화에 결정적 공헌을 했다.

그러나 연방주의자들은 권력을 내놓기 전에 중앙정부에서 자신들의 세력을 영속화하기 위한 마지막 시도를 한다. 바로 대법원에 연방주의자들을 법관으로 앉히는 것이다. 대법관은 의회의 탄핵을 받지 않는 한 평생 임기가 보장될 뿐 아니라 사법부의 권한에 관한 헌법의 모호한 규정을 잘만 이용하면 행정부와 의회에 대하여 효과적 견제를 할 수 있을 것으로 기대되었다. 애덤스와 의회내 연방주의자들은 서둘러 법원조직법을 통과시키고(1801) 심복 연방주의자들을 사법부 요소요소에 임명했다. 애덤스는 백악관을 떠나기 전날 밤새워 이들에 대한 임명장에 서명을 했는데, 이 때문에 이들을 '한밤중의 법관들'(Midnight Judges)이라 했다. 존 마셜 대법원장은 이렇게 임명된 '한밤중의 법관들' 가운데 한 명이었다.

마셜은 연방주의자들의 기대에 그야말로 기대 이상으로 부응했다. 사법부의 권한에 관한 헌법 규정은 '미국의 사법권은 연방 대법원과 그 하급법원에 속한다'(제3조 1절)는 다소 모호한 구절이 전부이다. 이 모호한 구절로부터 사법부의 권한을 구체적으로 어떻게 끌어올 것인가? 마셜은 놀랍게도 여기에 사법부의 위헌심사권이 암시되어 있다는 해석을 내림으로써, 의회와 행정부의 행위가 사법부의 심사 대상이 될 수 있음을 밝혔다.

마셜이 실제 판결에서 이 원칙을 적용한 것이 유명한 마버리 대 매디슨 사건이었다. 마버리는 '한밤중의 법관들' 가운데 한 명이었는데, 신임 국무장관 제임스 매디슨이 행정절차의 미비를 들어 그의 임명을 거부했다. 그러자 마버리는 1789년 법원조직법에 법원의 행정명령권(mandamus, 라틴어로 '우리는 명령한다'는 뜻)이 있음을 들어 매디슨이 자신을 판사에 임명하도록 법원이 '명령'해 달라는 요지의 소송을 냈다.

여기서 마셜은 1789년의 법원조직법이 위헌이라는 이유를 들어 마버리에 패소판결을 내렸다. 사건 자체만 보자면 이 판결의 승자는 반연방주의자인 제퍼슨이었다. 그러나 다시 생각해 보면 이는 의회가 통과시킨 법률이라도 대법원이 이를 위헌으로 판결하면 무효라는 의미를 담고 있다. 이것이 미국 정치에 얼마나 혁명적인 의미를 가지고 있는지는 당시로서는 아무도, 심지어 마셜 자신조차 정확히 알지 못했다.

이 판결을 이끌어낸 마셜의 변은 다음과 같은 것이었다. 미국의 최고법은 헌법이고 모든 정치 행위는 헌법의 규제를 받는다. 의회라고 해서 예외가 될 수는 없다. 의회는 오직 헌법에 위배되지 않는 법률만을 통과시킬 수 있으며, 이런 점에서 의회는 최고의 주권기관이 아니다. 법률의 위헌 여부는 누가 가리는가? 바로 대법원이다. 1789년의 법원조직법은 헌법에 배치되므로 무효이며, 이를 근거로 소송을 제기한 마버리의 주장 또한 원인무효라는 것이다.

마셜은 1835년까지 대법원장으로 재직하면서 사법부의 독립성, 중앙정부의 지방정부에 대한 우위, 재산권의 신성불가침이라는 연방주의자들의 원칙을 일관되게 주장했다. 특히 1819년의 매컬록 대 메릴랜드 사건은 연방의회에서 통과된 법률을 주정부가 임의로 폐기하지 못함을 밝힌 것으로, 연방정부와 주정부가 각자의 권한을 둘러싸고 이견이 있을 때마다 고전처럼 인용되는 유명한 판례다. 오늘날 미국 사법부가 위헌심사권이라는 막강한 권한을 갖고 입법, 행정부에 대한 효과적 견제의 역할을 하고 있는 것은 전적으로 대법원장 마셜의 공이다.

새 술은 새 부대에:
수도 워싱턴 D. C. 건설
(1792년~)

그때 세계는 −
1792년 투르크, 러시아와 야시조약을 맺어 드네스트르강을 국경으로 함
1794년 조선, 청나라 신부 주문모의 밀입국

1789년 4월 30일, 이 날은 미합중국 초대 대통령이 정식 취임하는 뜻깊은 날이었다. 수많은 군중이 연방정부 건물이 자리한 뉴욕 월 가를 가득 메웠다. 그들은 손에 손에 꽃을 들고 "위대한 미국 만세", "위대한 미국 대통령 만세"를 외쳤다. 드디어 워싱턴이 장중한 몸짓으로 정부청사 발코니에 모습을 드러냈고 곧이어 엄숙한 취임식이 거행되었다. "나는 미국 대통령직을 성실하게 수행할 것과, 미국헌법을 유지하고 지키는 일에 나의 최선을 다할 것을 엄숙히 선서하노라." 워싱턴이 차분한 어조로 취임선서를 마치자 다시 한 번 우레와 같은 군중의 함성이 뒤따랐다.

그러나 이렇게 모두의 흥분과 기대 속에 탄생한 새 정부는 사실 외화내빈의 극치였다. 대통령과 부통령 외에 정부 관리는 청사 내 잡무를 맡아볼 열서너 명 남짓한 서기가 전부였고, 더구나 이들에게 줄 급료조차 마련되지 않은 상태였다. 무엇보다 건국 과정에서 불거진 북부와 남부의 대립이 심각한 문제였다. 워싱턴 대통령은 양측의 인사들을 골고루 주요 관직에 임명했지만 정부 내에서조차 이들은 사사건건 대립하며 대통령의 입장을 곤란하게 만들기 일쑤였다.

대통령으로서는 뭔가 특단의 조치를 취해야만 했다. 우선 재무장관 해밀턴을 앞세워 정부 재정수입 확충을 위한 일련의 세제개혁 조치들을 단행했다. 동시에 연방정부가 북부의 본거지 뉴욕에 있어서 남부 주들이 소외당하고 있다는 남부의 불만을 받아들여 연방정부를 남쪽으로 옮기기로 결정했다. 1790년 7월 9일 연방의회는 대통령의 이 같은 계획을 승인하고 대충 북부와 남부의 중간쯤에 새로운 수도를 건설하기로 결정했다. 여러 후보지들을 두고 논의한 결과 버지니아와 메릴랜드 접경 포토맥강 연안 일대가 부지로 최종 확정되었다. 해당 부지는 두 주가 연방정부에 관할권을 양도하기로 했다. 양도 절차가 매듭되고 땅 소유주들에게는 에이커당 66.66달러의 비교적 높은 보상가를 지불했다. 원래는 포토맥강 양쪽으로 약 150평방마일이 부지로 선정되었지만 강 이남지역은 후일 버지니아에 되돌려 주고 대신 메릴랜드 영토인 조지타운 시가 새로 부지에 편입되었다. 건설될 새 수도의 이름은 대통령을 기념하여 '워싱턴 컬럼비아 특별자치구'(Washington, District of Columbia)로 정했다('컬럼비아'는 당시 미국의 또 다른 이름이었다).

부지로 선정된 지역은 원래 황량한 늪지와 초지가 대부분이었다. 워싱턴은 개인적으로 뉴욕에 머물기를 원했다. 아마 남부 출신들을 빼고는 대부분 화려한 뉴욕을 떠나고 싶지 않았을 것이다. 그러나 연방주의자들과 반연방주의자들간 사이에 반목이 심각한 상황에서 연방정부의 안정을 위해서는 어쩔 수 없는 일이었다.

부지가 확정되자 워싱턴은 곧 대통령 직속으로 위원회를 만들고 새 수도 건설을 위한 구체적 작업에 들어갔다. 먼저 도시와 관청 건물들에 대한 설계도를 공모하여, 도시 전체 계획은 프랑스의 저명한 건축설계사 피에르 랑팡, 대통령 관저는 제임스 호번, 국회 건물은 벤자민 라트로브의 설계도가 당선되었다.

특히 논란이 되었던 것은 연방정부의 상징이라 할 대통령 관저의 모습이었다. 몇몇 연방주의자들은 중앙정부의 위엄을 나타내보이도록 대통령 관저는 웅장하고 화려하게 지어야 한다고 주장했다. 그러나 새 정부가 획기적인 민주공화정을 표방하고 나선 마당에 대통령 관저를 유럽의 왕궁처럼 지어서

는 안 된다는 주장이 우세
하여, 결국 당시 버지니아
부호들이 소유하고 있던
대저택(manor)규모의 '소
박한' 관저를 짓기로 했다.
아무리 그래도 총 건축비
40만 달러에 이르는, 당시
로서는 매우 큰 건축물이
었다.

　1792년 10월, 대통령 관
저 기공식을 시작으로 수
도 건설이 본격화되었다.

워싱턴 D. C. 중심부에 위치한 국회의사당의 모습(1835). 연방정부
의 안정을 위해 수도를 옮기기로 결정, 1792년 10월부터 수도 건
설에 들어갔다. 이후 워싱턴은 세계 정치의 중심지가 되었다.

국회의사당 건설은 이듬해에 시작되었다. 그러나 공정은 매우 지지부진했
다. 우선 국회가 필요한 예산을 제때 내주지 않았고, 습지를 메워가며 도로를
만들고 건물을 짓는다는 것이 생각보다 쉽지 않았던 것이다. 결국 초대 대통
령 워싱턴은 새 집에 살아보지도 못한 채 임기를 마쳤고, 2대 대통령 존 애덤
스가 집의 첫 주인이 되었다. 공식 '집들이'는 1801년 1월 1일에 거행되었는
데, 외관 공사만 대충 마무리되었을 뿐이고 내부는 아직 엉망인 상태였다.

　대통령 관저는 1층에서 대통령과 관리들이 업무를 보고 2층에서는 대통령
가족이 살림을 하도록 설계되었다. 그러나 처음 애덤스 부부가 입주했을 때
쓸 수 있는 방은 모두 6개밖에 되지 않았다. 그나마 식수, 램프, 난로 등 기본
주거시설조차 태부족이고 습지 위에 건설된 탓에 1층 바닥까지 물이 스며들
정도였다. 사정이 이렇다 보니 원래 리셉션 장소로 만들어진 동실(East Room)
은 대통령 부인의 빨래방이 되었고, 귀빈용인 녹실(Green Room)에서는 할 일
없는 관리들이 둘러앉아 카드놀이로 날을 지샜다.

　그러다가 1812년 영미전쟁이 터졌는데, 워싱턴을 점령한 영국군은 '건방
진' 미국인들에 대한 교훈으로 대통령 관저를 불태워 버렸다. 이때 건물뿐
아니라 안에 있던 값진 유물과 문서들도 대부분 불타버렸는데, 길버트 스튜

어트가 그린 워싱턴의 초상화만은 불에 그을린 채 남아 있었다. 이 그림은 아직도 백악관에 자랑스럽게 걸려 있다.

그러나 이것은 결과적으로 보면 매우 잘된 일이었다. 영국군이 물러간 후 곧 대대적인 복구작업이 벌어져 그전보다 훨씬 쓸모 있고 잘 가꾸어진 건물로 다시 태어났기 때문이다. 복구작업은 원래 설계도를 그린 호번이 맡았는데, 그는 불탄 자국을 지우기 위해 건물 외벽에 하얗게 칠을 했다. '백악관'(The White House)이라는 명칭은 여기서 유래한 것이다.

백악관은 남북전쟁 때 군인들에 의해 다시 한 번 훼손되었다가 그랜트 대통령, 그리고 루스벨트 대통령 재임 시에 대대적인 보수공사를 했다. 그렇지만 바닥에 물이 차고 외벽에 금이 가는 등 구조적인 문제가 드러나 트루먼 대통령 때 아예 기둥만 남기고 건물을 완전히 해체하여 다시 세웠다. 공사기간 4년에 580만 달러의 예산이 들어간 대공사였다. 이때 비로소 방화벽, 에어컨, 텔레비전 시설이 들어섰다. 마지막 손질은 역시 역대 백악관 안주인 가운데 최고 멋쟁이로 꼽히는 재클린 케네디가 맡았다. 그녀는 각지에 흩어져 있던 백악관 초기 유물과 가구들을 다시 찾아오는 한편, 현재 백악관 앞뜰을 아름답게 장식하고 있는 로즈 가든을 직접 디자인하기도 했다. 이렇게 해서 오늘날의 아름답고도 고풍스러운 백악관이 완성되었다.

백악관은 미국 국회의사당과 함께 건국 초기 건축양식을 잘 간직하고 있는 역사적 유물로 해마다 수많은 국내외 관광객들이 즐겨 찾는 곳이다. 건물은 완전히 개방되어 누구나 자유롭게 들어가 내부를 구경할 수가 있다. 이것은 비록 대통령이라고 하더라도 대중과 떨어져 있어서는 안 된다는, 미국적 공화주의와 대중 민주주의의 상징으로 보아도 무방할 것이다.

제퍼슨 vs 해밀턴:
양대 정당의 탄생
(1793년)

그때 세계는 –
1795년 제3차 폴란드 분할
1796년 청, 백련교도의 난 발발

초대 워싱턴 행정부에는 성격과 정치적 성향이 서로 극단적인 두 명의 인사가 포진하고 있었다. 국무장관 토머스 제퍼슨과 재무장관 제임스 해밀턴이 그들이었다. 이들은 여러 면에서 서로 매우 다른 사람들었고 사이도 그리 썩 좋은 편은 아니었다. 그럼에도 불구하고 워싱턴이 이들을 나란히 기용한 데에는 우선 인사 문제에서부터 공평무사의 원칙을 지킴으로써 갓 출범한 정부의 안정에 도움을 주자는 의도가 있었을 것이다. 그러나 둘은 취임하자마자 사사건건 대립하기 시작했고, 급기야는 전국의 주요 정치계 인사들이 이 둘을 정점으로 각기 파당을 결성하기에 이르렀다. 이것이 오늘날까지 이어져 내려오는 미국 양당정치의 기원이 된다.

해밀턴과 제퍼슨은 우선 성격부터가 판이한 사람들이었다. 해밀턴은 《연방주의자 논집》 집필자 가운데 한 사람이었으며, 진작부터 열렬한 연방주의자로 유명한 사람이었다. 그는 기본적으로 귀족주의자였고 민주주의에 대해 비관적인 생각을 가지고 있었다. 즉 무지한 대중에게 국가를 맡겨놓을 수는 없으며, 오히려 이들이 사회의 질서를 파괴하지 않도록 이들을 감시하고 통제하는 것이 국가의 가장 중요한 임무라 생각했다. 이를 위해서는 정부가 강력한 힘을 갖는 것이 무엇보다도 중요했다. 그는 반연방주의자들이 주장하는 지방분권주의나 인민의 권리 따위는 모두에게 해로운 무정부 상태와 동의어로 여겼다. 해밀턴은 강력한 귀족주의적 전통에 의해 질서와 안정이 유지되는 영국을 이상적인 국가의 모델로 삼았다.

이에 비해 제퍼슨은 열렬한 민주주의 주창자이고 반연방주의자였다. 새헌법이 국가권력의 강화에만 목적을 둔 나머지 인민의 정당한 권리를 무시하고 있다는 그의 강력한 주장으로 새 헌법에 권리장전(The Bill of Rights)이 추가된 것은 널리 알려진 사실이다. 그는 정부가 강해지면 강해지는 만큼 인민의 권리는 작아지며, 이것을 막기 위해 인민이 국가의 일에 적극 관여하여 정부를 감시하는 것이 필요하다고 생각했다. 사람들이 살아가는 일은 기본적으로 그들 스스로에 맡기고 정부는 질서유지 등 극히 필요한 경우를 제외하고는 여기에 간섭해서는 안 된다는 것이다. 해밀턴과 달리 제퍼슨은 영국사회와 정치를 비도덕적인 체제, 즉 소수의 귀족과 부자들이 국가를 틀어쥐고 다수의 인민을 억압하는 체제로 간주했다.

제퍼슨과 해밀턴의 대립은 우선 해밀턴이 추진한 일련의 경제계획안을 두고 벌어졌다. 제퍼슨은 해밀턴의 경제개혁안들이 명분은 그럴듯하지만 실제로는 가난한 농부와 노동자들의 주머니를 털어 부자들의 주머니를 채워주는 것에 불과하다고 생각했다. 사실 이것은 그리 틀린 생각이 아니었다. 해밀턴은 국가를 운영하는 데 있어 가난한 대중보다는 부유한 소수의 협력이 더 중요하다고 여겼으며, 그의 경제개혁안 역시 주로 북부의 부유한 상인들과 금융업자들의 이익을 염두에 둔 것이었다. 이런 이유로 연방중앙은행 설립안이 의회에 제출되었을 때 남부 출신 국회의원들의 대부분이 반대한 반면, 북부 출신 의원들은 압도적으로 찬성표를 던졌다. 결국 법안은 근소한 차이로 국회를 통과했고, 남부의 불만은 극도로 고조되었다. 제퍼슨은 이때 "남부의 불만은 폭발 직전이다. 이것이 언제 터질지는 아무도 모른다"고 토로했는데 결국 이는 50년 후 벌어질 남북전쟁에 대한 예언이 되었다.

이들의 사이가 더욱 결정적으로 벌어진 것은 때마침 터진 프랑스혁명 때문이었다. 워싱턴의 대통령 취임 직후 프랑스에서는 시민혁명이 일어나 구

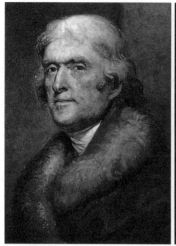

미국 양대 정당의 대부가 된 제퍼슨(왼쪽)과 해밀턴(오른쪽). 이들을 구심점으로 하여 미국의 정계가 뚜렷이 양분되어 전자는 공화민주주의파, 후자는 연방파가 되었다.

체제가 몰락하고 새로운 시민정부가 들어섰다. 혁명의 여파가 자국에까지 미칠 것을 우려한 영국과 오스트리아가 여기에 무력으로 개입할 조짐이 보이면서 유럽에서는 일촉즉발의 전운이 감돌았다. 여기서 미국이 어떤 태도를 취해야 할 것인가. 모르는 척하고 있을 수는 없는 노릇이었다. 프랑스는 독립전쟁 때 미국과 상호방위조약을 체결하고 미국을 물심양면으로 도왔다. 영국과의 전쟁을 앞두고 프랑스가 미국에 보답을 요구하는 것은 당연했다. 그러나 이제 갓 출범한 정부의 입장으로 볼 때 프랑스편에 가담하여 영국과 다시 전쟁을 치른다는 것은 상상할 수도 없는 일이었다. 결국 미국은 1788년 프랑스와 맺은 조약은 당시 프랑스 국왕과 맺은 것으로, 국왕이 단두대의 이슬로 사라진 지금 미국은 이를 준수할 의무가 없다는 이유를 들어 중립을 선언했다.

미국의 중립 정책은 해밀턴이 주도했다. 그러나 말이 중립이지 사실은 다분히 영국에 우호적인 중립이었다. 이것은 당시 미국의 경세를 위해서는 영국과의 교역이 필수적이라는 이유도 있었지만, 보다 근본적으로는 프랑스혁명에 대한 해밀턴의 혐오 때문이었다. 귀족주의자 해밀턴의 눈으로 볼 때 프랑스 시민혁명은 자유와 평등을 위한 인류의 고귀한 투쟁이라기보다는 질서를 파괴하는 대중의 폭동, 부자들의 재산을 강탈하려는 거지들의 폭력에 불과한 것이었다. 대부분의 연방주의자들이 해밀턴의 이런 생각에 동조했다.

민주주의자 제퍼슨의 생각은 전혀 달랐다. 프랑스혁명은 미국 독립전쟁의 고귀한 정신을 이어받은 것으로 압제와 왕정을 타파하려는 시민의 거룩한 투쟁이었다. 그는 미국이 프랑스 국민의 고귀한 투쟁을 지원하고 혁명을 분쇄하려는 유럽의 구체제 국가들에 맞서 싸워야 한다고 생각했다. 프랑스 신정부의 초대 미국 대사인 '시민' 주네(Citizen Genet)가 미국 전역에서 자코뱅 클럽을 조직하고 프랑스혁명을 지원하기 위해 자원대와 돈을 모을 때 제퍼슨은 그를 물심양면으로 도왔다. 반연방주의의 입장에 섰던 많은 사람들이 그에 동조했다.

결국 국내문제에서 비롯된 해밀턴과 제퍼슨의 대립은 프랑스혁명을 둘러싼 외교 문제에 이르러 돌이킬 수 없는 것이 되고 말았다. 1793년을 즈음해서는 이 두 사람을 중심으로 미국의 정계가 두 파로 뚜렷이 나뉘었다. 해밀턴 주위에는 주로 북부 출신의 연방론자들, 제퍼슨 주위에는 남부 출신의 반연방론자들이 모여들었다. 이들은 스스로를 '연방파', '공화민주파'라고 불렀으며, 다른 파의 사람들과는 같은 호텔에도 묵지 않았고 술집도 같이 가지 않았다. 이것이 오늘날 미국의 양대 정당인 공화당과 민주당의 기원이다.

연방파는 1812년 영미전쟁을 계기로 세력이 크게 위축되었으나 노예제 폐지를 외치며 남북전쟁을 통해 다시 이전의 세력을 회복하고 공화당으로 당명을 변경해 오늘에 이르고 있다. 공화민주파는 1820년대에 제임스 먼로 대통령의 후임을 둘러싸고 당이 한때 분열되기도 했지만 앤드루 잭슨의 영도하에 다시 세력을 결집하고 민주당이라는 이름으로 거듭나 오늘에 이른다.

연방파와 공화민주파는 이념적으로는 귀족주의와 민주주의, 지역적으로는 북부와 남부를 대표했다. 재미있는 사실은 미국 독립전쟁까지만 해도 반영 공화주의를 표방하던 북부가 프랑스혁명을 전기로 연방파의 본거지가 되었고, 반대로 귀족주의적 경향이 강했던 남부가 공화민주파의 산실이 되었다는 점이다. 오늘날에는 아예 양 정당의 이념과 본거지가 뒤바뀌어 있다. 연방파를 이어받은 공화당은 보수적 이념을 내세우며 주로 남부와 중부에 지지 기반을 갖고 있는 반면, 공화민주파의 후신인 민주당은 진보적 성향을 보이며 주로 북부와 서부 주들의 지지를 받고 있다. 이것을 놓고 보면 연방파와 공화파의 대립은 이념 못지않게 지역적 대립의 성격이 강했다고 말할 수 있다. 비록 해밀턴과 제퍼슨의 개인적 대립이 원인이었다고는 하지만, 그 시원은 헌법 제정을 둘러싼 연방주의자들과 반연방주의자들의 대립, 나아가 개척 초기부터 나타나기 시작한 남부와 북부의 여러 가지 차이점들에서 비롯된다고 보아야 할 것이다.

제4장
팽창과 발전

United States
of America

하루아침에 영토가 두 배로:
루이지애나 매입
(1803년)

그때 세계는 –
1801년 조선, 오가작통법 실시로 천주교인 다수 체포
1804년 나폴레옹 법전 공포

독립전쟁 승리로 미국이 얻은 가장 큰 전리품 중의 하나는 서부의 광대한 땅이었다. 영국이 차지하고 있던 애팔래치아 산맥 서부, 5대호에서 미시시피강 하구에 이르는 거대한 땅이 미국의 차지가 되었는데, 이것은 당시 13개 주를 합친 것보다 훨씬 넓은 면적이었다. 이 땅을 관리하기 위해 정부는 1787년 북서영지법(The Northwest Ordinance)을 제정하여 소유권, 토지불하 방법, 신생주 연방가입 원칙을 정했다. 여기에다 뜻하지 않게 엄청난 면적의 땅이 또 미국의 손으로 넘어왔다. 바로 루이지애나였다.

루이지애나(오늘날의 루이지애나주와는 다르다)는 남북으로는 미시시피강 입구에서 캐나다 국경까지, 동서로는 미시시피강에서 로키산맥에 이르는, 총면적 85만 평방마일의 광대한 지역을 가리킨다. 미국은 이 땅을 1803년 프랑스로부터 사들였는데, 당시 미국 영토와 거의 맞먹는 면적이었다. 이 땅을 매입함으로써 미국은 하루아침에, 적어도 면적만을 놓고 보면 러시아 다음 가는 대국이 되었다. 미국이 어떻게 이 큰 땅을 차지하게 되었을까? 다음은 한 치의 땅을 차지하기 위해 나라들이 피흘리며 싸우는 오늘의 현실에서 본다면 그야말로 공상소설에서나 나옴 직한 이야기다.

1803년의 뉴올리언스 루이지애나 매입으로 오하이오 계곡 지역과의 평저선 왕래가 급격히 느는 등 교역항으로서 활기를 띠기 시작했다.

루이지애나의 원래 임자는 프랑스였다. 말이 임자지 관리 한 명 제대로 파견하지도 않았고 땅의 크기가 도대체 얼마나 되는지, 정확히 어디에서 어디까지가 내 땅인지조차 제대로 아는 사람이 없었다. 그렇다고 여기에 별다른 이의를 제기하는 나라도 없었다. 미국은 미국대로, 다른 나라들은 다른 나라들대로 아직 이곳까지는 신경을 쓸 여유가 없었던 것이다.

1762년 루이지애나는 스페인의 소유가 되었다. 7년 전쟁에서 패한 프랑스가 전쟁배상의 형식으로 이 광대한 땅을 스페인에게 넘겨주었기 때문이다. 그러나 1800년에 스페인은 나폴레옹과 비밀협정을 맺고 가까운 장래에 이 땅을 다시 프랑스에 돌려주기로 했다. 유럽에서 승승장구하던 나폴레옹은 이곳에 또 하나의 프랑스 제국을 건설할 야심을 가지고 있었다. 그러므로 몇 가지 우연한 사건 때문에 이 땅이 미국의 수중에 넘어온 것은 미국으로 보아서는 대단한 행운이었다.

1801년, 카리브 연안의 프랑스령 생 도밍그(오늘날의 아이티)에서 반란이 일어났다. 반란의 주모자는 투생 루베르튀르라는 노예였다. 본국의 혼란을 틈탄 것이었겠지만, 당시 무적이었던 나폴레옹은 이를 묵인하지 않았다. 2만 명의 대규모 토벌대가 대서양을 건너 생 도밍그로 향했다. 나폴레옹은 이때 다 싶어 토벌대장 샤를 르클레르에게 반란을 진압하면 루이지애나로 건너가 이를 확실한 프랑스 소유로 만들 것을 지시했다.

그런데 여기서 문제가 발생했다. 강력한 토벌대가 건너오자 반도들은 일단 물러나는 듯했지만 산악지대에 제2방어선을 치고 맹렬히 저항하기 시작했다. 손쉽게 일을 처리할 것으로 믿었던 나폴레옹에게 이것은 아주 곤란한 상황이었다. 결국 그는 이 조그만 식민지 때문에 대군을 묶어두느니 당분간 이를 방치해두기로 결정했다. 루이지애나 원정 계획도 자연히 흐지부지되고 말았다.

한편 1802년 뉴올리언스 주재 스페인 총독은 일방적으로 미국 배들의 뉴올리언스 기항을 금지하는 조치를 내렸다. 당시 미국 통상 물량의 약 3분의 1이 미시시피강을 통해 수송되고 있었으므로 스페인의 이 같은 조치는 미국 경제에 치명타를 가할 것으로 우려되었다. 당시 대통령 제퍼슨은 고심 끝에 이 땅의 실질적 주인인 프랑스에 사절을 보내, 뉴올리언스를 포함하는 일대의 땅을 매입하든지, 아니면 미국 배들의 뉴올리언스 항구 기착권이라도 얻어 보려고 결심했다. 그러나 궁한 처지에서 한번 시도해보는 것이지 제퍼슨 자신은 여기에 큰 기대를 걸지 않았다. 뉴올리언스 같은 전략적 요충지를 프랑스가 쉽게 내줄 것 같지 않았던 것이다. 전에도 한번 이 문제로 넌지시 프랑스의 의중을 떠본 적이 있었지만 한마디로 거절당하고 만 일도 있었다.

프랑스는 당시 생 도밍그 문제로 골치를 썩이고 있었는데, 여기에 영국과의 전쟁 가능성이 점점 현실성 있게 다가오고 있었다. 전쟁은 터지도록 되어 있는데, 그 경우 프랑스는 영국의 강력한 해군으로부터 생 도밍그나 루이지애나를 지켜낼 수 없을 것이다. 욕심을 내다가 결국 적국에 넘겨주느니 차라리 선심쓰는 척하고 이 땅을 미국에 주는 것이 프랑스의 장래를 위해 더 좋지 않겠는가?

나폴레옹이 이런저런 생각을 하고 있을 때 제임스 먼로가 이끄는 미국 사절단이 도착했다. 사절단으로부터 방문 목적을 들은 나폴레옹이 뜻밖의 제안을 하는 바람에 먼로는 한동안 자신의 귀를 의심하지 않을 수 없었다. 미국이 원하는 땅뿐만 아니라 아예 루이지애나 전체를 싸게 팔테니 사라는 것이었다. 먼로는 일단 사절단의 목표는 달성되겠다 싶어 나폴레옹의 제안을 수락하고 가격협상에 들어갔다. 몇 번의 협상 끝에 총가격을 1,500만 달러로 하기로 했다. 1평방마일당 18센트라는 저렴한 가격이었다.

정식 매매계약은 1803년 4월 30일에 체결되었다. 프랑스 협상 대표 탈레랑은 사뭇 진지한 얼굴로 먼로에게 "아주 좋은 물건을 싸게 사셨습니다. 잘 쓰십시오."라고 말했다. 그러나 이 말을 하는 탈레랑도, 말을 듣는 먼로도 자신들이 무엇을 팔고 사는지 정확히 알지 못했다.

루이지애나 매입 소식은 그해 6월 14일에야 제퍼슨 대통령에게 전해졌다. 제퍼슨도 미국 영토가 하루아침에 두 배로 늘어난 사실에 적잖이 당황할 수밖에 없었다. 또한 영토 변경이라는 중대한 문제를 의회 승인도 없이 사절단 대표가 독단적으로 처리한 것이 과연 헌법에 맞는 것인지조차도 확실치 않았다. 그러나 호박이 넝쿨째 굴러들어왔다는 것만은 확실했다. 헌법 조항을 따지면서 시간을 끌다보면 나폴레옹이 언제 마음을 바꿀지 아무도 몰랐다. 결국 제퍼슨은 의회 비준 절차도 거치지 않은 채 매매계약서에 서둘러 도장을 찍었다. 다행히(아니면 당연하게) 의회는 별다른 이의를 제기하지 않았고, 제퍼슨의 인기는 하늘을 찌를 듯이 올라갔다. 이렇게 해서 미국이 미시시피 강을 건너 서부로 진출할 수 있는 중요한 전기가, 전혀 예상치 않게 마련되었던 것이다.

'성조기여 영원하라':
영미전쟁
(1812~1814년)

그때 세계는 –
1806년 신성로마제국 멸망
1813년 유럽 각국 해방전쟁 시작

오늘날 미국 국가인 '성조기여 영원하라'는 1814년 영미전쟁 때 매킨리 요새 전투를 배경으로 하고 있다. 매킨리 요새는 체사피크 만 북단 볼티모어 항 입구, 바다를 통해 수도 워싱턴으로 가는 길목에 위치해 있다. 그해 9월, 일단의 영국 함대가 매킨리 요새를 포격하기 위해 채 동이 트지 않은 바다에 모습을 드러냈다. 여기에는 프랜시스 스콧 키라는 미국인 포로 한 사람이 타고 있었다. 막강 영국 해군의 내습을 아는지 모르는지 매킨리 요새는 평온했고 어슴푸레 밝아오는 햇살에 성조기가 높이 걸려 있었다. 이것을 말없이 바라보던 프랜시스 스콧 키는 알 수 없는 감동과 영감에 전율하며 수첩에 무엇인가를 써내려가기 시작했다. 이 시는 많은 사람들의 입에 오르내리면서 미국인들의 애국심을 고무했고 급기야는 미국의 공식적인 국가로까지 채택되는 영예를 안았다.

프랜시스 키의 눈으로 볼 때 매킨리 요새에 휘날리는 성조기는 미국의 자유와 이를 지키려는 미국인들의 용기를 상징하는 것이었다. 그러나 과연 영국과의 이번 전쟁이 자유를 지키기 위한 또 하나의 숭고한 싸움이었는가? 많은 사람들은 그렇지 않다고 말한다. 1812년에 시작되어 3년을 끈 영미전

제2차 독립전쟁으로 불리는 제2차 영미전쟁은 미국 내 반전파들에게 '매디슨 씨의 전쟁'이라는 비꼼을 받았다. 그러나 이 전쟁 후 미국은 영국과 동등한 취급을 받는 독립국가로 우뚝 섰다.

쟁은 뚜렷한 명분도 없이 시작되어 아무런 소득도 없이(적어도 영국의 입장에서는) 끝이 났다. 그렇다면 이 '쓸데없는' 전쟁은 왜 일어나게 되었는가?

표면적인 이유는 당시 프랑스와 전쟁을 벌이고 있던 영국이 미국의 대외 중립정책을 무시하고 도발적인 행동을 하고 있다는 것이었다. 당시 유럽은 프랑스혁명의 여파로 전쟁의 소용돌이에 휘말려 있었는데(나폴레옹 전쟁), 1803년에는 드디어 영국과 프랑스 간에도 전쟁이 터졌다. 유럽 각국이 나폴레옹의 말발굽 아래 무참히 짓밟히는 와중에도 영국은 세계 최강의 해군을 앞세워 나폴레옹의 침공을 저지하면서 오히려 해안봉쇄 작전으로 프랑스를 궁지로 몰아넣고 있었다.

영국의 작전은 배들이 프랑스 항구로 출입하는 것을 막아 프랑스가 외부로부터 전쟁 물자를 들여오지 못하도록 하는 것이었다. 그런데 여기에는 주로 미국 상인들이 개입되어 있었으므로 이들의 피해가 컸을 것은 충분히 짐작이 가는 일이다. 물론 영국의 봉쇄망을 이리조리 피하며 밀무역을 계속하는 사람도 있었지만 위험 부담이 큰 만큼 미국의 대(對)프랑스 무역은 눈에 띄게 줄었다. 뿐만 아니고 영국은 미국 배라면 보이는 대로 잡아서 물건을 빼앗고 심지어는 선원들을 납치하여 영국 군인으로 끌고가는 일도 많았다.

그러던 중 1807년에 체사피크호라는 미국 상선이 버지니아 근해에서 영국 군함의 정선 명령을 거부하다가 포격을 받아 여러 명이 선원이 죽거나 다치는 사태가 벌어졌다. 당시 대통령 제퍼슨의 신중한 태도로 사태가 더 이상 확대되지는 않지만, 이 사건은 많은 미국인의 자존심에 상처를 입혔고 전쟁 불사 여론이 전국을 들끓었다.

그러나 영국의 봉쇄정책이나 체사피크호 사건이 전쟁을 해야 할 만큼 중대한 사안은 아니었다. 우선 미국이 전혀 전쟁 준비가 되어 있지 않았고, 영국 역시 프랑스와의 전쟁 때문에 하는 수 없이 미국을 자극한 것이지 미국과 다시 전쟁을 벌이려는 의도는 없었다. 그럼에도 불구하고 전쟁이 일어나게 된 데에는 미국의 복잡한 국내 사정이 있었다. 바로 연방주의자들과 반연방주의자들간의 해묵은 집안 싸움이었다.

헌법 문제로 불거진 연방주의자들과 반연방주의자들간의 싸움은 새 중앙정부가 들어서고도 조금도 잦아들지 않았다. 이들을 화해시키려는 워싱턴의 노력에도 불구하고 이들은 사소한 일에까지 사사건건 대립하기 일쑤였고, 급기야는 상대편과는 같은 호텔에도 묵지 않고 술집도 따로 갈 정도였다.

때마침 유럽에서는 프랑스혁명이 일어나고 곧 모든 나라가 전란에 휩싸이게 되었는데, 여기에서 미국이 어떤 태도를 취해야 할 것인지를 두고 이들은 다시 한 번 격돌했다. 공식적으로 미국의 입장은 중립이었다. 그러나 연방주의자들은 드러내 놓고 프랑스혁명을 비난했고 반연방주의자들은 당연히 그 반대였다. 프랑스를 동정하는 반연방주의자들을 두고 연방주의자들은 국가를 전쟁의 위험으로 몰고가는 비애국자들이라고 몰아세웠다. 처음에는 반연방주의자들이 열세였다. 그러나 영국의 오만한 자세로 여론이 반영 분위기로 돌아서는 바람에 오히려 연방주의자들이 몰리는 상황이 전개되었다. 미국이 공식적으로 대외중립을 표방했음에도 불구하고 마치 미국이라는 나라가 있느냐는 듯 방자하게 행동하는 영국을 그냥 보아넘기는 것이 과연 애국이란 말인가? 반연방주의자들은 때를 만났다는 듯이 연방주의자들을 몰아세우며 분위기를 전쟁 쪽으로 몰아갔다.

또 하나 반연방주의자들에게 유리하게 작용한 것은 서부 문제였다. 독립전쟁 승리로 미국이 영국으로부터 넘겨받은 5대호 연안으로 많은 사람들이 건너가 살고 있었는데 원주민들의 거친 저항으로 어려움이 많았다. 1810년에는 테쿰세라는 한 원주민 추장이 근처의 원주민들을 끌어모아 대규모 반란을 일으켰다. 악전고투 끝에 겨우 진압할 수는 있었지만 원주민들은 영국령 캐나다로 숨어들어가 끊임없이 개척민들을 위협했다. 서부인들은 영국이 이들 원주민들을 사주하면서 무기를 대주고 있다고 믿었다. 원주민들에게 가족이 살해된 서부 출신 한 하원의원은 "야만인과 공모하여 여자들을 잔인하게 살해하는 배후세력을 응징해야 한다"고 열변을 토하기도 했다. 이쯤 되자 매디슨 대통령도 어쩔 수 없이 1812년 7월 18일 영국에 선전포고를 하게 되었다.

전쟁 초기 미국의 공세는 영국령 캐나다에 집중되었다. 당시 캐나다 인구는 50만 정도였고 미국은 이미 인구 700만의 대국이었다. 사람들은 미국이 아주 쉽게 이길 것이라고 믿었다. 그러나 급히 전쟁을 일으킨 미국은 전혀 준비가 되어 있지 않았고, 여기에다 연방주의자들의 본거지인 뉴잉글랜드 각 주는 '매디슨 씨의 전쟁'(Mr. Madison's War)에 전혀 협조해주지 않았다. 몇몇 소규모 전투가 있었지만 미국은 결정적인 승리를 거두지 못했다.

1814년, 영국과 프랑스간에 강화 조약이 체결되면서 전쟁은 새로운 국면을 맞았다. 유럽에서 손을 뗄 수 있게 된 영국은 이번에야말로 미국에게 따끔한 맛을 보여주려고 마음먹었다. 전열을 정비한 영국군 대부대가 북부, 중부, 남부 세 방향에서 본격적인 공세를 시작했다. 그러나 이제까지 오합지졸처럼 보이던 미국 군대가 돌변하여 끈질긴 저항을 계속했다. 수도 워싱턴으로 진격한 영국군 한 부대만이 제대로 작전에 성공했을 뿐, 남부와 북부에서 영국군은 참패를 하고 말았다. 특히 1815년 1월에 벌어진 뉴올리언스 전투에서 영국군 주력이 앤드루 잭슨 휘하의 미군에게 패하여 전체 병력 1만 명 중 2천 명 이상이 죽거나 다치거나 포로로 붙잡혔다. 이에 반해 미군 전사자는 13명에 불과했다. 워싱턴으로 침공했던 부대도 곧 지방 민병대에 밀려 바다로 후퇴하지 않을 수 없었다.

사태가 이쯤 되자 영국은 크게 당황할 수밖에 없었다. 비록 미국 독립전쟁에서 지기는 했지만 항상 만만하게 보아왔던 미국이 어느덧 영국과 대등하게 맞서 싸울 만큼 국력이 크게 신장되어 있었던 것이다. 여기에 프랑스와의 전쟁으로 힘을 소진한 상황에서 미국과 또다시 몇 년을 끌지 모르는 싸움을 한다는 것은 무리였다.

미국도 상황은 마찬가지였다. 원래 집안 싸움에서 비롯된 전쟁이니만큼 싸움이 길어지면 자칫 연방주의자들에게 반격의 기회를 줄지도 몰랐다. 이기고 있을 때 싸움을 끝내는 것이 여러모로 유리한 상황이었다.

양국 간의 이런 이해관계가 맞아 떨어져 전쟁은 시작되자마자 싱겁게 끝이 났다. 1814년 말 벨기에의 겐트에서 양국 대표 간에 강화 회담이 시작되었는데 아무도 상대방에 불리한 조건을 내세우려고 하지 않았으므로 협상은 불과 며칠밖에 걸리지 않았다. 성탄 전야에 조인된 강화 조약은 양국이 전쟁 이전 상태로 되돌아간다는 것이 핵심적인 내용이었다. 재미있는 사실은 당시 전쟁에서 가장 치열했던 뉴올리언스 전투가 강화 조약이 체결된 한참 뒤에 벌어졌다는 것인데, 당시만 해도 통신 수단의 미비로 종전 소식이 전선에 빨리 전달되지 못했기 때문이다.

표면적으로 미국이 이 전쟁에서 얻은 것은 아무 것도 없었다. 그러나 미국은 세계 최강국인 영국과 당당히 맞서 싸워 이김으로써 대외적으로 국가 위신이 크게 높아졌고, 국내적으로도 민족주의와 애국 분위기가 크게 고양되고 서부 개척도 가속화되었다. 영미전쟁은 말하자면 이후 미국에 불어닥치게 될 애국적 민족주의의 예고편과도 같은 것이었다.

민족주의의 시대:
애국적 민족주의 고양과 '미국 체제' (1815~1830년)

그때 세계는 –
1818년 조선, 정약용 《목민심서》 완성
1821년 오스트리아, 메테르니히 수상의 반동정책 시작

우리는 사실 '민족'이라는 말 때문에 서구적 용어인 민족주의(nationalism) 의 의미를 오해하는 경우가 있다. 민족이라 하면, 우리는 언뜻 혈연적 유대관 계를 연상한다. 그러나 영어의 네이션(nation), 또는 내셔널(national)이라는 말 은 이런 혈연적 유대관계를 뛰어넘는 매우 포괄적 개념이다. 대체로 민족주 의란 국가라는 공동체 소속 의식을 말한다. 가족에 가족공동체 의식이 있고, 마을에 마을공동체 의식이 있는 것과 마찬가지다. 이런 의미에서라면 미국 에도 다른 어떤 나라 못지않은 진한 민족주의가 살아 숨쉬고 있다. 여러 민 족들로 구성된 잡종사회이기 때문에 미국에 민족주의가 없다고 말하는 것은 전혀 어불성설이다(이렇게 본다면 내셔널리즘을 '민족주의'라고 옮기는 것 자체가 잘 못되었다고 할 수도 있다. 그렇다고 '국가주의'라고 하면 또 다른 뜻이 될 수 있기 때문에 이것도 적절한 용어는 아니다. 정치학자들이 정리해야 할 어려운 문제다).

그런데 이 민족주의라는 말은 이것이 대내적으로 쓰일 때와 대외적으로 쓰일 때 그 실질적인 의미가 좀 다르다. 대외적으로 이 말은 민족 자결과 독 립, 나아가 자기 국가나 민족의 우월성을 주장하는 의미를 담고 있다. 이런 점에서 민족주의는 국제주의 또는 세계주의와 반대되는 개념이다. 대내적으

로는 개인보다 국가와 민족을 더 중시하는 의미를 담고 있다. 이런 의미에서는 개인주의 또는 지역주의와 대립되는 개념이다. 민족주의를 논할 때에는 이런 용례의 차이를 잘 이해해야 한다.

미국 역사에서 1815년부터 1830년까지 약 15년을 '민족주의 시대'라 일컫는다. 물론 영미전쟁의 여파였다. 어느 나라에서건 외국과의 전쟁을 성공적으로 치르고 나면 애국적 민족주의가 어느 정도 고양되는 법이다. 전쟁 후 대통령에 당선된 먼로는 취임사에서 "이제 미국 인민은 이익을 공유한 하나의 커다란 가족공동체다"라고 하면서 미국 민족주의가 공식 출범했음을 내외에 천명했다. 그 후속 조치로 먼로 행정부는 군비를 급격히 증강하는 한편, 유명한 먼로 선언을 통해 유럽의 간섭을 철저히 거부하는 정책을 추구했다.

또한 대내적으로는 헨리 클레이 상원의원이 주창한 이른바 '미국 체제'(American System)이론이 여론의 광범한 지지를 받았다. '미국 체제'란 한 마디로 수입품에 보호관세를 부과하여 미국의 산업 발전을 꾀하고 궁극적으로는 미국을 자족적 경제 체제(autarky)로 만들기 위한 계획이었다. 일종의 보호무역 정책이다. 도로, 철도, 운하 등 교통망의 확충, 서부 진출, 연방정부의 직접조세권 등도 '미국 체제'의 중요한 내용이었다.

이것은 대체로 일찍이 연방주의자들이 주장한 내용이었다. 당시 여러 가지 이유를 들어 이에 맹렬히 반대했던 반연방주의자들(이때는 민주공화주의자들로 이름을 바꿨다) 이 전쟁 후 정적의 주장을 고스란히 답습하고 있는 것이 매우 흥미롭다. 그렇지만 연방주의자들의 정치적 세력이 크게 쇠퇴한 지금 민주공화주의자들이 무슨 말을 하든 트집잡을 사람은 없었다.

아무튼 1820년대에는 모든 사람들이 민족주의를 부르짖었고, 연방정부의 권한이 눈에 띄게 강화되었다. 이리 운하 같은 미증유의 대규모 토목공사가 벌어지고, 공사비를 조달하기 위해 연방정부가 세금을 늘리고 공채를 발행해도 아무 문제가 없었다. 서부 진출을 촉진하기 위해 1795년에 제정된 영지법을 개정, 땅값을 에이커당 1달러 25센트로 내리고 160에이커로 되어 있던 최소 구매 단위도 80에이커로 하향 조정되었다.

그런데 이런 민족주의적 열풍도 1830년대에 이르러 갑자기 열기가 사그라지고 미국 사회는 다시 분열의 조짐을 보이게 된다. 여기에는 여러 가지 이유가 있다. 우선 유럽에서 불어온 계몽주의와 낭만주의의 거센 열풍이 신대륙의 독특한 분위기에 편승하여 반국가적 개인주의를 만들어냈다. 하지만 더욱 중요한 이유는 보호관세를 축으로 하는 '미국 체제' 정책이 공업 중심의 북부에만 유리했고, 이것이 남부의 반발을 불러일으켰기 때문이다. 보호관세는 남부인들에게는 생필품 가격의 인상과 면화 수출의 어려움을 의미할 뿐이었다. 자연히 남부는 '남부주의'라는 또 하나의 민족주의를 표방하면서 '미국 체제'에 반기를 들게 되는 것이다.

이와 더불어 민족주의자들은 민주공화당 내에서 소수파로 전락했다. 이들은 1836년에 휘그당을 결성하여 '미국 체제'를 계속 주장했지만 별다른 지지는 받지 못했다. 그러나 1856년 결성된 공화당이 휘그당의 정강을 계승하고 또 정치적으로 성공하면서 민족주의는 미국 정치 이념의 주요한 전통으로 확고한 지위를 확보하게 된다.

유럽의 간섭을 거부한다:
먼로 독트린
(1823년)

그때 세계는 −
1821년 그리스 독립전쟁 시작
1823년 프랑스군, 스페인에 침입하여 리에고 혁명 진압. 스페인에 왕정복고

먼로 독트린은 제임스 먼로 대통령의 1823년 12월 대의회 연설에서 천명된, 미국 외교정책의 원칙에 관한 선언이다.

······ 아메리카 대륙은 ······ 금후 유럽 강국에 의한 장래의 식민의 대상이 아니다. ······ 유럽 자체에 관련된 문제로 유럽 강국간에 벌어진 전쟁에서 우리는 어느 쪽도 편들지 않았거니와, 그렇게 편든다는 것이 우리의 정책에 맞지도 않는 것이다. ······ (유럽)강국들의 정치 체제는 ······ 본질적으로 미국의 체제와 다르다. ······ 우리는 ······ (유럽 여러 나라가)그들의 체제를 이 반구의 어떤 부분으로든 확장하려는 여하한 시도도 우리의 평화와 안전에 대한 위협으로 간주한다는 것을 선언하는 바이다.

한마디로 미국은 유럽 일에 간섭하지 않겠으니 유럽도 아메리카(단지 미국만이 아닌)의 일에 간섭하지 말고 아메리카에 더 이상 식민지를 만들지 말라는 것이다.

이런 외교 선언이 나오게 된 데에는 영불전쟁 때 미국이 중립을 선언했음에도 불구하고 양국이 이를 의도적으로 무시했으며 이 때문에 영국과는 전쟁까지 치러야 했다는 일종의 피해의식이 밑바닥에 깔려 있다고 보아야 할

것이다. 그러나 단지 미국만이 아니고 아메리카의 일에 유럽이 간섭하지 말라는 데에서 영국과의 전쟁에서 승리한 미국의 자신감을 엿볼 수가 있다. 또한 유럽이 아메리카에서 식민지 쟁패를 하게 되면 그 여파로 미국이 또 다시 전쟁의 위협에 직면하거나, 최소한 미국의 영토 확장에 지장이 초래될 것이라는 우려도 있었다.

미국의 제5대 대통령 제임스 먼로. 그가 선포한 먼로 독트린은 아메리카 대륙에 대한 유럽의 간섭을 제거하고 중남미를 자기네 세력권에 편입시키는 데 초석이 되었다.

먼로 독트린은 그 대담성에도 불구하고 아직은 미국이 이를 실현할 만한 군사력을 갖추지 못했다는 것, 그리고 유럽의 아메리카 진출이 영미전쟁 후 어느 정도 소강상태에 들어간 점 때문에 선언 당시에는 그다지 큰 주목을 받지 못했다. 1845년 오레곤 유카탄 주민들이 멕시코에 대해 반란을 일으켰을 때 당시 대통령 포크가 이를 근거로 멕시코의 유카탄 합병을 반대한 것이, 먼로 독트린이 미국 외교의 실제 원칙으로 적용된 최초의 예이다.

먼로 독트린에 대한 유럽의 심각한 '도전'은 미국 남북전쟁 시에 있었다. 미국이 집안 문제로 정신이 없는 틈을 이용하여 스페인과 프랑스가 군대를 도미니카 공화국과 멕시코에 보내 식민지 확장을 꾀했던 것이다. 그러나 남북전쟁이 끝나고 이것이 미국과의 분쟁으로 번질 조짐이 보이자 양국은 서둘러 군대를 철수했다.

먼로 독트린은 미국이 명실상부한 세계의 강국으로 등장하는 1870년대 이후 그 의미가 더욱 광범위하게 해석되면서 미국 제국주의의 기본 원칙으로 자리 잡게 된다. 아메리카의 어떤 나라도 마음대로 유럽 나라들에 영토를 떼어주지 못하는 것은 물론, 유럽이 파나마에 운하를 건설하거나 어떤 목적으로든 유럽이 아메리카에 대해 무력을 행사하는 것은 먼로 독트린에 대한 도전으로 간주되었다.

시어도어 루스벨트 대통령은 이를 더욱 확대해석하여 이른바 '루스벨트
식' 먼로 독트린을 천명하기에 이르렀다. 이것은 단지 유럽이 아메리카의 일
에 간섭하는 것을 막는다는 것을 넘어서서, 내부 사정으로 유럽과 분쟁의 소
지가 있는 아메리카 국가들에 대해서는 미국이 '경찰' 자격으로 간섭하겠다
는, 매우 공격적인 외교정책이었다. 이를 근거로 미국은 제1차 세계대전이
일어나자 아이티, 니카라과, 도미니카 공화국을 10년 이상 무력으로 불법점
령하기도 했다.

'루스벨트식' 먼로 독트린은 그러므로 쉽게 말해 유럽 대신 미국이 여타 아
메리카 국가들에 간섭하겠다고 의미였다. 이의 변형이라고 볼 수 있는 태프
트 대통령의 '달러 외교'는 라틴아메리카를 미국의 경제적 종속국으로 만들
겠다는 의지를 노골적으로 표현한 것으로, 이를 계기로 '미국 제국주의'라는
말이 사람들의 입에 오르내리게 되었다. 그러나 이미 세계의 강국으로 떠오
른 미국의 힘 앞에서 중남미 약소국들은 '미국 제국주의'를 막을 수 있는 뾰
족한 방법이 없었다.

먼로 독트린은 제2차 세계대전 후로는 상대적으로 의미가 약화되었다. 주
된 이유는 중남미 국가들의 반발이 심하고, 또 유럽 국가들이 미국의 위세에
눌려 이전처럼 아메리카의 문제들에 개입하는 것을 꺼리고 있기 때문이다.
그러나 미국은 아직도 아메리카 국가 연합(OAS, Organization of American States)
을 주도하면서 열강의 아메리카 간섭을 배제하고 경찰 국가로서의 미국의
위치를 공고히 하고 있다. 1961년의 쿠바 침공, 1962년의 쿠바 미사일 위기,
1966년의 도미니카 침공, 1988년의 파나마 침공 같은 일련의 사태들은 먼로
독트린이 아직도 미국 외교의 커다란 축이 되고 있음을 보여준다. 뿐만 아니
라 냉전 체제 하에서 미국이 수행했던 '자유 세계의 경찰 국가로서의 역할'
도 따지고 보면 먼로 독트린을 통해서 배태된 '미국 제국주의' 정신이 전 세
계적 범위로 확대된 것에 지나지 않는다는 점을 간과해서는 안 될 것이다.

대중의 우상, 백악관에 입성하다:
대중 민주주의의 발흥과 앤드루 잭슨
(1767~1845년)

그때 세계는 –
1825년 영국, 상업공황(최초의 자본주의적 공황)
1828년 청, 외국화폐의 사용 금지
1831년 로마 교황청, 천주교 조선교구 창설

1812년의 영미전쟁은 여러 가지 면에서 미국사의 중대한 전환점이었다. 학자들은 전후 미국에 불어닥친 가장 큰 변화의 하나로 민주주의의 발흥을 꼽는다.

미국에서 '민주주의'라는 말은 1820년대부터 일반 미국인들이 그들만의 독특한 생활방식을 가리키는 용어로 널리 쓰이기 시작했다. 미국에서 민주주의 이념은 일찍이 독립선언문에 '모든 사람은 평등하게 태어났다'는 구절로 내외에 천명된 바 있다. 그러나 말이 평등이지 미국은 사실 독립 후에도 영국풍의 귀족적 사회 체제를 유지하고 있었다. 대통령은 버지니아의 부유한 가문에서 연달아 배출되었고 서민들은 정치와 경제적 '평등'으로부터 실질적으로 완전히 소외되어 있는 것이 현실이었다. 사람들은 부유한 소수와 가난한 다수라는 사회 구조, 그리고 후자는 전자의 지배를 받아야 한다는 것을 당연한 사실로 받아들였다.

그런데 영미전쟁을 전후하여 사람들의 이런 의식에 중대한 변화가 일어났다. 물론 영미전쟁 자체가 어떤 계기를 제공한 것은 아니고, 이 전쟁을 전후하여 미국 사회에 나타난 여러 가지 변화, 특히 서부로의 팽창이 이런 의식

제7대 대통령 앤드루 잭슨. 최초의 서부 출신 대통령으로
민중의 강력한 지지를 업고 민중독재의 길을 열었다.

변화에 결정적인 역할을 했다. 서부로 건너간 사람들은 새 땅을 일구고 삶의 터전을 마련하는 데 상상을 초월하는 고생을 겪어야만 했다. 이런 개척자적 삶을 통해서 강인하고 독립적인 성격이 만들어지고, 사람들은 스스로 일군 삶에 대해 강한 자부심을 가지게 되었다. 여기에서는 신분의 귀천이라는 것이 아무런 의미가 없고 오직 강한 의지력과 자신감, 용기만이 문제가 되었다. 다시 말해 서부의 삶을 통해 사람들은 비로소 인간의 평등함을 말이 아닌 체험으로 깨닫게 되었다는 것이다.

이런 민주주의적, 신분 타파적 분위기는 정치에도 영향을 미쳐 1812년에서 1821년 사이 연방에 가입한 6개의 서부 신주들은 지금까지 납세액에 따라 선거권을 제한하던 것을 완전히 철폐하고 성인 백인 남자들에게 동등하게 투표권을 부여했다. 1816년과 1821년 사이 동부의 4개 주가 그 뒤를 따랐다. 종교에 따른 선거권 제한도 철폐되고 연방이나 주의회에 보낼 대표자 수도 인구비례로 재조정되었다. 대부분의 주에서 대통령 선거인단 선출권이 의회에서 일반 시민들의 손으로 넘어갔으며, 지금까지 유력인사들이나 의회가 지명하던 주요 관리들도 이제 일반선거를 통해 선출되었다. 한마디로 1820년대에 정치적 민주주의는, 적어도 백인 남자들에게는 움직일 수 없는 사실로 자리 잡게 되었다.

이런 민주적 분위기는 대중의 우상인 앤드루 잭슨이 1828년 선거에서 대통령에 당선됨으로써 절정을 이루었다. 잭슨은 여러모로 특이한 인물이었다. 사우스캐롤라이나 주의 변방에서 개척민의 아들로 태어난 그는 일찍 부모를 여의고 불우한 성장기를 보냈다. 그렇지만 독학으로 법률을 공부하여 약관 스무 살의 나이에 변호사가 되었으며, 1796년 테네시주 연방 국회의원에 당선되었다. 그러나 천성적으로 타협할 줄을 모르고 사교에도 능란하지 못했던 그는 곧 정치 생활에 회의를 느끼고 은퇴하여 농장을 지키며 시간을 보냈다.

그가 전국적 명사로 떠오른 것은 1812년 영미전쟁을 통해서였다. 평소 정치가보다는 군인이 적성에 맞는다고 생각하던 잭슨은 전쟁이 터지자 곧 민병대의 일원으로 참전했으며 가는 곳마다 혁혁한 공을 세워 1814년 파격적으로 정규군 장성으로 진급했다. 특히 그가 지휘하여 싸운 1815년의 뉴올리언스 공방전에서 미군은 불과 70명의 사상자를 낸 데 비해 영국군은 총지휘관을 비롯해 2천 명 이상이 죽거나 다쳤다. 이 전투로 영미전쟁은 사실상 결판이 나고 말았으며, 잭슨은 하루아침에 워싱턴에 버금가는 미국의 영웅이 되었다.

이런 대중적 인기를 배경으로 잭슨은 1824년 선거에 출마했다. 상대는 존 퀸시 애덤스였는데, 애덤스는 전임 대통령들과 마찬가지로 버지니아의 부유한 귀족 가문 출신이었다. 잭슨은 승리를 자신했으나 상대편의 '더러운 흥정'으로 패하고 말았다. 그러나 그는 차기 선거에 다시 출마하여 정적들의 온갖 중상과 모략에도 불구하고 압도적 표차로 대통령에 당선되었다.

사람들은 잭슨의 승리를 프랑스혁명에 버금가는 위대한 시민의 승리로 생각했다. 그가 백악관에 입성하는 날, 수많은 시민들이 백악관으로 몰려들어 먹고 마시고 떠들며 시민의 승리를 자축했다. 나중에는 이들이 폭도로 변할 조짐마저 보여 잭슨은 부득이 친구들의 도움으로 그곳을 빠져나와야만 했다. 대통령 취임식장에서 이런 난장판이 벌어진 것은 잭슨 이전에도, 그리고 이후에도 없었다.

잭슨은 다수의 대중을 등에 업고 대통령에 당선된 최초의 사람이다. 이것은 어떤 면에서는 민주주의의 승리였다. 부유한 상류 귀족들이 판을 치던 중앙정부에 대중은 비로소 자신을 진정으로 대변할 수 있는 인물을 얻었다. 대중은 그의 모든 정책을 열광적으로 지지했으며, 이런 지지를 바탕으로 그는 워싱턴 이후 어떤 역대 대통령보다도 강력한 권력을 행사할 수 있었다.

그러나 프랑스 사상가인 토크빌이 일찍이 염려했듯이, 절제 없는 민주주의는 독재와 중우정치로 통하는 법이다. 원래 미국헌법은 주권기관을 의회와 대통령으로 나누어 이 둘이 상호 견제함으로써 정부가 독재로 흐르는 것을 막고자 했다. 그러나 잭슨은 오직 자신만이 주권자 국민의 진정한 대변자라고 생각했으며, 의회를 특수 계층의 이익만을 옹호하는 타락한 집단으로 몰아세웠다. 잭슨과 의회는 사사건건 대립하기 일쑤였다. 잭슨은 자신이 대통령이 됨으로써 임명권을 갖게 된 수많은 연방정부 관리직에 기존 사람들을 몰아내고 자기 사람들을 대거 들어앉혔는데, 의회가 이를 반대하여 몇몇 인사들의 승인을 거부하자 가차 없이 거부권을 행사했다. 대통령의 거부권은 헌법에 규정되어 있긴 했지만 전직 대통령들은 거의 행사하지 않았는데 잭슨은 재임 중에 이를 마치 전가의 보도처럼 휘둘러댔다.

의회와 대통령의 대립은 마침내 연방해체 위기로까지 이어졌다. 잭슨의 압력으로 수입품에 고율의 관세를 부과하는 법안이 1832년 의회를 통과하자 이것에 앞장서서 반대했던 사우스캐롤라이나주가 법안의 무효를 주장하고 연방탈퇴도 불사하겠다는 폭탄선언을 했다. 이 소식을 들은 잭슨은 곧 군대를 파견하여 무력 개입을 시사하는 한편, 사우스캐롤라이나주의 행위를 비난하는 강력한 대국민성명을 발표했다. "주정부가 합중국의 법률을 무효 선언하는 권한을 가질 수 있다는 견해는 연방의 존립과 양립할 수 없으며 합중국 헌법에 분명히 저촉된다." 잭슨의 위세에 눌려 사우스캐롤라이나에 동정적이던 주들은 곧 잭슨 지지로 돌아섰고, 고립된 사우스캐롤라이나 주정부는 결국 굴복하고 말았다.

잭슨이 이처럼 분리주의자들에 대하여 강경한 태도로 일관하고 또 승리할 수 있었던 이유는 물론 자신을 절대적으로 지지하는 대중이 있었기 때문이다. 그는 자신을 밀어준 대중이 강력한 대통령, 강력한 국가를 원한다고 확신했으며 이에 반대하는 정적들을 반민주적 매국노로 몰아세웠다. 그러나 그것은 그가 상상했던 것처럼 간단한 문제가 아니었다. 의회와 대립하는 강력한 민중 독재자의 출현으로 이제 미국은 연방주의자 대 반연방주의자, 북부대 남부라는 대립적 요소 이외에 의회 대 행정부(대통령)의 대립이라는 또 하나의 분열적 요소를 안게 되었다. 이 모든 분열적 요소들이 머지않아 남북전쟁으로 한꺼번에 폭발한 것은 우리가 잘 아는 사실이다.

눈물의 여정:
원주민의 강제 이주
(1820년대)

그때 세계는 −
1818년 칠레, 스페인으로부터 독립
1820년 이탈리아, 나폴리에서 카르보나리 당 주도하에 혁명

영미전쟁 후 미국은 다시 한 번 서부로의 진출을 가속화했다. 이번에는 남부 애팔래치아산맥을 넘어 미시시피강까지가 진출목표였다. 물론 이 땅은 프랑스로부터 사들여 이미 미국 소유가 되어 있었다. 그렇다고 무주공산은 아니었다. 이미 오래 전부터 이 지역에는 크리크족, 체로키족, 치카소족 등 여러 원주민 부족들이 터를 잡고 살아가고 있었다. 백인과 원주민의 평화적 공존은 불가능하다는 것이 이미 증명되었으므로 미국은 1820년대 들어 이들 원주민들을 미시시피강 서쪽으로 내몰기 시작했다.

이런 원주민 강제 이주정책의 선봉장은 영미전쟁의 영웅 앤드루 잭슨이었다. 잭슨은 전쟁 후 휘하의 민병대를 동원해 플로리다와 조지아에 흩어져 살던 원주민들을 대규모로 잔인하게 토벌해 나갔다. 원주민들 사이에 '장검'이라는 별명으로 불렸던 그의 잔인성은 악명이 높았다. 잭슨은 이렇게 해서 원주민들이 떠나간 땅을 친구들과 헐값에 사들여 큰 부자가 되었다.

잭슨은 여기서 만족하지 않고 원주민들을 아예 미시시피 서부 백인이 살지 않는 곳으로 강제 이주시킬 것을 촉구하는 서한을 의회에 보냈다. 그는 원주민들이 백인과 떨어져 있어야만 "그들의 미개한 제도 아래서, 그들 방식

대로 행복을 추구할 수 있을 것"이며, 이런 "인도주의적 정책은 결국 백인이 아닌 원주민 자신들에게 유익이 될 것"이라고 강변했다.

잭슨의 압력에 굴복했는지 아니면 원주민들이 가장 좋은 땅만 골라 차지하고 있다는 데에 분개한 남부 농장주들의 압력이 있었는지, 연방정부는 1820년대 들어 동남부 원주민들에 대한 이주 정책을 본격적으로 추진하기 시작

블랙 호크 전쟁. 백인의 땅에 대한 야욕에 맞섰던 원주민의 항전은 미군의 야만적인 대량 학살로 끝이 났다. 민주주의를 구가했던 잭슨 시대는 또한 '눈물의 여정'을 따라 서쪽으로 쫓겨간 원주민들의 희생 시대이기도 했다.

했다. 이런 와중에 수많은 원주민들이 이주의 험로 위에서, 또는 새로운 땅과 기후에 적응하지 못해 죽어갔다. 악명높은 예가 크리크족과 체로키족, 그리고 세미놀족의 경우이다.

크리크족은 주로 조지아에 흩어져 살고 있었는데, 1826년 조지아 주정부에서 원주민 지역에 대한 토지 조사를 실시한다는 명분으로 대규모 군대를 파견하여 이들을 위협하기 시작했다. 위기를 느낀 크리크족은 알아서 먼저 고향을 떠나는 것이 목숨을 부지하는 길이라 생각하고 오클라호마, 곧 그들이 '원주민의 땅'이라 불렸던 곳으로 떠나갔다. 그러나 전체의 절반 이상이 험난한 여행길을 견디지 못하고 도중에 죽고 말았다.

체로키족의 경우는 더 비극적이었다. 체로키족은 일찍부터 백인 문명을 받아들여 농장과 학교와 공장을 짓고 독자적인 헌법도 만들어 시행하고 있었다. 또한 인근의 백인들과도 아주 평화로운 관계를 유지하고 있었다. 그들은 1827년 조지아주 내에 그들만의 독립정부를 수립하고 조지아주에 이의 승인을 요청했다. 그러나 조지아 정부는 이를 단호히 거부하는 한편 그들의 거주지를 몰수하겠다고 위협했다. 그러자 체로키 정부는 연방대법원에 자신들의 권리를 확인해달라는 소장을 제출했는데, 대법원은 논란 끝에 이들에

게 승소 판결을 내렸다(1832년 워체스터 대 조지아 판결).

그러나 조지아 정부는 대법원의 판결에 불복하고 곧 체로키 거주지를 무력으로 점령해 나가기 시작했다. 당시만 해도 연방정부의 권한이 극히 미약하여 이런 '사소한' 일에 주정부가 반기를 들어도 연방정부는 어쩔 도리가 없었다. 위협에 견디다 못한 체로키족은 마침내 굴복하여 1835년을 전후하여 크리크족을 따라 오클라호마로 이주하기 시작했다. 연방정부는 군대를 동원하여 마치 전쟁 포로를 끌고 가듯 이들을 몰고 갔다. 마침내 이주지에 당도했을 때는 원래 길을 떠난 1만 4천 명 가운데 겨우 1,200명 정도만 살아 있었다. 원주민들은 이 죽음의 여로를 '눈물의 여정'이라 불렀다.

한편 플로리다에 흩어져 살던 세미놀족은 목숨을 걸고 자신들의 땅을 지키기로 결의했다. 오세올라라는 이름의 젊은 추장 밑에 수천 명의 전사들이 모여들어 에버글레이드를 근거로 정부군에 치열한 항전을 계속했다. 이 싸움은 무려 7년이나 계속되었다. 정부군 1,500명 이상이 이 싸움에서 목숨을 잃고 2천만 달러 이상의 전비가 지출되었다. 그러나 오세올라가 정부군에 잡혀 죽은 후 항전도 끝이 났으며, 결국 남은 세미놀족도 체로키족을 따라 오클라호마로 강제 이주당하고 말았다.

1832년 원주민 전쟁을 지휘했던 색족 추장 블랙 호크. 결국 패한 뒤 잭슨 대통령 앞에 끌려와서도 그는 굽히지 않고 당당하게 말했다. "나는 인간이다. 그러나 당신은 다른 종류다."

세미놀족의 이주로 미시시피강 동쪽의 사우스캐롤라이나, 조지아, 플로리다 지역 수천 만 에이커의 땅이 백인의 수중으로 넘어왔다. 백인들은 이를 개척과 진출이라고 불렀지만 원주민들의 입장에서 볼 때 이는 살육과 부당한 강점이었다. 백인들의 욕심은 여기서 멈추지 않았다. 원주민들이 오클라호마로 이주한지 채 20년도 되지 않아 백인들은 다시 그곳에 몰아닥쳐 이들을 더욱 서쪽과 오지로 몰아냈고 그 이후로 원주민들은 자신들의 땅 북아메리카에서 영원한 이방인으로 전락하고 말았다.

모비 딕과 에너벨 리, 세상 밖으로:
미국 문학의 발흥
(1830~1860년)

그때 세계는 −
1834년 프랑스, 발자크 〈고리오 영감〉 지음
1837년 영국, 디킨스 〈올리버 트위스트〉 지음
1845년 조선, 김대건 새남터에서 순교

유럽인들의 시각에서 볼 때 미국은 아직도 문화의 사각지대다. 우선 셰익스피어나 베토벤 같은 위대한 문호나 예술가가 배출되지 않았을 뿐 아니라, 도대체 '미국적'이라 할 만한 고상한 문화적 전통이 없다는 것이다. 햄버거와 청바지로 상징되는 미국적 대중 문화가 분명히 존재하고 한때 온 세계가 이 미국 문화에 열광하기도 했지만 이를 '고상하다'고 말하기는 좀 그렇다. 어찌 보면 나라의 역사가 짧은 데다가 문화적 전통이 다른 여러 종족들이 모여살다 보니 어쩔 수 없는 일이라고도 할 수 있다.

그러나 그 짧은 역사 가운데에도 문화 발흥기라고 부를 수 있는 시기가 있었다. 1830년부터 남북전쟁에 이르는 약 30년이 이 시기에 해당하는데, 랠프 왈도 에머슨, 에드거 앨런 포, 나다니엘 호손 등 미국의 대문호가 이 시기에 한꺼번에 배출되었다. 왜 이런 예술의 천재들이 유독 이 시기에만 집중되었는가는 아직까지 역사가와 비평가들의 흥미로운 연구 과제다. 여러 이유가 있을 수 있겠지만 상식적으로 다음 두 가지를 지적할 수 있겠다.

첫째, 이 시기 들어 미국 사회가 어느 정도 안정된 궤도에 들어섰다는 점이다. 안정된 삶의 기반(물론 이것이 반드시 물질적 풍요만을 의미하지는 않는다)이

19세기 중반에 이르러 미국 문학은 발흥기를 맞았다. 사진은 당시 문명을 떨친 문학가들을 한 자리에 모은 합성사진. 왼쪽부터 J. G. 위티어, O. W. 홈즈, R. W. 에머슨, J. L. 모틀리, B. 앨콧, N. 호손, J. R. 로웰, L. 아가시즈, H. W. 롱펠로.

전제되지 않으면 위대한 예술이 나올 수 없다. 비록 일시적이지만 미국 사회는 이 시기에 들어서야 비로소 한숨 돌리고 지나온 발자취를 되돌아볼 여유를 갖게 되었던 것이다.

둘째, 이 시기의 독특한 시대정신이 지적되어야 할 것 같다. 유럽에서 유입된 계몽주의와 낭만주의의 물결이 거세게 일었고, 여기에 자체의 뿌리를 가진 민주주의, 지역주의, 민족주의 등 여러 사상의 줄기들이 상호 교류 내지는 충돌하면서 다른 어떤 시기에도 볼 수 없던 정신적 풍요를 일구어냈다.

이 시대를 풍미한 사조 가운데 가장 두드러진 것이 개인주의(individualism)다. 이것은 유럽 계몽주의가 신대륙의 독특한 분위기에 편승하여 발전한 것으로, 인간의 이성과 무한한 능력에 대한 예찬이 주류를 이룬다. 허먼 멜빌의 소설 《모비 딕》에서 거대한 흰 고래와 영웅적으로 대결하는 에이허브 선장이 바로 이런 개인적 영웅주의를 상징한다.

월트 휘트먼의 대표적인 시 〈풀잎〉은 미국의 민주주의를 상징하는 작품이다. 12개의 산문시로 이루어진 〈풀잎〉은 조악한 언어, 자유로운 스타일, 정제되지 않은 감성 등으로 그때까지 유럽의 '귀족적인' 시구들과는 뚜렷이 구별된다. 또한 농부, 벌목꾼, 구두장이, 대장장이 등 삶의 현장에 있는 '보통 사람들'이 주인공으로 등장한다.

낭만주의는 본래 이성을 중시하는 계몽주의에 대한 반발로 시작된 것으로, 이성보다는 감성과 본능을, 사회보다는 개인을 중시하는 경향을 띤다. 미국에서는 이것이 에머슨 식의 초월주의와 포로 대표되는 환상주의에 영향을 주었다.

초월주의는 원래 뉴잉글랜드에서 발전한 종교철학 사조로, 절대자와의 직접적 교감을 통한 인간성의 회복을 목표로 했다. 이를 위해서는 모든 사회적 관습과 제도를 배격하고 오직 본성의 자연적 발로에 따라 행동하고 사고할 것이 요구되었다. 특히 헨리 데이비드 소로는 인간이 사회나 국가를 떠나서도 잘 살 수 있음을 증명하기 위해 매사추세츠 월든 폰드에 오두막을 짓고 2년 동안 혼자 살았다. 이때의 경험을 기록한 것이 《월든》인데 지금까지도 미국 문학의 백미로 꼽히는 작품 가운데 하나다.

포의 환상주의는 비록 방법은 달랐지만 일상의 극복과 초월을 추구하는 점에서는 초월주의와 일맥상통한다. 다만 초월주의의 절대자가 포에게는 그로테스크하고 초자연적인 환상의 세계로 대치된다.

마지막으로 신대륙의 목가적이고 소박한 삶, 곧 '미국적 정서'를 노래하는 흐름이 있었다. 음악에서는 〈오! 수재너〉, 〈올드 블랙 조〉 등 포스터의 아름다운 가곡들이 대표적이고, 문학적으로는 롱펠로의 감상적 시구들이 이에 해당한다고 볼 수 있다.

이들의 활약으로 미국 문학의 독특한 장르와 스타일이 이 시기에 비로소 확립되었다. 포, 소로, 에머슨, 멜빌의 작품은 유럽에서도 널리 읽혔으며 이들의 독특한 언어와 스타일이 문학의 본고장 유럽 문단에도 큰 영향을 미쳤다. 아무튼 그 후로 "미국 사람들도 책을 읽고 시를 쓰느냐?"라는 경멸적 표현이 유럽에서 사라진 것은 전적으로 이들의 공이었다.

안식처를 찾아 미지의 땅으로:
모르몬교 창시와 집단 이주
(1830년)

그때 세계는 –
1830년 프랑스, 파리 7월 혁명, 알제리 점령
1833년 독일 관세동맹 성립

1790년대 미국에는 건국과 더불어 제2차 대각성 운동(The Second Great Awakening)이라는 종교적 열풍이 다시 거세게 불었다. 영국과의 전쟁 이후 이 불길은 더욱 거세어져 곳곳에서 대규모 종교집회가 벌어지고, 미국성서협회, 금주십자군 같은 열정적 신앙단체들이 등장했다. 제1차 대각성 운동과 마찬가지로 이번 운동도 전후의 정신적 혼란을 극복하고 신앙을 통한 미국인들의 정신적 통일에 크게 이바지했다. 흔히 이런 종류의 신앙적 열정은 사회적 위기를 성공적으로 극복한 후에 나타나는 현상이며, 동시에 위기 후의 번영을 상징하는 것이기도 하다.

이런 종교운동에 편승하여 미국 각지에서는 이상향을 꿈꾸는 수많은 신비적 종교집단들이 등장했다. 모르몬교도 이때 생겨난 종교집단의 하나다.

모르몬교의 정식 명칭은 '말일성도 예수 그리스도 교회'다. 모르몬교라는 이름은 이 종파의 경전인 《모르몬서》에서 나온 것이다. 모르몬교는 1830년 뉴욕 세네카 카운티 파이에트에서 조셉 스미스가 창시했다. 스미스 자신이 주장한 바로는 어느 날 환상 중에 천사(천사의 이름은 '모로니'(Moroni))가 찾아와 이상한 글자가 쓰인 황금판을 건네주고 갔다고 한다. 그는 이 내용을 번

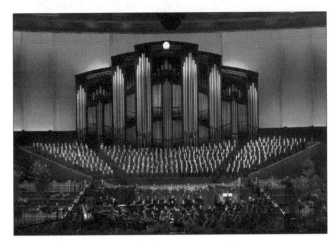

세계적으로 유명한 모르몬 합창단의 모르몬 대사원 공연. 미국에서 모르몬교는 단순한 하나의 종교 이상의 의미를 갖는다.

역하여 이것을《모르몬서》라는 이름으로 출판했는데, 이것이 1830년의 일이다. 모르몬교에서는 이 황금판은 오직 스미스만이 보았으며 지금은 없어졌다고 주장한다.

《모르몬서》의 내용은 대단히 신비적이며 비교도의 눈으로 보면 허무맹랑하기 짝이 없다. 레이(Lehi)라는 한 경건한 유대인이 있었는데, 신의 명령으로 BC 6세기에 아메리카로 건너와 자손들을 낳고 아메리카 원주민들과 함께 살았다고 한다. 그의 후손들은 예수 그리스도의 부활 때 이스라엘로 건너가 이를 직접 목격했으며, 다시 아메리카로 돌아와 그리스도교의 교회를 세웠다. 모르몬과 그의 아들 모로니는 레이의 후손으로 이 교회의 중심인물이었으며, 악의 세력으로부터 교회를 지킨 영웅들이다.

모르몬교는 예수 그리스도가 재림하여 '말일성도' 모르몬교도들을 위해 이 땅에 낙원을 건설할 것이라고 말한다. 아메리카 원주민의 피부가 검은 것은 그들이 죄를 지어 그렇게 된 것인데, 모르몬교를 믿고 지상에 낙원이 건설되면 피부가 다시 희어질 것이라고 주장하기도 한다.《모르몬서》는 당시의 신비적 사회 분위기에 편승하여 출판되자마자 큰 반향을 불러일으켰다. 스미스 주위에는 곧 수백 명의 추종자들이 몰려들었다. 그러나 주위의 청교도들이 들고 일어나는 바람에 이들은 오하이오주 커틀랜드로, 다시 미주리주 잭슨 카운티로 집단 이주했다. 그러나 1838년에 주지사가 추방령을 내리는 바람에 일리노이주의 나부로 다시 쫓겨갔다.

1844년 교회 안에 큰 싸움이 일어나는 바람에 스미스는 카르타지라는 곳으로 다시 자리를 옮겼다. 그러나 6월 27일 한 무리의 폭도들이 들이닥쳐 스미스와 일단의 지도자들이 피살되는 사태가 벌어졌다. 이에 모르몬교도들은 스미스의 후계자로 지명된 브리검 영의 인솔로 '영원한 안식처'를 찾아 서부로 대장정의 길을 나섰다. 3년간의 정처 없는 방황 끝에 그들은 1847년 7월 24일, 오늘날의 유타주 그레이트 솔트 레이크 계곡에 자리를 잡았다. 이 3년의 세월에 그들이 겪은 고생은 실로 상상을 초월한다. 오늘날 솔트레이크 시에 있는 모르몬 대사원에 가면 이들이 헤쳐 온 고난의 순례길이 사실적인 그림들과 함께 자세히 설명되어 있는데, 만약 이것이 사실이라면 비교도의 눈에도 이는 정말 기적처럼 보인다.

일단 고단한 짐을 내려놓기는 했지만 그곳에는 사나운 원주민들이 살고 있었고, 땅도 아주 척박한 곳이어서 관개를 하지 않으면 풀 한 포기 나지 않는 곳이었다. 그러나 개척자들은 불굴의 의지로 땅을 개간하고 물을 대어 곡식을 심었다. 이듬해 여름, 난데없이 하늘을 뒤덮는 메뚜기떼가 습격하여 피땀 흘려 가꾼 밭의 곡식들을 집어삼키기 시작했다. 이대로 가다가는 한 톨의 곡식도 남지 않을 것 같아 모두 낙심하고 있었는데, 이때 기적이 일어났다. 거대한 갈매기떼가 서쪽에서 날아와 메뚜기들을 모조리 잡아먹어버린 것이다. 사람들은 구사일생으로 굶어죽는 위험을 넘겼고, 동시에 그들의 신앙심은 더욱 깊어졌다.

동부에서 교도들이 몰려오면서 공동체는 더욱 커졌고, 이들은 이곳을 솔트 레이크 시티라고 이름지었다. 지도자 브리검 영은 1850년 연방정부로부터 이곳의 정식 지사로 임명되었다.

1852년, 어느 정도 자리가 잡히자 브리검 영은 모르몬교도들에게 일부다처주의를 실시하도록 명령했다. 그는 이것이 원래 창시자 조셉 스미스에게 주어진 계시 중의 하나라고 말했다. 이를 두고 내부적으로 커다란 논란이 있었지만 영의 강력한 주장으로 이 제도는 결국 정식 채택되었다. 소식을 접한 연방정부는 토벌대를 보내 이 '위험한' 사교 집단을 강제로 해산시켜 버렸다.

그러나 브리검 영과 교도들은 이듬해 다시 이곳에 돌아왔고 정부로서도 이제 이들을 어떻게 할 수가 없었다. 영은 모범적으로 일부다처제를 실천하여 정식 부인만 18명을 두었다.

영은 1875년에 15번째 부인으로부터 이혼소송을 당했는데, 끝내 이혼에 동의해주지 않고 2년 후에 세상을 떠났다. 그러나 1890년 연방의회가 일부다처제 금지법을 통과시키자 영의 후계자인 윌프레드 우드러프는 교도들에게도 이를 정식으로 금하는 칙령을 발표했다. 그러나 현재도 모르몬교도들은 비록 일부다처제의 관습은 따르지 않지만 술과 음료수를 마시지 않고 엄격한 금욕과 절제의 신앙생활을 견지하고 있다.

모르몬교는 남북전쟁 이후에 교세가 크게 성장했으며 여러 가지 사업을 벌여 재정적으로도 아주 탄탄한 기반을 가지고 있다. 오늘날에도 이들은 전 세계에 선교사를 파견하고, 수도 워싱턴에 거대한 황금탑 사원을 지어 교세를 과시하고 있다. 사실 미국에서 모르몬교는 그저 하나의 종교 집단이 아니다. 안식처를 찾아 미지의 땅으로 모험의 길을 떠났던 이들은 미국 서부 개척의 선구자들이고 이들의 여정은 미국인들이 흠모하는 모험, 용기, 개척의 정신을 상징한다. 독립기념일 같은 국경일에는 유명한 모르몬 합창단이 수도 워싱턴에 와서 공연을 하고 수많은 일반 시민과 대통령이 행사에 함께 참여한다. 이것을 보면 미국인들은 모르몬교가 단순히 하나의 종교가 아니라 많은 면에서 미국의 정신과 가치를 상징한다고 보고 있는 듯하다.

명백한 계시:
영토 팽창과
미·멕시코 전쟁 (1846~1847년)

그때 세계는 -
1837년 영국, 런던 노동자협회 차티스트 운동 시작
1840년 청, 아편전쟁 발발

미국에 있어 19세기 전반은 한마디로 부흥과 발전의 시대였다고 할 수 있
겠다. 영국과는 결국 쓸데없는 전쟁을 치른 것은 아니었다. 전쟁 자체는 아
무런 명분 없이 시작되었지만 전쟁이 마감되면서 미국인들은 이제 바깥일은
걱정할 필요 없이 안의 일에만 신경을 쓰기로 작정했다. 그 결과 인구가 급
격히 늘고 이에 맞추어 영토가 확장되었으며 또 산업 전반의 비약적 발전이
이룩되어 불과 50여 년 만에 미국은 모든 면에서 명실상부한 강국으로서의
면모를 갖추게 된다.

이 시기 미국의 발전은 우선 인구가 크게 늘어난 데서 찾아볼 수 있다.
1800년 무렵 미국 인구는 530만이었는데 1850년에는 2,300만 이상이 되었
다. 연간 이민자 숫자도 1820년대까지는 1만 명 정도에 불과했지만 1832년
에는 6만, 1842년에는 10만을 헤아렸다. 특히 1845년부터 1860년 사이에 이
민이 폭발적으로 늘었다. 이것은 당시 유럽에 불어 닥친 흉작과 1848년 프랑
스혁명의 여파였다.

이들 이민들은 남부 농장보다는 북부 공장들, 아니면 서부로 가서 새로운
삶을 개척하고자 했다. 일찍부터 이민이 시작된 북서부 오하이오 계곡은 말

미·멕시코 전쟁. 이 명백한 침략 전쟁에서 미국은 멕시코시티를 함락시키고(1847) 캘리포니아와 뉴멕시코를 할양받아 태평양 연안까지 영토를 확장하고 남미 진출의 교두보를 구축했다.

할 것도 없고, 프랑스로부터 매입한 루이지애나로 이들 이민들이 몰려들었다. 여기에 남부의 농장주들, 그리고 투기꾼까지 가세하여 바야흐로 서부 진출의 '러시' 현상이 일어났다.

루이지애나는 워낙 땅이 넓어 아무리 사람들이 몰려들어도 문제될 것은 없었다. 그러나 인간의 욕심이라는 것은 한이 없어서 사람들은 미처 루이지애나가 정착되기도 전에 그곳 너머까지 진출하기 시작했다. 그것은 텍사스, 오레곤, 캘리포니아 등으로 대충 이름을 붙인, 루이지애나 서부의 모든 땅을 의미했다. 이 축복받은 땅을 언제까지 미개한 원주민의 천국으로만 남겨두어야 하는가? 자유와 평등의 고귀한 그리스도교적 이념에 불타는 미국이 이 땅을 차지해야 하지 않겠는가? 미국인들은 태평양에 이르는 모든 땅이 궁극적으로 자신들 차지라고 믿었으며, 이것이 또한 '신의 명백한 계시'라고 믿었다. 물론 그 땅에 원주민 말고도 주인이 없지는 않았다. 텍사스와 캘리포니아는 스페인(독립 후로는 멕시코) 소유였고 오레곤은 영국이 주인을 자처하고 있었다. 그러나 서부로 몰려간 사람들은 아랑곳하지 않았다.

텍사스로는 1821년 모지스 오스틴이라는 사람이 처음 정착한 이래 이주민이 몰려 1830년 무렵에는 미국인 인구가 이미 2만 명을 넘어섰다. 말이 멕시코령이지 거기에는 멕시코인들이 거의 살지 않았고 미국인들은 공공연히 멕시코의 지배를 거부했다. 당연히 멕시코 정부와 이들 사이에 충돌이 일어났다.

1836년, 안토니오 로페즈라는 군인이 멕시코의 실권자로 등장하면서 텍사스 문제가 불거졌다. 그는 미국인들이 허락도 없이 남의 땅으로 들어와 농사를 지으며 세금도 내지 않는 것에 분개하여 토벌대를 보냈다. 산 안토니오 알라모에서 토벌대와 민병대 사이에 격렬한 전투가 벌어져 180여 명의 민병대 전원이 장렬하게 전사했다. 그러나 이것은 시작에 불과했다. 텍사스인들은 '알라모를 잊지 말라'고 외치며 토벌대에 맹렬하게 저항했고 결국 샘 휴스턴 휘하의 민병대가 샌 재신토에서 안토니오의 군대를 격멸했다. 텍사스는 즉시 독립을 선언하고 휴스턴을 대통령으로 선출했다. 텍사스의 연방편입 문제는 노예문제를 둘러싼 연방 내의 갈등으로 약간의 지체는 있었으나 1845년 2월 의회에서 합병안이 승인됨으로써 마무리되었다.

다음으로 문제가 된 것이 오레곤이다. 당시 오레곤이라고 하면 오늘날의 오레곤주는 물론 루이지애나 북서쪽의 모든 땅을 가리켰다. 원래 이 땅은 영국이 영유권을 주장하고 있었으나 영미전쟁 후 양국이 이를 공동점유하는 어정쩡한 상태로 남아 있었다.

오레곤은 풍부한 임산자원과 태평양 연안 수산자원의 보고로, 이곳에도 1830년대 들어 이주민이 몰려들기 시작했다. 특히 1843~1845년 사이에 5천 명 이상의 개척민이 몰려들어 정부로서도 영국과 어떤 식으로든 오레곤 문제를 해결하지 않으면 안 될 상황에 이르렀다. 물론 이 때문에 영국과 전쟁을 할 수는 없었다. 이 점은 영국도 마찬가지여서, 서부에 치우쳐 있어 실질적인 통치가 거의 불가능한 이 땅을 두고 미국과 싸움을 한다는 것은 아무런 실익이 없는 것이었다. 그래서 양국은 협상을 벌였고, 적당한 선에서 오레곤을 서로 나누어 갖는다는 원칙에 비교적 쉽게 합의했다.

서부 진출은 하느님의 엄숙한 명령이었다. 천사의 인도와 보호 아래 사람들이 서부로 몰려가고 있다.

문제는 어디에서 경계선을 나눌 것인가 하는 것이었다. '신의 명백한 계시'를 외치는 확장주의자들은 러시아 땅인 알래스카와 만나는 북위 54도 40분을 경계선으로 할 것을 주장했다. 그러나 이것은 실질적으로 오레곤을 모조리 차지하겠다는 것으로 영국이 도저히 받아들일 수 없는 안이었다. 지루한 협상 끝에 북위 49도를 경계로 이남은 미국령, 이북은 영국령으로 하기로 양국간에 합의를 보았고, 1846년 6월 15일 의회가 이를 승인했다. 이렇게 해서 5대호 서쪽에서 태평양에 이르는 캐나다 미국 간의 3천 마일 국경선이 정해지게 되었다.

이제 마지막으로 캘리포니아 문제가 남았다. 멕시코는 얼떨결에 텍사스를 빼앗겼지만 캘리포니아는 문제가 달랐다. 만약 미국이 어떤 식으로든 캘리포니아를 차지하려 든다면 이는 곧 전쟁을 의미했다. 그러나 상관은 없었다. 멕시코쯤은 이제 미국으로서는 전혀 두려운 상대가 아니었다. 한두 번 캘리포니아 매입을 타진해보다가 멕시코가 이를 당연히 거부하자, 열렬한 팽창주의자인 포크 대통령은 무력으로 문제를 해결하기로 결심했다.

1846년, 리오 그란데강 부근에서 미국 국경수비대와 멕시코 군대간에 사소한 충돌이 벌어져 몇 명의 사상자가 발생했다. 포크는 '이제 미국은 더 이상 참을 수 없다'는 요지의 교서와 함께 5월 12일 멕시코에 선전포고를 했다. 이미 그 전에 정부는 함대를 캘리포니아 연안에 집결시키고 커니 장군이 이끄는 대규모 병력이 육로를 따라 캘리포니아로 향하고 있었다. 선전포고가 있자마자 미군은 육지와 바다에서 동시에 작전을 개시하여 거의 피 한 방울 흘리지 않고 캘리포니아를 점령했다.

리오 그란데에서도 미국은 아주 손쉽게 승리를 거두었다. 멕시코는 힘껏 저항했지만 1847년 9월 17일 몬테주마 궁이 함락되고 멕시코는 패배했다. 이듬해 체결된 강화 조약에서 멕시코는 1,500만 달러라는 헐값에 리오 그란데강 이북의 뉴멕시코와 캘리포니아를 떼어줄 수밖에 없었다. 형식은 매입이지만 이것은 명백히 강제매입이었다.

캘리포니아 합병으로 '명백한 계시'는 마침내 실현되었다. 문제는 이 광대한 땅을 어떻게 관리할 것인가 하는 것이었다. 팽창의 시기에는 내부의 모든 불만적 요소들이 밖으로 분출된 여지가 있었다. 그러나 팽창이 멈추면서 이제 그것은 내부를 향하게 되었다. 미국은 땅을 늘리는 것 못지않게 이를 관리하는 것이 어렵고 많은 희생을 요구한다는 것을 곧 깨닫게 될 것이었다.

농업국가에서 공업국가로:
산업혁명
(1840년대)

그때 세계는 –
1843년 키에르케고르(덴) 〈이것이냐 저것이냐〉 지음
1848년 마르크스와 엥겔스 〈공산당 선언〉 발표

19세기 전반 미국의 발전은 1840년대의 산업혁명으로 그 절정을 이루었다. 유럽보다 몇십 년 늦기는 했지만 풍부한 자원과 노동력 그리고 기술혁명 덕분에 미국에서의 산업혁명은 보다 규모가 컸고, 사회 전반에 끼친 영향 또한 지대했다. 한마디로 이때의 산업혁명을 통해 미국은 농업국가에서 공업국가로 비약하는 발판을 마련했던 것이다.

미국에서 산업혁명이 일어나게 된 데에는 몇 가지 역사적 배경이 있다. 우선 영미전쟁의 종식과 더불어 미국이 국내 문제에만 전념할 수 있는 정치적 여건이 마련되었다는 것, 유럽으로부터의 값싼 노동력의 대규모 유입, 철도, 운하 등 운송 수단의 발전, 기술 혁명, 서부 개척을 통해 배태된 모험과 진취적 정신, 마지막으로 풍부한 지하자원 등을 지적할 수 있겠다.

그중에서도 특히 중요한 것이 값싼 노동력의 유입이다. 19세기 초까지만 하더라도 미국의 공업 기반은 참으로 보잘것없었고, 가내 수공업 형식으로 운영되는 조그만 공장들이 대부분이었다. 여기에는 여러 가지 이유가 있겠지만 가장 중요한 이유 가운데 하나는 노동력 부족이었다. 인구는 적고 땅은 넓기 때문에 자연히 남자들의 일손이 부족했고 공장들은 노동자를 구하지

못해 여성과 미성년자들을 고용할 수밖에 없었다. 이런 상황에서 노동 생산성이 올라갈 수가 없고 큰 공장을 세우려야 세울 수 없었을 것은 당연한 이치다.

　그런데 1830년을 전후로 이민 열풍이 불어서 일손 부족 문제가 어느 정도 해결될 수 있었다. 특히 흉년에 허덕이던 아일랜드 사람들이 1년에 수만, 수십만 명씩 신대륙으로 건너왔는데, 일부는 서부로 새로운 삶을 찾아 나서기도 하고 일부는 북부 공장지대로 몰려들었다. 공장주들은 기다렸다는 듯이 임금을 낮추고 노동시간을 늘림으로써 물건을 보다 싼 값에, 대량으로, 더 많은 이윤을 남기며 생산해낼 수 있었다. 노동자들은 아주 열악한 조건에서 노동력을 착취당하기는 했지만, 그래도 유럽에서 살 때보다는 상황이 나아졌다는 사실에 만족했다.

　운송수단의 발전도 산업혁명의 중요한 요인 가운데 하나다. 1807년 로버트 풀턴이 클러먼트호라는 최초의 증기기관선을 만들어내면서 남부의 농산물과 북부의 공산품을 싼 값에 대량으로 수송할 수 있는 길이 열렸다. 다만 미시시피강 외에는 내륙에서 대서양으로 흘러드는 큰 강이 없었으므로 허드슨강과 포토맥강에는 곳곳에 대규모 운하가 건설되었다. 특히 1825년에 완성된 이리 운하는 대서양과 5대호를 직접 연결하는 총연장 320마일의 초대형 운하로, 5대호에서 뉴욕까지 물품 운송비를 기존의 약 10분의 1로 떨어뜨렸다. 이 결과 이리 운하 주변에는 대규모 공장들이 들어서고 버펄로, 시라큐스, 로체스터 등 운하 주변 도시들이 크게 번창했다.

　철도는 1830년 볼티모어와 오하이오 사이에 처음 건설되어 사람과 물자들을 실어나르기 시작했다. 그러나 이때만 해도 사람들의 인식이 부족하여 처음 몇 년 동안 철도 건설은 매우 지지부진했다. 그러다가 철도의 편리성을 사람들이 깨닫고 힘 있는 기관차의 발명으로 운송비가 낮아지면서 1850년대 들어서는 철도가 운하를 몰아내고 주된 운송 수단으로 자리를 잡게 되었다. 1850년에서 1860년 사이에만 2만 마일의 철도가 건설되었고 미시시피강 서쪽으로는 이미 그물처럼 철도망이 쳐져 있었다. 캘리포니아 합병과 더불어 동서를 관통하는 대륙횡단철도 건설 야심도 구체화되기 시작했다.

그러나 뭐니 뭐니 해도 미국 산업혁명에 결정적 기폭제가 된 것은 새로운 기계와 생산 기술의 발명이었다. 이 시기에 철쟁기, 자동 수확기, 탈곡기, 면화 채취기 등이 발명되어 농업의 생산성이 폭발적으로 늘어났다. 예를 들어 자동 수확기 한 대로 농부는 그 전보다 10배 이상 빨리 농작물을 거두어들일 수 있었다.

공업 분야에서는 섬유업이 기술 혁명을 선도했다. 동력 직조기의 발명으로 면화에서 원사를 뽑아 이를 옷감으로 만드는 공정이 한 지붕 밑에서 가능하게 되었다. 노동자들은 공정의 어느 한 분야에만 전업함으로써 노동 생산성이 크게 향상되고 또 많은 일을 기계가 대신함으로써 생산비가 절감되었다. 보스턴의 한 사업가가 매사추세츠 월섬에 이런 자동화 섬유 공장을 세워 크게 성공하면서 로월, 로렌스, 맨체스터 등에 대규모 섬유 공장들이 들어섰다.

광업 쪽에서는 윌리엄 켈리가 압축 공기를 이용해 광석에서 철을 쉽게 분리해내는 방법을 발명했으며, 또 비싼 석탄(코크스탄)대신 지천으로 널려 있는 저질 무연탄을 연료로 사용함으로써 제련 단가가 크게 내려갔다. 미국산 철강은 이제야 비로소 영국산에 대해 국제시장에서 가격 경쟁력을 가질 수 있었다.

산업혁명을 통해 미국은 공업국가로서의 기틀을 마련하고, 특히 농업, 섬유, 철강, 운송 등의 분야에서 비약적인 발전을 이룩했다. 섬유와 철강은 당시 세계 무역의 가장 중요한 상품이었으므로, 미국이 이 분야에서 국제적 경쟁력을 갖추었다는 것은 다시 말해 미국이 경제적으로도 이제 세계 열강의 대열에 당당히 끼게 되었음을 의미하는 것이다. 여기에 미국은 막대한 자원,

풍부한 노동력, 광대한 영토 등 다른 나라들에 비해 월등히 유리한 조건들을 갖추고 있었으므로, 영국 등을 제치고 세계 최강의 경제대국으로 부상하는 것도 시간 문제였다.

동시에 산업혁명은 저임금, 여성 및 미성년자 고용, 도시 빈민촌, 노사대립 등 자본주의 경제의 여러 폐단들을 낳기도 했다. 물론 이것이 19세기 후반 들어 급진적 노동운동과 격심한 계급적 갈등을 불러일으키게 되지만, 산업혁명 초기에는 그렇게 심각한 사회 문제를 야기하지는 않았다. 그 이유로는 노동자들의 사회의식 부재, 공장주들에게 일방적으로 유리한 법령, 그리고 유능한 노동운동 지도자의 부재 등을 꼽을 수 있겠다.

아무튼 산업혁명이 채 완성되기 전에, 그리고 산업혁명의 여러 문제점들이 표면화되기 전에 남북전쟁이라는 대변란이 터졌고, 미국은 세계 제일의 자본주의 국가로 성장하는 데 부득이 몇십 년의 세월을 더 기다리지 않으면 안 되었다.

금이 부른다, 가자 서부로!:
골드러시
(1848~1952년)

그때 세계는 –
1848년 프랑스, 2월혁명
1848년 마르크스와 엥겔스 〈공산당 선언〉 발표

골드러시란 1848년 캘리포니아를 시작으로 콜로라도, 몬태나, 사우스다코타, 알래스카 등에서 대량의 금이 발견되면서 사람들이 물밀듯이 서부로 몰려간 것을 말한다. 1948년 1월 24일, 캘리포니아 새크라멘토 계곡의 어느 물방앗간 수로에서 제임스 마셜이라는 젊은 목수가 물속의 모래가 금빛으로 반짝거리는 것을 보았다. 자세히 보니 사금(砂金)이었다. 뿐만 아니라 그곳의 시냇물 전체에 사금이 지천으로 널려 있다는 놀라운 사실도 발견했다. 그는 이 사실을 아무한테도 알리지 않고 조용히 그 땅을 매입하려 했다. 그러나 같이 일하던 일꾼 한 사람이 비밀을 누설하는 바람에 불과 몇 개월 만에 미국의 모든 사람들이 이 소식을 알게 되었다. 소문은 자꾸 부풀어 캘리포니아가 온통 금 천지라는 식으로 소문이 확대되었다. 곧 전국에서 수많은 사람들이 일확천금의 꿈을 안고 캘리포니아로 몰려들었다. 1849년 골드러시가 절정에 이르렀을 때는 매일 800대 이상의 달구지 마차(wagon)가 래러미 요새를 지나 서부로 향했다. 당시 금을 찾아 캘리포니아로 가는 사람들을 '49년 노다지꾼들'이라고 불렀는데, 현재 샌프란시스코에 본거지를 두고 있는 유명한 미식축구팀 이름이 '샌프란시스코 49년 노다지꾼들'(San Francisco Forty-

Niners)이다.

이들은 덜컹거리며 서부로 달려가는 마차 위에서 〈오! 수재너〉라는 노래를 소리높이 불렀다. "수재너, 울지 말아요. 무릎에 세숫대야(wash pan)달랑거리며 난 캘리포니아로 가오." 연인과 사랑하는 가족에게, 캘리포니아에 가서 큰돈 벌어올 테니 그때까지 울지 말고 기다려 달라는 내용이다. 세숫대야는 이들 노다지꾼들에게는 필수 장비였다. 그곳에서 나는 금은 대부분 사금이었다. 금가루가 묻은 자갈이나 모래를 세숫대야에 담아 깨끗이 씻고 흔들어서 금을 채취하는 것이다. 소문대로 캘리포니아 전체가 금으로 되어 있지는 않았지만 1849년에서 1852년까지 4년 동안 캘리포니아에서 당시 시세로 2억 달러어치가 넘는 막대한 양의 금이 채취되었다.

많은 사람들이 캘리포니아에 가서 그야말로 '한탕'하는 행운을 누렸다. 그러나 노다지를 찾느라 가산을 탕진하고 알거지가 된 사람들이 훨씬 더 많았다. "캘리포니아에서 한탕 하든지 망하든지(California or Bust)"라는 말이 유행했다. 투기꾼들과 더불어 온갖 부랑아와 무법자들이 몰려들어 캘리포니아는 글자 그대로 무법천지의 아수라장이 되었다. 또한 여기서 나온 막대한 양의 금이 동부로 흘러들어 인플레이션, 땅값 상승 등의 심각한 경제 문제를 야기하기도 했다.

그러나 골드러시 때문에, 지금까지 정부가 아무리 땅값을 낮추고 이주 장려 정책을 써도 지지부진하던 서부 개척이 급속도로 진전되었다. 골드러시 이전 캘리포니아의 인구는 1만 5천 명에 불과했지만, 1849년에는 10만 명, 1852년에는 무려 25만 명이 되었다. 샌프란시스코는 골드러시의 중심지로 크게 번성했다. 또한 1858년에는 콜로라도주의 파이크스 피크, 1863년에는 몬태나주의 앨더 걸치, 1875년에는 사우스다코타주의 데드우드, 그리고 마지막으로 1897년에는 알래스카에서 연이어 골드러시 열풍이 불었다. 미국의 서부 개척은 이런 일련의 골드러시가 결정적 계기가 되었다. 급증하는 이주민들을 실어나르기 위해 로키산맥을 넘어 곳곳에 도로가 건설되고 1867년에는 대륙횡단철도가 만들어져 서부 개척이 더욱 가속화되었다. 말하자면 골드러시는 서부에 사람들을 끌어들여 이곳을 확실히 미국의 영토로 만드는 아주 중요한 역할을 한 셈이다.

또 하나 우리가 관심을 가져야 할 것은 골드러시가 미국식 자본주의 정신의 형성에 지대한 영향을 미쳤다는 사실이다. 그것은 한마디로 한탕주의와 모험주의라고 할 수 있다. 물론 '한탕' 하려다가 패가망신한 사람들이 훨씬 많기는 했지만 모험으로 졸부가 된 사람도 많았다. 오늘날 미국에서 세계어느 나라보다도 복권이나 경마 등의 투기성 도박이 성행하고 또 그렇게 해서 졸부가 된 사람들이 부러움의 대상이 되는 것을 보면 아직도 '한탕주의'라는 골드러시의 정신적 유산은 미국인들의 정서 속에 매우 강하게 남아 있는 것 같다. 반면 골드러시가 미국인들의 사업적 모험심과 용기를 고무하여이것이 오늘날까지도 미국 경제의 보이지 않는 힘이 되고 있는 것 또한 사실이다. 캘리포니아에 건설된 세계적인 반도체 산업의 첨단기지를 골드러시가시작된 새크라멘토 계곡 이름을 본떠 '실리콘 밸리'(Sillicon Valley)이라고 부르는 것은 결코 우연이 아니다.

제5장
내전

United States
of America

목화가 노예를 죽인다:
냇 터너의 반란과 노예제도 찬반 논란 (1831년)

그때 세계는 −
1832년 영국, 선거법 개정, 노예사용 금지법 성립
1832년 폴란드 · 러시아 완전 병합
1832년 조선, 영국상선 로드 아마스트호, 황해도 몽금포 앞바다에 나타나 처음으로 통상을 요청

1831년, 버지니아 사우샘프턴에서 냇 터너(1800~1831)라는 한 흑인 노예와 그를 추종하는 70여 명의 흑인들이 폭동을 일으켰다. 이들은 사전에 치밀하게 모의한 듯 먼저 각자의 주인을 죽이고 길거리에 나와 백인들을 남녀노소 할 것 없이 닥치는 대로 살해하기 시작했다. 광란이 끝났을 때 길거리에는 백인 57명의 시체가 널려 있었고 공포에 질린 백인들은 모두 도망쳐서 거리는 유령의 도시처럼 텅 비었다. 주모자 냇 터너는 이 무장폭동이 노예해방의 서곡이고, 짐승처럼 살아가는 동료 흑인들이 자신의 용기에 고무되어 전국적인 노예해방 투쟁을 시작할 것이라고 믿었다.

그러나 불행히도 흑인들은 냇 터너보다는 그들의 백인 주인들에게 충성을 바쳤다. 의외로 사태가 확대되지 않자 폭도들은 당황하기 시작했고 그러는 동안 백인 토벌대가 들이닥쳤다. 폭동에 가담한 많은 흑인들이 그 자리에서 살해되었다. 냇 터너는 간신히 몸을 피해 지하로 잠적했지만 결국 수색대에 잡혀 길거리에서 공개교수형에 처해졌다. 백인들의 역테러로 모두 100명 이상이 흑인들이 죽었다. 이것이 당시 남부의 백인들을 공포의 도가니로 몰아넣었던 '냇 터너의 반란' 사건이다.

'냇 터너의 반란'은 두말할 것 없이 당시 미국 남부의 비인간적 노예제도가 그 배경이다. 미국에서 흑인 노예제도는 이미 17세기 초에 시작되었다. 그러나 우리가 미국 역사책이나 영화에서 보아 알고 있는 가혹한 노예제도는 19세기 초, 면화농장의 발달과 더불어 본격화되었다.

이전까지 남부 농장들에서는 주로 담배를 경작하고 있었다. 그러나 담배는 지나치게 땅을 황폐화시켰고 여기에 과잉생산으로 담뱃값이 폭락하여 담배 농장주들은 극심한 경제적 어려움에 시달렸다. 물론 농장주들은 이때 이미 면화라는 대체작물을 떠올리고 있었다. 당시 전 세계적으로 양모 대신 면으로의 의복혁명이 일어나고 있었기 때문에 면화의 수요는 무궁무진했을 뿐만 아니라 값도 하루가 다르게 치솟고 있었던 것이다. 문제는 면화 재배가 막대한 노동력을 필요로 한다는 것이었다. 송이를 하나하나 사람 손으로 따야 하는 것은 둘째 치고, 더 문제가 되는 것은 씨를 빼내는 작업이었다. 목화 섬유에 돌돌 말려 있는 씨는 여간해서는 빼기가 쉽지 않았고 노예 한 사람이 밤을 새워 일을 해도 씨를 빼낸 목화송이가 겨우 한 아름 정도밖에 되지 않았다. 이래서야 도저히 수지를 맞출 수 없었다.

그러다가 엘리 휘트니라는 사람이 조면기(목화송이에서 씨를 뽑는 기계)를 발명한 것은 농장주들에게는 그야말로 복음이 아닐 수 없었다. 곧 담배밭을 갈아엎고 거기에 목화 씨를 뿌렸다. 넓고 비옥한 토지에 거의 공짜나 다름없는 풍부한 노동력, 미국은 사실 면화농사에는 더할 나위 없이 좋은 조건을 갖추고 있었다.

예상했던 대로 면화 농사는 남부의 농

SLAVE-BRANDING.

흑인 노예의 등에 인두로 낙인을 찍는 백인 노예주. 신생국 미국의 부는 이 같은 비인간적인 노예제 노동 위에 쌓아올려졌다. 노예는 미국 경제를 떠받치는 주춧돌이었다.

장주들에게 엄청난 이윤을 안겨주었다. 그들은 노동력이 허용하는 데까지 농장을 늘려갔고, 여기에 북부에서 돈푼깨나 있는 사람들도 가세하여 남부는 하루아침에 거대한 '면화 왕국'으로 변모했다. 1860년 미국의 면화 생산량은 총 23억 파운드, 총 수출의 3분의 2가 면화였다.

씨는 기계로 뽑는다고 해도 면화 농사는 손이 많이 갔다. 아무리 농장을 늘리고 싶어도 사람이 모자라면 할 수 없는 일이었다. 당연히 노예의 가격은 하루가 다르게 치솟았고, 농장주들은 조금이라도 더 노예들을 부려먹기 위해 혈안이 되었다. 게으름을 피웠다간 감시인의 가죽 채찍이 사정없이 등줄기를 내리쳤고, 도망치다 붙잡히면 맞아 불구가 되거나 죽음을 각오해야 했다. 농장주들은 그제서야 비로소 노예의 가치를 깨달았다. 그들에게 노예는 곧 돈이고 재산이었다. 뿐만 아니고 북부의 상인, 섬유업자, 무역상들도 결국은 노예를 통해 돈을 벌었다. 한마디로 노예는 미국의 경제를 떠받치는 주춧돌 같은 존재였다.

아무튼 면화 농장과 더불어 노예들의 형편은 더욱 비참해졌고 노예제도는 사회적으로 더욱 공고해졌다. 동시에 노예제도를 둘러싼 치열한 논쟁이 전국적으로 다시 일었다. 이전까지는 남부에서조차 노예제는 어쩔 수 없이 생겨났을 뿐 그 자체는 비도덕적이고 비기독교적이라는 것이 사람들의 생각이었다. 아니, 속으로는 아무리 다르게 생각하더라도 원칙적으로 노예제도가 옳지 않다는 것에 대해서는 아무도 공개적으로 반론을 제기하지 못했다. 그러나 이제는 공공연히 노예제도를 옹호하는 사람들이 생겨났다. 윌리엄 앤 메리 대학 철학과 교수인 토머스 듀라는 사람이 나서서 "동물들 사이에 약육강식이 법칙이듯 인간이 인간을 노예로 삼는 것 역시 자연의 섭리"라는 주장을 폈다. 합중국 부통령을 지낸 반연방주의자 칼훈은 "노예제도가 없이는 부유하고 문명한 사회는 존재할 수 없다"고 하며, 고대 아테네의 민주주의가 노예제도 때문에 가능했다는 예를 제시했다. 하느님이 노예의 표시로 흑인들의 피부 색깔을 검게 만들었다고 주장하는 목사들도 있었다. 노예제가 도덕적이냐 아니냐를 떠나서 노예가 없으면 미국 경제가 하루아침에 무너지고 말 것이라는 이유로 노예제를 옹호하는 경제학자들도 있었다.

노예 폐지론자들도 더욱 격렬한 주장과 행동으로 맞섰다. 윌리엄 로이드 개리슨 같은 사람은 노예 옹호론자들뿐 아니라 소극적 노예제도 반대론자들까지도 문명과 기독교의 적으로 간주하고, 전 노예의 즉각적 해방을 외치는 〈해방자〉(The Liberator)라는 신문을 발행했다. 노예 문제는 조용히 말로 해결하기에는 너무 사태가 급박하다, 불이 났으면 소리를 지르고 불을 꺼야지, 불이야 외치는 사람에게 어떻게 조용히 하라고, 이 문제를 차근차근 생각해 보자고 할 수 있단 말인가.

개리슨의 격렬한 논조에 고무되어 퀘이커교도들이 '지하철도'(Underground Railroad)라는 흑인해방 지하조직을 만들었다. 이것은 농장을 탈출한 노예들을 추격자들로부터 보호하고 안전한 지역까지 데려다 주는 전국적 점조직망이었다. 1833년에는 노예폐지협회가 조직되어 전국적인 노예폐지 운동을 전개하기 시작했다. 1817년 조직된 미국식민협회는 여기서 한 걸음 더 나아가 흑인들을 그들의 고향 아프리카로 돌려보내기 위한 운동을 전개했다. 이 협회의 노력으로 수만 명의 흑인노예가 아프리카로 건너가 오늘날의 라이베리아 공화국을 건설했다.

노예문제는 확실히 당시 미국이 당면한 최대의 정치 문제이자, 사회 문제였다. 격렬한 논쟁, 인신공격, 테러가 난무했고, 노예제도 옹호론자들과 반대론자들, 그리고 지역적으로 이를 대표하는 남부와 북부의 골이 점점 깊어져 갔다. 워싱턴에서는 남부와 북부 출신 정치인들 사이에 노예제를 둘러싼 감정적 논쟁이 그치지 않았다. 이것이 결국 남부의 연방탈퇴와 내전으로 이어지게 된다.

노예제도 폭풍전야:
1850년 대타협
(1850년)

그때 세계는 −
1847년 영국, 에밀리 브론테 《폭풍의 언덕》 출간
1850년 청, 태평천국의 난 발발

정도는 다르지만 미국에도 분명 지역감정이라는 것이 있다. 물론 오늘날에는 그 정도가 많이 누그러진 것이 사실이지만, 한때는 그것 때문에 나라가 분열 일보 직전까지 간 적도 있었다.

이런 지역감정, 또는 지역주의는 어디에서 비롯된 것인가? 우선 지적할 수 있는 것은 문화적 전통과 생활 양식의 차이다. 지역마다 말의 억양과 생활 풍습이 달랐다. 건국 초기만 하더라도 미국인들은 미국이라는 나라보다는 자기가 속한 주에 대한 애착이 상대적으로 더 강했다.

다음으로 경제 구조의 차이를 지적할 수 있다. 이미 식민 초기부터 남부에는 노예를 이용한 플랜테이션 농업이 성행했고, 북부에는 자영농과 가내 수공업, 그리고 상업이 발달했다. 이런 경제 구조의 차이는 자연히 서로 다른 경제적 이해관계를 낳았고, 연방정부의 경제 정책을 두고 북부와 남부는 처음부터 첨예한 대립을 보여 왔다.

노예 문제만 해도 그랬다. 남부는 산업 구조 자체가 노예제를 기반으로 하고 있었다. 담배나 면화농사에는 막대한 노동력이 필요한데 노예가 없으면 이를 어디서 충당한다는 말인가. 한마디로 남부에서는 노예제도가 경제적 사활이 걸린 문제였다. 그러나 북부에서는 남부의 노예제도 때문에 상대적으로 값싼 노동력을 이용할 수 없는 불만이 있었다. 물론 북부가 노예제도를 반대한 데에는 도덕적 이유도 없지는 않았지만 이런 경제적인 이유도 과소평가해서는 안 된다.

건국 초에는 남북간에 세력 균형이 잘 이루어져 이런 문제들이 타협적으로 잘 처리되었다. 그러나 영토확장으로 새로 연방에 가입해오는 주가 늘어나면서 문제가 발생하기 시작했다. 특히 신가입 주에 노예제를 허용할 것인가 하는 문제는 남북 모두에게 사활이 달린 정치적 의미를 갖고 있었다.

1819년 미주리주가 노예주로 연방가입을 신청하면서 문제가 생기기 시작했다. 남부는 당연히 미주리주의 연방가입을 찬성했다. 그러나 북부는 미주리주가 노예제가 되면 노예의 5분의 3을 인구로 계산하는 현행 제도 때문에 연방 국회에서 노예주 대표들이 너무 많아진다는 이유를 들어 미주리주의 연방가입에 강력히 반대했다. 논란 끝에 미주리주는 일단 연방에 받아들이는 대신에 앞으로 루이지애나 북위 36도 30분 이북에서는 노예제를 일체 금지한다는 타협이 이루어졌다. 그러나 불씨는 여전히 남아 있었다.

노예제를 둘러싼 남북의 갈등은 1820년대 이후 서부 진출과 산업 발전의 열기로 잠시 수그러드는 듯 했다. 그러나 서부의 인구 증가로 새로 연방가입을 신청하는 주가 늘어나면서 문제가 다시 불거지기 시작했다. 먼저 1845년에 텍사스주가 노예주로 연방가입을 신청해 왔는데, 워낙 남쪽에 치우쳐 있는데다 현실적으로 북부가 끝까지 반대할 형편이 아니어서 결국 가입이 승인되었다. 그러나 캘리포니아주, 뉴멕시코주, 유타주 등에 이르러서는 문제가 심각했다. 당시 이 지역에 몰려든 이민들은 대부분 북부 출신이었으므로 그대로 두면 이들이 자유주로 연방가입을 신청하리라는 것이 거의 확실했다. 이것은 지금까지 불안하게나마 유지되어 왔던 자유주와 노예주 사이의 균형을 결정적으로 무너지게 할 위험이 있었다.

우려했던 대로 캘리포니아주가 1849년에 자유주로 연방가입을 신청해 왔다. 그해 실시된 투표에서 주민들이 12,000 대 800이라는 압도적 표차로 노예제를 허용하지 않기로 결정했던 것이다. 의회는 발칵 뒤집혔다. 많은 남부

상원에서 열변을 토하는 클레이 의원. 그의 노력으로 '1850년의 타협'이 이루어져 남북의 갈등은 일단 봉합되었다. 오른쪽에서 세 번째가 칼훈(의회도서관).

출신 의원들은 캘리포니아주가 자유주로 된다면 남부는 연방에서 탈퇴하겠다고 공공연하게 떠들어대기 시작했다. 테일러 대통령은 캘리포니아 주민들의 의사가 절대 존중되어야 하며, 이를 이유로 연방을 탈퇴하려는 움직임에 대해서는 무력으로라도 개입하겠다고 응수했다. 바야흐로 일촉즉발의 정치적 위기가 감돌았다.

헨리 클레이 상원의원이 타협안을 제시했다. 노예제 허용 여부는 주민의 의사를 존중하되, 기존 탈출노예법을 더욱 엄격하게 개정하여 남부의 권리를 보장하자는 것이 요지였다. 이에 따르면 탈출노예를 도와주면 형사 처벌을 받도록 하고 탈출노예는 주인이 당국의 영장 없이도 체포하여 끌고 갈 수 있었다.

그러나 클레이의 타협안은 남부와 북부 모두의 반대에 직면했다. 남부의 대변인격인 칼훈이 나서서, 북부는 노예 문제를 빌미로 남부를 압살하려는 음모를 즉시 중단하고 최초 연방 구성 당시 남북이 합의했던 세력 균형의 원칙을 지키라고 했다. 나아가 그는 현재의 정부 체제로는 남부의 권익이 제대로 보호되지 않기 때문에 남북에서 각각 대통령이 나오는 이원 집정부제로 헌법을 개정할 것을 주장했다. 북부에서는 뉴욕 출신 시워드 의원이 등단하여, 탈출노예법은 신의 명령에 명백히 위반되는 것이며 아무리 국회라도 이 따위 불경한 법률을 승인할 권한이 없다는 요지의 열변을 토했다.

이 문제를 두고 상원에서는 1850년 1월부터 8월까지 남북간에 지루한, 그러나 사활을 건 논쟁이 계속되었다. 전국의 내로라 하는 논객들이 모두 나서서 입장을 개진했다. 마침내 이 논쟁은 일리노이 출신 스티븐 더글러스 의원의 열변으로 마무리되었다. 나중에 링컨과의 공개토론으로 더욱 유명해진 그는, 비록 5척 단신이었으나 장중한 목소리와 불같은 열정으로 모두를 감동시켰다. 클레이 안대로 타협이 안 되면 연방이 둘로 갈라지는 것은 불 보듯 뻔하다는 것이 그의 연설의 요지였다. 많은 민주당 의원들이 타협안 쪽으로 돌아서는 바람에 골수 남부주의자들도 어쩔 수 없었다. 결국 그해 9월 클레이의 타협안이 상원을 통과하고 캘리포니아는 자유주로 연방의 일원이 되었다.

이렇게 해서 일단 위기는 넘겼지만 이것으로 문제가 해결된 것은 결코 아니었다. 남북 모두가 타협안에 크게 불만이었으므로 이것은 오히려 새로운 문제의 시작을 의미할 뿐이었다. 북부의 골수 노예 해방론자들은 탈출노예법을 공공연히 무시하고 '지하철도' 조직을 더욱 강화하기 시작했다. 남부는 남부대로 노예제에 관한 주민 자결의 원칙이 이대로 굳어질지 모른다는 의구심과 두려움을 가지고 있었다. 많은 사람들에게 남북의 분열과 피의 대결은 이제 피할 수 없는 일로 다가오고 있었다.

피흘리는 캔사스:
포타와타미 학살 사건
(1856년)

그때 세계는 −
1855년 일본, 네덜란드와 화친조약 승인
1856년 파리 조약 체결

노예제를 둘러싼 갈등은 결국 심각한 유혈 사태를 몰고 왔다. 1856년 5월, 캔사스주의 로렌스에서 노예주의자들과 반노예주의자들간에 무력 충돌이 일어났다. 처음에는 그렇게 심각한 사태가 아닌 듯했으나 존 브라운이라는 과격 노예해방론자가 이른바 '포타와타미 학살' 사건을 일으키면서 사태는 걷잡을 수 없이 확대되었다. 존 브라운과 그의 부하들이 노예제를 열렬히 옹호하는 백인 이주자 다섯 명을 잔인하게 살해한 사건이었다. 사건의 여파로 테러, 습격, 보복이 거듭되면서 그해에만 200명 이상의 주민이 희생되었다. 신문들은 '피흘리는 캔사스' 사태를 대서특필하기 시작했고, 미국 전역에는 다시 한 번 남북간의 긴장감이 극적으로 고조되었다. 연방정부의 무력 개입으로 사태가 가까스로 진정되기는 했으나, 이는 다가올 거대한 폭풍의 예고와도 같은 것이었다.

캔사스 사태의 직접적 발단은 1854년에 의회가 이른바 '캔사스 - 네브라스카법'을 통과시킨 데 있었다. 스티븐 더글러스 상원의원이 발기한 이 법은 당시 이주민이 급증한 미주리, 오하이오 서부 지역을 네브라스카와 캔사스 두 지방으로 나누고, 노예제 허용 여부는 주민투표로 결정한다는 것이었다.

이 법이 특히 문제가 된 것은 북위 36도 30분 이북에서는 앞으로 노예제를 허용하지 않는 다는 '미주리 타협안'이 이 법안의 통과로 사실상 폐기되었기 때문이다. 미주리 타협안에 따른다면 이 지역에서는 노예제가 당연히 금지되어야 했다. 북부는 이를 근거로 캔사스 - 네브라스카법에 맹렬히 반대했으나 남부 출신 의원들의 강경한 주장으로 결국 법안이 국회를 통과했다.

《톰 아저씨의 오두막》의 삽화. 그리스도교적인 휴머니즘의 입장에서 씌어진 이 소설은 선악의 선명한 대비로 노예제 폐지에 큰 영향을 끼쳤다.

캔사스와 네브라스카에서는 다가온 주민투표를 앞두고 우세를 점하려는 양파간의 물밑경쟁이 치열했는데, 상대적으로 남부에 가까운 캔사스에서 더욱 그러했다. 북부는 이민보조협회를 조직하여 북부인들을 그 지역으로 대량 이주시키려 했고, 남부는 이에 맞서 미주리 - 캔사스 접경지역 주민들을 선거일에 대거 동원하는 전략을 썼다. 결국 남부의 전략이 적중하여 1855년 3월 실시된 선거에서 노예제가 공식 채택되었다.

반노예주의자들은 즉각 이 '부정선거'를 규탄하고 토피카에 따로 정부를 세웠다. 연방에 가입하기도 전에 캔사스는 사실상 두 개의 정부로 분열되었다. 양파간의 대립은 급기야 심각한 유혈 사태로 번졌고, 두 개의 정부가 서로 다른 헌법을 들고 연방가입을 신청하는 웃지 못할 사태가 벌어졌다.

연방정부는 이 문제로 다시 한 번 아수라장이 되었다. 매사추세츠 출신 찰스 섬너 상원의원이 "남부가 캔사스 사태를 조종하고 있다"는 요지의 발언을 했다가 남부 출신 프레스턴 브룩스 의원이 휘두른 지팡이에 맞아 의식불명이 되었다. 브룩스는 일약 남부의 영웅이 되었다. 의원직을 박탈당하고 고향에 내려온 브룩스를 사람들은 열렬히 환영하고 너도나도 지팡이를 선물로 건넸다. 의기양양한 브룩스는 "사실은 금으로 된 손잡이가 부서질까봐 너무 세게 내려치지는 못했다"고 호기를 부렸다. 그러자 지지자 한 사람이 "미친 개는 머리통을 지팡이로 한 대 갈겨야 정신을 차린다"고 화답했다. 이쯤해서 남북의 대립은 이미 돌이킬 수 없이 감정적으로 치닫고 있었다.

재미있는 사실은 캔사스 사태가 노예제 때문이었다고 하는데 당시 캔사스에는 흑인이 전무했다는 것이다. 1860년 인구조사 때 공식적인 흑인 노예는 단 한 명 있었다. 이를 놓고 보더라도 남북의 대립은 흑인노예 문제가 그 핵심은 아니었다. 여기에는 어떤 근본적인 지역감정, 문화적 차이, 경제적 이해관계 같은 것이 저변에 깔려 있으며, 노예제도 문제는 구실에 불과했던 것이다.

아무튼 캔사스 문제는 이후 몇 년을 지루하게 끌다가 연방정부의 개입으로 1858년에 재선거가 실시되었다. 결과는 자유주 옹호론자들의 압도적 승리였다. 남부는 다시 한 번 뼈아픈 패배를 맛보았고, 자꾸만 불리해져가는 상황을 반전시키기 위해서는 뭔가 극적인 반격의 수단이 있어야 한다고 생각했다.

어느 노예해방론자의 최후:
노예해방운동과
존 브라운의 죽음 (1859년)

그때 세계는 −
1853년 유럽, 크리미아 전쟁 발발
1854년 영국, 차티스트 운동 종결

존 브라운은《톰 아저씨의 오두막》을 쓴 스토 부인과 더불어 남북전쟁 전 미국에서 가장 유명했던 노예해방론자의 한 사람이다. 존 브라운은 1800년 5월 9일 코네티컷주 토링턴에서 태어났다. 아버지는 소규모 가내 피혁공장을 운영했는데, 집안 형편이 넉넉지 못해 존 브라운은 변변한 교육도 받지 못하고 아버지의 일을 거들며 어린 시절을 보냈다. 그의 아버지는 열렬한 청교도이자 반노예주의자였다. 그의 집은 도망쳐나온 남부 노예들을 보호하는 비밀결사인 '지하철도'의 중요한 거점이 되었다. 존 브라운은 이런 아버지의 영향을 받아 어릴 때부터 철저한 흑인해방론자로 성장했다.

그는 이를 위해서는 폭력이 불가피하다고 생각했다. 워낙 뿌리 깊은 노예제를 타파하기 위해서는 온건한 방법으로는 절대 안 된다는 것이 그의 신념이었다. 1851년에 그는 '미국 길리어드 동맹'이라는, 도망친 노예들로 구성된 폭력 비밀결사를 조직했는데 탈출한 노예들을 백인 추적자들로부터 보호하는 것이 주요 목적이었다. 이를 위해 단원들은 모두 총으로 무장하고 백인 노예주들과 노예 옹호론자들에게 무장 테러를 감행하기도 했다.

존 브라운이 전국적 명사로 떠오른 것은 캔사스에서의 무장투쟁을 통해

서였다. 그는 1855년에 캔사스로 이주했는데, 당시 캔사스에서는 캔사스 – 네브라스카법의 여파로 노예옹호론자들과 폐지론자들간의 대립이 점점 극으로 치닫는 상황이었다. 존 브라운은 동지들과 이 싸움에 뛰어들어 유명한 '포타와타미 학살' 사건을 일으켰다. 노예제를 열렬히 옹호하는 백인 이주자 다섯 명이 존 브라운과 그의 동료들에게 잔인하게 살해된 사건이었는데, 존 브라운은 자신은 다만 신의 명령을 따랐을 뿐 여기에 아무런 양심의 가책도 없다고 말했다.

그의 행동은 더욱 대담해져, 남부 산악지역 한 곳에 탈주 노예들의 공화국을 만들고 이곳에서 노예해방 전쟁의 깃발을 올리려는 계획을 세웠다. 이를 위해서는 무엇보다 무기가 필요하다고 생각한 그는 21명의 동지들과 함께 1859년 10월 16일 버지니아주 하퍼스 페리의 한 정부군 무기고를 습격했다. 공격은 일단 성공했으나 밤에 잠시 휴식을 취하는 사이 로버트 리 대령 휘하 연방 해병대의 기습을 받았다. 동지 열 명이 전사하고 존 브라운도 총상을 입고 포로로 잡혔다. 그의 아들 중 하나도 이 싸움에서 목숨을 잃었다. 그렇지만 이 영웅적 전투에서 그가 보여준 신념과 불굴의 의지는 매우 인상적이었다. 그에게 포로로 잡힌 싸움의 전말을 지켜본 연방군 병사 하나는 당시 그의 모습을 이렇게 증언했다.

> "브라운은 내가 본 중에 가장 침착하고 의지가 굳은 사람이었다. 정의를 위해 위험과 죽음에 저항하는 그의 모습은 아주 감동적이었다. 총에 맞아 죽어가는 아들을 옆에 두고 그는 한 손으로는 아들의 손목을 잡고 다른 한 손에는 총을 든 채 부하들을 지휘했다. 아주 침착하게, 굳센 의지로 최후까지 싸우라고 그들을 격려하면서."

이것은 당시 전국을 뒤흔든 대사건이었다. 특히 남부는 이런 노예해방의 극렬 투쟁이 백인의 손에 의해 자행되었다는 사실에 경악했다. 북부에서는 그에게 동정적인 분위기가 강했다. 그러나 아무리 고상한 목적을 위해서라지만 연방군을 공격한 그의 행위는 명백한 국가변란죄에 해당했다. 결국 그는 재판정에서 사형을 언도받고 1859년 12월 2일 웨스트버지니아주의 찰스타운에서 교수형에 처해졌다.

존 브라운의 행적에 대해서는 오늘날까지도 사람들 사이에 평가가 극과 극으로 나뉜다. 그를 마틴 루터 킹에 버금가는 위대한 흑인해방론자로 보는 사람들이 있는가 하면 광신적 미치광이로 보는 사람들도 있다. 당시 많은 사람들은 그의 눈에서 번뜩이는 광기를 보았다고 했고, 그의 가문에 정신병자들이 많다는 주장도 있었다. 그는 두 번 결혼하여 무려

'포타와타미 학살 사건'을 일으키고 처형된 존 브라운. "나는 이 죄악의 땅에서 일어나는 범죄는 피흘림 없이 씻어지지 않을 것임을 확신한다."고 말했다.

21명의 자녀를 두었다는데, 이를 보더라도 평범한 사람은 아니었던 것 같다. 반면 그의 법정 진술과 옥중 유고들은 매우 감동적이고 인간미에 넘치는, 한마디로 아주 온전한 사람의 말과 글이라는 느낌을 준다.

아무튼 그가 죽자마자 남북전쟁이 발발했고, 그는 하루아침에 북부의 우상이 되었다. 그의 장렬한 투쟁과 죽음을 묘사한 〈존 브라운의 주검〉(John Brown's Body)이라는 노래는 남북전쟁 때 북군이 가장 즐겨 부른 군가였다. 문호 랠프 에머슨도 그를 '성인'이라고까지 칭송하면서, 예수 이래로 그렇게 값지게 생을 마감한 사람은 일찍이 없었다고 했다.

분열된 집은 설 수 없다:
드레드 스콧 사건과
링컨의 등장 (1857년)

그때 세계는 –
1851년 프랑스, 나폴레옹 쿠데타로 10년 임기의 대통령에 취임
1852년 영국, 트란스발 공화국의 독립 승인

1857년 3월 6일, 노예 문제를 둘러싼 남북간 대립을 결정적으로 악화시킨 또 하나의 사건이 벌어졌다. 드레드 스콧 사건에 대한 연방 대법원의 판결이 그것이다.

드레드 스콧은 미주리 출신 흑인 노예로, 존 에머슨이라는 군의관이 그의 소유주였다. 에머슨은 군인이라는 신분상 임지를 이리저리 옮겨다닐 수밖에 없었는데, 노예 드레드 스콧을 항상 데리고 다녔다. 그런데 공교롭게도 그들이 거쳐간 일리노이주와 위스콘신주가 자유주였다는 데에 문제의 발단이 있었다(일리노이주는 서북영지법에 의해, 위스콘신주는 미주리 타협안에 의해 노예제를 금지하는 헌법을 채택하고 있었다). 드레드 스콧은 정작 주인과 함께 자유주에 머물고 있을 때는 가만히 있다가 주인과 함께 고향으로 돌아온 후 주인을 상대로 소송을 제기했다. 이전에 자유주에 살았기 때문에 자신은 그때 이미 자유민이 되었으며, 따라서 아직도 자신을 노예로 부리는 주인의 행위는 불법이라는 것이 소장의 요지였다. 사실인즉 드레드 스콧은 일자무식이었으나 열성적인 반노예주의자 몇 사람이 그를 도와주고 있었다.

드레드 스콧의 주장은 아주 어려운 법리적 문제를 포함하고 있는 데다 당시의 분위기도 있고 하여 이내 미묘한 정치적 문제로 비화했다. 사건은 지방 법원을 거쳐 결국 연방대법원에까지 소장이 접수되었다. 온 나라가 법원의 판결에 촉각을 곤두세우고 있었는데, 놀랍게도 대법원은 대법원장 로저 태니의 주도로 원고 패소 판결을 내렸다. 흑인은 헌법상 연방 시민이 아니기 때문에 재판을 청구할 자격 자체가 없고 노예는 헌법에 보장된 재산권의 일부로서 절대 보호되어야 한다는 것이었다.

대법원의 이런 판결은 곧 맹렬한 논쟁을 불러일으켰다. 설령 법조문에는 맞을지 모르지만 대법원의 이 판결은 시계바늘을 1세기 이상 거꾸로 돌려놓은 시대착오적 행위인 것이 분명했다. 이미 독립 이전부터 사람들이 노예제의 비도덕성을 인정하고 이를 개선 내지는 폐지하려는 노력이 끊임없이 이어지고 있었는데, 이제 와서 노예를 신성불가침한 재산의 일부라고 주장하는 것은 분명 논란의 여지가 있었다. 이 사건에서 보여준 대법원의 독단적이고 보수적인 성향에 여론이 등을 돌림으로써 이후 얼마 동안 연방대법원은 정부에서 그 역할이 크게 위축되는 결과를 낳았다.

다른 한편으로 대법원의 '몰상식하고 시대착오적인' 판결은 반노예주의자들에게 결정적인 공격의 기회를 주었다. 특히 노예제 반대의 기치를 내걸고 출범한 신생 공화당은 이를 이용하여 크게 정치적 입지를 넓힐 수 있었다.

이런 상황에서 에이브러햄 링컨이라는 인물이 혜성과 같이 등장했다. 불과 몇 해 전까지만 해도 그는 출신지 일리노이 밖에서는 거의 무명에 가까웠다. 그가 일약 전국적 유명인사로 등장한 것은 1858년 일리노이주 연방 상원의원 선거를 통해서였다. 상대는 유명한 스티븐 더글러스. 몇 번이나 민주당 대통령 후보로 거론된 적이 있고, 1850년의 타협안, 1854년의 캔사스-네브라스카법을 통과시키는 데 주도적 역할을 한 인물이다. 링컨은 신생 공화당 후보로 선출되어 그와 힘겨운 싸움을 벌이게 되었다.

객관적으로 열세인 링컨이 먼저 싸움을 걸었다. "분열된 집은 바로 설 수 없다." 이것은 그의 공화당 후보 수락연설 제목인데, 드레드 스콧 판결에 대하여 더글러스가 취한 모호한 태도를 공격한 것이다. 더불어 링컨은 이 연설에서 노예 문제에 대한 자신의 단호한 반대 의사를 내외에 천명했다.

…… 스스로 분열된 집은 바로 설 수 없습니다. 어떤 주는 노예제를 고집하고 어떤 주는 이를 반대하는 한 우리 정부는 오래 가지 못할 것입니다. 나는 연방이 해체되는 것을 원하지 않습니다. 우리의 집이 분열되는 것을 원하지 않습니다. 분열을 더 이상 방치해서는 안 됩니다. 이쪽이든 저쪽이든 태도를 분명히 해야 할 것입니다. ……

링컨의 이 연설은 물론 노예제에 대한 북부의 의견을 대변한 것이다. 그러나 연방의 존립을 위해서는 어느 쪽으로든 태도를 분명히 해야 한다는 그의 의견은 어느 면에서 옳았다. 위험한 줄타기를 언제까지 계속할 수는 없기 때문이다.

그러나 현실적인 문제는 어떤가? 만약 연방정부가 노예제를 금지한다고 하면 그것은 곧 연방의 분열, 나아가 내란을 의미한다. 노예 폐지론자는 곧 인류애를 가장한 전쟁광이요 비애국자라고도 말할 수 있는 것이다. 링컨의 '분열된 집' 연설은 곧 격렬한 논쟁을 불러일으켰다. 그러자 링컨은 더글러스에게 유권자들 앞에서 이 문제에 대한 공개 토론회를 제의했다. 더글러스는 아주 입장이 난처했다. 토론 결과가 어떻든 그로서는 별로 득이 될 것 같지 않았기 때문이다. 그렇다고 이 도전을 회피하면 애송이 정치가에게 앉아서 한방 먹는 꼴이므로 그는 도전을 받아들이기로 결정했다.

링컨과 더글러스의 논쟁은 일리노이뿐 아니라 전국적인 화젯거리로 떠올랐다. 논제 자체가 아주 민감한 탓도 있었지만 두 사람간의 아주 판이한 성격도 호기심을 부추기는 데 한몫을 했다. 큰 키에 약간 얼빠진 모습의 링컨, 단신임에도 세련된 용모와 화술로 거인의 인상을 풍기는 더글러스. 링컨과 더글러스 사이에 벌어진 일곱 차례의 공개 토론회는 굉장한 구경거리였다. 근처에 사는 사람들뿐 아니라 전국에서 사람이 몰려오고 나중에는 가장행렬과 악대도 등장했다.

논쟁의 초점은 연방의회의 결정으로 미국에서 노예제를 금지해야 할 것인가, 또는 과연 연방의회에 그런 권한이 있는가 하는 것이었다. 링컨은 당연히 그렇다는 입장이었다. 더글러스는 노예제 문제는 어디까지나 각 주의 주민들이 스스로 결정할 사항이지 여기에 연방정부가 끼어들어서는 안 된다고

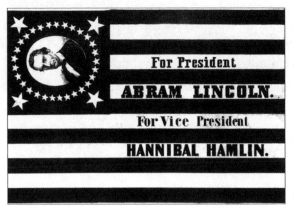

공화당 티켓으로 사용된 성조기(1860). '청교도의 양심을 대표하는 정직한 에이브' 링컨은 북부의 반노예주의자들의 단결된 힘에 의해 대통령에 당선되었다.

주장했다. 링컨은 더글러스를 비도덕적인 노예제 옹호론자로 몰아세웠다. 더글러스는 링컨이야말로 위험한 극단주의자이고 연방의 분열을 부추기는 인물이라고 맞받아쳤다. 논쟁은 갈수록 열기를 더해 갔으나 결말은 나지 않았다. 아니, 날 수가 없었다고 말하는 것이 옳을 것이다.

결국 토론회는 무승부로 끝나고, 세인의 관심 속에 치러진 선거에서 더글러스는 아주 근소한 차이로 승리를 거둘 수 있었다. 그러나 진정한 승자는 링컨이었다. 풋내기 시골 변호사가 전국적 인물을 상대로 이만큼 싸운 것은 정말 대단한 일이었다. 또한 선거에서는 졌지만 링컨은 이를 계기로 일약 전국적인 유명인사로 떠올랐다. 그의 용모, 행적, 말 한 마디 한 마디가 신문의 기삿거리였다. 여기에 그의 입지전적 삶에 관한 적당한 허풍까지도 가미되어 링컨은 '정직한 에이브'(에이브는 그의 본명 에이브러햄의 애칭), 청교도적 양심과 숭고한 인류애의 화신으로 미국인들의 머리에 깊은 인상을 심었다. 2년 후의 대통령 선거에서 북부의 반노예주의자들은 일치단결하여 그를 대통령에 당선시켰다. 그렇지만 많은 남부인들에게 그는 불구대천의 원수였다.

남과 북, 서로에게 총구를 들이대다:
남북전쟁 발발 (1860년)

그때 세계는 -
1859년 이집트, 수에즈 운하 기공
1860년 조선, 최제우 동학 창시

　남북전쟁의 원인에 대해서는 아직도 많은 사람들이 그것은 노예제 때문이었다고 생각하는 경향이 있다. 포악하고 탐욕스러운 남부 농장주들로부터 노예를 해방시키려는 기독교인들의 거룩한 투쟁이 남북전쟁이라는 것이다. 모든 전쟁이 그렇지만, 남북전쟁을 이처럼 선과 악의 싸움으로 도식화하는 것은 아주 순진하고 위험한 발상이다. 당시 노예제가 아무리 가혹했다고는 하지만 솔직히 북부의 공장주들 역시 노동자들을 노예보다 더 낫게 대우하지는 않았고, 남부의 노예주들 중에는 양심적인 사람들도 많았다.

　어떻게 보면 노예 문제는 표면적이고 상징적인 이유에 불과하다. 남북전쟁의 보다 근원적인 원인을 알려면 노예제로 대변되는 남과 북의 생활 방식, 특히 경제 구조의 근본적 차이에 주목해야만 한다. 이미 17세기부터 남부는 전원적이며 농업 위주였고 북부는 도시적이고 공업 위주였다. 초기에는 이 둘이 그런 대로 조화와 균형을 이루고 있었다. 그러나 나라가 커지고 산업이 발달하면서 북부의 생활 양식이 남부를 압도하기 시작했고 남부의 입지는 자꾸만 좁아져 갔다. 연방의회는 북부에 일방적으로 유리한 법령만을 통과시키고 철도의 대부분은 북부에만 건설되었다. 이민은 기반잡기가 비교적

쉬운 북부에 집중되었고 노예들도 '지하열차'를 타고 북부로, 서부로 도망쳐 나갔다. 그것도 부족하여 이제 북부는 노예제 폐지를 외치며 남부의 생활 기반을 송두리째 파괴하려 나서고 있는 것이다.

이런 사정으로 1850년대 들어 남부에는 위기감이 확산되고 있었다. 캘리포니아를 위시한 서부의 여러 주들이 노예제를 금지하고, 최후의 보루로 여겼던 캔사스까지 반노예주의자들의 수중에 들어가면서 남부의 위기감은 극도로 고조되었다. 이대로 가다가는 남북간의 실력 차이가 갈수록 벌어져 남부는 앉아서 망할 것이 불 보듯 뻔했다. 이런 점에서 1860년의 대통령 선거는 남부에 사활적 의미를 가지고 있었다. 의회는 이미 북부가 다수를 점하고 있으므로 남부 출신, 아니면 최소한 남부에 동정적인 인물이 대통령에 당선되지 않으면 남부에는 더 이상 희망이 없어 보였다.

그러나 불행히도 이미 때가 늦었다. 남부에 동정적인 민주당이 강경파와 온건파로 나뉘어 단일후보조차 내지 못하는 사이에, 공화당은 혜성처럼 등장한 대중의 우상 링컨을 후보로 내세워 전국적인 바람몰이를 시작했다. 링컨은 불과 몇 년 전만 해도 거의 무명에 가까웠으나 1858년 일리노이주 상원의원 선거에 공화당 후보로 출마하여 거물 정치인 스티븐 더글러스와 대결하면서 일약 전국적인 인물로 부상했다. 치열한 선거전 끝에 근소한 표차로 지기는 했지만 선거가 끝났을 때 그는 이미 더글러스보다 더 유명하고 인기 있는 인물이 되어 있었다. 2년 후 그는 압도적인 지지로 공화당 대통령 후보로 선출되었고, 당연히 노예제 폐지를 선거 공약으로 내걸었다.

많은 사람들의 우려 속에 치러진 1860년 대통령 선거의 결과는 예상대로 링컨의 승리였다. 당시 연방에는 18개의 자유주와 15개의 노예주가 있었는데, 링

행진하는 북부 연방군 병사들.

컨은 모든 자유주에서 압도적 지지를 획득했다. 대신 남부에서는 불과 2만 4천표밖에 얻지 못했고, 9개 주에서는 단 한 표도 얻지 못했다. 연방은 그의 지지 여부를 둘러싸고 완전히 두 쪽이 났다. 그렇지만 선거인단 투표에서는 링컨이 과반수를 획득, 대통령에 당선되었다.

마지막 희망마저도 사라진 남부로서는 이제 달리 방법이 없었다. 링컨의 당선이 확정되자마자 지금까지 반연방주의의 선봉에 서 왔던 사우스캐롤라이나주가 비장한 선언문과 함께 맨 먼저 연방에서 탈퇴했다. 선언문의 핵심은 다음과 같았다.

…… 연방헌법 제4조의 규정은 이렇다: "어떤 주에서 그 주의 법에 따라 사역이나
노동을 하는 자가 타주로 도망할 경우, 타주의 어떤 법이나 규정도 상기 사역이나
노동을 면제할 수 없으며, 상기 사역이나 노동을 받을 권리가 있는 자의 요구가
있을 경우에는 그에게 즉시로 인도되어야 한다." 이 조항은 너무나 중요하여
만약 그것이 없었다면 연방의 계약은 애초에 이루어지지도 않았을 것이다. ……
그러나 이같은 헌법상의 계약이 비노예소유주들에 의해 고의적으로 위반되고
무시되어 왔다. 따라서 사우스캐롤라이나주는 당연히 그 의무로부터 해방된다.
…… (비노예소유주들은)수많은 우리의 노예들이 집을 떠나도록 부추기고 그들에게
원조를 제공하고 있다. 남아 있는 노예들은 반란을 일으키도록 선동하고 있다.
…… 그러므로 우리들 사우스캐롤라이나주 주민들은 대표자 회의에 모인 우리의
대표들을 통하여 세계의 유식자들에게 우리 취지의 정당함을 호소하면서,
지금까지 본 주와 북아메리카 다른 주들 사이에 존재해 온 연방은 해체되었고, 본
주는 전쟁의 수행, 강화, 동맹체결, 통상 그리고 독립국이 정당하게 취할 수 있는
다른 모든 행동과 사무를 처리하는 완전한 권리를 가진, 개별적이고 독립적인
국가로서 세계의 국가들 가운데 그 지위를 되찾았음을 엄숙히 선언하는 바이다.

한 마디로 연방탈퇴와 독립선언이었다. 경악한 연방의회가 황급히 타협을 제의했지만 이미 물은 엎질러졌다. 이듬해 2월 1일에는 미시시피, 플로리다, 앨라배마, 조지아, 루이지애나, 텍사스가 사우스캐롤라이나의 뒤를 따랐다. 2월 4일, 연방을 탈퇴한 주들은 미연합국(Confederate States of America)이라는 이름으로 새로운 독립국가를 결성하고 제퍼슨 데이비스를 대통령으로 선출

하는 한편 독자적인 헌법도 만들었다. 주저하던 버지니아가 마침내 남부 연합에 가담하자 아칸소, 테네시, 노스캐롤라이나가 뒤를 이었다. 이로써 미국은 건국 84년 만에 공식적으로 분열되었다. 남부 연합에는 인구 9백만 11개 주, 그리고 북부 연방에는 인구 2천 2백만 23개 주가 가담했다.

남은 것은 전쟁뿐이었다. 링컨은 취임 연설에서 남부의 연방 탈퇴를 '내란'으로 규정하고, "정부를 유지, 보호, 수호하기 위해" 무력 사용도 불사하겠다는 강력한 경고를 했지만 이것은 오히려 불에 기름을 끼얹는 격이 되었다. 1861년 4월 12일 새벽 4시 30분, 남부 연합군이 연방군의 섬터 요새를 공격함으로써 남북전쟁의 막이 올랐다.

"영원한 자유의 몸으로":
노예해방
(1865년)

그때 세계는 –
1861년 러시아, 농노해방령 내림
1862년 청, 양무운동

적어도 표면적으로는 노예제 허용 여부가 전쟁의 직접적 원인이었으므로, 전쟁 발발과 더불어 이 문제가 어떻게 될까 하는 것은 모든 사람의 초미의 관심사였다. 사람들은 링컨 대통령이 즉시 노예제 철폐 선언을 할 것으로 기대했으나, 뜻밖에도 링컨은 주저하는 태도를 보였다.

링컨이 노예 문제에 있어 어떤 태도를 가지고 있었느냐 하는 것은 오늘날까지도 역사가들 사이에 의견이 분분하다. 아마도 우리는 한 양심적인 기독교인으로서의 링컨과 대통령이라는 공인으로서의 링컨을 구별해야만 할 것이다. 그는 개인적으로는 노예제 자체를 반대했다. 그러나 대통령으로서 노예제 폐지가 가져올 여러 결과들에 대해서도 생각을 하지 않을 수 없었다. 대통령 당선 이전 링컨의 공식 입장은 이미 노예제가 합법적으로 실시되고 있는 주는 그대로 두고, 그밖의 지역에 대해서만 연방의회가 이를 법률로써 금해야 한다는 것이었다. 대통령 당선 후에도 마찬가지 생각이었다.

사실 이것은 정치적으로 아주 위험한 태도였다. 남부는 말할 것도 없지만 북부 역시 링컨의 태도에 의구심을 가지고 있었다. 전쟁이 터지고 나서도 링컨이 우물쭈물하자 사람들은 조바심을 내기 시작했다. 왜 링컨은 명확한 입장을 밝히지 않는가? 마침내 〈뉴욕 트리뷴〉신문이 링컨의 모호한 태도를 공격하면서 즉각적인 노예해방을 촉구했다. 그러자 링컨은 편집국장 호레이스 그릴리에게 편지를 보내 그의 '분명한' 태도를 밝혔다.

> …… 나의 정책이 분명하지 않다고 말하는 사람들이 있지만 그것은 옳지 않습니다. 나의 제일의 관심은 연방을 유지하는 것입니다. 노예제를 허용하느냐 금하느냐 하는 것은 그 다음 문제입니다. 만약 노예를 해방하지 않고도 연방이 존속될 수 있다면 그렇게 하겠습니다. 연방을 위해 모든 노예를 해방해야 한다면 역시 그렇게 하겠습니다. 일부는 해방하고 일부는 그대로 두어야 연방이 존속된다면 역시 또 그렇게 하겠습니다.

이것은 기껏해야 아주 교묘한 논리로써 문제의 핵심을 피해가는 '정치적' 발언이다. 사실 아무리 개인적으로는 노예제를 반대하더라도, 그리고 아무리 노예해방의 여론이 드셀지라도 링컨으로서는 함부로 행동을 취할 입장이 못 되었다. 그것은 노예주로서 연방에 남아 있는 이른바 '변경주들' 문제가 있었기 때문이다. 만약 노예를 해방하면 변경주들은 즉각 연방을 탈퇴할 것이고, 이것은 전쟁 중인 남북의 세력 균형에 결정적 영향을 미치게 될 것이기 때문이다. 그러므로 추세로 보아 필연적으로 노예해방 선언을 해야 한다고 하더라고 시기와 범위를 신중하게 결정해야 하는 것이다.

원래 링컨은 노예를 전면 해방하는 대신 노예주들에게는 금전적으로 손해를 보상한다는 복안을 가지고 있었다고 한다. 그러나 여기 대해서는 정부 내에서조차 강한 반대 의견들이 있었다. 그러자 그는 1862년 7월 22일 각의에서 우선 현재 반란 지역에 대해서만 노예해방 선언을 하는 것이 어떻겠느냐는 의견을 내놓았다. 이번에도 이의 효과가 자신에까지 파급될 것을 우려한 변경주들이 크게 반발했다. 당시 전황이 혼미를 거듭하고 있을 때이므로 링컨은 자신의 의견만을 고집할 수가 없어 이 문제는 일단 보류하기로 했다. 결국 중요한 것은 전쟁이 어떻게 결말나느냐 하는 것이었다.

사실 전쟁이 시작될 때만 해도 남부는 북부에 비해 인구, 물자 등 모든 면에서 크게 불리했기 때문에, 많은 사람들은 전쟁이 금방 끝날지도 모른다는

해방된 흑인 노예들(버지니아의 리치먼드). 링컨의 노예해방 선언은 전쟁의 양상에도 큰 영향을 미쳤다. 수많은 남부의 흑인 노예들이 탈출, 북군에 의용병으로 가담했다.

기대를 가지고 있었다. 그러나 남부에는 로버트 리라는 불세출의 명장이 있었다. 링컨은 원래 그에게 북부군 총사령관직을 제의했지만 자신의 고향 버지니아가 남부로 돌아서자 그는 주저 없이 북부를 떠나 남부 연합군의 지휘를 맡았다. 초기에 밀리는 듯하던 남부

군은 리 장군의 지휘 아래 대규모 반격을 감행, 매너서스 전투에서 북부군을 격파하고 연방 수도 워싱턴을 위협하기 시작했다. 북부로서는 절대절명의 위기였다. 남부의 승리를 예견한 프랑스와 영국이 남부를 국가로 승인할 조짐마저 보였다. 그러나 북부군은 신임 총사령관 맥클레런의 지휘 아래 절대절명의 대반격을 시도, 9월 17일의 앤티텀 전투에서 남부군을 대파했다. 북부군이 추격을 멈추지 않았더라면 남부군은 아마 궤멸했을 것이다. 이로써 북부는 적어도 전쟁을 장기전으로 끌고 갈 수 있는 발판을 마련할 수 있었다. 링컨은 마침내 때가 왔다고 생각했다. 앤티텀에서의 승리로부터 사흘 뒤인 9월 22일 소집된 각의에서 링컨은 역사적인 노예해방 선언을 했다. 몇몇 각료들이 반대하려 했지만 링컨은 "노예해방은 신의 엄숙한 명령"이라는 한마디로 일축해 버렸다.

"…… 미국의 대통령인 나, 에이브러햄 링컨은 …… 반란주로 지정된 주에서 노예로 있는 모든 사람은 1863년 1월 1일을 기해 영원히 자유의 몸이 될 것임을 선포한다. …… 이 선언은 진실로 정의를 위한 행위이며 군사상의 필요에 의한 합헌적 행위이다. 이 선언에 대하여 전능하신 하느님의 은총과 인류의 신중한 판단이 있기를 기원하노라."

위의 선언문 내용을 보면 선언 당시에는 한 명의 노예도 실질적으로 해방되지 않았고, 또 북부 연방 내의 노예들에 대해서는 전혀 언급이 없었다. 여기에는 연방 내 '변경주들'의 반발을 무마하고, 반란주들의 노예들을 부추겨 북군에 가담시키려는 고도의 정치적 계산이 들어 있었다. 또한 만약 북부가 전쟁에서 승리한다면 이 '부분' 노예해방 선언은 보나마나 전면적인 노예해방으로 이어질 것이다. 연방 내 노예해방 반대자들도 이 점을 알고 있었으나 링컨의 교묘한 전략에 말려 변변한 반대 의견조차 내지 못했다.

예상대로 링컨의 노예해방 선언은 엄청난 효과를 가져왔다. 특히 남부의 수많은 흑인 노예들이 주인집을 도망쳐 나와 의용병으로 북군에 가담했다. 꼭 이들 때문에 북부가 승리했다고는 말할 수 없겠지만 전쟁 중 흑인 의용군의 활약은 참으로 눈부신 바가 있었다. 그리고 전황이 북부에 결정적으로 유리해진 1865년 1월, 마침내 의회는 노예제도를 전면 금지하는 수정헌법 13조를 통과시켜 적어도 법률상으로 노예제도는 미국에서 공식적인 종말을 고했다.

엇갈린 남과 북의 운명:
게티스버그 전투
(1863년)

그때 세계는 –
1863년 조선, 흥선대원군 집권
1864년 스위스 뒤낭에서 국제 적십자사 창설

게티스버그는 수도 워싱턴에서 북쪽으로 약 100킬로미터 떨어진, 펜실베이니아와 메릴랜드 접경의 자그마한 마을이다. 넓은 초원과 울창한 숲, 나지막한 언덕들, 귀족적이고 전원적인 농가 등 한 마디로 미국의 전형적인 시골 풍경이 펼쳐져 있는 곳이다. 이곳에서 남북전쟁 최대의 전투가 벌어졌다. 1863년 7월 2일의 일이었다.

개전 초기 잠깐 유리했던 적도 있었지만 1862년 겨울 무렵 이후로 남부는 점점 수세에 몰리기 시작했다. 남북전쟁은 크게 남부 수도 리처먼드와 연방 수도 워싱턴을 잇는 동부 전선, 그리고 미시시피강의 제해권 장악을 둘러싼 서부 전선으로 나뉘어 있었다. 불세출의 명장 리가 이끄는 동부 전선에서 남부는 그런 대로 선전하고 있었다. 그러나 서부 전선에서는 참패를 거듭했다. 특히 남부가 사력을 다해 지키려 했던 전략 요충 빅스버그가 6주간의 치열한 공방 끝에 북군에 함락되면서 전세는 급격히 북부로 기울어갔다. 북군은 빅스버그 승리로 미시시피강을 제압함으로써 남부를 강 양쪽으로 양분시키는 데 성공했고, 이제 남쪽에 대군을 상륙시켜 리처먼드를 향해 진격해올 것으로 예상되었다.

리 장군은 중대한 결심을 하지 않으면 안 되었다. 가만히 있다간 남북에서 죄어오는 포위망에 걸려 힘 한번 제대로 써보지 못하고 패배할 것이다. 그렇다면 차라리 적극적인 공세로 나가야 조금이라도 승리의 희망이 있을 것 같았다. 어쨌든 워싱턴은 리처먼드에서 아주 가까운 거리에 있는 것이다. 다만 북군의 주력이 포진하고 있는 워싱턴을 직접 공격하는 것은 무리이므로 북쪽을 빙 둘러 포위해버리면 될 것 같았다. 수도가 함락될 위기에 처하면 북부는 강화를 요청할 것이고 남북은 남부의 독립을 조건으로 강화 조약을 체결한다, 그러면 일단 남부로서는 전쟁의 목적은 달성되는 것이다.

물론 여기에는 큰 위험이 따랐다. 이 대규모 군사 작전을 위해서는 남아 있는 남군 병력을 총동원해야 하고 그러면 리처먼드는 무방비 상태로 방치될 수밖에 없었다. 만약 그 사이에 북군이 진격하여 리처먼드를 점령하면 어떻게 할 것인가? 부하 한 사람이 걱정스럽게 질문하자 리 장군은 "그러면 서로 대통령을 바꿔 하면 된다"고 대답했다.

1863년 봄, 리 장군은 대군을 이끌고 용약 출전했다. 처음에는 만사가 순조로웠다. 특히 4월 27일 벌어진 챈슬러즈빌 전투에서 남군은 북군의 최정예로 알려진 포토맥 군단을 대파했다. 그렇지만 남군도 가장 유능한 야전사령관이자 리 장군의 오른팔격인 스톤월 잭슨 장군을 이 전투에서 잃었다.

남군은 북진을 계속했고, 링컨은 이의 저지에 연방의 운명을 걸었다. 드디어 7월 2일, 남북의 대군은 게티스버그에서 만났다. 양측 병력은 남군이 약 7만 5천, 북군은 10만 이상이었다. 북군은 구릉을 따라 참호를 파고 들어앉아 방어하는 전술을 썼고, 남부군은 인해전술로 이를 정면돌파하려 했다. 일진일퇴의 공방전이 계속되었으나 결국 승리의 여신은 북군 편이었다. 7월 4일의 세메터리 리지 전

게티스버그 싸움터. 1863년 리 장군의 남군이 북군의 최정예 포토맥 군단을 대파한데 이어 게티스버그 결전을 치른 끝에 결정적으로 패배함으로써 남북전쟁의 승패는 사실상 판가름났다.

투에서 남군은 결정적으로 패배했고, 포토맥강을 건너 황급히 버지니아로 퇴각했다. 사흘에 걸친 무시무시한 백병전이 끝났을 때 게티스버그의 평온한 들판은 주검으로 가득 메워졌다. 양측 합쳐 5만 이상이 죽거나 다쳤으며, 특히 남군의 피해가 막심했다.

이 전투에서 비록 승리하기는 했으나 북군 역시 엄청난 희생을 치렀다. 또한 아무리 고상한 목적을 위해서라지만, 전쟁의 참화는 남북을 떠나 사람들 모두에게 심한 정신적 충격을 안겨 주었다. 게티스버그에는 전몰자들을 위한 묘지와 충혼탑이 건립되고 링컨은 헌납식에 참석해 그 유명한 추도연설을 했다. 역사상 가장 훌륭하고 감동적인 연설의 하나로 꼽히는 이 추도사에서 링컨은 적과 동지를 떠나 전몰자 모두의 고귀한 이념과 용기를 찬양하고 민주주의의 승리를 다짐했다.

> "…… 세계는 여기서 쓰러진 용사들이 바로 이곳에서 한 일을 결코 잊지 않을 것입니다. 그러나 여기서 싸운 사람들이 지금까지 훌륭하게 추진해 온 그 미완성의 사업에 몸을 바쳐야 할 사람들은 오히려 우리들 살아 있는 사람들입니다. …… 그 대사업이란 이들 명예로운 전사자들이 최후까지 온 힘을 다하여 싸운 대의에 대하여 우리가 더욱 더 헌신해야 한다는 것, 이들 전사자의 죽음을 헛되게 하지 않으리라고 굳게 맹세하는 것, 이 나라를 하느님의 뜻으로 새로운 자유의 나라로 탄생시키는 것, 그리고 인민의, 인민에 의한, 인민을 위한 정부가 지상에서 사라지지 않도록 하는 것입니다."

게티스버그 전투로 전쟁은 사실상 판가름이 났다. 이후로도 전쟁은 2년을 더 끌었지만 이는 순전히 최후까지 명예를 지키려는 남부인들의 자존심과 용기 때문이었다. 9개월에 걸친 포위 공격으로 1865년 3월 남부 수도 리처먼드가 결국 북군에 함락되었고, 4월 9일 애퍼매톡스에서 남부군 총사령관인 리 장군이 항복문서에 서명함으로써 4년여에 걸친 전쟁은 대단원의 막을 내렸다.

거인, 총탄에 쓰러지다:
링컨 암살
(1865년)

그때 세계는 –
1865년 오스트리아 · 프러시아, 가시타인 협약 조인

난세는 영웅을 낳는다. 남북전쟁으로 미국은 건국 이후 최대의 위기를 맞았으나 동시에 이런 위기는 링컨이라는 한 영웅의 탄생을 가능하게 했다. 소탈한 외모, 전쟁 중에 지도자로서 보여준 불굴의 의지와 신념, 게티스버그에서의 감동적 연설, 그리고 극적인 죽음. 링컨은 한 마디로 미국인들이 그리는 위인의 모든 조건을 갖춘 사람이었다.

링컨은 노예해방의 기치를 내걸고 1860년 대통령에 당선되었다. 그가 당선되자마자 전쟁이 터졌고, 전쟁을 북부의 승리로 이끈 공로로 그는 1865년 대통령에 재선되었다. 그러나 재선의 기쁨 대신 그에게는 전쟁의 상처를 치유해야 하는 무거운 짐이 주어졌다.

전쟁의 포성은 멎었지만 그 피해는 엄청났다. 북군 36만, 남군 26만의 젊은이들이 전장에서 목숨을 잃었고, 민간인 사상자 수는 수백만을 헤아렸다. 당시 미국 전체 인구를 약 3천만으로 볼 때 적어도 열 명 중 한 명이 죽거나 다친 셈이다. 재산 피해는 당시 기준 약 30억 달러에 달했는데, 이는 제1차 세계대전의 총 재산 피해보다도 많은 액수라고 한다. 특히 남부는 전쟁의 여파로 농토와 가옥들이 모조리 파괴되고 말았다.

그러나 전쟁의 더 큰 피해는 다른 데 있었다. 남북간 그리고 인종간 증오와 적대감의 골이 전쟁으로 인해 회복불능으로 깊어져 버린 것이다. 특히 싸움에서 진 남부에서는 사랑하는 가족과 집 농토를 빼앗아간 '양키놈들'(The Yankees)에 대해서는 물론, 신분 해방을 외치며 거들먹거리는 흑인들에 대한 증오감이 폭발적으로 고조되었다. KKK라는 무시무시한 인종 테러단체가 등장한 것도 바로 남북전쟁을 통해서였다. 이런 사정은 정도는 다르지만 북부도 마찬가지여서, 흑인을 짐승 취급하는 것도 모자라 그것 때문에 전쟁까지 일으킨 남부 '반도들'(The Rebels)을 절대 용서할 수 없다는 극우 강경론자들이 의사당과 정부와 언론에서 열변을 토하고 있었다. 요컨대 전쟁 직후 미국의 분위기는 이런 적대감이 극도로 만연되어, 과연 미국이 전쟁 이전의 일체감을 회복할 수 있을지가 매우 의심스러웠다.

이런 상황에서 대통령에 재선된 링컨은 어깨가 무겁지 않을 수 없었다. 1865년 3월 4일, 두 번째 대통령 취임연설에서 링컨은 관용과 화해로 남북이 다시 하나가 될 것을 국민들에게 간곡히 호소했다.

> "…… 아무도 미워하지 말고, 모두에게 자비로운 마음으로, 하느님이 우리에게 준 정의의 확고한 신념으로써 우리의 남은 일을 끝마치도록 합시다. 조국의 상처를 치료하고 참전 용사와 그들의 유가족을 돌보아 줍시다. 우리 가운데 정의롭고 항구한 평화를 이룩하고 이를 지키기 위해 필요한 일이라면 무엇이든지 하도록 합시다."

리처먼드 함락 직후인 4월 11일, 링컨은 또 한 번의 대국민연설을 통하여 남부동맹에 가담했던 주들이 연방에 복귀한다면 전쟁에 따른 어떤 보복이나 불이익도 없을 것임을 천명했다. 전쟁의 승리를 위해서는 때로 적에게 가혹할 수밖에 없었지만 개인적으로 링컨은 미움과 보복을 싫어하는 양심적 기독교인이었다. 조국의 갈갈이 찢긴 상처는 오직 용서와 관용으로써만 치유될 수 있다는 것이 그의 한결같은 믿음이었다.

그러나 자신이 바로 그러한 미움과 보복의 희생양이 될 줄을 그는 알지 못했다. 화해를 호소하는 대국민연설을 한지 불과 사흘 뒤에 링컨은 한 극렬

저격당하는 링컨.
1865년 포드 극장에서 관극하는 귀빈석의 링컨을 저격하는 존 부스. 배우인 그는 추격대에 쫓긴 끝에 사살되고, 공범들은 교수형에 처해졌다.

남부주의자의 흉탄에 쓰러지고 말았다. 그날 저녁 링컨은 백악관 부근의 한 극장으로 연극 구경을 갔다. 연극이 한창 진행되는데 돌연 대통령이 앉아 있던 귀빈석에서 총성이 울렸다. 권총을 손에 쥔 한 남자가 귀빈석에서 무대로 뛰어내리며 "독재자는 죽었다. 남부 만세!"를 외쳤다. 그가 무대 뒤로 도망쳐 사라졌을 때 사람들은 대통령이 총에 맞았음을 알았다. 대통령은 치명상을 입었다. 급히 극장 건너편 여인숙으로 옮겨져 치료를 받았으나 그는 끝내 의식을 회복하지 못하고 이튿날 새벽 숨을 거두고 말았다.

그가 숨진 4월 15일, 그의 죽음을 애도하듯 워싱턴에는 차가운 봄비가 내렸다. 백악관 앞에는 비에 젖는 것도 아랑곳 하지 않고 수많은 흑인 여인들과 어린이가 모여 그의 죽음을 애도했다. 비단 흑인들만이 아니고 '정직한 에이브'를 사랑했던 많은 미국인들에게 그의 죽음은 실로 충격이었다.

링컨의 죽음과 관련해서는 다음의 흥미로운 일화가 전해온다. 4월 11일, 그러니까 사건 당일 오후 링컨은 결국 마지막이 된 각료회의를 주재했다. 회의 마지막에 그는 각료들에게 지난밤 꿈 이야기를 했다. 한밤중에 배를 타고 어느 해안을 지나가고 있었는데, 그게 어딘지 분명치가 않다는 것이다. 그러면서 "지난 전쟁 중 섬터, 불런, 앤티텀, 머프리스버러, 빅스버그, 윌밍턴 등 큰 전투를 앞두고 항상 똑같은 꿈을 꾸었고, 그때마다 북군이 승리했습니다. 이제 또 그런 꿈을 꾼 것을 보니 뭔가 좋은 일이 일어날 것 같습니다"라고 덧붙였다. 직설적인 그랜트 장군이 나서서 "각하, 머프리스버러에서는 우리가 대패했습니다. 그런 전투가 몇 번만 더 있었다면 아마 우리는 전쟁에서 졌을 것입니다"라고 말했다. 어색한 침묵이 잠시 흐른 후 링컨이 다시 입을 열었다. "이상하군요. 아무튼 그런 꿈을 꾼 것은 사실입니다." 결국 그 꿈은 악몽이었다.

암살범은 존 부스라는 사람이었다. 열렬한 남부 지지자로 남군으로 참전한 적도 있는 인물이었다. 사건 직후 극장을 탈출했던 그는 4월 26일 버지니아 볼링그린의 한 연초건조장에서 추격대에 사살되었다.

링컨의 죽음은 미국 전체의 커다란 불행이었다. 비록 일부 남부인들의 미움을 받기는 했지만 그는 기본적으로 중도 타협적 입장을 견지했고, 대대수 국민의 절대적 지지를 받고 있었다. 당시 상황에서 전쟁의 혼란을 수습하는 데 그 이상의 적격자는 없었을 것이다. 그러나 어쨌든 그가 대통령에 당선되자마자 남북전쟁이 터졌으므로 어떤 점에서 그는 남북 갈등의 상징과도 같은 존재였다. 그 갈등이 치유되기 위해서는 그의 죽음은 어쩌면 필연적이었는지도 모른다. 마치 인류의 죄악을 치유하기 위해 예수가 십자가에 못 박혀야 했던 것처럼. 그가 부스의 총에 맞은 날은 공교롭게도 예수가 십자가에서 죽은 날을 기리는 수난절이었다.

하얀 두건, 백색 공포:
KKK
(1866년)

그때 세계는 –
1867년 일본, 도쿠가와 노부, 도쿠가와 막부 멸함(大政奉還)
1868년 일본, 메이지 유신

　전쟁으로 미국, 특히 남부는 완전히 폐허가 되고 말았다. 제대한 군인들이 고향에 와서 발견한 것은 불타버린 집과 황무지로 변한 농장, 그리고 사랑하는 가족 친지들의 무덤뿐이었다. 과거 부유하게 살았던 여인들이 길거리에서 구걸을 하고 있었고, 농장주들은 흑인들에게 식량을 내다팔아 생계를 유지하고 있었다. 아주 간단한 생필품조차도 구할 길이 없었다. 남부인들은 이 모든 곤경을 몰고 온 양키들을 극도로 증오했다.

　따라서 전후 링컨이 떠맡았던 가장 큰 정치적 과제는 남부의 이런 적개심을 해소하는 일과, 남부의 파괴된 농장들을 재건하는 일이었다. 우선 그는 남부의 연방 재가입을 추진했다. 주민 10%만 연방을 지지하고 노예금지법을 지킬 것을 맹세한다면 그 주는 다시 연방에 가입할 수 있었다. 1864년 루이지애나주와 아칸소주가 맨 먼저 맹세를 하고 연방에 복귀했다. 북부의 급진론자들은 여기에 반발하여 적어도 주민 50%가 노예제 철폐에 찬성하지 않는다면 연방가입을 불허한다는 법률을 통과시켰다. 링컨은 이에 대해 단호하게 거부권을 행사했다.

　링컨의 이런 유화정책으로 인하여, 만약 그가 암살되지만 않았다면 남부

공포의 KKK단원. 이들은 미시시피 KKK단원으로 한 가족을 몰살하려고 기도하다가 체포되었다.

의 연방 재편입은 좀 더 빨리 성사될 수 있었을 것이다. 그러나 불행히도 그가 죽는 바람에 뜻하지 않은 암초가 앞을 가로막게 되었다.

링컨의 뒤를 이어 대통령이 된 앤드루 존슨은 링컨의 유지를 받들어 남부에 대한 대사면령을 공표하고, 노예제 문제에 상관없이 원하는 주는 즉각적으로 연방에 복귀할 수 있도록 했다. 1865년 12월에 이르러서는 텍사스주를 제외한 남부의 모든 주들이 이에 동의하고 연방에 보낼 대표자들을 선출했다.

그러나 불행히도 존슨은 링컨만큼 강력한 리더십을 갖지 못했다. 북부의 급진주의자들은 존슨의 남부 재편입 계획이 남부 음모의 계속에 지나지 않는다고 비난했다. 이들의 주장이 먹혀들어 1866년 의회 선거에서 급진 공화파가 압승했다. 힘을 얻은 급진파는 곧 수정된 재편입 법안을 통과시켰고, 흑인의 시민권을 규정한 수정헌법 14조를 받아들인 테네시주를 제외한 모든 다른 주들의 연방 복귀를 무효화했다. 남부는 5개의 '점령지'로 나누어 연방군을 파견하고, 관구 사령관 감독 아래 흑인이 참여하는 재선거를 실시하도록 했다. 그 결과 1867년 말에 실시된 선거에서는 남부 모든 주에서 흑인과 백인 급진주의자들이 의회에서 과반수를 차지했다. 그들은 곧바로 수정헌법 14조를 인준하고 연방에 재가입했다. 존슨은 의회의 이런 강경정책에 강력히 반발했으나 의회는 대통령 탄핵안 제출로 이에 응수했다.

남부는 다시 한 번 철저히 모욕당했다. 비록 지금은 전쟁에 패한 형편으로 어쩔 수 없다지만 언젠가는 복수할 날이 올지도 모른다. 남부에서는 애향심이 더욱 고취되었고, 의회는 수많은 '흑인차별법'을 제정, 흑백간의 결혼과 공공장소에서 흑인이 백인과 어울리는 것을 금지시켰다. 이를 어기는 흑인들에 대해서는 KKK(쿠 클럭스 클랜, Ku Klux Klan)단원들이 무시무시한 테러를 자행했다.

KKK는 1866년 테네시주 풀라스키에서 처음 조직되어 남부 각 주로 급속히 세력을 넓혔다. KKK란 말은 희랍어 키클로스(kyklos)에서 따온 것인데, '비밀결사'라는 뜻을 가지고 있다. 이 비밀결사는 처음에는 위협과 공갈, 협박으로 백인의 지배권 회복을 꾀했다. 세력이 커지자 흑인과 흑인해방에 동조하는 백인들을 구타하거나 그들의 집을 불태우고 폭행을 가하는 등 보다 잔인한 테러도 서슴지 않았다. 특히 선거 때 투표소에 얼굴을 내민 흑인들은 예외 없이 KKK에게 잔혹한 보복을 당했다. 심지어 남부를 '점령' 중이던 연방군들이 이들에 의해 살해되는 사건까지 벌어졌다.

폭력 행위가 걷잡을 수 없이 확대되자 정부로서도 뭔가 단호한 조치를 취하지 않을 수 없었다. 의회는 서둘러 반테러조직법을 만들고 정부는 소요 지역에 대규모 군대를 파견했다. 이런 정부의 노력으로 KKK의 위세가 어느 정도 수그러들기는 했지만 공포는 여전히 남아 있었다. 유무형의 협박과 테러에 겁먹은 대부분의 흑인들은 투표권을 자진해서 포기했고, 전쟁 전과 마찬가지로 남부에서는 백인 독재와 흑인 차별이 계속되었다.

이후 KKK는 국내외 상황에 따라 부침을 거듭했다. 제1차 세계대전 승리의 여파로 1920년대에 종교적 보수주의가 전국을 휩쓸면서 KKK는 화려하게 부활했다. 한때 회원 수가 450만 명을 넘었고, 1925년 8월 8일에는 5만 명 이상의 KKK 단원들이 흰 두건을 쓰고 수도 워싱턴의 중심가를 4시간이나 행진하기도 했다. 아마도 이때가 KKK의 절정기였을 것이다. 그 후 KKK는 다시 세력이 약화되었다가 1960년대 들어 흑인 민권운동이 본격화되면서 그에 대한 반동으로 미국 각지에서 산발적으로 재등장했다. 물론 그 위세가 예전 같지는 않지만 아직도 남부의 많은 흑인들은 KKK가 두려워 법에 의해 보장된 그들의 권리 행사를 주저하고 있다. KKK는 지금도 옛날의 '좋았던 시절'을 그리워하는 일부 보수 백인층을 중심으로 세력을 유지하면서 백인 지배와 극우적 정치 목표를 추구해 나가고 있다.

아무튼 미국에 아직 개척할 서부가 남아 있지 않았다면, 그리고 전후 놀랄 만한 산업의 발전이 이루어지지 않았다면, 남부의 이런 증오심은 끝내 해소되지 못했을지도 모른다. 다행히 대륙횡단철도의 건설로 사람들이 물밀듯이 서부로 밀려가는 바람에, 그리고 또 한 차례 불어 닥친 산업혁명의 열기로 남부의 적대감은 어느 정도 해소될 수 있었다.

또한 사람들 역시 노예들이 떠나간 황량한 농원을 언제까지 바라보기만 할 수는 없었다. 물론 많은 농장주들이 삶의 터전을 잃고 가난한 백인으로 전락했다. 이들을 구제하기 위해서라도 남부에서 공업을 발전시킬 필요가 있었다. 남부에는 철광석, 석탄 등 지하자원이 풍부하여 많은 광산 노동자들을 취업시킬 수 있었다. 무진장 재배되는 목화를 처리하는 면직공업, 그리고 더럼을 중심으로 연초공업이 발달하기 시작했다. 이렇게 해서 세워진 남부의 공장들에는 북부와 다른 끈끈한 인정 같은 것이 있었다. 아마도 남부 농원제도의 유풍이라고 할 수 있을 것이다.

이렇게 해서 재건된 남부를 사람들은 '새로운 남부'(New South)라고 불렀다. 1877년에는 남부를 '점령했던' 연방군도 모두 철수했다. 폐허를 딛고 다시 일어선 백인 농장주들과 신흥 흑인 농장주들이 들판에서 바쁘게 일손을 놀리고 도시의 거리는 다시 활기로 넘쳐났다. 그러나 바닥에 떨어진 남부의 긍지와 자존심이 회복되기 위해서는 훨씬 오랜 세월을 기다려야만 했다.

제6장
서부 진출

United States
of America

철마, 광활한 대지를 질주하다:
대륙횡단철도 건설
(1869년)

그때 세계는 —
1869년 이집트, 수에즈 운하 개통
1870년 프로이센 · 프랑스 전쟁

미국의 영토는 남북전쟁 전에 이미 태평양에까지 도달해 있었다. 그러나 미시시피강을 넘어서면 서부는 아직도 황무지나 다름없었다. 이 광대한 땅을 개척하기 위해서는 무엇보다 물자와 사람들을 실어나를 수 있는 대규모 운송 수단이 필요했다. 당시 유일한 대안은 철도였고, 전쟁이 격화일로에 있던 1862년 링컨 대통령은 역사적인 대륙횡단철도 건설사업에 서명했다. 그렇지만 본격적인 공사는 전쟁이 끝난 1865년에 시작되었다.

변변한 장비도 없이 오직 인력에만 의존해야 했던 당시의 토목기술로 3천 킬로미터에 이르는 철도를 건설하는 것은 무모하고 거의 불가능에 가까운 일처럼 보였다. 이 모험사업에 투자자들을 끌어모으기 위해 정부는 철도 양쪽 20마일 폭의 땅을 건설회사에 무상불하고 철도 1마일당 몇만 달러의 돈을 정부가 빌려주는, 그야말로 파격적 조건을 내걸었다. 우여곡절 끝에 유니언 퍼시픽과 센트럴 퍼시픽, 두 회사가 사업자로 선정되었다. 유니온 퍼시픽은 아이오와 카운슬 블러프스에서 서쪽으로, 센트럴 퍼시픽은 캘리포니아 새크라멘토에서 동쪽으로 철도를 건설해가기 시작했다.

일단 공사는 시작했지만 어려움은 정말 상상을 초월하는 것이었다. 수만 명에 이르는 중국인 노무자, 가난과 기근에 몰려 대서양을 건너온 아일랜드인들, 전과자, 부랑자, 제대군인들이 공사에 동원되었는데 혹독한 기후와 중노동, 원주민의 습격으로 수없이 희생자가 발생했다. 그러나 거의 전쟁을 치르듯 필사적으로 공사를 강행한 끝에 마침내 1869년 5월 10일 양쪽에서 건설해온 철도가 유타주 프로몬터리에서 만났다. 수많은 사람들의 환호 속에 양 철도의 연결점에 순금 지주못을 박는 기념 행사가 열렸다.

일단 이렇게 해서 첫 번째 대륙횡단철도가 성공적으로 건설되고 건설회사들이 돈방석 위에 앉게 되자 너도나도 이 황금알을 낳는 사업에 뛰어들었다. 불과 15년 만에 횡단철도 세 개(노던 퍼시픽, 서던 퍼시픽, 산타페)가 추가로 건설되었고 1890년대에 마지막으로 그레이트 노던 횡단철도가 건설되어 오늘날의 대륙횡단철도망이 완성되었다. 이들 후발 건설회사들에도 처음과 마찬가지로 정부의 엄청난 특혜가 주어졌다. 이와 함께 횡단철도들을 중심으로 수많은 지선들이 건설되어 이제 웬만한 곳은 기차로 연결이 가능하게 되었다. 1865년 3만 5천 마일에 불과하던 철도가 1900년 즈음해서는 거의 20만 마일에 육박했는데 이 길이는 당시 전 유럽의 철도망을 합한 것보다도 많은 숫자였다.

철도망이 정비되면서 기관차나 철도 운영체계에도 기술적으로 획기적인 진보가 있었다. 최초의 대륙횡단열차는 장작을 때서 증기 터빈을 돌리는 원시적 수준에 머물러 있었다. 장작 대신 석탄을 연료로 사용하는 대형 증기기관차가 개발되면서 더 많은 사람과 화물을 더욱 빨리 운송하는 일이 가능해졌다. 식당차, 난방차, 침대차의 개발로 기차 여행은 편안함과 편리함을 더하게

미국 최초의 대륙횡단철도 개통식(1869. 5. 10). 태평양 쪽의 철도 출발점 새크라멘토에서 출발한 최초의 대륙횡단열차는 엿새 반 만인 7월 29일 뉴욕에 도착했다.

되었다. 폐색 신호체계, 웨스팅하우스의 자동 연결장치, 공기압 브레이크의 개발은 철도의 안전성 향상에 결정적으로 이바지했다. 1883년에는 오늘날의 철도운영 시간체계가 처음 도입되었다. 이렇게 해서 철도는 역마차를 대신하여 새로운 장거리 운송 수단으로 확고하게 자리를 잡았다.

대륙횡단철도의 건설은 미국인의 삶을 돌이킬 수 없을 정도로 변모시켰다. 우선 상품과 천연자원 운송비가 엄청나게 줄어들면서 이것이 상업과 산업의 발전을 크게 자극했다. 한 예로 아이다호에서 생산된 감자의 동부 소비자 가격이 철도 건설 이전에 비해 하루아침에 10분의 1로 떨어지기도 했다. 서부로의 여행이 용이해지면서 더욱 많은 사람들이 기회를 찾아 서부로 몰려갔고 이들에 의해 황무지에 불과하던 서부 개척이 급속도로 이루어졌다. 특히 정부로부터 엄청난 면적의 땅을 불하받은 철도회사들이 이를 싼 값에 분양한 것도 사람들을 서부로 몰려가게 한 주요한 이유의 하나였다. 이들은 심지어 유럽에서까지 대규모 땅분양 판촉활동을 벌이기도 했는데, 1874년에는 독일 메논파 교도 1만여 명이 캔사스로 집단 이주하기도 했다. 오늘날 캔사스를 뒤덮고 있는 터키레드 종 밀은 당시 그들이 가져온 것이다.

철도 주변과 특히 철도 교차 지점에 거대한 도시들이 생겨난 것도 철도가 가져온 큰 변화 중 하나였다. 오마하, 캔사스시티, 오클랜드, 포틀랜드 등은 대륙횡단철도가 건설되기 전에는 아예 없었거나 조그만 촌락에 불과했으나 불과 30년 만에 수십만 인구의 거대 도시로 변모했다.

그러나 대륙횡단철도가 모두에게 다 좋은 것만을 가져다주지는 않았다. 서부의 초원을 뛰놀던 미국 들소들은 열차 운행에 지장을 준다는 이유로 무차별 남획의 대상이 되었다. 백인에 쫓기다가 이제 막 새로운 삶의 터전을 마련한 원주민들에게 기관차의 굉음은 마치 그들의 명을 재촉하는 듯했다. 그러나 이들을 제외하면 대륙횡단철도 건설은 모두에게 좋은 소식이었고 미국의 국력 신장에도 결정적 공헌을 했다. 미국은 드디어 사람들을 보내 대륙 전체를 실질적으로 통치할 수 있는 수단을 갖추게 되었고, 철도를 통해 태평양에까지 이른 미국의 힘은 곧 태평양을 건너 아시아와 한국에까지 그 손길을 미치게 될 것이었다.

웅크린 황소의 최후:
원주민 최후의 항전
(1890년)

그때 세계는 -
1868년 쿠바, 스페인으로부터의 독립을 위한 10년 전쟁 시작
1870년 프랑스, 프러시아에 선전포고, 보불전쟁 시작

대륙횡단철도의 건설은 모두에게 낭보는 아니었고, 아메리카 원주인들에게는 오히려 비보였다. 남북전쟁이 끝날 무렵 미국에는 주로 미시시피강 서쪽에 약 30만 명의 원주민이 남아 있었다. 전쟁 전 백인들에 의해 서쪽으로 내몰리면서 그나마 그들이 위안으로 삼았던 것은 다시는 그들의 땅을 빼앗지 않겠다는 백인들의 약속이었다. 그러나 이런 약속도 이후 백인들의 통행권 요구와 토지 매각 강요로 점차 유명무실해지고 말았다. 골드러시와 대륙횡단철도에 편승하여 서부로 몰려온 백인들은 이제 노골적으로 총부리를 들이대고 원주민들을 또다시 그들의 땅에서 몰아내려고 했다. 원주민들은 이제 최후의 선택을 하지 않으면 안 되었다. 항복이냐 저항이냐의 갈림길에서 많은 원주민들은 후자를 택했고 이런 투쟁이 당연히 실패로 돌아가면서 그들의 평화롭고 영광스러운 역사도 더불어 끝장이 나고 말았다.

역사상 가장 위대한 아메리카 원주민의 한 사람으로 추앙받는 '웅크린 황소'(Sitting Bull)는 이런 시대적 상황에서 원주민의 최후 항전을 이끈 지도자였다. '웅크린 황소'는 1831년 다코타의 그랜드강 유역에서 태어나 1890년 역시 그랜드 강변에서 최후를 맞이했다. 그의 원주민 이름은 타탕카 이요탕케.

'웅크린 황소'는 백인들이 지어준 별명이다.

수족 헝크파파 집안에 태어난 그는 어려서부터 강인한 체력과 지도력을 겸비한 수족의 영웅이었다. 그가 백인 군대와 처음 충돌한 것은 1863년 6월이었다. 산티 수족이 미군을 살해한 이른바 '미네소타 학살' 사건에 대한 보복으로 연방군이 공격을 가해 오자 그는 젊은 전사들을 이끌고 그들에 맞서 싸웠다. 이후로도 그는 수족의 사냥지역을 침범하고 농지를 짓밟는 백인들과 잦은 싸움을 벌였고 그때마다 혁혁한 전과를 거두었다. 백인과의 투쟁에서 보여준 용기와 지혜로 그는 곧 전체 수족의 추장으로 추대되었다. 1867년의 일이었다.

1870년대 중반 블랙힐에서 금이 발견되자 노다지꾼과 총잡이들이 밀물처럼 이들의 땅으로 몰려들었다. 원주민들에게 이 땅을 보장했던 1868년의 협약(래러미 2차 협약)은 휴지 조각이 되고, 정부는 모든 수족에게 1876년 1월 31일까지 따로 설정된 원주민 보호구역 내에 정착하라는 명령을 내렸다. 명령 불응은 정부에 대한 적대 행위로 간주된다는 경고가 뒤따랐다. 다른 것은 몰라도 그 추운 날씨에 노인과 어린이들을 끌고 거의 400킬로미터를 이동하는 것은 자살행위나 다름 없었다. '웅크린 황소'는 정부의 명령에 불복하고 동료들과 함께 자신들의 땅을 지켜내기로 결심했다.

이듬해 3월, 조지 크룩 장군이 이끄는 연방군의 공격이 시작되었다. '웅크린 황소'는 수족, 샤이엔족, 아라파호족을 몬태나 원주민 구역 내 그의 캠프로 불러 모았다. 6월 17일 크룩 장군의 부대와 로즈버드에서 싸워 대승을 거두었다. 그러나 이것은 싸움의 시작일 뿐이었다. '웅크린 황소'는 주력부대를 리틀 빅혼강의 계곡으로 이동시켜 최후의 결전을 준비했다. 여기서 그는 혼신의 힘을 다해 '태양의 춤'을 추었고 스스로의 고행으로 실신했다. 혼미한 중에 그는 수많은 군인들이 하늘에서 메뚜기떼처럼 그의 진영으로 뛰어내려오는 환상을 보고 전투에서의 승리를 확신했다.

6월 25일 커스터 중령 휘하의 연방군 주력이 그의 부대를 공격해왔다. 처절한 싸움 끝에 '웅크린 황소'는 정부군을 메뚜기떼처럼 섬멸했다. 완벽한 승리였다.

평화로운 수족의 캠프.
1890년 12월 29일 미군의 무자비한 토벌전으로 여자와 어린이를 포함, 200여 명의 원주민이 학살당하고 부락은 초토화되었다.

비극은 이 전투에서의 승리에도 불구하고 그가 백인과의 전쟁을 승리로 이끌 수는 없었다는 사실이다. 정부군의 공격은 리틀 빅혼강 전투 이후 더욱 거세어졌고 원주민 전사들은 이에 맞서 초인적 사투를 벌였지만 점점 불리해지는 전세를 어쩔 수가 없었다. 여기에 정부군은 원주민의 주식인 들소를 닥치는 대로 죽여 그들을 아사시키는 작전을 폈다. 결국 굶주림에 지친 동료 부족들이 하나둘 정부군에 항복했고, '웅크린 황소'는 남은 추종자들과 함께 캐나다 국경을 넘었다. 하지만 캐나다 정부 역시 그를 반길 리가 없었다. 결국 그는 도주와 기아에 지쳐 도피 4년 만에 항복하고 말았다.

이후 '웅크린 황소'는 백인 사회에 동화하여 한동안 평안한 삶을 누리기도 했으나 1889년 수족의 반란을 교사한다는 혐의로 다시 체포령이 떨어졌다. 결국 1890년 12월 15일 '웅크린 황소'는 그랜드 강변에서 추격대의 총탄에 맞아 영웅적이고 비극적인 삶을 마감했다.

'웅크린 황소'는 대평원의 원주민들 가운데 범상치 않은 지도자로 존경받았다. 뜨거운 동족애, 온화하고 유쾌한 성품, 종교적 신실함, 강력한 예언자적 자질, 전투에서의 용맹, 지도력, 거기에 뛰어난 노래 솜씨까지, 그는 영웅의 모든 자질을 갖추고 있었다. 비극적으로 생을 마치긴 했지만 그의 숭고한 투쟁은 원주민의 권리 신장에 크게 공헌했다.

1887년에 도스법이 제정되어 원주민들은 제한된 구역에서나마 그들의 땅을 다시 가질 수 있게 되었다. 더불어 그들에 대한 정부의 처우도 크게 개선되었다. 1901년에는 다섯 부족의 원주민들이 귀순하여 미연방의 공민권을 얻었다. 1924년에 의회는 합중국 내에서 출생한 모든 원주민은 미국 국민이라는 법률안을 최종 통과시켰다. 그러나 이를 위해 원주민이 치러야 했던 희생은 엄청난 것이었다.

지금도 대부분의 원주민들은 보호구역 내에서 전통적인 부락 제도를 유지하며 살아가고 있다. 일부 부족들 중에는 토지 공유의 유습도 아직 살아 있다. 비교적 양호한 위생시설 덕에 지금 원주민의 수는 증가일로에 있어 얼마 후에는 미국과 캐나다를 합해 그 수가 50만에 이를 전망이다. 그러나 백인과의 혼혈이 갈수록 늘어나고 현대 문명의 이기를 좇아 바깥 사회로 진출하는 원주민이 늘면서 대륙의 옛 주인 원주민 역시 미국의 거대한 용광로에서 녹아 소멸될 운명에 있다.

황야의 무법자들:
서부 개척과
총잡이 빌리 더 키드 (1859~1881년)

그때 세계는 –
1873년 청, 동치중흥
1876년 영국, 의회가 빅토리아 여왕의 인도 황제 겸임 결의

미국의 역사는 한마디로 서부 개척의 역사라고도 할 수 있다. 미국이 미시시피강 서쪽의 광대한 땅을 차지하게 된 것은 이미 남북전쟁 전의 일이지만 본격적인 서부 개척은 아무래도 전쟁이 끝난 후로 미뤄질 수밖에 없었다. 특히 1869년 대륙횡단철도의 건설은 서부 개척의 한 획을 긋는 중요한 의미가 있다. 철도를 따라 수많은 사람들이 서부로 몰려갔고 들소와 원주민들만 한가롭게 노닐던 서부는 하루아침에 가축과 총잡이들의 천국이 되고 말았다. 워낙 땅이 넓다 보니 중앙정부에서 군대나 관리들을 파견할 수도 없었고 거의 30년 가까이 서부에는 이런 무법 상태가 계속되었다.

무법 상태란 좋게 말하면 무한정의 자유라는 뜻도 되겠지만 총을 잘 다루지 못하면 자기 목숨을 보장할 수 없는 지극히 위험한 상황이기도 하다. 왜 사람들은 위험을 무릅쓰고 서부로 건너갔을까? 물론 모험과 자유를 찾아 떠나간 사람들도 있었겠지만 동부에서는 아무 희망도 없었던 범법자, 부랑자, 흑인, 이제 막 대서양을 건너온 이민자 등도 많았다. 여기에 노다지 꿈에 부푼 투기꾼과 목장주들이 가세했다.

1840년대 말 캘리포니아에서 시작된 골드러시는 전쟁 후에도 여전히 사람

들을 서부로 끌어들이는 강력한 흡인력을 가지고 있었다. 캘리포니아의 금이 소멸되면서 노다지꾼들은 새로운 금광을 찾아 네바다, 콜로라도, 몬태나 등으로 몰려갔고, 광산 주위로는 여지없이 선술집과 여관들이 들어섰다. 이곳은 일확천금을 꿈꾸는 노다지꾼, 총잡이, 도박꾼, 매춘부, 사기꾼이 들끓었고, 돈과 이권을 둘러싼 싸움, 광산채굴업자들과 원주민간의 전쟁, 역마차 강탈사건이 끊일 날이 없었다.

이런 시대적 상황에서 한 사람의 '영웅'이 탄생했는데, 서부 영화에서 단골로 등장하는 총잡이 빌리 더 키드가 바로 그였다. 알려진 바에 따르면 빌리 더 키드의 본명은 윌리엄 보니. 1859년 뉴욕에서 태어나 1881년 보안관 가레트에 의해 사살될 때까지 최소한 21명 이상을 살해한 서부의 전설적 총잡이였다.

빌리 더 키드는 어릴 때 부모를 따라 캔사스로 이사했다. 거기서 아버지는 죽고 어머니와 두 형제는 다시 콜로라도로 이사한다. 어머니는 거기서 재혼을 한다. 다시 뉴멕시코로 이사를 했는데 이때부터 빌리는 남서부와 북부 멕시코를 두루 방랑하면서 갱들과 어울리고 절도와 무법의 경륜을 쌓는다. 1880년 12월에 가레트 보안관에게 체포되어 살인 혐의로 교수형을 선고받았다. 1881년 4월 30일 두 명의 보안관 대리를 살해하고 탈옥에 성공하지만 가레트 보안관의 끈질긴 추적과 매복에 의해 마침내 7월 14일 저녁 최후를 맞이한다.

그렇지만 빌리의 최후에 대해서는 아직까지도 분분한 이론이 있다. 그날 가레트 보안관에게 사살된 사람은 빌리가 아니었고, 가까스로 그곳을 도망쳐 나온 빌리는 이후 강도짓을 그만두고 편안히 살다 죽었다고 믿는 사람들이 많다. 여기에 서부 시대를 동경하는 미국 사람들의 적당한 허풍까지 가미되어 심지어는 오늘날까지 그가 죽지 않고 어딘가 살아 있다고 말하는 사람들도 있다.

총잡이와 더불어 서부의 무법 시대를 상징하는 또 하나의 주인공은 소몰이꾼(카우보이)이다. 전쟁 후 서부에 방목 형태의 대규모 목축이 성행하게 된 것은 임자 없는 초지가 무한정 펼쳐져 있는 자연적 요소 외에 대륙횡단철도 건설 및 냉장열차의 개발로 서부에서 도축된 고기를 동부의 인구 밀집 지역으로 신속히 그리고 신선하게 운송하는 것이 가능해졌기 때문이다.

텍사스를 비롯한 남부의 초지에는 텍사스 롱혼이라는 긴 뿔 육우가 수천만 마리나 서식하고 있었는데, 이의 선조는 스페인의 토로스 종이라고 한다. 즉 초기에 남부를 지배했던 스페인 사람들이 가져온 소가 야생화한 것이다. 카우보이들은 이 소

빌리 더 키드 현상 포스터. 사살하거나 생포해 데려오면 5천 달러의 현상금을 지급한다고 되어 있다.

를 몰고 철도가 지나가는 중부까지 수천 마일을 올라와 철도 주변 대도시의 도축장에 팔아넘기고 여기서 도축된 고기는 열차에 실려 동부로 수송되었다.

서부 영화를 보면 이런 카우보이들의 삶이 무척이나 낭만적이고 자유로운 모습으로 그려져 있지만 실제로 이들이 겪었던 고생이란 낭만과는 거리가 먼 것이었다. 먹을 물과 풀을 찾아 광야를 며칠씩 헤매는 것은 보통이고 카우보이들끼리 좋은 초지를 두고 피비린내 나는 싸움이 벌어질 때도 있었다. 카우보이의 낭만은 상업성을 지향하는 서부 영화가 만들어낸 신화에 불과할 뿐이다. 그렇지만 이것이 미국인들의 향수와 절묘하게 맞아 떨어졌고 나아가 미국 역사 자체를 미화하는 데 큰 몫을 하고 있다.

사실 카우보이의 세계가 무법천지이기만 한 것은 아니었다. 목축업자들은 서로의 생존을 위해 초지와 물의 권리에 관한 상호협약을 맺었으며 대부분의 경우 이 협약은 엄격히 준수되었다. 다만 정부가 나서지 않고 주민 스스로 법을 만들고 집행했을 뿐이다. 연방정부도 이들의 자치법을 인정했고 후일 정부가 공식적으로 통치권을 행사할 때에도 이를 공식법령으로 수용하는 일이 많았다.

빌리 더 키드와 카우보이로 상징되는 서부의 낭만은 1870년대에 절정을 이루었다. 그러나 1880년대에 들어서면서 서부도 점차 평온을 되찾게 되었다. 금의 고갈, 그리고 대규모 채광기업의 등장과 더불어 노다지꾼은 점차 사라져 갔고 선술집이 있던 곳에는 상가, 회사, 신문사, 변호사 사무실이 들어서기 시작했다. 수만 마리 소떼를 몰고 초원을 질주하는 카우보이의 장관도 1885년을 지나면서 보기 힘든 풍경이 되고 말았다. 카우보이는 너무 힘들고 위험한 일인데다가 고기값의 폭락으로 수지조차 맞출 수 없게 되었기 때문이다. 목축업자들은 소떼를 끌고 초원을 방황하기보다 울타리를 친 목장의 주인으로 안주하게 되었다.

빌리 더 키드와 카우보이의 천국은 불과 30년 만에 종말을 고했다. 그렇지만 그 짧은 기간 동안 서부는 돌이킬 수 없는 변화를 겪었다. 1900년에 이르자 이들 서부의 영웅들은 자신들이 몰아낸 들소와 원주민과 더불어 과거 속으로 묻혀 갔다.

제7장
자본주의의 발흥
United States
of America

남북전쟁의 선물:
제2의 산업혁명
(19세기 후반~20세기 초)

그때 세계는 -
1882년 독일 · 오스트리아 · 이탈리아 3국 동맹
1883년 청 · 프 전쟁 발발

남북전쟁 전까지만 해도 미국의 산업 생산력은 유럽 주요국들에 비해 크게 뒤떨어져 있었다. 하지만 1900년에 이르러 미국은 이미 세계 최강의 선진 산업국으로 탈바꿈해 있었다. 미국인들의 삶과 사고, 정부의 대내외 정책에 이런 변화가 끼친 영향은 상상을 초월하는 것이었다.

사실 이 시기 미국의 산업화는 어떤 의미에서 전쟁, 곧 남북전쟁이 가져다 준 선물이었다. 군수물자를 신속하게, 그리고 대량으로 공급해야 했기 때문에 생산과 물류 체계가 획기적으로 바뀌고 철강, 조선, 전기 산업이 크게 발달하고, 새로운 기구들이 만들어지고, 과학 기술도 눈부시게 발전했다.

특히 이 시기에 수없이 쏟아져 나온 산업 발명품들이 산업 발전에 결정적으로 이바지했다. 1865년에서 1900년에 이르는 시기에 공식 등록된 발명 특허권만도 모두 64만 종에 이르렀다. 발명품들은 주로 부엌, 사무실, 공장 작업대에서의 일을 용이토록 하기 위해 개발된 것들이었다. 라이노타이프 조판기와 윤전기의 발명으로 신문사들은 한 시간에 8쪽짜리 신문 24만 부를 찍어낼 수 있었다. 크리스토퍼 숄즈가 발명한 타자기는 사무실에서 펜으로만 하던 문서 작업의 속도와 효율성을 크게 높였다. 헨리 베서머가 개발한

비행기에 의한 비행을 최초로 성공한 라이트 형제의 플라이어 호는 1903년 12월 27일 미국의 키티호크에서 동생 오빌의 조종으로 12초 동안 36미터를 날았다. 형 윌 버가 비행을 지켜보고 있다.

평로법 덕택에 대규모 생산 라인을 갖춘 거대 공장들이 속속 들어섰다. 벨의 전화기, 에디슨의 백열등과 축음기, 이스트먼의 사진기 등은 미국인들의 일상을 혁명적으로 뒤바꿔 놓았다. 라이트 형제가 발명한 비행기 역시 당장은 그 위력이 느껴지지 않았지만 머지않아 여행의 개념을 획기적으로 바꿔놓을 것이 확실했다.

농업 부문도 예외는 아니었다. 이 시기 발명된 수많은 농기구 덕분에 말이 끄는 쟁기, 수작업에 의한 파종과 수확은 이미 구시대의 유물이 되고 말았다. 밀 수확을 예로 들면 수작업으로는 농부 한 사람이 하루 종일 일해도 0.2헥타르 정도 밖에 수확할 수 없었지만 매코믹이 발명한 자동수확기로는 3헥타르, 그리고 콤바인을 사용하면 하루 수십 헥타르도 작업이 가능했다. 수확 뿐아니라 파종, 건초 만들기, 목축, 심지어는 농장에 울타리를 치는 작업도 모두 새로 발명된 기계들로 신속하게 처리할 수 있었다. 농업과학도 눈부시게 발전해 실험실에서는 질병에 강하고 수확량이 많은 신품종들이 쏟아져 나왔다. 생산성 증대로 공급이 크게 늘어나면서 농산물의 국내 가격은 급격히 하락했고 잉여 농산물의 수출도 비약적으로 늘었다. 19세기가 지나면서 미국의 농업은 이미 대규모 산업이 되어 있었다.

산업화가 이 시기 미국 사회에 끼친 영향을 가장 단적으로 보여 주는 것이 노동 인구의 급격한 팽창이다. 산업 노동자의 수는 1860년 88만 5천 명에서 1890년에는 320만 명으로 네 배 가까이 늘었다. 물론 기계가 일부 일자리를 빼앗아 간 것은 사실이지만 기계 때문에 없어진 일자리보다는 새로 생긴 일자리 수가 훨씬 많았다.

이와 더불어 노동의 성격도 크게 변했다. 노동이 기술이 아닌 단순한 육체 노동이 되면서 노동자들은 공장주의 해고에 완전 무방비 상태에 놓이게 되었다. 거기에 이민자, 흑인, 여성, 농업에서 떨어져 나온 인력, 어린이들이 대거 노동 시장에 진출하면서 일자리에 대한 경쟁이 치열해졌기 때문에 노동자들은 공장주가 제시하는 노동 조건을 일방적으로 감수하는 이외에 다른 방법이 없었다.

그런대도 정부는 이 기간 동안 철저히 자유방임적 경제 정책을 추구했다. 1865년부터 1890년까지 기업의 활동을 제한하는 어떠한 법안이나 규칙도 제정되지 않았고 정부가 기업 활동을 감시하는 일도 없었다. 저임금, 독점, 기업합병, 미성년자 고용, 기업주의 일방적 해고, 하루 15시간 노동 등이 당시에는 전혀 불법적 행위가 아니었다.

그러나 노동자들이 겪어야 했던 이런 고통, 그리고 농산물 가격의 급락은 정부에 대한 농민과 노동자의 반발로 이어질 수밖에 없었다. 노동자들은 조합을 결성하고 단결하여 공장주와 자본가들의 착취로부터 자신들을 지키려고 했다. 결국 여론에 밀린 정부도 태도를 바꿀 수밖에 없었다. 1901년 대통령에 당선된 루스벨트가 '공정한 대우'(Square Deal)의 기치 아래 자유방임 정책의 수정을 들고 나온 것은 산업화 시기 자유방임 정책의 이런 부정적 결과에 대한 반성에서 비롯된 것이었다.

미국 최초의 근대 자본가:
'강철왕' 앤드루 카네기
(1835~1919년)

그때 세계는 −
1894년 조선, 갑오농민전쟁 발발
1895년 청일전쟁 발발

　19세기 후반 미국의 산업화 과정에 수많은 천재 발명가들과 그들의 발명품들이 지대한 공헌을 했음은 앞에서 말한 바 있다. 이들 발명품들이 상품화되기 위해서는 언제나 많은 재정 지원과 효과적 사업 수완이 요구되었다. '강철왕' 카네기는 제철 분야에서 효과적 경영관리를 발명품과 접목시켜 거대한 부를 일구어낸 미국 최초의 근대 자본가이다.

　카네기는 영국 스코틀랜드에서 태어나 1848년 12살 때 미국으로 건너왔다. 일찍부터 사업적 재능이 뛰어났던 그는 방적공, 기관조수, 전보배달원, 전신기사 등 여러 직업을 전전하다 철도 감독으로 자리를 잡았다. 천재적인 투자 솜씨를 발휘하여 얼마간의 재산을 모을 수 있었는데, 이를 바탕으로 1872년 톰슨 제철공장을 설립하고 본격적으로 철강 사업에 뛰어들었다.

　카네기는 자신의 돈은 한 푼 들이지 않고 부자들을 끌어들여 사업을 확장하는 뛰어난 재주를 가지고 있었다. 그러면서도 회사 경영만은 절대 양보하지 않았다. 사업이 어느 정도 궤도에 오르자 그는 밖에서 끌어모은 돈으로 재정이 악화된 경쟁사들을 사들이고 원료와 상품 수송을 위해 독자적인 철도망을 구축하기도 했다. 1889년 연산 32만 톤에 불과하던 톰슨 제철공장

앤드루 카네기. 미국 자본주의 발흥기의 전형적인 산업 자본가. 대철강 트러스트를 형성하고 생애 후반에는 교육과 문화사업에 전념했다.

의 생산능력이 10년 후인 1900년에는 300만 톤을 넘어설 만큼 그의 사업은 눈부신 성장가도를 달렸다. 이와 더불어 사업이윤도 1888년 200만 달러에 불과했으나 1901년에는 무려 4천만 달러가 되었다. 1890년에 이미 카네기는 미국 제철사업을 실질적으로 지배하는 인물이었다.

카네기는 이윤을 위해서라면 때로 비도덕적 행위도 서슴지 않았던 전형적인 자본가였다. 회사 물품을 운송하는 철도회사에 리베이트를 강요하고 비록 얼마 동안이기는 하지만 제철업자들끼리 독점 담합을 맺어 엄청난 부당 이익을 챙기기도 했다. 외국 경쟁회사가 국내시장에 뛰어드는 것을 막기 위해 정치인들을 매수하여 자신에게 유리한 보호관세법을 통과시키기도 했다. 임금을 형편없이 깎아내리고 이에 항의하는 노동단체는 무슨 수를 써서라도 없애고야 말았다. 그러면서 그는 끊임없는 재투자를 통해 엄청난 부를 축적해 나갔다.

그러나 그의 사업 성공의 비밀은 무엇보다도 기업 경영에 과학적 기업관리법을 도입한 데 있었다. 즉 최소 비용으로 최대의 생산성을 얻기 위해 생산라인과 인적관리 방식을 획기적으로 개혁했던 것이다. 그가 최초로 도입한 과학적 기업경영법은 후일 프레드릭 테일러의 이론화 과정을 거쳐 이른바 '테일러주의'라는 이름으로 미국 기업들에 정착되었다. 테일러는 생산 과정에서 낭비되는 요소들을 측정하여 노동자가 최단시간에 최대한의 생산을 낼 수 있는 시간과 노동관계를 연구했다. 테일러의 제안에 따라 기업들은 노동의 전문화와 임금의 능력차등 지급제를 도입하여 괄목할 만한 성과를 거두었다. 이와 더불어 돈을 버는 것 못지않게 이를 관리하는 회계 업무의 중요성이 강조되고 새로운 임금계산법이 속속 소개되었으며 심리학을 전공한 전문 인력관리자들도 생겨났다.

노동자들은 이런 생산능률화 혁명에 거세게 반발했으나 테일러주의는 계속 확대되었다. 헨리 포드는 테일러주의를 도입하여 성공한 대표적인 기업인에 속한다. 그는 도축장에서 오랫동안 사용되어 오던 컨베이어 벨트 시스템을 자동차 생산라인에 도입했고, 작업 과정을 수천 조각의 단순작업들로 쪼개어 아무 기술도 없는 노동자라도 곧바로 생산라인에 투입될 수 있도록 했다. 이런 방법으로 자동차 생산시간과 비용이 급격하게 감소하여 1925년 포드 자동차 공장에서는 모델 T 자동차가 10초에 한 대꼴로 생산되어 300달러 이하에 팔렸다.

카네기는 철저한 자본가 정신과 과학적 기업경영으로 미국 자본주의 발전에 결정적 이바지를 했다. 때로는 이윤을 위해 물불을 가리지 않는 냉혹한 자본가이면서 동시에 부를 공익에 돌릴 줄도 아는 인간적 자본가이기도 했다. 카네기는 사업을 확장하면서 채용한 고급 제철기술자들에게 사업이 성공을 거둘 때마다 주식을 나누어주곤 했다. 이렇게 해서 그가 만들어낸 백만장자만 40명이 넘었다.

1901년 카네기는 자신의 제철회사를 J. P. 모건에게 약 5억 달러에 팔아 넘겼다. 자신의 수중에는 약 2억 5천만 달러가 남았는데 이 돈으로 그는 여생을 교육사업과 사회사업에 헌신했다. 피츠버그에 있는 카네기멜론 대학이 그의 재정적 후원에 의해 설립된 대학이다. 일생 동안 그가 자선 명목으로 기부한 돈만도 수억 달러에 달했다고 한다.

미국적인, 너무나 미국적인 철학:
다원주의와 실용주의
(1890년대)

그때 세계는 –
1885년 제차 인도국민회의 개최
1887년 프랑스령 인도차이나 성립
1890년 최초의 노동절 행진

1870년대까지 미국 사상계는 다윈주의(Darwinism)가 영향을 미치고 있었다. 진화론을 핵심으로 하는 다윈주의는 그때까지 미국 사상계에서 압도적 위치에 있던 관념철학과는 인간에 대한 생각이 전혀 달랐다.

관념철학은 인간의 정신이 자연에 존재하는 어떤 동물과도 다른 독특한 성격을 갖고 있다고 주장했다. 즉 모든 인간은 유한한 육체 속에 무한한 정신을 동시에 가지고 있으며, 이 무한한 정신은 우주의 본질과 대응될 수 있다는 것이다. 또한 존재의 궁극적 실체는 우주와 인간을 창조한 신이라는 생각이 관념철학의 밑바탕에 깔려 있었다.

이에 반해 다윈주의는 인간이라는 존재는 여러 많은 동물들 중의 하나일 뿐이며, 다만 진화의 오랜 과정을 거쳐서 발전한 최후의 종(種)일 따름이라고 생각했다. 이른바 인간정신이라는 것도 관념론에서 말하는 것처럼 무한한 것이 아니라 생존경쟁에서 살아남기 위해 환경과 투쟁하는 과정에서 발전된 도구일 따름이었다. 신이 만물을 창조했다는 어떠한 증거도 있지 않으며, 모든 것은 환경과 우연에 의해 생겨났을 따름이라고도 했다.

사회학자들은 이를 사회이론으로 발전시켜 사회라는 환경에 가장 잘 적응

하는 자가 사회에서 가장 잘 살
아남는다는 주장을 폈다. 이를 달
리 표현하면 힘 있는 자만이 사
회에서 살아남고 힘없는 자는 도
태되는 것이 거역할 수 없는 자
연의 법칙이라는 것이다. 이렇게
되면 도덕이나 고귀함 따위는 모
두 사라지고 자연의 약육강식의
논리가 그대로 사회에도 적용되
는 것이다.

실용주의 철학자 윌리엄 제임스. 미국에서 일어난 실용
주의를 전 세계에 전파하는 역할을 맡았다.

비판가들은 다윈주의의 이런
이론은 이론 자체의 잘못뿐 아니
라 도덕적으로도 중대한 결함이 있다고 주장했다. "개인들이 생존을 위해 서
로 싸우는 동안(국민 대부분이 힘 있는 소수에게 잡아먹히든 말든 상관없이) 국가는
중립적인 위치에 있어야 한다"는 다윈주의적 주장은 너무나도 잔혹하고 비
인간적이라는 것이다. 리처드 엘리 같은 사람은 필연적 경제법칙이 인간의
경제생활을 지배한다는 자유방임적이고 다윈주의적인 견해를 비판하고 "국
가는 인간성의 진보를 위해 시장에 개입해야 한다"고 주장했다.

1883년 레스터 워드는 《역동적 사회학》이란 저술을 통해 인간이란 존재는
아무런 감정도 없는 진화의 희생물이 아닐 뿐 아니라 인간이 살아남게 된 것
은 환경을 극복하고 통제하기 위해 서로 협동해왔기 때문이라고 주장했다.

1889년에는 소스타인 베블런이 《유한계급론》이라는 저술을 통해 미국 자
본주의와 자본가 계급을 통렬히 비판했다. 그는 미국 경제의 성장은 자본가
가 아닌 기술자와 경영자들이 주도해왔다고 하면서, 자본가란 과시적 소비
와 맹목적 축재만을 추구하는 사회의 비생산적 계급일 뿐이라고 주장했다.

다윈주의에 대한 비판의 백미는 1913년 출판된 역사학자 찰스 비어드의
역저 《미국헌법의 경제적 해석》이라는 책이다. 이 책에서 비어드는 미국헌법
은 신의 숭고한 명령에 따라 만들어진 지고의 진리라는 상식을 날카롭게 공

격하고 나섰다. 그의 주장에 의하면 이른바 '미국헌법의 아버지들'이란 타인의 노동 생산물을 독차지하려는 이기적 소집단에 불과했다는 것이다. 미국헌법이라는 것도 결국은 그들이 그들 재산을 보호하기 위해 만든 것이라고 했다. 이런 비판은 미국헌법이 소수의 일부 계층만을 위해 만들어진 것이므로 다수의 이익을 위해 당연히 수정되어야 한다는 주장을 담고 있었다.

이와 같은 다원주의에 대한 비판은 이론 자체에 대한 비판이면서 동시에 다원주의가 내포하는 사회 사상에 대한 비판이기도 했다. 왜냐하면 다원주의는 자유방임 이론과 더불어 자본가들의 행위를 은연중에 합리화할 뿐만 아니라 범죄, 착취, 인종 차별 같은 사회 문제들을 피해가는 이론적 근거가 되었기 때문이다.

이처럼 다원주의를 둘러싼 논쟁이 가열되는 상황에서 다원주의와 관념철학을 조화시키려는 노력이 태동했고 이의 과정에서 생겨난 철학사조가 이른바 실용주의(Pragmatism)다. 실용주의는 '무엇이 진리인가'라는 원초적 질문에 대해 전혀 새로운 대답을 모색함으로써 상반된 두 철학을 화해시키려 했다. 실용주의자들에 따르면 진리란 실험적인 결과나 실제적인 효과로 입증이 될 때만 의미가 있으며, 실증될 수 없는 모든 명제는 설령 진리라 할지라도 무의미한 것으로 취급되어야 한다. 예컨대 신이라는 존재도 그가 존재하기 때문에 진리인 것이 아니라, 신을 믿음으로써 마음의 평화를 얻는다든가, 구세군의 자선사업에 동참한다든가 하는 실제적 효과를 통하여 진리로서 다가온다는 것이다.

이처럼 진리가 실험적인 결과나 실제적 효과에 좌우된다면, 새로운 발견이 있을 때마다 옛날에 진리라고 간주되었던 과학적 지식(예컨대, 다윈의 진화론)도 당연히 수정되어야 한다. 나아가 절대적이고 영구불변한 진리나 지식이라는 것도 존재할 수 없다. 진리가 진리이기 위해서는 실제적 유용성을 가져야 하는데, 오늘 유용성을 가진 지식이 내일도 여전히 유용성을 가진다는 보장은 없는 것이다. 반대로 오늘 유용성이 전혀 없는 듯 보이는 지식도 언젠가 유용성이 입증되면 진리가 될 수 있을 것이다.

이 실용주의를 이론적으로 집대성한 사람이 철학자 존 듀이다. 듀이는 관넘의 의미는 그것이 초래하는 결과에 있다는 실용주의의 명제를 더욱 구체화하여 "관념은 명확하지 않은 상황에서 명확한 결과를 낳기 위한 실험적 가설"이라고 말했다. 즉 관념이란 상황을 바꾸기 위한 하나의 도구에 불과하다는 것이다.

미국의 노동자여, 협상하라:
노동자 기사단과
미국노동자연맹의 탄생 (1886년)

그때 세계는 −
1885년 제차 인도국민회의 개최
1887년 청 · 일 텐진조약 체결
1889년 제2차 인터내셔널 성립

　다른 나라와 마찬가지로 미국에서도 산업 발전의 최대 희생자는 노동자들이었다. 산업은 눈부시게 발전했지만 노동자들의 임금은 수십 년 전에 비해 별로 달라진 것이 없었다. 1890년 당시 숙련 노동자의 평균 임금은 일주일에 20달러에 불과했고 비숙련 노동자는 그 절반에도 미치지 못했다. 가장의 부족한 수입을 메우기 위해 여자와 아이들이 일터에 나가지 않으면 안 되었다. 그나마 밀려드는 이민들 때문에 일자리 구하기도 쉽지 않았다.

　더욱 큰 문제는 이처럼 열악한 상황을 개선할 수 있는 수단이 노동자들에게 전혀 없다는 사실이었다. 노동조합은 불법으로 간주되었다. 파업만이 노동자의 유일한 무기였으나 파업을 하면 어김없이 경찰과 군대가 들이닥쳐 이를 물리적으로 진압했다. 법원은 파업 선동을 금지하는 판결을 잇달아 내렸다. 고용주들은 파업 분쇄만을 전문으로 하는 이른바 '핑커튼 탐정 사무소' 직원들을 고용하여 공장 내에서의 파업을 막았고 핵심 노동운동가들을 블랙리스트에 올려 이들이 사업장으로 침투하는 것을 막았다.

　이처럼 열악한 노동 조건을 개선하기 위해 1869년 필라델피아의 한 의류 제조공장 노동자들이 우리야 스티븐스의 지도 아래 노동자 기사단이라는 비

퇴근하는 노동자들. 매사추세츠 로렌스의 공장 지역에서 13시간의 노동을 마치고 오후 7시에 퇴근하고 있다. 도시락통을 든 여성·소년 노동자들도 많이 눈에 띈다.

밀단체를 결성했다. 비밀결사이기는 하지만 노동자 기사단은 하루 8시간 노동, 노동조합 합법화, 정부의 노사갈등 중재, 동일 노동에 대한 동일 임금 지급 등의 목표를 추구한 미국 최초의 노동조합이었다. 노동자 기사단은 처음에는 목적 달성을 위해 선전, 교육 등 평화적 수단을 추구했으나, 1878년 테런스 파우덜리가 새로 이 조직을 떠맡으면서 주로 파업과 폭력에 의존하는 급진 노선으로 방향을 바꾸었다. 파업은 대단히 효과적이었고, 일련의 성공에 힘입어 노동자 기사단은 한때 6천여 지부 70여만 명 회원의 거대조직으로 성장했다. 그러나 노동자 기사단의 폭력 노선이 위험 수위를 넘자 정부가 파업에 강경하게 대응하기 시작했고 여론도 나빠져 갔다. 결국 1886년 시카고 헤이마켓에서 경찰과 시위대의 충돌로 수십 명이 죽고 다치는 최악의 사태가 발생하면서 노동자 기사단은 급속히 조직이 무너지기 시작했고 1890년에 사실상 해체되고 말았다.

노동자 기사단이 쇠퇴 조짐을 보이던 1886년 아돌프 스트래서와 새뮤얼 곰퍼스가 미국노동자연맹(AFL)이라는 또 하나의 노동 조직을 결성했다. 노동자 기사단과 달리 미국노동자연맹은 숙련 노동자의 가입만을 허용하고 임금 인상, 근로시간 단축, 근로조건 개선이라는 제한된 목표만을 추구했으며, 협상, 중재, 여론에의 호소 같은 평화적 수단을 사용하고 파업은 최후까지 자제했다.

이런 평화적이고 우회적인 투쟁 전략은 대단히 효과적이었다. 시민들은 노동조합 시위대를 가로질러 길을 건너지 않았고 정부는 이를 무력으로 분

노동자들의 철도 점령. 볼티모어와 오하이오 사이의 철도에서 열차 통행을 가로막은 노동자들. 19세기 말 무렵에는 자본의 독점에 항거하는 노동자·농민들이 조직화되어 규모가 큰 시위가 잇따랐다.

쇄하려 하지 않았다. 노동자연맹이 노동조합 딱지를 부착하지 않은 상품에 대한 불매 운동을 벌이자 시민들이 대체로 수긍하고 협조하게 될 만큼 미국노동자연맹은 사회에 굳건히 뿌리를 내리는 데 성공했다. 1890년 19만 명에 불과했던 회원 수가 1901년 100만 명, 1914년에는 200만 명을 넘어섰다.

미국노동자연맹은 이전의 어떤 노동 단체도 이루지 못했던 성공을 일궈냈다. 그 이면에는 노동자연맹의 평화적 투쟁 전략과 목표가 사회적 공감을 얻었던 것이 가장 큰 이유이지만, 이에 못지않게 조합원들의 뛰어난 자질과 조직력이 큰 몫을 했다. 가입 조건이 까다로운 만큼 조직에 가입한 조합원은 단결력이 뛰어났으며 이들에 대한 훈련도 아주 체계적이고 조직적으로 실시되었다. 1893년 미국 경제에 심각한 불황이 찾아 왔는데, 그런 와중에 고용주들이 전면적 공격에 나섰지만 노동자연맹은 뛰어난 조직력으로 굳건히 살아남았다.

노동자 기사단이나 미국노동자연맹의 예에서 알 수 있듯이, 미국 노동자들의 생각은 기본적으로 보수적이라고 할 수 있다. 파업과 시위는 어디까지나 최후의 수단일 뿐, 투쟁의 요체는 물리적 수단이 아닌 타협과 협상에 있는 것으로 인식되었다. 그 어떠한 투쟁도 계급 투쟁의 성격으로 발전하지 않았다. 이런 보수성이 미국노동자연맹을 오늘까지 살아남게 하고, 미국 경제가 급진적 노동운동으로 파탄에 이르는 것을 막아낸 원동력이 되었다고 할 수 있다. 미국노동자연맹은 1955년 다른 거대 노동 조직인 산업조직협회(CIO)를 흡수하여 미국 최대의 노동조합으로 확고히 자리 잡았으며, 성실한 미국 노동자들의 이익을 충실히 대변하면서 그들의 전폭적인 지지를 받고 있다. 이런 지지를 바탕으로 정계에도 강력한 영향력을 확보, 오늘날 미국노동자연맹은 누구도 무시할 수 없는 강력한 정치적 이익 단체로 굳건히 자리를 잡고 있다.

마천루와 슬럼가의 공존:
이민과 도시 문제
(1890년대)

그때 세계는 −
1896년 그리스, 아테네에서 제1회 올림픽 대회 개최
1898년 미국 · 스페인 전쟁 발발

1890년 당시 통계로 미국 인구의 거의 15%는 해외에서 출생한 이민 1세들이었다. 이들 '신미국인' 이민자들은 미국의 전통 및 규범에 쉽게 적응하지 못했고 특히 이들이 주로 정착한 대도시에서 이는 심각한 사회 문제를 야기하기 시작했다. 예를 들어 1890년 뉴욕시 인구의 5분의 4, 시카고 인구의 4분의 3은 해외에서 태어났거나 부모가 해외에서 태어난 사람들이었다.

이들 이민 소수민족들은 도시 내의 특정지역에 동족끼리 모여 살면서 본토인은 알아들을 수 없는 그들의 언어로 말하고 그들의 음식을 먹고 그들의 전통을 따르고 그들의 교회, 학교, 신문사를 설립했다. 정부에서 이들 이민자들이 미국 사회에 쉽게 적응하도록 무료 영어학교를 개설하고 교실마다 영어를 배우려는 사람들이 넘쳐났지만 이민 1세들이 새로운 사회에 적응하기란 결코 쉽지 않았다.

더욱 심각한 문제는 이들 대부분이 저소득 빈민층이라는 데 있었다. 이들의 인구가 폭발적으로 늘면서 과밀하고 불결한, 그리고 범죄가 들끓는 빈민가(슬럼)가 도시를 잠식해갔고 상하수도 시설 부족, 화재, 질병, 폭력 조직 등 심각한 도시 문제가 발생했다. 대부분의 이민자들이 벌집 형태의 좁은 주거

공간에 빽빽이 모여 살았고 이는 다시 가정 파괴, 높은 유아사망률로 이어졌다. 1900년에 시카고 어떤 빈민 지역에서는 다섯 명의 유아 가운데 세 명이 1년을 넘기지 못하고 사망했다. 대도시에 이런 빈민 지역이 확대되면서 부자들은 하나둘 도시를 떠나기 시작했고 도시의 공동화와 슬럼화는 더욱 가속되었다.

이민과 슬럼의 확대가 야기한 정치 문제 또한 만만치 않았다. 이민자들에게 집과 일자리를 구해주고 구호양곡을 나누어주고 투표 요령을 가르쳐주는 일은 모두 정부가 떠맡아야 했는데 돈도 많이 들었지만 이 과정에서 수많은 비리가 저질러졌다. 이민 관리 업무 종사자들은 수중에 들어온 막강한 권한을 무기로 부정한 재산을 모았다. 관리들은 계약액의 일부를 리베이트로 제공하거나 정기적으로 뇌물을 상납하는 건축업자들에게만 건축 허가를 내주었고, 가스회사와 전기회사들도 독점권을 따내기 위해 관리들을 매수했다.

한편 어느 정도 정착해서 안정적으로 살아가는 많은 사람들에게 이 새로운 이주민들은 눈엣가시가 아닐 수 없었다. 이들에게 생활 공간과 일자리를 빼앗긴 주민들과 이주민 사이의 갈등이 점점 깊어만 갔다. 주민들은 이탈리아 이민자들을 '왑'(wop), 유대인 이민자들을 '카이크'(kike 또는 kyke)라는 경멸적 용어로 부르기를 주저하지 않았다. 반유대주의와 반가톨릭주의를 새로운 기치로 내건 KKK가 급속히 세력을 확장해 갔다. 1890년에는 이민방지동맹이라는 전국적 비밀단체가 결성되어 사회적으로 큰 파장을 불러일으키기도 했다.

정부도 이런 문제들을 언제까지나 수수방관할 수만은 없었다. 우선 급한 대로 도시 상하수도 체제 정비, 거리 포장, 가로등 확대 설치에 나서고 주민 스스로도 자치

'어째서 이 사람들은 휴가를 얻어 시골로 가지 않는 거지?' 사회주의 리얼리즘 운동 지도자 조지 벨로즈의 작품. 슬럼가와 빈민들의 모습을 그렸다.

회 결성 등을 통해 소음, 먼지, 쓰레기 문제들을 해결하기 위해 노력했다. 경찰은 밤거리의 안전을 위해 우범 지역에 대한 방범 활동을 강화했다. 1880년 대에 전차가 실용화되면서 도시의 교통 문제도 획기적으로 개선되었다.

건축가들은 작고 오밀조밀하게 밀집되어 있었던 도시의 건물들을 고층 건물로 대체하려는 구상을 했다. 1886년 시카고의 건축가 루이스 설리번이 초고층 빌딩, 즉 마천루 건설안을 내놓았고 1890년대에는 미국 주요 도시에 앞다투어 초고층 빌딩들이 들어서기 시작했다.

물론 이런 노력들이 도시의 문제들을 모두 해결해주지는 못했다. 도시에서의 빈부격차는 시간이 가면서 오히려 심화되었고, 도시를 떠난 부자들은 두 번 다시 돌아오지 않았으며, 경제적 기회가 박탈된 도시의 빈민들은 여전히 슬럼가를 벗어날 수가 없었다. 오늘날까지도 수많은 흑인과 이민 소수민족이 산업화의 그늘에 가려진 채 도시의 슬럼가에서 살아가고 있으며, 슬럼 지역의 범죄, 질병, 가난은 세계에서 가장 잘 사는 나라 미국의 치부로 여전히 남아 있다.

공룡기업의 등장:
금융자본주의와
셔먼 독점 금지법 (1890년)

그때 세계는 –
1890년 영국, 세실 로즈를 케이프 식민지 수상으로 임명
1891년 러시아, 시베리아 철도 건설 시작

산업혁명의 또 다른 부작용은 기업들 사이에서 발생했다. 몇몇 소수 거대
기업이 시장을 장악하는 이른바 독점현상이다. 무자비한 가격 경쟁을 통해
대기업은 소기업들을 파산시키고 파산한 기업들을 다시 합병해 몸집이 더욱
비대해졌다. 기업 합병은 보통 '트러스트'라는 방법을 통해 이루어졌는데, 이
는 개별 기업의 소유권은 그대로 남겨두는 대신 경영권을 하나로 통합하는
기업 조직 형태를 말했다. 1879년에 설립된 록펠러의 스탠더드 석유회사가
트러스트를 통한 기업 합병의 대표적 예이다.

존 록펠러가 정유 사업에 뛰어든 것은 1862년, 그의 나이 24살 때였다. 뛰
어난 수완을 발휘하여 그의 사업은 번창 일로를 걸었고 1870년에 다섯 개 관
련 회사를 사들여 스탠더드 석유회사를 설립했다. 그는 일단 공장들을 철도
회사들이 모여 있는 지역으로 옮겼다. 철도회사들은 록펠러의 석유를 실어
나르는 대가로 10%의 '리베이트'를 지불했다. 이런 이윤을 바탕으로 그는 다
른 정유회사와 무자비한 경쟁을 벌여 나갔다. 경쟁사에 산업 스파이를 파견
하여 정보를 빼내고, 정치인들을 매수하여 경쟁사의 사업을 방해하고, 덤핑
을 통해 경쟁사의 숨통을 조였다. 이런 무자비한 경쟁을 통해 스탠더드 석유

회사는 1879년 미국 전체 정유 능력의 90%를 장악할 수 있었다.

록펠러는 자신이 소유한 40여 개 회사를 통합하여 최초의 근대적인 트러스트를 만들었다. 각 회사의 주식은 친척 등 그가 지명한 몇 사람만이 소유했다. 결과적으로 석유산업에서 경쟁은 사라졌고, 일단 경쟁이 사라지자 기업경영은 그야말로 식은 죽 먹기였다. 스탠더드 석유회사는 마음대로 석유가격을 책정할 수 있었다. 막대한 이윤이 고스란히 록펠러의 수중으로 흘러들어갔다.

다른 대기업들도 곧 스탠더드 석유회사의 뒤를 따랐다. 매코믹 농기구회사, 아메리카 연초회사, 아메리카 제당회사 등이 똑같은 방법으로 시장을 장악했고 위스키, 소금, 제과, 전선 사업 등에서도 유사한 현상이 벌어졌다. 정부도 규제는커녕 세수 증대를 위해 은근히 장려하는 분위기였다.

그러나 독점의 피해는 생각보다 훨씬 크게, 그리고 빠르게 나타났다. 수많은 중소기업들이 도산하고 많은 사람들이 일자리를 잃고 거리로 내몰렸으며 시장에서 물건값이 급등했다.

독점의 피해가 광범위하게 확산되면서 이에 저항하는 움직임이 도처에서 일어났다. 1884년 반독점 정당이 결성되고, 독점의 피해를 신랄하게 비판한 에드워드 벨러미의 소설 《뒤를 돌아보면서, 2000 - 1887》(Looking Backward: 2000 - 1887)은 출판 첫 해에 100만 부나 판매되며 엄청난 사회적 반향을 불러일으켰다. 농민, 노동자 단체들도 독점방지 운동에 나섰다.

이쯤 되자 정부도 가만히 있을 수 없게 되었다. 결국 의회는 1890년 독점금지법을 통과시켰다. 법안을 제출한 셔먼 의원의 이름을 따서 셔먼 독점 금지법이라 불린 이 법은 트러스트나 다른 방법에 의한 기업 합병을 불법으로 규정하고 이를 위반하면 5천 달러의 벌금과 1년의 징역형을 부과했다.

그러나 법의 시행에는 문제가 많았다. 무엇보다 법의 내용이 지극히 모호했고, 연방검사나 순회재판소에 집행을 전적으로 맡겼기 때문에 법이 효과적으로 시행되지 않았다. 기업들은 트러스트 대신 지주회사를 설립하는 방법으로 법망을 빠져나갔다. 주식을 분산 소유하는 대신 하나의 지주회사가 나머지 회사들의 주식을 소유하고 실질적인 지배권을 행사하는 방식이었다.

연방법원이 다시 이를 불법으로 규정했으나 기업들이 법망을 피해 가며 독점을 유지할 수 있는 방법은 얼마든지 있었다.

1890년대 들어 독점은 또 다른 방향으로 발전했다. 록펠러나 카네기 같은 기업가가 아니라 J. P. 모건, 어거스트 벨몬트 같은 금융가들이 독점의 주역으로 부상한 것이다. 막강한 자금력을 바탕으로 금융자본가들은 자금난에 허덕이는 기업들을 사들여 회사의 경영권을 장악했다. 이런 방식으로 J. P. 모건 소유의 미국 제철회사가 카네기 제철회사를 합병하여 10억 달러가 넘는 초대형 제철 왕국이 탄생했다. 바야흐로 미국 경제가 산업자본주의 시대에서 금융자본주의 시대로 넘어가는 순간이었다.

결국 서면 독점 금지법에도 불구하고 독점 자본가들은 실질적으로 아무런 제재를 받지 않고 목적을 달성할 수 있었다. 마르크스의 예언대로 미국의 자본주의는 내부적 모순과 자기 파괴의 위험한 길을 질주했고, 누구도 이를 제지하는 것은 불가능해 보였다. 그렇지만 미국은 마르크스가 예언한 이 파국을 맞지 않았고 결국 그들만의 자본주의 체제를 유지해 나가는 데 성공했다. 여기에는 얼마간의 행운도 있었지만 기업들의 자기절제, 그리고 무엇보다 정부의 현명한 정책이 결정적인 역할을 했다. 루스벨트 대통령이 내세운 '공정한 대우'가 바로 그것이었다.

분배가 곧 정의다:
루스벨트와 '공정한 대우'
(1901년)

그때 세계는 –
1900년 조선, 한강철교 준공
1900년 조선, 경인선 완전개통
1901년 청, 신축조약(의화단 사건 최종의정서) 조인

산업화의 시기에 많은 사람들, 특히 농민과 노동자들은 정부의 자유방임 정책으로 많은 고통을 당했다. 이 시기의 정부 정책은 부유한 사람들을 더욱 살찌우는 결과를 가져왔다. 특히 경제적 배분 문제에 있어 정부는 거의 무정책으로 일관했다. 이에 따라 사회적 빈부격차가 더욱 커지고 정부의 적극적 개입을 요구하는 목소리가 높아가고 있었다.

19세기 말의 이런 상황에서 매킨리 대통령이 1901년 9월 한 무정부주의자 손에 암살되고 부통령 루스벨트가 대통령직을 승계했다. 42살의 나이로 대통령이 된 루스벨트는 취임 연설에서 경제적 악폐와 악습을 제거하기 위해 연방정부가 보다 적극적으로 개입할 것임을 분명히 했다. 이른바 '공정한 대우'(Square Deal)로 명명된 그의 신경제정책은 독점 규제, 중소기업 보호, 노동자·농민의 권익 신장에 초점을 맞추고 있었다.

당시 의회는 하원의장 캐넌의 막강한 영향력 아래 있었다. 캐넌은 공화당 극렬보수파의 일원으로, 하원 각 위원회 및 소위원회 위원 임명, 법안 상정 및 의결, 심지어는 의원의 발언권에 이르기까지 의회 운영을 좌우하고 있는 실력자였다. 상원 역시 마크 해너가 이끄는 우익 공화당 의원들이 지배하고

있었다. 이들은 루스벨트가 표방한 정부의 적극적 개입 정책에 노골적으로 반기를 들고 나섰다. 의회의 반대에 맞서 루스벨트는 직접 대국민 설득에 나섰다. 사회 복지의 이상을 품고 있었던 그는 곤경에 처한 중소기업 경영인들과 노동자 농민들을 상대로 모든 사람에 대한 공정한 대우를 외치며 여론의 지지를 얻는 데 성공했다.

루스벨트는 곧 행동으로 '공정한 대우'를 실천해 나가기 시작했다. 1902년 전국 광산노동자연맹이 존 미첼의 주도 하에 노조 인정, 임금 인상, 노동시간 단축이라는 요구 조건을 내걸고 동맹 파업에 들어갔는데, 광산주들이 어떠한 협상도 거부하고 광산을 폐쇄하는 바람에 온 국민이 석탄 없이 추운 겨울을 나야 하는 상황이 벌어졌다. 광산주들의 탐욕과 비타협적 태도에 화가 난 루스벨트는 파업을 분쇄하기 위해서가 아니라 광산문을 다시 열기 위해 군대를 동원하겠다고 위협했다. 광산주들은 결국 정부의 조정에 승복하지 않을 수 없었다. 사태를 소신 있게 수습한 루스벨트에게 용기 있는 지도자라는 칭송이 쏟아졌다.

그의 '공정한 대우'는 더욱 힘을 얻게 되었다. 1903년 정부에 악덕기업의 활동을 조사, 감시하는 특별기구가 설립되었다. 스탠더드 석유회사, 듀폰, 담배회사, 유수의 정육기업들이 그의 재임 기간 동안 독점 혐의로 기소되었다. 정부 정책에 반기를 든 한 보험회사는 아예 문을 닫게 만들었다. 이를 계기로 그는 '독점 파괴자'(trust-buster)라는 별명을 얻었다. 노동자들과 중소기업들에게 그는 영웅이었지만 대기업가들에게는 자유시장의 적이었다. 그의 정책을 두고 기업 활동의 자유와 정부의 개입 한계에 대한 맹렬한 논쟁이 벌어졌는데 1904년 대법원이 5대 4로 그의 보험회사

공화당의 포스터 〈번영의 사도 루스벨트〉. 씨를 뿌리는 농부로 표현되었다. 루스벨트는 독점 기업에 대한 강력한 규제의 방망이를 휘둘러 '트러스트 사냥꾼'이란 별명을 얻었다.

해체 명령이 합헌이라는 결정을 내림으로써 루스벨트는 결정적인 정치적 승리를 거두었다.

사실 루스벨트의 독점 규제는 매우 신중하게 이루어졌다. 대통령이 거대 독점기업들을 규제하는 데는 한계가 있었다. 독점자본과 기업가들은 대통령도 마음대로 할 수 없을 만큼 경제적으로나 정치적으로 이미 거대한 권력으로 성장해 있었다. 루스벨트의 독점 사냥은 소리만 요란했지 실제 사냥은 생각보다 많지 않았다. 비록 반대자들에 의해 '기업의 무자비한 파괴자'로 매도되었지만 사실 그는 온건주의자이면서 협상과 타협을 중시하는 인물이었다. 그의 정책에 대한 의회의 격렬한 반대에도 불구하고 그는 모든 일을 의회와의 타협을 거친 후에, 의회의 승인을 얻어 처리하려고 노력했다. 그의 이런 태도로 말미암아 의회는 점차 그의 정책에 대한 반대로부터 지지로 돌아섰다.

그러나 독점 기업들이 이전처럼 마음대로 행동할 수는 없었다. 현실적으로 한계가 있었던 것은 사실이지만 '공정한 대우'는 기업 활동과 시장경제에 대한 정부 개입의 정당성을 확립했다. '공정한 대우'는 국가가 경제 활동의 자유와 효율성 못지않게 경제 분배의 정의를 중요한 가치로 추구해야 한다는 미국 자본주의의 진보적 이상을 대변한 것이고, 미국식 수정자본주의의 이념적 토대를 확립했다는 점에서 역사적으로 매우 중요한 의미가 있다.

검은 것이 아름답다:
미국흑인지위향상협회 결성
(1905년)

그때 세계는 −
1905년 프랑스, 통일사회당(SFIO) 결성
1906년 영국, 노동당 성립

1890년부터 제1차 세계대전까지 약 25년을 미국사에서는 진보주의 시대라고 부른다. 진보주의란 대체로 산업화가 야기한 사회 문제들을 정부가 나서서 해결하려는 것으로, 서유럽에서의 사회민주주의와 비슷한 개념이라고할 수 있다. 미성년자 노동금지법이 실시되고 전국에 걸쳐 여성 참정권이 확대된 것은 진보주의 시대의 대표적 업적에 속한다.

그러나 진보주의의 거센 물결에도 불구하고 전혀 진보되지 않고 남아 있는 사회 문제가 있었다. 바로 흑인 문제였다. 진보주의 기간 중에도 흑인들의처지는 조금도 나아지지 않았고 남부에서는 오히려 상황이 더욱 악화되었다. 흑인들은 조그만 잘못에도 공공연히 구타를 당했고, 아이들은 학교에 가지 못했으며, KKK의 위협 때문에 투표장에도 갈 수 없었다.

가장 진보적인 사람들조차 흑인들에 대해서는 강한 편견을 가지고 있는수가 많았다. 예를 들어 이상주의자였던 윌슨 대통령은 흑인 문제 해결을 위한 위원회를 만드는 것조차 거부했는데, 적어도 흑인 문제에 관한 한 그는전혀 진보적이지 않았다. 여성 참정론자들이 여성의 투표권을 획득하기 위하여 투쟁하는 과정에서도 흑인 여성 유권자들은 배제되었는데, 이유는 흑

나이아가라 회합. 폭포를 배경으로 찍은 사진. 둘째줄 오른쪽에서 두 번째가 윌리엄 두보이스다. 이들의 모임이 NAACP 결성의 토대가 되었다.

인 여성들의 지적 능력이 전반적으로 너무 떨어진다는 것이었다. 백인들의 이런 태도는 당연히 흑인들을 실망시켰고, 흑인들은 자신들의 지위 향상을 위해서는 스스로 뭔가를, 그리고 조직적으로 하지 않으면 안 된다는 것을 절실히 깨닫게 되었다.

흑인으로서는 최초로 하버드 대학에서 박사 학위를 받은 윌리엄 두보이스는 이 시기 흑인 인권운동을 주도한 지도자들 가운데 한 사람이었다. 많은 흑인들이 투쟁을 포기하고 안일하게 백인의 하인으로 정주하고 싶어 하는 상황에서, 그는 흑인도 백인처럼 스스로 사업, 신문, 대학들을 운영해야 하고 이를 통해 흑인으로서의 자긍심을 회복해야 한다고 생각했다. 이를 위해 그는 흑인들이 백인들에 맞서 좀 더 적극적이고 직접적인 투쟁을 벌여야 한다고 믿었으며 이 점에서 당시 또 한 명의 저명한 흑인 지도자였던 부커 워싱턴과 노선을 달리 했다. 워싱턴은 흑인들이 참정권 확대 등 정치적 차별 철폐를 위한 노력에 힘을 소모하기보다는 차라리 경제적 기회와 지위 향상에 주력해야 한다고 주장하고 있었다.

1905년 두보이스와 다른 몇 명의 급진적 흑인 지도자들이 나이아가라 폭포에서 회합을 갖고, 인종 차별 종식, 자유 투표권 보장, 흑백의 동등한 법적 지위와 평등한 경제적 기회 보장 등을 담은 대정부 요구안을 발표했다. 이 나이아가라 회합을 계기로 흑인 문제에 동정적인 일단의 백인 자유주의자들을 중심으로 미국흑인지위향상협회(NAACP)가 결성되었다. 초기에는 대부분의 지도자들이 백인이었고 흑인으로서는 두보이스가 거의 유일하게 협회 임원으로 참여했다.

나이아가라 회합과 NAACP의 창설로 부커 워싱턴이 주장했던 온건론은 종지부를 찍었다. 특히 중요한 것은 인간으로서의 존엄성과 가치 회복을 위해 흑인들 스스로 체계적이고 이성적인 노력을 기울이기 시작했다는 것이다. 흑인들은 이제 백인에 의해 강요된 역사가 아닌 그들 자신의 역사를 공부하여, 흑인들의 자랑스러운 유산과 흑인으로서의 정체성을 찾아 나서기 시작했다. 1915년에는 카터 우드슨이 흑인 '생활 및 역사 연구회'를 창설했고, 1년 후에는 〈흑인 역사지〉(The Journal of Negro History)가 창간되어 미국 내 흑인 연구에 막대한 공헌을 했다.

　이런 노력은 당장에 대단한 효과를 가져오지는 못했다. 그러나 흑인 스스로 자신의 권리를 깨닫고 이를 강력하고 조직적으로 주장하기 시작했다는 점에 NAACP 결성의 역사적 중요성이 있다. 또한 비록 워싱턴 등의 미온적 태도에 대한 반발로 태동했다고는 하나 NAACP의 노선은 기본적으로 비폭력 온건주의였다. 바로 이런 온건 노선 덕분에 NAACP가 오늘날까지 건재하면서 백인 사회에서 흑인 인권 신장에 지대한 공헌을 해왔다는 점이 지적되어야 할 것이다. 마틴 루터 킹, 제시 잭슨 같은 위대한 흑인 인권지도자들이 모두 NAACP의 노선을 충실히 따랐다. 물론 말콤 엑스 같은 사람이 무자비한 폭력을 주장하기도 했지만, 기본적으로 백인이 지배하는 미국 사회에서 이런 급진론은 설 자리가 없었고, 앞으로도 이런 상황은 쉽게 변하지 않을 것이다.

제8장
제국주의 시대

United States
of America

"소풍 같은 전쟁":
미국·스페인 전쟁
(1898년)

그때 세계는 –
1898년 청, 무술정변
1899년 보어전쟁 발발

역사가들은 1890년대에 미국의 외교 노선이 전통적인 고립주의에서 팽창주의로 전환했다고 말한다. 당시 열강이 경쟁적으로 해외팽창 정책을 추구하던 시대적 분위기도 있었고, 자본주의의 발전에 따라 원료와 상품 시장을 해외에서 찾아야만 했던 이유도 있었다. 그러나 미국의 해외팽창 정책은 좀 더 간단하게 설명될 수도 있다. 곧 서부로 진출하는 과정에서 축적된 엄청난 국가 발전의 에너지가 신대륙 '최후의 변방'이 사라지면서 자연스럽게 바다 건너로 분출될 수밖에 없었다는 것이다. 이런 관점에서 보면 미국의 해외팽창주의는 1890년 훨씬 이전부터 시작되고 있었다고 해야 할 것이다.

이미 1823년에 먼로 대통령은 이른바 먼로 독트린을 통해 중남미가 미국의 영향권 아래 있음을 내외에 천명한 바 있다. 당시에는 모두가 대수롭지 않게 생각했지만 이것이 현실이 되는 데는 몇십 년밖에 걸리지 않았다. 남북 간 내전으로 미국이 정신이 없는 틈을 노려 멕시코를 보호령으로 만들었던 프랑스는 종전 후 먼로주의를 들먹이며 철수를 요구하는 미국의 위세에 눌려 1867년 서둘러 멕시코를 떠났다. 그해 미국은 알래스카를 720만 달러라는 '거금'을 주고 러시아로부터 사들였다. 또한 미국은 이미 1840년대부터

메인호의 침몰. 1898년 2월 15일 쿠바의 아바나 항에 정박중이던 미국 함선 메인호의 폭발은 미국·스페인전쟁의 촉발점이 되었다. '메인호를 기억하자'는 구호가 이 전쟁의 슬로건이 되었다.

하와이에 대한 배타적 영향력을 행사하고 있었는데, 1980년에 사소한 일을 트집 잡아 아예 자국 영토로 합병해 버리고 말았다. 여기까지는 사실 별다른 문제가 없었다. 문제는 미국이 중남미로의 진출을 본격화하면서 시작되었다.

그 최초의 무대는 쿠바였다. 1890년 당시 쿠바는 스페인의 속령이었는데, 많은 미국인과 대부분의 쿠바인들에게 이는 시대착오적인 것으로 여겨졌다. 16, 17세기에 아메리카 대륙을 정복한 국가들은 스페인을 제외하고는 모두 축출되었거나 철수한 상태였다. 물론 영국, 프랑스, 네덜란드가 몇몇 작은 섬을 점령하고 있었으나 미국인들은 그러한 작은 섬의 점령은 실질적으로 별로 의미 없는 것으로 생각하고 있었다. 어쨌든 쿠바인들은 스페인보다는 미국에 더 많은 것을 기대하고 있었다. 쿠바에 대한 미국의 자본 투자는 1898년 이미 5천만 달러를 넘었으며, 쿠바는 적어도 매년 1억 달러 이상을 미국에 수출하고 있었다. 경제적으로 이미 쿠바는 미국의 영향력 아래 있었던 것이다.

그러나 스페인은 미국이 아니라 스페인으로부터 거의 모든 물건들을 수입하도록 쿠바에 강요했다. 대서양을 건너가, 그것도 비싸게 물건을 사와야만 했던 쿠바 사람들은 당연히 불만이었고, 이것은 미국 상인들도 마찬가지였다. 때문에 미국인들과 쿠바인들이 강력하게 결속하게 된 것은 필연이었다. 미국은 쿠바의 반정부 단체가 미국 본토에 혁명 본부를 설치하도록 허락했으며 이들에게 국제법상 전쟁 단체의 지위를 부여했다.

마침내 기회가 왔다. 1895년에 쿠바에 무장 혁명이 발생했다. 혁명의 발단은 미국이 쿠바와의 무역 불균형에 불만을 품고, 쿠바산 설탕에 대한 무관세 정책을 철폐한 데서 비롯되었다. 미국으로의 수출길이 막힌 농장주들은 시장에서의 가격 보전을 위해 농장 노동자들의 임금을 형편없이 삭감했고 이를 견디지 못한 농민들은 결국 혁명에서 살 길을 모색하게 되었다.

그런데 혁명 진압 과정에서 스페인 군대가 저지른 잔혹 행위 때문에 문제가 더 복잡하게 얽히고 말았다. 스페인 군대는 혁명 가담자들을 닥치는 대로 잡아가두고 적법한 절차 없이 처형했다. 한 강제 수용소에서는 수백 명의 수감자들이 무차별 학살되는 만행이 저질러지기도 했다. 미국의 극우 신문들은 연일 스페인의 만행을 대대적으로 규탄하고 정부에 스페인과의 전쟁을 촉구하고 나섰다.

미국의 매킨리 대통령은 전쟁 대신 정상적인 외교 채널을 통해 문제를 해결하려 했다. 때마침 스페인에서는 자유주의자 사가스타가 정권을 잡고 쿠바에서 잔학 행위를 저지른 웨일리 장군을 본국으로 소환했다. 많은 사람들은 쿠바 문제가 평화적으로 해결될 것으로 낙관했다.

그런데 전혀 뜻하지 않게, 미국인 보호를 위해 쿠바 근해에 파견되었던 미해군 순양함 메인호가 1898년 2월 원인모를 사고로 폭발하여 승무원 260명이 사망하는 사고가 발생했다. 미국 내 여론은 스페인을 의심하는 쪽으로 흘러갔고 정부 내에서도 개전론자들이 목소리를 한껏 높이기 시작했다. 〈뉴욕 저널〉 같은 극우 신문은 말할 것도 없고 금융가, 기업가, 그리고 시어도어 루스벨트 같은 저명한 정치가들도 주전론으로 기울어지고 있었다. 평화주의자 매킨리도 들끓는 여론 앞에서 어쩔 수 없이 강경론으로 돌아섰다.

1898년 4월 20일 의회는 마침내 스페인에 전쟁을 선포했다. 동시에 전쟁에서 승리해도 미국은 쿠바를 병합하지 않겠다는 결의안을 채택했다. 4일 후 스페인도 선전포고로 맞서 양국 간에 전쟁이 시작되었다.

전쟁은 쿠바가 아닌 스페인령 필리핀에서 먼저 시작되었다. 진작부터 필리핀에 눈독을 들이고 있던 미국 정부는 스페인과의 전쟁 위기가 고조되자 중국 연안에 파견되어 있던 미 해군 함대에 개전 즉시 필리핀을 공격할 것을 명령해 놓은 상태였다. 의회의 대 스페인 선전포고가 있자마자 듀이 제독이 이끄는 미 함대는 필리핀으로 항진, 5월 1일 마닐라 만에서 스페인 함대를 격파하고 필리핀을 점령했다. 미군은 단 한 명의 사상자도 내지 않은 그야말로 완벽한 승리였다.

한편 쿠바에서는 파스쿠알 세베라 제독이 이끄는 스페인 함대가 해안에 강력한 저지선을 치고 미 함대의 공격에 대비하고 있었다. 공격이 여의치 않자 미 해군은 쿠바 해안을 봉쇄하여 스페인 함대를 고립시킨 후 돌격대를 침투시키는 작전으로 나왔다. 해군성 차관직을 사임하고 전쟁에 자원한 시어도어 루스벨트 대령이 이끄는 특공대가 산티아고에 상륙 방어군의 후방을 기습했다. 함대를 방어하던 외곽 부대가 무너지면서 전투는 싱겁게 끝나고 말았다. 세베라 제독의 맹렬한 저항에도 불구하고 막강 미 해군은 단 몇 명의 전사자를 기록한 채 일방적인 승리를 거두었다. 미국의 군사력은 이미 스페인 정도는 상대가 되지 않았다. 어느 비평가의 말대로 미국의 입장에서 이는 하나의 "소풍 같은 전쟁"이었다.

오히려 군인들이 맞서 싸워야 했던 가장 큰 적은 스페인이 아니라 말라리아와 황열병이었다. 이 전쟁에서 미군 전사자는 5,600여 명이었는데 전투에서 목숨을 잃은 사람은 450여 명뿐이었고 나머지는 병사(病死)였다. 따라서 전쟁의 진정한 영웅은 루스벨트와 그의 특공대가 아니라 말라리아와 황열병이 모기에 의해 전염된다는 것을 발견한 월터 리드 박사였다. 그의 지시에 따라 모기 서식지인 야영지 주변 습지들을 메워 모기의 번식을 막았고 이로써 수많은 인명을 질병으로부터 구해낼 수 있었다.

1898년 파리에서 스페인에 매우 가혹한 조건의 강화 조약이 체결되었다. 스페인은 쿠바를 포기하고 푸에르토리코와 괌도 미국에 내주었다. 또한 필리핀을 겨우 200만 달러에 미국에게 넘겨주었다. 이것은 아메리카를 처음 발견한 스페인 제국의 종말과 신흥 강대국 미국의 등장을 전 세계에 알린 매우 의미심장한 사건이었다.

"문은 모두에게 열려야 한다":
미국의 극동 진출
(1898년)

그때 세계는 -
1898년 조선, 독립협회 서울 종로에서 만민공동회 개최
1900년 영국, 노동자 대표회의

19세기 후반 유럽 열강이 해외로 제국주의적 팽창에 골몰해 있을 때 미국은 여전히 서부 개척에 열을 올리고 있었다. 마침내 서부 개척이 마무리되자 미국은 자연스럽게 해외로 눈을 돌렸다. 아프리카, 인도, 남아시아는 이미 열강의 차지였다. 유일하게 주인이 분명하지 않은 곳이 중국과 극동 지역이었고, 미국의 해외 진출도 자연스럽게 이곳을 향하게 되었다.

사실 미국의 극동 진출은 이미 훨씬 전부터 시작되었다. 중국과는 1844년, 그리고 서양 국가로는 최초로 일본과 1854년에 수교조약을 체결했다. 한국과도 1882년에 수교했는데, 이 역시 서양 국가로는 처음이었다. 그러나 유럽 열강들에 비하면 미국의 극동 진출은 매우 소극적이었다. 주로 무역상들과 선교사들이 많이 진출해 있었고, 식민지 획득 같은 정치적 진출은 자제하는 입장이었다.

1890년대 들어 미국의 이런 정책은 중대한 변화를 맞게 된다. 그 계기는 스페인과의 전쟁이었다. 스페인과의 전쟁을 통해 필리핀과 괌을 획득한 미국은 극동에서보다 적극적인 개입 정책을 추구하기 시작했다. 열강들은 이 지역을 이미 여러 개의 '세력권'으로 나누어 자국 세력권 내에 다른 나라가

경제적으로 침투하지 못하게 하는 정책을 펴오고 있었다. 이 '세력권'이라는 말은 국제법상 허용된 개념은 아니었으나, 열강간에는 묵시적으로 어느 정도의 합의가 이루어져 있었다. 열강들은 세력권을 상호 인정함으로써 분쟁의 소지를 줄이고 자국의 이익을 더욱 효율적으로 추구할 수 있다고 믿었다. 미국이 스페인과의 전쟁을 통해 극동의 새로운 강자로 등장할 무렵 중국은 이미 '세력권'의 미명 하에 유럽 열강과 일본의 식민지로 전락해 있었다.

팽창주의자였던 매킨리 대통령은 열강의 세력권 틈새를 비집고 극동에 진출하기가 그리 쉽지 않다는 것을 깨닫고 열강과의 충돌을 최소화하는 동시에 효율적인 진출 방법을 모색했다. 이른바 '문호개방 정책'은 이런 고려의 결과 나온 것이다.

1898년 존 헤이 미 국무장관 명의로 열강에 전달된 '문호개방 정책'은 중국이 개방한 22개 항구가 모든 국가에 공평하게 개방되어야 할 것과 중국의 특정 국가들에 대한 특혜 관세를 폐지할 것을 촉구하는 내용을 담고 있었다. 겉으로 보기에 문호개방 정책은 공정한 자유주의적 국제경제 질서를 주장한 것처럼 보인다. 그러나 이를 통해 미국이 중국 무역에 은근슬쩍 한 다리를 걸쳐보려는 의도를 가지고 있음을 의심하는 나라는 없었다. 각국은 미국의 이 같은 요구가 못마땅했지만 반대할 뚜렷한 명분도 없어서 모호한 답변만을 보냈다. 러시아는 회답조차 하지 않았고 일본은 명백히 반대 의사를 밝혔다. 그러나 헤이 국무장관은 1900년 3월 열강이 그의 제안을 수용했다고 일방적으로 공표했다. 미국이 이처럼 당당하게 나올 수 있었던 데에는 '문호개방'이라는 구호가 갖는 명분 외에 과거와 비교할 수 없이 강대해진 국력에 대한 자신감이 깔려 있었다.

문호개방 정책은 사실 명분처럼 제국주의를 반대하는 것은 아니었다. 다만 미국이 배제된 제국주의에 반대할 뿐이었다. 이같은 해석은 1900년 발생한 의화단의 난에서 분명히 확인될 수 있다. 의화단의 난은 명백히 중국인들의 반제국주의 투쟁이었다. 폭동의 와중에 철도와 교회 등 서구화를 상징하는 시설물들이 파괴되었다. 반군은 베이징을 점령하고 외국 공관들을 포위한 채 외부와의 연락을 차단했다. 헤이 미 국무장관의 제의로 갇힌 외교관들을 구출하기 위해 2만 명의 연합토벌대가 급히 조직되었다. 연합군은 베이징으로 진격하여 갇힌 외교관들을 구출했다. 반군의 피해에 대한 보상 명목으로 열강은 중국 정부에 3억 3천만 달러를 요구했다. 이 중 2,400만 달러는 미국의 몫이었다.

의화단의 난을 통해 미국은 자신도 중국 문제에 있어 주요한 이해 당사자의 하나라는 것과 미국을 배제한 채 열강이 중국에서 이익을 독점하려 한다면 이를 용인하지 않겠다는 뜻을 분명히 했다. 의화단 사건이 해결되자 미국은 새로운 문호개방 정책을 더욱 확대한 새로운 중국 정책을 열강에 제의했다. 중국의 항구적 안전과 평화 달성 방안에 대한 공동조사 활동, 중국의 독립, 국제법과 조약에 의해 보장된 열강의 대중국 권리 보호 등이 주요 내용이었다.

헤이는 이런 제안이 중국의 독립과 중국인의 이익 보호에 목적이 있다고 주장했으나 이는 구실에 불과했다. 중국을 열강의 조그마한 세력권들로 나누지 말고 중국 전체를 열강의 공동 세력권화하자는 것이 궁극적인 의도였다. 그러나 중국에 대한 열강의 제국주의적 침략을 반대한다는 명분을 담고 있었기 때문에 미국의 문호개방 정책은 중국 정부의 환영을 받았다. 이런 명분을 바탕으로 미국은 극동에서 효과적으로 외교적 목표를 달성할 수 있었다. 그러나 앞에서도 말했듯이 '문호개방 정책'은 반제국주의 정책이 아니었다. 문호개방이라는 미명 아래 미국은 중국에서 열강과 함께 경제적 침략에 열을 올렸고 조선에서는 미국의 필리핀 소유권을 일본이 인정해주는 대가로 일본의 조선 지배권을 인정했다(태프트-가쓰라 밀약, 1905).

이렇게 본다면 미국이 라틴아메리카에서 주장한 먼로주의와 마찬가지로 '문호개방 정책'은 국제 무대에서 미국의 국익을 추구하는 외교적 수사에 불과한 것이라고 말할 수 있다. 명분상으로는 열강의 침략으로부터 약소국을 보호한다는 것이지만 실질적으로는 자신에게도 동등한 권리를 달라는 요구였다.

미국은 아직까지도 먼로주의를 들먹이며 중남미와 카리브 지역을 미국의 '뒤뜰'로 간주, 이곳에 어떤 적대적 세력이 들어서는 것도 용납하지 않는다는 정책을 고수하고 있다. 동아시아에서도 모든 제국주의 세력이 물러간 상황에서 미국만이 여전히 강력한 외부 세력으로 남아 있는데, 역사적으로 볼 때 이는 문호개방 정책을 통해 미국이 이 지역에서 효과적으로 정치적 영향력을 유지할 수 있었던 것에서 힘입은 바가 크다.

조선을 희생양으로 삼다:
태프트·가쓰라 밀약
(1905년)

그때 세계는 -
1904년 영국 · 프랑스 협상 체결
1904년 러일전쟁 발발
1905년 조선, 을사보호조약 체결

미국의 문호개방 정책의 핵심 사항 가운데 하나가 중국의 독립 유지라는 사실은 앞에서 말했다. 그러나 러시아와 일본이 문호개방 정책의 방해자로 등장했다. 청일전쟁에서 승리한 일본은 이제 만주와 랴오둥 반도에서 유리한 위치를 차지했다고 믿었으나 뜻하지 않게 러시아가 앞을 가로막고 나섰다. 러시아는 프랑스, 독일과 함께 일본이 할양받은 랴오둥 반도를 중국에 반환할 것을 요구했고, 열세를 절감한 일본은 결국 이 요구를 받아들였다. 이를 3국간섭(1895)이라 한다. 만주와 한반도를 통해 해양 진출을 모색하던 러시아의 입장에서 일본의 대륙 진출은 도저히 묵과할 수 없는 중대 사안이 아닐 수 없었다. 일본 역시 대륙 진출의 꿈을 가로막은 러시아에 깊은 원한을 품게 되었다.

러시아와 일본의 갈등은 1904년 마침내 전쟁으로 폭발했다. 중국 뤼순 항에 정박 중이던 러시아 함대를 일본 해군이 기습 공격함으로써 시작된 러일 전쟁은 한때 장기전으로 빠져드는 듯했으나 지구를 한 바퀴 돌아온 러시아의 막강 발틱 함대가 조선 동해 연안에서 일본 해군의 기습 공격을 받아 궤멸함으로써 일본의 승리로 결말이 났다.

강대국의 제국주의 놀음에 희생된 조선.
러일전쟁 때 남산 아래에서 일본군의 군
수물자 수송에 강제 동원된 조선인들.

　미국의 입장에서는 전쟁에서 어느 쪽이 승리하든 문호개방 정책에 상당한
지장이 초래될 것이 분명했다. 승리한 쪽의 영향력이 강화되는 만큼 미국의
영향력이 약화될 것이기 때문이다. 전쟁은 일본에 유리하게 전개되고 있었
지만 최선은 러시아와 일본간의 세력 균형이었다. 이를 위해 루스벨트 대통
령은 강화 조건으로 신경전을 벌이고 있는 일본과 러시아에 중재를 제안했
다. 강화 회담에 임하는 러시아의 뻣뻣한 태도에 분개하면서도 더 이상 전쟁
을 계속할 여력이 없어 애를 태우던 일본으로서는 미국의 제안을 받아들이
지 않을 수 없었다.

　미국은 러시아와 일본 모두의 양보를 종용했고 그 결과 1905년 미국 포츠
머스에서 러일 강화 조약이 체결되었다. 승전국 일본이 얻어낸 것은 조선에
서의 배타적 우월권, 랴오둥 반도 조차권, 그리고 사할린 섬이 전부였다. 막
대한 희생을 치른 승리의 대가치고는 불만족스러운 결과였다. 루스벨트는
이 회담을 성사시킨 공로로 1906년 노벨 평화상을 수상했다.

　러일전쟁에서의 일본의 승리는 극동의 약소국 조선, 곧 대한제국의 패망
을 의미했다. 한반도에 대한 배타적 우월권이 인정됨으로써 일본은 한반도
에서 완전한 행동의 자유를 얻었다. 일본은 이를 곧 행동에 옮겨 을사보호조
약을 체결, 조선을 실질적 속국으로 만들어버렸다.

　조선의 고종 황제는 사실 이런 국제정치적 상황에 무지했다. 일본과 미국

사이에 조선을 두고 어떤 협상이 진행되는지도 알지 못하고 고종은 막연히 좋은 선입견 때문에 미국의 원조를 기대했다. 그러나 미국은 이미 포츠머스 조약이 체결되기도 전에 일본의 조선 점령을 인정하는 밀약을 일본과 맺어 두고 있었다. 이른바 태프트 · 가쓰라 밀약이라는 것이다.

포츠머스 조약 체결 직전 일본을 방문한 미 육군장관 태프트와 일본 총리 가쓰라 사이에 합의된 이 밀약의 내용은 한마디로 필리핀과 조선을 양국이 나누어 갖자는 것이었다. 미국은 이미 스페인과 전쟁을 벌여 필리핀을 빼앗아 놓고는 있었지만, 아직 열강의 승인을 받지 않은 어정쩡한 상태였다. 1902년 대통령이 된 루스벨트는 필리핀에 대한 미국의 지배권을 확실히 해둘 기회를 엿보고 있었는데, 때마침 터진 러일전쟁이 절호의 기회를 제공했다. 루스벨트는 아시아의 국제 정치의 역학 관계를 고려할 때 일본보다는 러시아가 미국의 아시아 진출에 장애가 된다고 생각했다. 일본의 이권을 어느 정도 보장해 주면서 일본을 러시아에 대한 방패막이로 삼을 수 있다면 미국으로서는 더 이상 바랄 것이 없었다.

이런 계산으로 미국은 1904년 러일전쟁이 발발하자 일본을 뒤에서 지원했고, 전쟁이 일본의 승리로 돌아가자 러시아를 설득해 강화회담을 이끌어냈다. 일본의 최대 관심은 한반도 지배권이었는데 미국은 자국의 이익을 위해 한반도 정도는 일본에게 넘겨줄 생각을 하고 있었다. 전쟁에서 패한 러시아로서는 여러 가지 사정상 미국의 제안을 수용하지 않을 수 없었다. 회의에서 미국은 조선 문제에서 협력하는 대가로 일본이 미국의 필리핀 지배를 양해해줄 것을 요구했다. 일본으로서는 전혀 문제될 것이 없었다. 사실 이에 대해서는 양국간에 이미 약속이 되어 있었지만 국제적 여론을 고려해 조약문에는 포함시키지 않았다. 태프트 · 가쓰라 밀약은 20년 가까이 국무성의 비밀 문서로만 보관되다가 1924년 역사학자 타일러 데닛에 의해 그 내용이 처음 세상에 알려졌다.

태프트-가쓰라 밀약은 미국이 자국의 이익을 위해 조선을 희생양 삼아 일본과 거래했음을 분명히 보여 준다. 사실 미국이 조선, 곧 한국을 두고 다른 나라와 흥정을 벌인 것은 이번만이 아니다. 제2차 세계대전 후 미국은 소련과의 세력 균형을 위해 한반도 분할을 묵인했다. 엄격히 말해 오늘날 한국의 분단 상황은 미국에도 일정한 책임이 있음을 부인하기 어렵다. 이렇게 말하는 것은 '반미'와는 다르다. 국제 관계가 호의가 아닌 냉정한 국가 이익에 따라 이루어진다는 것을 말하고 싶을 뿐이다. 이는 특히 우리가 미국뿐 아니라 미국처럼 '선량해 보이는' 강대국들을 상대할 때 언제나 염두에 두어야 할 교훈이다.

태평양, 대서양을 만나다:
파나마 운하 건설
(1907~1914년)

> 그때 세계는 -
> **1907년** 영·프·러 3국 협상 성립
> **1910년 조선,** 한일 병합 조약
> **1910년** 일본, 조선총독부 설치

전부터 생각이 없었던 것은 아니지만 스페인과의 전쟁을 치르면서 미국은 파나마를 가로지르는 운하의 필요성을 다시 한 번 통감하게 되었다. 전쟁이 터지고 태평양에 떠 있던 순양함 오레곤호를 쿠바 해역에 투입하는데 남아메리카 최남단인 케이프 혼을 우회하지 않을 수 없었다. 그 거리는 무려 14만 마일이었고, 전쟁 상황에서 이는 정말 어처구니없는 시간 낭비였다. 앞으로 비슷한 사태에 대비하기 위해서라도 운하 건설은 절대로 필요했다. 그런데 파나마를 가로지르는 운하를 건설하려면 세 가지 장애를 넘어야만 했다. 그것은 영국, 콜롬비아, 그리고 자연이었다.

파나마 운하는 사실 미국이 아닌 영국이 먼저 구상했다. 영국의 의도를 수상히 여긴 미국은 1850년에 중앙아메리카를 가로지르는 운하를 건설하기 위해서는 사전에 양국 합의가 있어야 하며 건설된 운하를 군사 요새화할 수 없다는 내용의 협약을 영국과 체결했다. 사실은 영국을 묶어두기 위해 족쇄를 채운 것인데 이젠 그것이 미국의 발목만 잡고 있는 셈이었다.

다행히 영국은 당시 남아프리카에서 힘겨운 전쟁을 치르고 있었고 족쇄를 풀어주는 대가로 미국을 자기편으로 끌어들이고자 했다. 전쟁에서 한 발 물러나 있었던 미국으로서는 영국의 제안을 거절할 이유가 전혀 없었다. 그리하여 미국이 독자적으로 운하를 건설하는 대신 건설된 운하는 모든 나라에 동등하게 개방한다는 협약이 1901년 영미간에 체결되었다. 나아가 이를 미국이 군사 요새화하는 것도 허용되었다.

일단 영국이라는 산은 넘었으나 이제는 운하 예정지의 진짜 주인인 콜롬비아가 장애물로 다가왔다. 콜롬비아는 수에즈 운하 건설의 영웅 페르디낭 레셉스에게 파나마 운하 건설의 독점권을 이미 넘겨준 상태였다. 레셉스는 1880년대에 운하 건설에 뛰어들었으나 거친 지형과 말라리아 때문에 실패하고 말았다. 그 후 1890년에 새로운 프랑스 건설회사가 사업권을 승계했으나 이 회사는 건설을 추진할 마음은 없었고 운하 건설권을 미국에 팔아먹는 것이 유일한 희망이었다.

이 회사가 미국에 요구한 가격은 1억 1천만 달러라는, 당시로서는 천문학적인 액수였다. 너무 비싼 가격 때문에 미국은 파나마 대신 니카라과를 가로질러 운하를 건설하는 대안을 고려했다. 다급해진 프랑스 건설회사는 4천만 달러만 주면 권리를 넘겨주겠다고 제안했다. 이를 어느 정도 합리적인 값이라 생각한 미 정부는 이 계약을 콜롬비아가 승인하는 조건으로 매매 합의서에 서명했다.

미국은 바로 콜롬비아와 협상에 들어갔다. 미국은 운하 관리를 위해 운하 양쪽으로 폭 10킬로미터의 땅을 요구했고 대신 1천만 달러의 보상금과 임대료로 매년 25만 달러를 지불하겠다는 제안을 내놓았다. 협상단이 이를 받아들여 가계약이 체결되었으나 콜롬비아 의회가 이를 승인하지 않았다. 그 이유는 프랑스와 콜롬비아간의 계약 기간이 1904년으로 만기가 다가오고 있었기 때문이었다. 콜롬비아 입장에서는 1904년까지 기다렸다가 미국과 재협상을 하는 것이 훨씬 유리했다. 루스벨트는 화가 났으나 이 난국을 뚫고 나갈 마땅한 수단이 별로 없었다.

그러나 콜롬비아의 불안한 국내 정세가 미국에 절호의 기회를 가져다 주었다. 정부의 독재 정치에 반발, 1903년 파나마 지역에서 무력 반란이 일어난 것이다. 프랑스인으로 혁명을 주도한 부나우 바릴라는 미국에 달려와 파

파나마 운하 건설 현장을 시찰하는 루스벨트 대통령 일행. 파나마는 미국의 무력 간섭이 가장 심하게 나타났던 곳으로, 이 나라의 독립조차 미국에 의해 이루어졌다.

나마의 독립을 위해 힘써 준다면 미국이 이곳에 운하를 건설하는 데 아무런 문제가 없을 것이라고 힘주어 말했다.

미국은 군대를 동원하여 콜롬비아군의 파나마 상륙을 막아줌으로써 약속을 지켰다. 혁명은 성공했고 미국은 즉각 파나마의 독립을 승인했다. 초대 주미대사로 파견된 부나우 바릴라와 미 정부간에 전보다 훨씬 좋은 조건의 운하건설 조약이 체결되었다. 가격은 전과 같이 1천만 달러로 하되 미국에 할양될 땅이 폭 10킬로미터에서 15킬로미터로 늘었다. 미국의 운하 독점권은 무기한 연장될 수 있도록 했다. 해협과 그 주변 땅을 실질적으로 미국에 영구 할양한 것이나 마찬가지였다. 독점권을 아직 보유하고 있는 프랑스 회사에게도 전과 같이 4천만 달러가 지급되었다. 콜롬비아는 20년이 지난 후에 겨우 2,500만 달러를 받고 파나마의 독립을 승인했다. 훗날 루스벨트는 회고록에서 "부나우 바릴라가 은쟁반에 운하를 담아 왔기에 그저 받았을 뿐"이라고 말했다.

이제 남은 장애물은 자연이었다. 그러나 정치적 문제들에 비하면 아무 것도 아니었다. 운하건설 공사는 1907년에서 1914년까지 7년의 기간과 3억 4천만 달러의 자금이 소요되었다. 전례 없는 난공사였고 도중에 수많은 희생자가 났으나 기술자들은 불굴의 의지로 자연의 장애물을 극복해나갔다. 그러나 스페인과의 전쟁 중에 말라리아의 효과적 퇴치법이 발견되지 않았더라면 레셉스와 마찬가지로 미국의 이런 노력도 실패로 돌아갔을 것이다.

건설된 운하는 약속대로 모든 국가의 배에 접근이 허용되었다. 그러나 미국 이외의 어떤 나라도 군사적 목적으로는 이용할 수 없었다. 미국은 운하 주위에 견고한 요새를 쌓고 운하의 방위를 위해 1917년 덴마크로부터 2,500만 달러에 버진 아일랜드를 사들였다. 만약의 경우에 대비 니카라과에 새로운 운하 부지를 확보해두고 폰세카 만에 해군 기지를 건설했다.

오늘날에도 미국에 있어 파나마 운하의 전략적 중요성은 새삼 강조할 필요조차 없다. 그러나 운하는 기본적으로 파나마 소유이기 때문에 파나마의 정세에 따라 미국의 이익이 위험에 처할 가능성이 항상 있다. 실제로 파나마는 1950년대 이후 운하를 돌려주도록 미국에 끊임없이 요구해 오고 있었다. 사실 부나우 바릴라가 서명한 원래 협약은 서명 당시 그가 파나마 시민이 아니었기 때문에 법적으로 문제가 있는 문서였다. 미국은 당연히 파나마의 요구를 거부했지만 요구가 워낙 거세고 거기에 폭력적 반미 시위까지 벌어지자 결국 협상에 나설 수밖에 없었다.

지루한 협상 끝에 1977년 운하의 영구 중립을 파나마 정부가 보증하는 조건으로 관할권을 파나마에 돌려주는 협정이 양국 간에 체결되었다. 이 협정에 따라 파나마 운하는 1999년 12월 31일 정오를 기해 파나마에 소유권과 관할권이 완전히 이관되었다. 물론 아직까지는 파나마 정부가 이를 정치적으로 이용하려는 어떤 시도도 없다. 미국의 거센 반발과 경우에 따라 군사적 개입이 불 보듯 뻔하기 때문이다. 그러나 상황에 따라 앞으로 미국이 이 문제로 외교적 곤경에 처할 가능성은 언제나 남아 있다.

윌슨의 인권 외교:
멕시코 내정 간섭
(1913년)

그때 세계는 −
1912년 중화민국, 손문 임시대총통에 취임
1913년 한국, 대한광복회 조직

1913년 미국 대통령 선거는 민주당 후보 우드로 윌슨의 승리로 막을 내렸다. 그의 당선은 순전히 공화당의 내분 덕분이었다. 현직 대통령 윌리엄 태프트가 다시 공화당 후보로 선출되자 경쟁자였던 전직 대통령 시어도어 루스벨트가 신당을 만들어 선거에 뛰어들었던 것이다. 자연히 공화당 표는 분산되었고 민주당 후보 우드로 윌슨이 어부지리로 대통령이 되었다.

윌슨은 정치학 교수 출신답게 진보적 이상주의자였다. 대통령에 취임하자마자 그는 중남미 독재 정권들에 대해 새로운 인권외교 정책을 펴나가겠다고 언명했다. 그 첫 시험대가 멕시코였다.

멕시코에서는 1911년 혁명이 일어나 대지주와 외국 자본가의 이익을 대변하던 독재자 포르피리오 디아스가 실각하고 진보주의자 프란시스코 마데로가 정권을 잡았다. 그러나 이 혁명은 앞으로 벌어질 혼란의 전주곡에 불과했다.

혁명이 성공하고 얼마 지나지 않아 프란시스코 마데로는 빅토리아노 우에르타가 이끄는 반대 세력에 암살당하고 권력은 다시 독재자의 손에 넘어갔다. 유럽 열강은 주로 경제적 이익 때문에 우에르타 정권을 재빨리 승인했고,

미국 자본가들도 윌슨이 우에르타 정
권을 승인하기를 원했다. 그러나 윌슨
은 '백정집단' 우에르타 정부의 승인을
거부했다. 이것은 토머스 제퍼슨 이래
로 미국 외교의 관례로 굳어진, 합법성
여부를 떠나 실질적으로 통치하는 정
권을 인정하는 정책의 수정을 의미했
다.

윌슨은 여기에서 한 걸음 더 나아가
군대를 동원하여 멕시코 해안을 봉쇄
하고 반정부 지도자인 '산적 두목' 판
초 비야를 공개적으로 지원하고 나섰
다. 그는 멕시코의 내전 상황에 대해

멕시코의 혁명 전사들. 봉건적 대토지 소유와 외
국자본으로부터 해방을 이루고자 시작된 멕시코
혁명은 윌슨의 인권 외교 시험장이 되었다. 농민
의 이익을 대표하는 사파타.

미국은 다만 "지켜보며 기다릴 뿐"이라고 말했으나 미국이 암암리에 반정부
세력을 지원하고 있다는 것은 공공연한 비밀이었다.

1914년이 되자 미국의 '지켜보며 기다리는' 정책은 보다 직접적인 개입 정
책으로 돌아섰다. 1914년 우에르타 정부가 '정당한 이유 없이' 일단의 미국
선원들을 구속하자 미 해군은 즉시 멕시코의 베라크루스 항을 공격했다. 우
에르타는 유럽 열강의 원조를 기대했으나 미국과 일전을 각오하고 그를 지
원해줄 나라는 없었다. 결국 우에르타는 국외로 망명하고 온건주의자 카란
자가 그를 대신해 대통령에 취임했다.

그런데 졸지에 갈 곳이 없어진 산적 판초 비야가 말썽을 부리기 시작했다.
비야는 미국의 무력 개입을 끌어내기 위해 멕시코와 미국에서 미국인들을
무차별 살해하는 만행을 저지르기 시작했다. 국내 여론에 밀린 윌슨 대통령
은 비야를 체포한다는 명목으로 국경을 넘어 군대를 멕시코에 파견했다. 멕
시코 입장에서 이는 명백히 주권 침해이고 전쟁 선포와도 같은 것이었다. 그
러나 멕시코는 미국의 이런 불법 행위를 저지할 힘이 없었다. 윌슨 역시 카
란자 정부를 다시 무너뜨릴 의사는 없었기 때문에 비야를 추적하는 외에 전

투를 더 이상 확대하려 들지 않았다. 그러나 미국과 멕시코 사이에는 불안한 전운이 감돌았다.

이 위기를 해소해준 것은 제1차 세계대전의 발발이었다. 대전이 일어나자 미국은 더 이상 멕시코 문제에 매달려 국력을 소모할 여유가 없었다. 윌슨은 서둘러 카란자 정부를 승인하고 군대를 철수시켰다. 독립을 이룩한 멕시코 정부는 새로운 헌법을 채택하고 이 헌법에 따라 외국 회사들의 불법 재산을 몰수하여 농민들에게 나누어 주었다.

미국의 멕시코 간섭은 중미 지역에 적대 정부를 허용하지 않겠다는 미국의 정책이 구체화된 최초의 사례라고 할 수 있다. 비록 인권 외교의 명분을 들고 나오기는 했지만 미국의 강압적 정책은 멕시코뿐 아니라 중남미 전체의 반미 감정을 자극하는 결과를 낳았다. 그렇지만 강대국 미국에 맞서 중남미 국가들이 할 수 있는 일은 별로 없었다. 반면 윌슨 정부의 신중한 행동으로 미국의 간섭이 전면전으로 확대되지는 않았으며, 이는 결국 멕시코에 민주 정부가 들어서는 밑거름이 되었다.

민주주의와 세계평화를 위해:
제1차 세계대전 참전
(1917년)

그때 세계는 −
1912년 청 멸망, 중화민국 성립
1914년 파나마 운하 개통

열강 사이에 불안한 세력 균형이 유지되던 유럽 대륙은 1914년 중대한 위기에 직면했다. 보스니아 사라예보에서 오스트리아-헝가리 제국의 황태자가 한 세르비아인 청년에게 암살되는 사건이 벌어져 오스트리아와 세르비아 간에 전쟁이 터졌다. 곧이어 이들 두 나라와 동맹 관계로 얽혀 있던 러시아, 프랑스, 영국, 독일, 이탈리아 등 모든 강대국들이 전쟁에 뛰어들었고, 전쟁은 유럽 대륙 전체를 무대로 한 대전으로 확대되었다. 제1차 세계대전이 시작된 것이다.

전쟁이 터지자 윌슨 대통령은 즉시 이 전쟁에 미국은 "사고와 행동에 있어 엄정한 중립을 지킬 것"이라고 선언했다. 도덕적이고 평화적인 미국이 열강의 이권 다툼에 개입하는 것은 명예롭지 못하다는 것이 그 이유였다. 그러나 앞에서 보았듯이 미국은 19세기 말 이래로 문호개방 정책이라는 이름 아래 열강의 해외 이권 쟁탈전에 가담하고 있었다. 고립주의라는 대외정책의 원칙은 이미 이름뿐이었다. 사실을 말한다면, 제1차 세계대전 초기에 미국이 개입하기를 꺼렸던 진짜 이유는 전쟁에 개입함으로써 전쟁의 피해가 자국에 돌아오는 것을 막기 위해서였다. 그러면서도 미국은 순수한 무역 거래라는

독일의 무제한 잠수함 작전으로 영국 여객선 루시타니아호가 격침당해 무려 1,198명이 목숨을 잃었다. 그중 미국인은 128명이었다. 사진은 이 사건을 보도한 〈뉴욕 타임스〉의 호외.

미명 하에 연합국측에 막대한 양의 전쟁 물자를 공급하고 있었다. 독일이 미국의 이런 이중적 태도를 달가워하지 않은 것은 당연했다.

당시 독일은 영국을 고립시키기 위해 잠수함으로 영국의 해안을 봉쇄하는 작전을 벌이고 있었다. 이런 와중에 미국의 상선들이 공해상에서 독일 잠수함의 공격을 받는 일이 자주 벌어지고 급기야 영국의 호화 여객선 루시타니아호가 1915년 5월 아일랜드 근해에서 독일 잠수함에 격침되는 대사건이 벌어졌다. 이 사고로 미국인 128명을 비롯한 승객 1,198명이 목숨을 잃었다. 이 사건으로 미국에서는 참전 여론이 고조되었으나 윌슨은 어떻게든 외교적으로 이 문제를 해결하여 미국이 대전에 말려드는 것만은 피하고자 했다. 다행히 독일이 이 사건에 관해 미국에 사과하고 이런 일이 다시 발생하지 않도록 노력하겠다는 입장을 밝혀 가까스로 위기를 넘겼다.

전쟁이 3년째로 접어든 1916년 윌슨은 민주당 후보로 재차 대통령에 출마하여 무난히 당선되었다. 선거 유세 중 그는 대내적 혁신 정치의 계속과 대외적 중립을 공약으로 내걸었다. 취임 후 첫 의회 연설을 통해 윌슨은 '승리 없는 평화'를 외치며 대전의 조속한 종결을 촉구했다. 승자에 의해 강요된 평화는 항구성이 없고 또 다른 전쟁의 씨앗이 될 뿐이므로 모든 분쟁은 전쟁 당사자가 아닌 모든 국가의 협의에 의해 평화적으로 해결되어야 한다는 것이 그의 지론이었다.

그러나 윌슨의 이런 노력도 1917년 2월 1일 독일이 발표한 무제한 잠수함 작전으로 물거품이 되고 말았다. 적국에 전쟁 물자를 수송하는 것으로 의심되는 모든 선박들을 국적과 선박의 종류를 가리지 않고 잠수함으로 격침하겠다는 선언이었다. 독일은 이것이 미국의 참전을 부를지도 모른다는 사실을 알고 있었다. 그러나 독일은 작전이 제대로만 이루어진다면 미국이 참전하기 전에, 또는 참전한다 하더라도 미군 주력부대가 도착하기 전에 전쟁을 끝낼 수 있을 것으로 기대했다. 윌슨은 이를 독일의 직접적 도전으로 간주하고 즉시 독일과의 외교 관계를 단절했다.

전쟁의 위험은 급박하게 고조되어 갔다. 2월 하순에는 이른바 '짐머만 문서'라는 것이 세상에 알려져 또 한번 엄청난 파문을 몰고 왔다. 독일 외상 짐머만이 멕시코 정부에 전달한 이 비밀 문서에서 독일은 미국이 참전할 경우 멕시코가 독일편에 가담해 준다면 그 대가로 미국령 텍사스, 뉴멕시코, 애리조나를 넘겨주겠다고 제의했다. 문서의 진위 여부를 떠나 이것이 미국 내 여론에 어떤 영향을 끼쳤을 것인지는 충분히 상상할 수 있다.

또 하나 미국의 참전을 몰고 온 직접적인 사태는 1917년 3월의 러시아혁명이었다. 러시아 혁명정부는 즉시 '제국주의 국가들의 전쟁'을 그만두기로 결정했고 독일은 서부 전선에 군사력을 집중시킬 수 있게 되었다. 이렇게 되면 독일의 승리는 시간 문제였다. 이것은 미국의 국익상 도저히 용납될 수 없었다.

마침내 그해 4월 2일 윌슨 대통령은 의회에 참전 승인을 요청했다. 교서에서 그는 "민주주의 수호와 세계의 항구한 평화를 위해" 미국의 참전이 불가피하다는 것과, 이 전쟁이 "지구상의 모든 전쟁을 종식시키는 최후의 전쟁이 될 것"이라고 말했다. 4월 6일 의회가 만장일치로 대통령의 요청을 승인함으로써 미국은 드디어 전쟁에 뛰어들게 되었다.

강대국 미국의 잠재력은 실로 엄청났다. 초기에는 독일의 무제한 잠수함 작

루시타니아호의 참극을 묘사한 미국의 징병 포스터.

전이 위력을 발휘하여 미국의 참전에도 불구하고 독일에게 전황이 유리하게 전개되었다. 그해 10월에는 러시아에서 또 다시 혁명이 발생, 혁명 정부와 독일이 브레스트리토프스크에서 강화 조약을 체결했다. 동부 전선에 묶여 있던 수십만 독일군이 서부 전선에 추가로 투입되어 연합군에 대한 대대적 공세를 가하기 시작했다.

그러나 미국이 전시 체제로의 전환을 완료한 1918년에 전세는 서서히 역전되기 시작했다. 그해 3월부터 7월에 걸쳐 독일은 파리 함락을 목표로 네 차례나 대대적인 공세를 감행했으나 연합군의 완강한 저항에 막혀 뜻을 이루지 못했다. 이제는 연합군이 공격할 차례였다. 엄청난 희생을 치른 끝에 그해 9월 독일이 최후의 방어선으로 설정한 힌덴부르크 방어선이 돌파되었다. 독일군은 걷잡을 수 없이 무너져 패주를 거듭했고 독일 황제는 11월 2일 국경을 넘어 네덜란드로 피신했다. 2일 후 연합국의 휴전 제의를 독일이 받아들임으로써 4년간의 세계대전은 끝이 났다.

미국이 참전하지 않았다면 제1차 세계대전은 독일의 승리로 막을 내렸을 것이다. 그러나 미국의 참전이 진정 의미하는 바는 단순히 이로써 연합국측이 승리했다는 사실에 한정되지 않고 미국이 이제 명실상부한 세계 최강대국임을 만방에 선포한 데 있다. 이는 곧 오랫동안 지속되어온 유럽의 시대가 종말을 고하고 미국이 세계의 중심에 서게 되었음을 알리는 역사적 사건이었다.

강자를 위한 세계 질서:
국제연맹과
윌슨의 민족자결주의 (1918년)

그때 세계는 −
1915년 조선, 박은식, 상해에서 《한국통사》 간행
1918년 조선, 만주에서《대한독립선언서》발표 (무오독립선언)

1918년 11월 제1차 세계대전은 연합국의 승리로 막을 내렸다. 종전 선언 일주일 후 윌슨은 스스로 미국측 수석대표로 파리 강화 회의에 참석한다고 발표했다. 자신이 직접 강화 회의에 참석하는 것은 단지 미국 대표로서가 아니라, 모든 국가가 한 깃발 아래 모여 세계의 영원한 평화와 질서를 구축할 수 있음을 보여주기 위해서라는 것이 그의 설명이었다.

그렇지만 그의 이런 이상은 파리로 출발하기도 전에 이미 여러 난관에 봉착해 있었다. 1918년의 중간 선거로 다수당이 된 공화당은 재직 중인 대통령이 해외로 나간 일이 없다는 이유로 윌슨의 파리행을 반대했다. 실질적인 이유는 윌슨이 대표단을 구성하면서 공화당 출신 대표를 한 사람도 임명하지 않은 데 있었다. 따라서 장차 체결될 강화 조약을 의회에서 비준할 때 공화당이 반대하리라는 것은 이때 이미 예고되어 있었다.

일찍이 윌슨은 '승리 없는 평화', 즉 패전국에 대한 보복이 없는 평화를 보장하기 위해 14개 항목의 원칙을 발표한 바가 있었다. 14개 원칙은 전쟁의 원인을 근본적으로 제거하기 위해 기존의 세력 균형 원칙이 아닌 민족자결의 원칙에서 국경선을 재조정할 것, 자유 무역을 보장함으로써 국가 상호간

의 평화적이고 호혜적인 관계를 증진시킬 것, 그리고 국가들이 국제법의 규약을 준수할 것 등을 기본 내용으로 하고 있다. 이의 바탕 위에서 그는 군비 축소, 독일이 점령한 알사스-로렌의 프랑스 반환, 오스트리아-헝가리 제국 내 여러 민족과 폴란드의 민족 자결권 인정, 모든 국가의 정치적 독립과 영토 보전을 보장하기 위한 국제협력기구 창설, 패전국에 부과하는 전쟁 배상금 철폐 등을 주장하고 협상의 조건으로 이를 독일 측에 제시했다.

패전국 독일로서는 이 '관대한' 요구를 마다할 이유가 전혀 없었다. 그러나 독일 때문에 막대한 피해를 입은 연합국들의 입장은 달랐다. 회담 대표로 참석한 영국 수상 로이드 조지, 프랑스 수상 클레망소는 윌슨과 달리 전통적 현실주의자였다. 그들은 정도의 차이는 있었지만 전쟁에서 받은 피해를 독일이 보상해 주기를 바랐으며, 장차 독일의 또 다른 위협으로부터 국가의 안전을 보장하기 위해 그들 사이에 은밀히 약속한 영토들을 확보하고자 했다.

영국과 프랑스의 완강한 반대에 부딪힌 윌슨의 14개 원칙은 수정되지 않을 수 없었다. 난항 끝에 1919년 6월 28일 체결된 베르사유 강화 조약은 독일이 알사스-로렌을 프랑스에 돌려주고 폴란드를 독립시키며 항구적 평화를 위한 국제기구, 곧 국제연맹을 창설할 것을 규정했다. 여기까지는 14개 원칙이 어느 정도 적용되었다. 그러나 윌슨이 주장했던 패전국에 대한 보복 철폐는 받아들여지지 않았다. 독일은 천문학적 숫자의 전쟁 배상금을 지불하고 영토가 형편없이 줄어드는 굴욕을 맛보아야 했다. 공해상의 자유로운 항해권 보장, 군비 축소, 관세장벽 철폐 등은 아예 조약문에 들어 있지도 않았다.

독일은 연합국 측의 이같은 요구에 강력히 반발했으나 패전국 입장에서 달게 받아들이는 이외에 별다른 방법이 없었다. 강화 조약에 대한 독일의 불만은 결국 1920년대를 거치면서 독일에 군국주의가 등장하는 직접적 원인이 되었다. 보복으로 강요된 평화는 또 다른 전쟁의 씨앗이 될 뿐이라는 윌슨의 신념은 적어도 이 점에서는 옳았다고 할 수 있다. 문제는 이것이 냉혹한 현실 국제무대에서 절대로 받아들여질 수 없다는 데 있었다.

윌슨은 비록 독일 처리 문제에서 자신의 의견을 관철시키지 못했지만 항구적 평화를 목적으로 하는 국제협력기구가 창설된다면 조약의 미비점이 시정될 수 있다고 믿고 영국과 프랑스를 설득해 국제연맹 규약을 강화 조약에 포함시키는 데 성공했다. 윌슨은 앞으로 창설될 국제연맹이 세계 평화 유지에 결정적 역할을 할 수 있을 것으로 굳게 믿었다.

영국 화가 윌리엄 오펜이 그린 베르사유 강화 회의. 제1차 세계대전의 전후 처리를 위해 연합국과 독일이 머리를 맞댄 자리에서 윌슨은 최초의 국제 기구인 국제연맹의 창설을 제창하지만 자국 이기주의의 높은 벽을 넘지 못하고 국제 상황은 다시 악화되었다.

그러나 그의 이런 의도는 상원이 조약의 비준을 거부함으로써 처음부터 실패하고 말았다. 조약이 비준되려면 먼저 상원을 통과해야 했으나 공화당 의원들이 전쟁도 끝난 마당에 미국이 전통적인 고립 정책을 포기하고 국제 문제에 적극적으로 개입하는 것은 바람직하지 않다는 이유로 이의 인준을 거부했던 것이다. 사실은 윌슨이 전후 처리 과정에 자신들을 따돌린 것에 대한 정치적 보복이었다.

아무튼 국제연맹의 창설 과정에서 주도적 역할을 담당했던 미국이 참여하지 않음으로서 국제연맹은 창설되자마자 유명무실한 기구로 전락하고 말았다. 사실 이후 국제연맹이 국제 평화 유지라는 본래의 역할을 전혀 하지 못하고 강대국들의 추잡한 싸움판으로 전락한 것을 보면 미국이 참여했다 해도 사정은 별로 달라지지는 않았을 것이다. 이리하여 참전을 통해 제1차 세계대전을 역사상 마지막 전쟁으로 만들고자 했던 윌슨의 이상은 좌절되었다. 오히려 이후의 역사는 윌슨의 이상주의가 국제 정치의 현실을 더욱 왜곡시켜 또 다른 전쟁의 씨앗을 제공한 측면도 있음을 증명해주고 있다. 제2차 세계대전 이후 미국의 외교가 압도적으로 현실주의적인 노선을 걷게 된 것은 윌슨이 추구한 이상주의의 뼈아픈 실패가 교훈이 되었기 때문이다.

제9장
번영, 위기,
그리고 전쟁

United States
of America

전후의 번영:
자동차 산업의 발전
(1920년대)

그때 세계는 –
1919년 한국, 상해임시정부 수립
1920년 국제연맹 설립
1922년 소련, 스탈린 서기장 선임

전쟁은 모든 것을 파괴하지만 동시에 창조와 발전의 동력을 만들어 내기도 한다. 미국의 역사를 볼 때 큰 규모의 전쟁 뒤에는 어김없이 국가 발전과 번영의 시기가 찾아왔다. 제1차 세계대전의 경우도 마찬가지였다. 처음으로 열강들의 싸움에 끼어들어 승리를 거둔 미국의 위세는 하늘을 찌를 듯했다. 전쟁 중에 고양된 애국심, 수많은 발명품, 기업의 새로운 경영 기법 등이 전후 미국 경제의 유례 없는 발전을 가져왔다.

여기에는 정부의 친기업적 정책도 한몫을 했다. 1920년 대통령에 당선된 하딩과 그의 급작스런 서거로 대통령직을 물려받은 쿨리지는 그리 유능한 인물들은 아니었다. 그러나 이들이 집권하는 동안 미국은 자본가와 부자들의 천국으로 변했다. 쿨리지는 당시 세계적 갑부이면서 재무장관직을 맡고 있던 앤드루 멜론의 건의를 받아들여 기업과 고소득 개인들에 대한 세금을 50% 이상 인하했다. 부자들에게 높은 세금을 부과하면 기업의 투자 의욕을 감소시켜 국가 경제에 부정적 영향을 미치게 된다는 것이 이유였다.

아무튼 정부의 친기업적 정책에 힘입어 전후 미국 경제는 발전의 비약적 전기를 맞이했다. 이 시기 미국 경제 발전을 주도한 것은 자동차, 화학, 그

비약적인 성장을 기록한 미국의 자동차 공업. 1929년 이미 500만 대 생산을 기록, 5인당 1대 꼴로 소유하게 되었다. 사진은 빅 쓰리의 하나인 포드 자동차의 디트로이트 공장에서 시제품 T모델을 테스트하고 있는 노동자들(1914).

리고 전기 산업이었다. 이 중에서도 특히 자동차 산업의 발전은 눈이 부셨다. 흔히 '빅 쓰리', 곧 '3대 거인'으로 불리는 포드, 제너럴 모터스, 크라이슬러 등 3대 자동차 회사가 매출 규모나 순익 면에서 미국 내 다른 기업들을 압도했다. 자동차 생산 라인에서는 몇 분에 한 대꼴로 완성된 자동차가 쏟아져 나왔다. 자동차 수는 1920년 이미 200만 대를 넘어섰고 1925년에는 무려 500만 대로 늘었다. 1920년대 말에 이르면 미국 사람들은 5인당 1대 꼴로 자동차를 가지고 있었다.

자동차 산업의 발전은 철강, 판유리, 고무, 니켈, 알루미늄 등 관련 산업 분야의 성장을 유발했다. 1926년 통계로 미국 전체 산업 생산의 12.7%가 자동차 산업에 투입되고 있었다. 고무 제품의 경우는 그 비율이 무려 85%에 달했다.

도로 건설과 관련된 토목 사업, 석유 사업, 화학과 전기 사업의 성장도 눈에 띄었다. 1920년대 미국은 세계 총산유량의 70%를 생산하는 세계 최대 산유국이었다. 전기 산업의 생산 규모는 1910년 17억 달러에 불과했으나 1920년에는 81억 달러로 급증했고, 화학 산업도 전쟁 이전에 비해 두 배 가까이 성장했다.

라디오와 영화가 본격적으로 등장한 것도 이 시기였다. 라디오가 급속히 보급되면서 NBC, CBS를 비롯한 수백 개의 라디오 방송국이 전국에 설립되었다. 캘리포니아의 할리우드는 찰리 채플린으로 상징되는 무성영화 시대의 명작들을 만들어내면서 일약 세계 영화 산업의 메카로 부상했다.

이 같은 경제 성장의 결과 국내 총생산은 1921년 820억 달러에서 1929년에는 1,040억 달러로 늘었으며, 같은 기간에 1인당 국민소득 역시 570달러에서 850달러로 늘었다. 이 기간 미국의 전반적 생활 수준은 전 세계 어느 나라보다도 풍요로웠다. 전쟁 전만 해도 자동차는 상류층의 여가선용을 위한 사치품에 불과했으나, 1929년에는 평균 1가구당 1대 꼴로 자동차가 보급되어 자동차가 생필품으로 자리 잡았다. 이 시기 처음 선보인 라디오도 1930년에 이르러 미국 전 가정의 40%까지 보급이 확대되었다.

경제 발전과 더불어 기업 운영과 체제에 있어서도 중대한 변화가 있었다. 주식 시장을 통한 주식의 분산, 소유와 경영의 분리 현상이 보편화되었다. 사주나 대주주가 아닌 전문 경영인들이 실질적으로 기업을 이끌어나갔고, 주식 배당금을 늘려받기를 원하는 주주들과 배당금을 신규 투자로 돌리려는 경영인들간에 회사 경영을 둘러싼 마찰이 심심찮게 일어났다.

그러나 경제 성장이 모든 면에서 좋을 결과만을 가져온 것은 아니었다. 가장 심각한 것은 빈부격차의 심화였다. 1920년대 절정을 이룬 자유시장경쟁의 경제 정책은 경제성장의 과실이 기업가와 일부 부유층에 주로 돌아가도록 함으로써 부익부 빈익빈 현상을 더욱 심화시켰다. 연수입이 최저생계비 1,500달러에 미치지 못하는 가구 수가 전체의 40%나 되었다. 반면 소득 면에서 비교적 안정된 생활을 누릴 수 있었던 가구는 전체의 30% 정도에 불과했다.

실업 문제도 심각했다. 부품 표준화, 공장 자동화, 분업에 의한 조립 라인의 일련 공정화 등으로 기업가들은 물건들을 보다 싸게 대규모로 생산해낼 수 있게 되었으나 노동자들은 단순 작업을 되풀이하는 '기계'로 전락했고 그나마도 많은 사람들이 기계에 밀려 일자리를 잃었다. 모든 분야에 대량생산 체제를 갖춘 거대기업이 들어서면서 소규모 자영업자들도 파산을 면할 도리가 없었다. 1920년대 말에 이르러 산업 성장의 그늘진 구석에는 구조를 갈망하는 거대한 실업자군이 늘어만 갔다.

빈부격차가 심화되고 실업자들이 늘어나면서 당연히 사회적 구매력이 급속히 저하되었다. 대량생산으로 상점마다 물건은 넘쳐나는데 구경꾼들은 이를 살 만한 경제적 여유가 없었다. 마르크스가 예언한 과잉생산과 유효수요 부족이라는 자본주의의 병폐가 현실로 나타난 것이다. 모든 사람들이 경제 성장과 풍요의 환상에 젖어 있을 때 미국 경제는 조용히 파국을 향해 나아가고 있었다.

뉴욕에서 이륙, 파리에서 착륙:
찰스 린드버그의
대서양 횡단 비행 (1927년)

그때 세계는 –
1924년 중국, 제차 국공합작 성립
1927년 한국, 민족운동 단일체 신간회 창립

라이트 형제가 발명한 비행기는 제1차 세계대전 때 군용기로 잠깐 선을 보이긴 했지만 민간 부문에서는 실용화가 매우 지지부진했다. 1919년 워싱턴-뉴욕간의 시험 비행이 실패했고 뉴욕과 시카고간의 비행 시도도 중간에 솟은 앨러게니산맥에 막혀 번번이 실패를 거듭했다. 최초의 비행사 40명 중 31명이 비행 도중 목숨을 잃을 만큼 아직은 비행기가 위험한 발명품에 지나지 않았다. 1924년이 되어서야 비로소 일부 도시 사이에 항공 우편이 가능하게 되었다.

이런 상황에서 비행기로 대서양 무착륙 횡단에 나서는 것은 단신으로 적진에 뛰어드는 것만큼이나 무모한 행동이 아닐 수 없었다. 이 무모한 일에 용감하게 도전한 사람이 바로 찰스 린드버그(1902~1974)라는 인물이었다. 당시 린드버그는 다른 많은 젊은이들과 마찬가지로 비행기에 광적으로 빠져 있던 평범한 25살 청년이었다. 직업은 우편배달 비행기 조종사. 그가 6천 달러를 들여 직접 제작한 길이 8미터의 세인트 루이스호에는 무전기와 방향탐지기조차 붙어 있지 않았으며 계기판은 1927년도 자동차의 그것보다 더 볼품이 없었다. 오직 나침반 하나에만 의지한 채 린드버그는 이 비행기에 올라 뉴욕-파리 무착륙 비행에 도전했다.

출발하던 날 뉴욕의 한 야구장에는 4만을 헤아리는 군중이 모여 환호하며 이 조종사의 성공을 기원했다. 비행기는 힘차게 날아올랐으나 얼마 후 연락이 두절되고 말았다. 이 소식에 대서양 건너 유럽에서는 런던, 베를린, 암스테르담 주식시장의 거래가 한때 중단되는 소동이 벌어지기도 했다. 다행히 찰스버그는 무사히 대서양 상공을 날고 있었다.

뉴욕을 출발한 지 이틀째 밤, 파리에서는 자동차를 가진 모든 사람에게 한 장의 호소문이 배포되었다. 지금 바로 린드버그의 착륙 예정지인 르 부르제 공항으로 달려가 헤드라이트를 켜고 두 줄로 늘어서서 안개 낀 밤이라도 린드버그가 활주로를 알아볼 수 있도록 도와달라는 내용이었다.

르 부르제 공항 활주로에는 뉴욕 출발 33시간만에 한 대의 비행기가 무사히 착륙했고 조종사는 곧 열광하는 10만 인파에 포위되었다. 프랑스에서 대대적인 환영을 받은 린드버그는 해군의 예포와 신문의 열광적인 찬사 속에 본국으로 금의환향했다.

대서양 횡단비행의 성공으로 찰스 린드버그는 일약 세계적인 영웅이 되었다. 그가 미국으로 돌아오던 날 〈뉴욕 타임스〉는 신문 앞쪽 16쪽을 온통 그에 관한 기사로 채웠다. 사실 모든 신문과 라디오가 영웅 만들기에 열을 올렸고 이러는 와중에 그에 관한 모든 것이 미화되고 과장된 모습으로 대중에게 전달되었다. 젊은 여성들 사이에 그가 매우 잘 생겼다는 소문이 나돌았으나 실제로 그의 외모는 매우 평범했다. 영웅들에게서 발견되는 뚜렷한 개성이나 일상 생활의 특이함도 없었다. 그의 용기 있는 행동은 분명 칭찬받을 만했으나 언론의 보도는 이를 필요 이상으로 과장된 내용으로 가득차 있었다. 이런 점에서 그는 대중 매체가 만들어 낸 최초의 현대적 영웅이었다.

대서양 횡단 비행에 성공한 후 린드버그는 평범한 일상으로 돌아가려 했으나 언론은 그를 놓아주지 않았다. 특히 그의 어린 아들이 유괴되었을 때, 범죄 자체와 관련된 실질적이고 구체적인 뉴스가 그리 많지 않았는데도 불구하고, 신문기사란은 이에 관해 온갖 사소한 일과 꾸며낸 이야기들로 가득차 있었다. 유괴 사건이 어떻게 언론에 처음 알려졌는지, 이 사건에 누가 린

대서양 횡단에 성공한 후 8일 뒤에 비행기에 타고 영국 시민들이 환호하는 가운데 런던 근교에 착륙하는 린드버그(1927). 그의 불굴의 용기와 강인한 정신력은 현대의 영웅으로 모자람이 없었다.

드버그의 대변인으로 나서야 하는지 등 범죄 자체와는 아무 관련도 없는 기사들이 쏟아졌다. 범죄 해결에 전혀 도움이 안 되는 소문, 단서에 대한 추측 기사가 난무했다. 어쨌든 그의 두 살난 아들은 유괴된 지 두 달 후 자택 근처에서 시신으로 발견되었다. 범인은 부르노 하우프트만, 돈을 노린 유괴 납치극이었다. 이른바 린드버그 유괴 사건으로 알려진 미국 범죄사상 유명한 사건 중 하나이다.

몇 년이 지나지 않아서 린드버그에 대한 언론의 관심은 그가 신문지상에 등장했던 것과 마찬가지로 갑자기 사라졌다. 린드버그는 오늘날 라디오와 텔레비전에 등장하는 수많은 연예계 스타와 같은 운명을 경험했던 것이다. 언론에 의해 하루아침에 불세출의 영웅이 되었다가 언론이 외면하자 하루아침에 대중의 뇌리에서 연기처럼 사라져버리고 말았다. 사실 그는 진정한 영웅으로 칭송받기에는 문제가 있는 인물이었다. 그는 노골적인 백인 우월주의자로 한때 히틀러의 인종 차별과 유대인 박해 정책에 동조했다는 의심을 받기도 했다.

아무튼 찰스 린드버그의 영웅적 행위에 힘입어 이후 항공 산업은 비약적 성장의 전기를 맞이했다. 1930년 유나이티드 항공사가 제작한 보잉247 여객기는 시속 240킬로미터의 속도로 한 번에 10명의 승객을 실어 날랐다. 자동차로 한 달이 걸리던 미대륙 횡단이 20시간 이하로 줄어들었다.

　1933년에는 '엠파이어 보트'가 남아프리카로 비행을 시작했으며, 1935년 팬암 항공사는 '마틴130' 비행기로 태평양 비행시대를 열었다. 제2차 세계대전 중에 제트엔진 발명으로 비행기는 더욱 빠르고 안전한 교통 수단으로 자리 잡았다. 오늘날에는 수백 명의 승객을 한꺼번에 실어나르는 수많은 대형 여객기들이 5대양 6대주를 누비며 지구촌을 일일생활권으로 만드는 첨병 역할을 하고 있다.

미국이 사랑한 홈런왕:
베이브 루스
(1895~1948년)

그때 세계는 −
1895년 대한제국, 을미사변
1922년 소비에트 사회주의 공화국 연방 수립
1929년 플레밍, 페니실린 발견

미국에서 가장 인기 있는 스포츠는 야구다. 미식축구, 농구, 하키 등도 물론 인기가 있지만 미국인들이 가장 사랑하고 애착을 느끼는 스포츠를 꼽으라면 단연 야구다. 특히 전국 주요 도시에 자리를 잡은 프로야구팀들이 미국 야구문화의 중심이다. 현재 뉴욕 양키스를 비롯하여 총 30개의 메이저 리그 프로야구팀이 있는데(이 중 하나는 캐나다에 연고지가 있다) 이들은 아메리칸, 내셔널 두 개의 리그로 나뉘어 4월부터 9월까지 경기를 하고 양 리그의 챔피언들이 10월 말 월드시리즈를 통해 최후의 승자를 가린다. 월드시리즈 기간에는 온 국민이 경기장, 술집, 텔레비전 앞아 앉아 야구의 열기에 빠져 든다.

야구가 미국인들에게 어떤 의미가 있는지 한마디로 설명하기는 어렵다. 심지어 세계대전 중에도 야구 경기는 계속되었고 전장에 나간 군인들은 라디오로 자기가 응원하는 팀의 경기 중계방송을 들으며 전장의 시름과 향수를 달랬다. 유명 야구선수는 부와 명예를 한꺼번에 누리며 그들의 일거수일투족은 모든 미국인들의 관심사가 된다. 어린이들은 싱싱한 초록색 잔디가 깔린 야구장에 가서 동경하는 선수들의 경기를 보고 응원가를 따라 부르며 어린 시절의 꿈과 추억을 키운다. 한마디로 야구는 미국의 삶의 한 부분이고 미국인들의 꿈과 이상과 정신을 상징하는 스포츠다.

야구의 발상지는 미국이 아니다. 그러나 미국에서 비로소 대중적인 스포츠로 자리 잡고 오늘날 우리가 아는 규칙과 경기 방식이 정해졌다. 기록을 보면 이미 1850년대부터 뉴욕 등 대도시를 중심으로 야구가 성행하고 소규모 리그 경기 같은 것도 생겨났다. 최초의 프로 야구팀은 1869년 창단된 신시내티 레드스타킹스인데(그

뉴욕 양키스는 베이브 루스를 기념하여 뉴욕 양키스 선수 누구도 그의 등번호 3번을 새긴 저지(유니폼)를 입지 않기로 했다. 1948년 그의 등번호 영구결번 기념 경기에 나와 자신이 입던 뉴욕 양키스 유니폼을 입고 관중들의 기립박수에 답하는 베이브 루스.

래서 이 해를 메이저리그 원년으로 삼는다) 이후 몇 개 팀이 합류하여 1876년에 내셔널 리그가 결성되었다. 1901년에는 또 다른 8개 팀으로 아메리칸 리그가 만들어졌다. 양대 리그 챔피언들끼리의 대결인 월드시리즈는 1903년에 처음 개최되었는데, 아메리칸 리그 우승팀 보스턴 아메리칸스(오늘날 보스턴 레드삭스)가 내셔널 리그 우승팀 피츠버그 파이어리츠를 꺾고 초대 통합챔피언에 올랐다. 이렇게 해서 메이저리그의 조직과 경기 방식이 세워졌는데, 팀들이 많아지면서 몇 차례 조정이 있기는 했지만 기본적으로는 이 틀이 아직까지 유지되고 있다.

지금까지 배출된 수많은 프로야구 선수들 가운데 미국인들이 가장 좋아하는 역대 최고 스타를 꼽으라면 당연히 베이브 루스(1895~1948)다. 본명은 조지 허먼 루스 주니어지만 사람들은 언제나 그를 '베이브(아기)' 루스, 또는 밤비노(이탈리아어로 '꼬마'라는 뜻)라는 애칭으로 불렀다. 1895년 볼티모어에서 태어나서 불우한 어린 시절을 보냈지만 뛰어난 야구 실력으로 일찍부터 프로야구팀들의 눈길을 끌었고, 불과 19세의 나이에 보스턴 레드삭스에서 선수 생활을 시작했다. 1919년 뉴욕 양키스로 팀을 옮겨 이후 15년 동안 뉴욕 양키스의 전성기를 이끌었고 미국 프로야구를 대표하는 선수로 이름을 날렸

다. 공교롭게도 베이브 루스가 떠난 후 잘 나가던 보스턴 레드삭스 팀은 추락을 거듭했고 그후 수십 년 동안 월드시리즈 우승을 하지 못했다. 이것이 유명한 '밤비노의 저주'인데, 2004년 세인트루이스 카디널스를 극적으로 물리치고 월드시리즈 챔피언이 되기까지 보스턴 레드삭스는 이 저주를 푸는 데 무려 84년을 기다려야만 했다.

보스턴 레드삭스와 함께 또 다른 운명적 저주의 희생양이 되었던 팀은 시카고 컵스였다. 1945년 시카고 컵스는 월드시리즈에 진출했는데, 한 관중이 염소를 데리고 입장하려는 것을 경기장 요원이 막아섰고 결국 입장을 거부당한 염소의 주인은 시카고 컵스에 대한 저주의 말을 퍼붓고 경기장을 떠났다. 이 '염소의 저주'로 시카고 컵스는 결국 이 해 월드시리즈에서 뼈아픈 역전을 당했고 이후 다시는 월드시리즈에 나가지 못했다. 결국 2016년이 되어서야 시카고 컵스는 이 지긋지긋한 저주에서 풀려날 수 있었다. 이 해 시카고 컵스는 천신만고 끝에 월드시리즈에 올라 디트로이트 타이거즈를 4:3으로 꺾고 무려 106년만에 우승의 기쁨을 맛볼 수 있었다.

베이브 루스의 선수로서의 기록과 업적은 가히 전설적이라 할 만하다. 통산 홈런 714개, 타율 0.342, 안타 2,873개를 기록했고, 소속 팀을 일곱 차례나 월드시리즈 정상에 올려놓았다. 특히 그가 기록한 714개의 홈런 기록은 누구도 깨지 못할 것이라고 생각했다. 그가 선수로서 전성기를 누렸던 1920년 대에는 '밤비노'가 오늘 홈런을 쳤는지 못 쳤는지가 미국 최대의 뉴스이자 관심거리였다. 1932년 월드시리즈에서는 자신이 홈런을 날릴 곳을 손으로 가리킨 후 다음 볼을 휘둘러 정말로 그곳에 홈런을 꽂아 넣은 믿지 못할 일도 벌어졌다. 이는 미국 메이저리그 역사상 가장 극적인 홈런의 하나로 꼽힌다.

베이브 루스는 뛰어난 야구선수로서만이 아니라 소탈한 인간미와 아낌없는 자선 행위로도 많은 미국인들의 사랑을 받았다. 그렇지만 개인적으로는 불행한 삶을 살았는데, 찢어지게 가난한 집안에서 태어나 그의 말을 빌면 '험한' 어린 시절을 보냈다. 일곱 명의 형제들이 있었으나 누이 하나를 빼고 모두 어려서 죽었고, 일곱 살부터는 집을 나와 고아원을 전전했다. 이 기억이 평생 상처로 남았는지 그는 생전에 자신의 어린 시절에 대해 누구한테도 입을 열지 않았다. 야구선수로 출세하고 행복한 가정을 꾸린 것도 잠시, 그의 첫 부인은 의문의 화재로 숨졌고, 재혼을 했지만 가정 생활이 순탄치만은 않았다. 그렇지만 미국인들은 그의 이런 불행마저도 감쌌고, 오히려 그 때문에 그를 더욱 사랑했다.

미국인들은 아직도 '베이브' 루스를 영웅으로 마음속에 간직하고 그를 존경하고 추앙한다. 그를 기념하는 수많은 영화와 노래가 만들어졌다. 사람들이 불멸의 기록으로 여겼던 714개의 홈런 기록은 1974년 행크 아론에 의해 깨졌다. 그러나 많은 사람들은 아직도 그의 홈런 기록이 가장 위대하다고 생각한다. 물론 베이브 루스가 그만큼 위대하다는 뜻이겠지만 공교롭게도 그의 '신성한' 기록을 깨뜨린 행크 아론은 흑인이었다. 많은 백인들은 행크 아론의 715호 홈런을 축하하기보다는 아쉬워했고, 일부는 그의 기록을 깎아내리고 심지어 그에게 분노하기조차 했다. 스포츠의 화려한 조명 뒤에 숨은 이 인종 차별의 어두운 그늘이 오늘날 미국 사회가 처한 현실과 모순을 말해 주는 것 같다.

밤의 제왕 알 카포네:
금주법 시대
(1919~1933년)

그때 세계는 –
1924년 소련, 레닌 사망
1924년 영국, 노동당 내각 성립
1925년 중국, 손문 사망

1920년 1월 미국의 주점들은 '마지막 술잔'을 기념하는 사람들로 입추의 여지가 없었다. 의회가 알코올을 제조, 운반, 판매하는 행위를 일체 금하는 헌법수정안 제18조를 통과시켰기 때문이었다.

사실 미국에서 금주 운동은 오랜 역사를 가지고 있었다. 메이플라워호의 청교도들이 미국에 이주한 이래로 미국인들 사이에는 청교도적 윤리 의식이 강하게 뿌리를 내리고 있었다. 금욕과 절제를 강조하는 청교도 정신에 따라 술은 악의 원천으로 생각되었고, 술의 주조와 판매가 금지되어야 한다는 주장이 이미 오래 전부터 제기되고 있었다.

그러나 금주를 법으로 강요한다는 것은 현실적으로 매우 어려운 일이었다. 인류 역사상 어떠한 나라도 알코올을 금하는 법을 제정할 정도로 무모하지도, 숭고하지도 않았다. 수백 만 명의 사람을 죽인 나치 독일이나 스탈린의 소련조차도 생각할 수 없는 조치였을 것이다.

미국에서 전대미문의 금주법이 실현된 것은 제1차 세계대전을 통해 여성의 권리가 급격히 신장된 사실과 밀접한 관계가 있다. 전쟁 중 수많은 여성들이 후방 지원이라는 명목으로 산업 현장에 투입되었으며 여성들의 자발적

금주법 시대, 도끼로 통을 쪼개고 술을 길바닥에 쏟아버리는 금주단속관.

협조가 절실했던 정부로서는 이들의 요구를 소홀히 할 수가 없었다. 주정뱅이 남편들로 고통받던 여성들이 전쟁 와중에 알코올의 제조, 운반, 판매를 일절 금하는 금주법을 들이밀자 의회는 서둘러 이를 통과시키고 말았다.

전쟁 중에 한껏 높아진 여성들의 목소리는 전후에도 직장에서의 남녀평등, 더 나아가 정치적 평등을 소리높여 외치기 시작했다. 그 결과 대부분의 주에서 성별에 따른 투표권의 제한이 모두 사라졌다. 여성들의 치마 길이가 점점 짧아지고 긴 머리 대신 발랄한 단발머리가 유행했다. 젊은 여성들이 대중 앞에서 거리낌없이 담배를 피우고, 관능적인 재즈 음악에 맞춰 새벽까지 춤을 추었다. 도덕적인 금주법이 시행되는 한편으로 여성들의 자유분방한 몸짓이 도심의 거리를 활보하는 묘한 현상이 벌어졌다.

아무튼 금주법의 시행으로 알코올 가격은 치솟고, 알코올 소비자를 찾아 시카고를 중심으로 하는 전국적 규모의 지하 밀주조직들이 활개를 쳤다. 미국인들이 '금주법'이라는 숭고한 실험의 헛됨을 깨닫는데 걸린 13년의 기간 동안 이 지하밀주조직을 지배했던 '밤의 제왕' 알 카포네(1899~1947)는 엄청난 부를 축적할 수 있었다.

알 카포네는 이탈리아 나폴리에서 태어나 면도사인 아버지를 따라 1893년 뉴욕 빈민가로 이민을 왔다. 이미 소년 시절부터 범죄 조직에 관계했던 그는 초등학교 6학년 때 학교를 중퇴하고 조니 토리오가 이끄는 '제임스가 소년단'에 가입, 토리오의 보디가드로 활약했다. 뒷골목 싸움에서 칼에 얼굴을 찔

밤의 제왕 알 카포네. 마피아의 전설적 대부이다. 금주법에도 불구하고 도시의 뒷골목에서는 밀주·밀매·매음이 판쳐 갱들의 온상이 되었다.

려 귀에서 입술까지 커다란 상처를 입었으며 그 때문에 후일 사람들은 그를 '스카페이스'(scarface, '칼집 난 얼굴'이라는 뜻)라고 불렀다.

카포네는 토리오가 시카고에 진출해 지하 폭력 조직을 장악하는 데 혁혁한 공로를 세웠고 이 공으로 토리오의 후계자로 공식 지명되었다. 드디어 1925년 토리오의 뒤를 이어 암흑가의 제왕으로 올라섰다. 1925년부터 1931년 은퇴할 때까지 카포네는 '마피아'라는 시카고의 강력한 범죄 조직을 이끌며, 공무원 매수, 도박, 매춘, 밀주와 밀매 등의 방법을 통해 엄청난 부를 축적했다. 1927년 한 해 동안 공식 수입만도 1억 달러가 넘었다.

또한 그는 마피아 조직을 시카고를 중심으로 전국적으로 확대시켜 나갔다. 이 과정에서 수많은 경쟁자들을 무자비하게 제거했으며 미국의 대도시 곳곳에서는 마피아 단원들의 총소리가 그칠 날이 없었다. 특히 1929년 2월 14일 성 밸런타인 축제 때 경찰로 위장한 그의 부하들이 시카고의 라이벌 조직이었던 조지 벅스 모런 파의 조직원 7명을 기관총으로 무자비하게 살해해 미국인들을 공포의 도가니로 몰아넣은 일도 있었다.

5년 동안 미국의 암흑가를 지배하며 밤의 제왕으로 군림하던 카포네도 결국 1931년 탈세 혐의로 기소되어 8만 달러의 추징금과 함께 징역 11년을 선고받고 샌프란시스코 연안의 유명한 앨커트래즈 교도소에 수감되었다. 1939년에 병보석으로 출옥하여 마이애미에서 '편안한' 은둔 생활을 하다가 1947년 1월 폐렴으로 사망했다.

비록 알 카포네는 갔지만 마피아는 오늘날까지도 방대한 조직을 유지한 채 부동산업과 금융업, 마약 밀매에 관여하며 밤의 거리에서 여전히 위세를 떨치고 있다. 전국의 수많은 슈퍼마켓과 호텔, 크고 작은 회사들이 마피아 소유로 짐작되고 있다. 그러나 어디까지가 합법적 행위이고 어디까지가 범죄 행위인지 구별할 수 없도록 활동이 교묘한 방법으로 이루어지기 때문에 연방 당국의 끊임없는 추적에도 불구하고 마피아를 완전히 소탕하는 일은 결코 쉽지 않아 보인다.

파산한 자본주의:
대공황
(1929년)

그때 세계는 −
1927년 중국, 난징에 국민정부 수립
1929년 한국, 광주학생운동

자본주의 경제의 특성상 경기 변동은 자연스러운 현상이다. 그러나 1929년 미국을 강타한 경제공황은 단순히 과잉생산으로 인한 공업공황뿐만 아니라, 농업공황, 금융공황, 자본주의의 근본을 흔드는 통화공황에 이르기까지 광범위하고 장기적이었다는 점에서 대공황이라 불린다.

미국은 1920년을 전후해서 전쟁의 후유증에 따른 잠깐의 경기 침체를 경험했으나 엄청난 자원과 기술력을 바탕으로 경제 성장 정책을 추진, 불과 수년 만에 세계 경제의 중심으로 자리를 잡았다. 전쟁으로 온 국토가 파괴된 서유럽 국가들은 이미 미국의 경쟁 상대가 아니었다. 국내적으로 1922년부터 신흥 공업과 새로운 생산 기술의 급격한 발달이 이루어졌고, 산업 전반에 걸친 기계화, 기업 조직의 거대화, 새로운 기업 경영방식의 도입, 그리고 신용제도의 정비로 미국 자본주의 경제는 비약적으로 발전하기 시작했다. 1927년 이르러 미국 경제는 사상 최대의 호황을 맞았다.

하지만 이런 번영에도 불구하고 미국 경제는 구조적으로 심각한 문제점들을 드러내기 시작했다. 가장 심각한 것이 계층간 소득 불평등이었다. 경제 성장의 과실이 일부 계층에만 국한되어 국민의 5%에 해당하는 상류 부유층이 소득의 3분의 1을 차지했다. 대다수 국민의 구매력은 별로 늘어나지 않았고 이에 따라 공장 창고에는 소비되지 못한 물건들이 쌓여가기 시작했다.

1920년대의 번영으로 전체적 소득도 늘어나고 저축도 증가했으나 성장이 정체되면서 자금은 투자처를 찾지 못해 점차 증권 등 투기 시장으로만 몰려들었다. 물론 증권을 사는 것 자체는 투기라고 볼 수 없으나 문제는 증권 시장을 통해 기업으로 흘러들어간 엄청난 규모의 자금이 투자로 전환될 수 없다는 데 있었다.

한편 여유자금이 과도하게 증권으로 몰려들면서 주가가 기업체의 실질가치 이상으로 높아지는 이른바 주식 시장의 거품현상이 나타났다. 주가가 상승하면서 더 많은 돈이 증권 시장으로 몰리는 악순환이 반복되었다. 증권 시장이 과열되면서 주가 폭락이 심각하게 우려되는 상황이 벌어졌다. 그러나 증권 투자 열기는 1929년 내내 조금도 수그러들지 않았다.

이런 우려는 드디어 1929년 10월 뉴욕 증권거래소에서 주가가 폭락하는 '파탄'(the Crash)으로 이어졌다. 주식 가격의 폭락으로 기업들은 엄청난 자산 손실을 입었고 은행에서 빌린 돈을 갚지 못해 파산하는 기업들이 속출했다. 기업들의 연쇄 파산으로 경제 전체가 붕괴하는 대공황이 시작되었다.

하지만 주식 시장의 파탄이 대공황의 원인이라고는 말할 수 없다. 주식 시장의 파탄은 대공황의 서곡에 불과할 뿐, 공황의 직접적 원인은 그 동안 경제 성장의 모순이 누적되어 온 데 있었다. 소비가 따라가지 못할 만큼 늘어난 과잉 생산, 또는 생산을 따라갈 만한 유효수요의 부족이 대공황의 구조적이고 본질적인 이유였다.

주식시장의 파탄이 있은 후 불과 몇 개월 만에 전국 수만 개의 회사가 파산하고 대외 무역도 급격히 위축되었다. 대공장에서 일하면서 연일 상종가를 기록하는 주가를 즐기고 있던 노동자들이 하루아침에 길거리의 실업자 신세로 전락했다. 거리 여기저기에는 양복을 말쑥하게 차려입은 거지 아닌 거지들이 즐비했다. 1932년 봄 실업률은 기록적인 35%를 기록했다.

이런 상황 속에서 농민들은 농산물 가격의 급락에도 불구하고 소득을 조금이나마 올리기 위해 생산을 늘렸으며 이는 또 다른 가격 하락을 가져왔다.

대공황 속의 뉴욕 거리 풍경. 대공황은 인간 욕망의 무한대 충족을 추구하는 자본주의가 가져온 비극이었다. 대공황이 절정에 달한 1933년에는 실업자 수가 1,500만 명에 육박했다.

원래 농산물은 공산품과는 달리 가격 변동이 심하다. 조금만 과잉 생산되어도 가격이 폭락하며, 반대로 조금만 생산이 부족해도 가격이 폭등하는 경향이 있다. 따라서 농민들이 생산을 늘리면 늘릴수록 농산물의 가격은 생산 증가 비율보다 더 급격하게 폭락했고 이에 따라 농가 소득은 더욱 떨어졌다.

그렇다고 정부가 남아도는 농산물을 도시 실업자, 빈민을 위해 기부할 수도 없는 노릇이었다. 마땅한 방법도 없을 뿐 아니라 중개 상인들의 반발도 거세었다. 도시에서는 굶주리는 사람들이 속출하는데도 불구하고 농부들은 사료 살 돈이 없어 가축을 포기하는 기이한 현상이 벌어졌다.

1920년대 말에 시작된 경제 대공황은 전 세계적인 현상이었지만 이의 충격은 경제 성장 속도가 상대적으로 빨랐던 미국이 훨씬 클 수밖에 없었다. 원래부터 국민이 이미 빈곤에 빠져 있던 브라질, 10년 동안이나 물가 하락을 체험한 바 있는 노르웨이, 장기간의 궁핍에 익숙해진 아일랜드 등은 공황의 충격이 그다지 심하지 않았다. 공황의 충격은 눈부신 경제 성장으로 최고의 풍요를 누리던 미국인들에게 가장 고통스러울 수밖에 없었다.

대공황은 1929년부터 1933년까지의 경제 장기 침체를 겪고 난 후에도 쉽게 극복될 기미를 보이지 않았다. 그때까지 경제 이론가들은 자본주의 경제가 그 속성상 때때로 침체를 경험하지만 시일이 지나면 시장의 기능에 의해 자동적으로 경제가 복원된다고 믿고 있었다. 대공황의 경험은 이런 자유주의 경제 이론을 뿌리부터 뒤흔들었다. 공황을 극복하기 위해 정부가 어떤 식으로든 시장에 개입해야 한다는 케인즈를 비롯한 신자유주의 경제학자들의 주장이 강한 설득력을 갖게 되었다. 대공황은 결국 '뉴딜 정책'으로 상징되는 정부의 강력한 개입 정책에 의해서만 극복될 수 있었으며, 이후로 정부의 시장 개입은 자본주의 경제의 거역할 수 없는 원리로 확고히 자리를 잡았다.

자본주의에 대한 새로운 처방:
뉴딜 정책
(1933년)

그때 세계는 –
1930년 런던, 해군군축조약 조인
1933년 독일, 히틀러 수상 취임

1929년의 대공황은 미국 자본주의를 뿌리째 뒤흔들었다. 1932년에 공업 생산은 1929년에 비해 절반으로 줄었고 실업자는 1,500만 명을 넘어섰다. 이 국가적 재난을 뚫고 나가야 할 막중한 책임이 신임 후버 대통령에게 주어졌다. 그러나 후버는 개인주의와 자유방임주의를 신봉했던 사람으로, 공황대책 또한 기업가들의 협조와 국민의 각성을 요구하는 정도로 소극적이었다. 연방정부의 보다 적극적인 대책과 리더십이 절실했던 상황에서 후버의 정책이 사태를 더 악화시킨 것은 당연했다.

절망적인 상황 속에서 치러진 1932년 선거에서 민주당 프랭클린 루스벨트 후보가 공화당 후버를 제치고 대통령에 당선되었다. 루스벨트는 선거 유세 기간 동안 농민을 위한 식량생산의 통제, 완전고용, 완전생산 등 개혁 프로그램을 주장했으나 유권자들의 주목을 끌지는 못했다. 오히려 그가 대통령 선거에 승리할 수 있었던 것은 절망하는 국민에게 보여준 그의 용기와 자신감이었다. 그는 1921년 나이 마흔에 소아마비에 걸려 두 다리가 모두 자유롭지 못하게 되었으나 불굴의 의지로 이를 딛고 일어섰다. 이 일을 통해 그는 상류층 출신임에도 불구하고 불행한 인간의 고통과 고뇌를 이해할 수 있었으

며, 그것을 극복하는 용기까지
갖게 되었다.

1933년 대통령에 취임한 루
스벨트는 공황으로부터의 탈출
을 위해 국가 경제에 대한 정부
의 적극적 개입 정책을 추진해
나갔다. 공업, 농업, 상업, 금융
등 경제 전 분야에 걸쳐 그가 추
진한 일련의 경제 정책을 사람
들은 대통령후보 지명 수락 연
설에서 그가 사용한 용어를 따
라 '뉴딜'(New Deal), 즉 '새로운
처방'이라 불렸다.

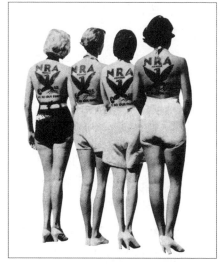

전국부흥국(NRA)을 지지하는 여성들. 푸른 독수리로 상징
되는 전국부흥국은 임금과 노동 시간뿐 아니라 물가 조정
까지 간접적으로 하는 뉴딜의 중추 기관이었다.

'새로운 처방'의 요체는 그의 취임 후 의회를 통과한 18개 경제 법안과 이
에 기초한 '구제와 부흥' 정책에 있었다. 그 주요 내용은 첫째, 생산 제한을
통해 공산품 가격의 안정을 꾀하고, 둘째, 농업 조정법을 기초로 주요 농산
물의 경작을 제한함으로써 농산물 가격을 제1차 세계대전 이전 수준으로 회
복하며, 마지막으로 공공사업국(PWA), 연방긴급구제국(PERA), 상품금융공사
(CCC) 등을 설치, 광범위한 실업구제 사업을 벌인다는 것이었다. 이런 일련
의 정책은 정부와 산업계의 협동 체제 하에 민간 구매력을 회복하고 소비재
생산을 자극하여 민간 투자의 증대를 가져올 것으로 기대되었다.

루스벨트는 또한 대규모 공공사업을 벌임으로써 유효수요를 인위적으로
창출하고 국내 시장을 확대하려는 정책을 추진했다. 이를 위해 거액의 적자
공채가 발행되었는데, 이로써 묶여 있던 자금이 탈출구를 찾아 공공사업에
투입되고 멈추었던 기계들이 가동되기 시작했다.

그러나 국가 경제에 대한 루스벨트 정부의 이 같은 개입 정책은 보수와 진
보 모두에 불만스러운 것이었다. 보수주의자들의 입장에서는 뉴딜 정책이
너무 사회주의적으로 흐르는 것이 불만이었고, 반대로 진보진영은 뉴딜 정

책이 너무 보수적이어서 빈민 대중의 요구를 만족시켜주기에는 역부족이라고 생각했다.

1935년에 이르러 뉴딜 정책은 한계를 드러내기 시작했다. 유효수요 창출이라는 명목으로 통화가 과잉공급되고 이는 곧 인플레로 이어졌다. 인플레를 억제하기 위해 이번에는 다시 긴축예산이 편성되고 정부의 정책이 금융긴축 쪽으로 돌아섰다. 이로써 겨우 회복기에 들어선 경기가 곧바로 붕괴되어 1937년에 또 다시 공황이 발생했다.

이를 통해 루스벨트 행정부는 정부의 지출 정책을 항구적 재정 정책으로 정립할 필요성에 직면했다. 고용촉진 사업과 공공사업 확대, 신농업 촉진법 실시 등을 통해 정부 지출을 늘리면서 동시에 노사 대립의 격화를 막기 위해 공정노동기준법이 시행되었다. 1937년의 공황 극복을 위해 루스벨트가 1938년에서 1939년까지 실시한 일련의 경제 정책을 '후기 뉴딜'이라고 부른다. 그러나 국제 정세가 악화되고 급기야 제2차 세계대전이 벌어지면서 미국 경제는 급속히 전시경제 체제로 전환되기 시작했다. 후기 뉴딜 정책은 구체적인 성과를 보기도 전에 제2차 세계대전의 소용돌이 속으로 빨려들어갔다.

뉴딜 정책의 성과에 대해서는 오늘날에도 많은 논란이 있지만 자본주의 경제를 포기하지 않고, 다시 말해 공산주의 방식을 택하지 않고도 자본주의가 공황이라는 필연적 병폐를 국가 개입을 통해 자체 치유할 수 있는 가능성을 보여주었다는 점에서 실로 중요한 의미가 있다. 사실 뉴딜 정책은 어떤 체계화된 이론에 따라 일관성 있게 추진된 것은 아니었다. 여러 정책 사이에 자주 충돌이 있었으며 실패로 끝난 정책도 많았다. 그러나 경험이 축적되면서 점차 일관성 있고 상호 조화된 정책 실시가 가능해지고 이것이 분명한 성과를 거두면서 미국 경제는 유럽처럼 파시즘이나 볼셰비즘의 극약처방 없이도 위기를 효과적으로 넘길 수 있었다. 뉴딜 정책 이후로 미국의 자본주의 경제는 정부의 간섭을 배제하는 자유주의적 경제운용 방식을 버리고 사회주의적 요소가 가미된 혼합경제 체제로 그 성격이 근본적으로 바뀌었다.

절망적 현실이 낳은 불온한 걸작:
존 스타인벡의 《분노의 포도》
(1939년)

그때 세계는 –
1933년 한국, 조선어학회 한국맞춤법 통일안 발표
1934년 인도, 국민회의파 사회당 건설

미국은 이미 1920년대에 세계 제일의 농업국이 되어 있었다. 그러나 유럽 농업의 회복과 전 세계적 과잉 생산으로 1920년대 세계 농업은 만성적 불황에 시달렸다. 미국 농업 역시 외형적으로는 성장했지만 내부적으로 심각한 불황을 겪고 있었다.

1929년 대공황 당시 미국의 산업 중 가장 심각한 타격을 받은 것이 바로 농업 부문이었다. 농산물 가격이 폭락하고 농민들의 피해는 실로 막심했다. "나는 430두의 소를 키워 시장에 내다팔았고 내가 살찌운 고기 양은 6만 킬로그램은 족히 될 것이다. 내가 키운 소만으로도 2천 명이 1년은 먹을 수 있다. 그런데 내 집에는 단 한 점의 고기나 고기를 살 만한 단 한 푼의 돈도 없다." 한 농부의 이같은 개탄에서 당시 농민들이 겪어야 했던 어려움을 짐작할 수 있다.

20세기 미국 사회소설의 고전으로 인정받는 존 스타인벡의 장편소설 《분노의 포도》(1939)는 1930년대 경제 공황의 어려움 속에서 한 농부 일가가 겪은 인생유전을 그린 소설이다. 소설의 주무대는 오클라호마와 캘리포니아다. 국경의 대평원에서 불어오는 모래바람 때문에 농사를 망친 소작인 조드

《분노의 포도》.
지친 표정의 이주민 일가(1936). 가뭄
과 모래바람으로 농토를 잃어버리고
도시를 떠나는 이농민이 수십만에 달
했으며, 이들 가난한 이주민들은 경멸
의 뜻이 담긴 '오키'라 불렸다.

일가는 은행과 지주에게 땅을 빼앗기고 쫓겨나다시피 고향 오클라호마를 떠
난다. 한 장의 구인광고에 모든 희망을 걸고 조드 일가는 66번 국도를 따라
'축복받은 땅' 캘리포니아에 들어선다.

　막상 캘리포니아에 도착해보니 기대와는 달리 일거리도 적고 지주의 착취
가 극심하여 결국 조드 일가는 살 길을 찾아 뿔뿔이 흩어지게 된다. 가족들
이 생이별하고 죽어가는 극한 상황에서 아들 톰은 사회 의식에 눈을 뜨고 빈
민을 위해 나서게 된다. 조드 일가의 정신적 지주인 어머니의 샘솟는 생명력
은 사회 구조의 모순, 기계 문명의 맹위에 굴하지 않는 생명의 몸부림으로
그려진다.

　《분노의 포도》가 높은 평가를 받는 이유는 1930년대 미국의 사회 문제를
사실적으로 그리고 진지하게 묘사해 냈다는 점에만 있지는 않다. 오히려 작
품이 그리고 있는 인간의 보편적 생명력, 또는 그 생명력의 강인함에 있다.
이 작품은 단순히 한 시대의 사회적 사실을 반영하는 차원을 넘어 오클라호
마 출신 한 농부 일가의 생애를 인간의 보편적 문제로 승화시키고 있다.

　그 점은 작품의 구도에서 뚜렷히 드러난다. 작품의 구도는 예를 들어 구약
성서 《출애굽기》편과 매우 흡사하다. 애굽에서 억압받는 이스라엘 민족은
경제 공황으로 은행과 지주에게 토지를 강탈당하는 농부들이고, 이스라엘인
들이 모세를 따라 애굽을 탈출하여 젖과 꿀이 흐르는 가나안으로 향하는 것

은 조드 일가가 '약속의 땅' 캘리포니아를 향해 '핍박받는 땅' 오클라호마를 떠나는 것과 흡사하다. 40년의 갖은 고생 끝에 도착한 가나안이 기대처럼 낙원이 아닌 척박한 땅이었던 것과 마찬가지로 조드 일가가 꿈과 희망을 안고 도착한 캘리포니아 역시 한 명의 지주를 위해 10만 명의 노동자가 착취당하는 고뇌와 슬픔의 땅이었다.

《출애굽기》를 인간의 보편적 문제를 표현하는 하나의 원형이라고 생각할 때, 《분노의 포도》는 분명 단순히 1930년대 미국 사회 문제의 사실적 반영이라는 차원을 넘어 인간 삶의 보편적 문제를 추구하는 측면이 있다. 물론 《분노의 포도》가 상징하는 인간의 보편적 문제는 보는 관점에 따라 사람 또는 계급간의 정치적 지배-피지배 관계일 수도 있고 경제적 착취-피착취 관계일 수도 있다.

《분노의 포도》의 이같은 보편성은 존 스타인벡이 등장인물들의 성격을 묘사하면서 드러내는 그의 인간관에서도 찾아볼 수 있다. 그는 억압하는 자와 억압받는 자를 단순히 악인과 선인으로 유형화해서 그려내고 있지 않다. 입장이나 상황이 바뀌면 선인이 악인이 될 수도 있고 반대로 악인이 선인이 될 수도 있다는 것이 그의 생각이었다. 그가 보기에 인간 또는 계급간의 지배-피지배 관계는 하나의 도덕적 문제가 아니고 구조적이며 상황적인 문제일 뿐이다.

그러나 지배, 억압, 착취라는 삶의 구조적 문제가 인간의 생명성 그 자체를 파괴할 수도 없고 파괴해서도 안 된다. 소설의 클라이맥스이자 마지막 장에는 굶주림에 지친 조드 일가가 사산한 로저샨을 데리고 허물어진 빈집에 들어서는 장면이 나온다. 거기에는 또 한 사람의 부랑자가 굶주림으로 죽어가고 있었다. 로저샨은 묵묵히 자신의 부어오른 젖가슴을 그의 입에 물린다. 그리고 주위를 둘러보며 신비스런 미소를 짓는다.

감동적이고 엄숙한 이 마지막 장면이 함축하는 의미는 두 가지다. 하나는 인간의 강인한 생명력과 생명의 존엄성이다. 다른 하나는 굶주린 자가 굶주린 자를 끌어안는 생명의 연대성이다.

절망 속에서 피어나는 이런 생명과 희망은 1920년대의 이른바 '잃어버린 세대'의 허무주의적이고 냉소주의적인 태도와 비교된다. 어네스트 헤밍웨이의 기념비적 소설 《무기여 잘 있거라》(1929)에서 보이는 지식인의 절망, 환멸, 냉소주의와는 달리 스타인벡의 《분노의 포도》는 사회와 인간의 문제를 신랄히 비판하면서도 결코 허무주의에 빠지지 않는다.

《분노의 포도》는 《톰 아저씨의 오두막》과 더불어 위기의 시대를 사실적으로 묘사한 미국 사회소설의 명작으로 꼽힌다. 《톰 아저씨의 오두막》이 남북전쟁 전 남부의 백인 우월주의자들에게 배척받았던 것처럼 《분노의 포도》는 1930년대 자본가와 지주들에게는 위험한 계급 의식을 고취하는 불온 소설로 인식되었다. 그러나 《분노의 포도》는 일부 극렬 비판가들이 분서 소동을 일으킬 만큼 커다란 사회적 반향을 불러일으켰고 암울한 시절에 사람들에게 삶의 의미와 희망을 일깨워 준 미국 지성사의 중요한 유산이다.

중립이라는 이름의 '신고립주의':
미의회의 중립법 제정
(1935년)

그때 세계는 −
1936년 한국, 손기정, 베를린 올림픽 마라톤 금메달
1937년 중일전쟁 시작

제1차 세계대전 후 자신이 주도한 세계 평화를 위한 노력들이 실패로 돌아가면서 미국의 외교 노선은 점차 고립주의로 방향을 수정해 나갔다. 사실 당시 미국인들 중에는 제1차 세계대전 참전을 비판하는 사람들도 많았다. 제럴드 나이가 이끄는 상원 조사위원회는 제1차 세계대전에 미국이 참전한 이유를 듀폰 등 방위산업체의 압력, 교전국에 대한 차관 공여, 미국 시민들의 전쟁 지역 여행이라고 보고, 앞으로 미국이 쓸데없는 국제 분쟁에 말려들지 않도록 이런 문제들에 필요한 예방 조치를 강구해야 할 것이라고 권고했다.

미국의 고립 의지는 1929년의 대공황과 이후의 경제적 어려움으로 더욱 강화되었다. 유럽에 파시스트 정권이 출현하고 이들의 공격적 행위로 유럽의 정세가 심상치 않게 돌아가자 의회는 서둘러 중립법을 통과시키고 교전국에 대한 무기 판매 금지, 미국 시민의 교전 지역 여행 제한을 결의했다.

1936년에는 이탈리아가 에티오피아를 침공하고 스페인에 극우 쿠데타가 일어나 유럽에 일촉즉발의 위기감이 감돌았다. 그러자 의회는 교전국에 대해 무기뿐 아니라 일체의 차관조차 제공하는 것을 금지하는 조항을 중립 법안에 추가시켰다. 나아가 1937년에는 중립법을 국가간의 전쟁뿐 아니라 내

전에도 확대적용하고 전쟁 당사국과의 일체의 교역은 현금 인도 조건으로만 하도록 법안을 강화했다. 1938년 페루의 리마에서는 미국의 주도로, 유럽에서 전쟁이 일어날 경우 아메리카 국가들은 중립을 지키고 공동으로 사태에 대처한다는 협약이 맺어졌다. 미국 의회와 정부는 이런 일련의 조치들을 통해 미국의 '항구적 중립'이 달성될 수 있다고 믿었다.

그러나 미국의 이런 고립주의적 정책은 현실을 무시한 근본적인 문제를 안고 있었다. 고립주의를 추구하기에는 미국의 대외적 위상이 과거와는 너무나 달라져 있었기 때문이다. 미국은 이미 군사적으로나 경제적으로 세계 최고의 강대국으로 부상했고 지구 곳곳에 이해 관계를 갖고 있었다. 미국의 이익은 이제 아메리카 대륙에만 한정되어 있지 않았으며 세계의 문제는 곧 미국의 문제이기도 했다.

뿐만 아니라 미국의 이런 '신고립주의'는 엄격히 말해 말과 행동이 다른 부분도 많았다. 중립을 표방하면서도 미국의 중립법은 여전히 교전 당사국과의 '비군사적' 교류는 금지하지 않았다. 이탈리아가 에티오피아를 침공하자 이탈리아에 대한 석유 수출을 중단해야 한다는 여론이 일었으나 정부는 석유가 군수 물자가 아니라는 이유로 여전히 이탈리아에 대한 석유 수출을 계속했다. 사실 당시 무솔리니가 가장 필요로 했던 군수 물자는 총이나 대포가 아닌 석유였다. 요컨대 중립주의에 대한 미국의 입장은 정치적인 문제에서만 발을 빼고 경제적 실리는 포기하지 않겠다는 것이었다.

미국의 이 같은 모호한 입장은 1939년 9월 1일 히틀러의 폴란드 침공으로 유럽 대륙이 대전의 소용돌이에 휘말려든 후에도 크게 변하지 않았다. 유럽에서 전쟁이 일어나자 미국이 취해야 할 입장을 두고 국론이 분열되었다. 직접 참전은 하지 않더라도 다른 모든 원조를 아끼지 말아야 한다는 사람들과, "동맹은 분쟁의 근원"이라고 한 제퍼슨의 말을 인용하면서 '아메리카라는 이름의 요새' 속에 몸을 숨겨야 한다고 주장하는 고립주의자들 사이에 연일 격렬한 논쟁이 벌어졌다. 전자의 입장이 우세해 결국 그해 11월 의회는 현금 인도 조건으로 프랑스와 영국에 무기를 판매할 수 있도록 중립법안을 개정했다. 이듬해 6월 프랑스가 나치 독일에 함락되자 드디어 미국은 영국에 대한 전면적 원조에 나서기 시작했다.

그러므로 1940년에 이르러 미국은 이미 전쟁에 깊숙이 발을 들여놓고 있는 상태였다. 그럼에도 불구하고 미국은 여전히 전쟁 물자 수송에 자국 선박의 이용을 제한하는 등 모호한 행보를 계속했다.

이런 상황에서 1940년 대통령 선거가 치러져 루스벨트가 세 번째로 대통령에 당선되었다. 그가 당선된 데에는 그의 뛰어난 지도력과 자질뿐 아니라 고립주의와 참전론을 둘러싼 공화당의 내분도 한몫을 했다. 보다 미국의 적극적 개입을 주장해왔던 루스벨트의 당선은 국민의 뜻이 그쪽으로 쏠리고 있음을 뜻했다. 루스벨트의 강력한 주장으로 의회는 이듬해 3월 이른바 무기 대여법을 통과시켜 전쟁 물자의 대외 원조에 관한 실질적 권한을 대통령에게 부여했다. 무기 대여법은 비상시 무기를 임대나 차관 공여의 형식으로 외국에 판매할 수 있도록 허용하여 전쟁 물자의 현금 판매 원칙을 규정한 중립법안을 실질적으로 파기했다.

무기 대여법의 통과로 연합국에 대한 미국의 직접적 군사 원조는 1941년부터 급증하는 추세를 보였다. 비록 선전포고는 없었지만 미국은 이미 전쟁 당사자였고, 미국의 개입으로 전쟁 계획 수행에 중대한 차질을 빚은 독일은 당연히 미국을 적대국으로 간주했다.

그럼에도 미국은 그럴 수만 있다면 끝까지 직접 참전만은 피하고자 했다. 그러나 현실은 점점 미국에 양자택일의 압력을 더했고, 끝까지 머뭇거리자 주축국 세력은 선제공격으로 미국의 선택을 강요했다. 1941년 12월 7일, 일본군의 진주만 기습으로 미국은 원치 않았던 또 하나의 전쟁에 휘말려 들어갔다.

아, 진주만!:
진주만 공격
(1941년)

그때 세계는 -
1940년 한국, 임시정부, 중경에 광복군 총사령부 설립
1941년 베트남, 독립투쟁민족전선(베트민:월맹) 결성

미국이 제1차 세계대전에 참전한 것은 어떻게 보면 상황 때문에 어쩔 수 없이 그렇게 된 것이지 처음부터 이를 원했던 것은 아니었다. 전쟁이 끝나자마자 미국의 여론은 미국이 전통적 고립주의로 돌아갈 것을 강력히 요구했다. 심지어 자신이 주동한 국제연맹에 가입하는 것조차 여론의 반대로 무산되는 웃지 못할 일이 벌어지기도 했다. 이런 사정은 1930년대 히틀러의 도발로 유럽 대륙에 전운이 감도는 상황에서도 크게 변하지 않았다. 미국의 공식 입장은 고립과 불간섭주의였다. 1935년 의회를 통과한 중립 법안은 미국의 교전 당사국에 대한 무기 판매를 금지했고, 정부는 교전 당사국으로의 여행을 자제하도록 국민들에게 촉구했다.

1936년에 발생한 이탈리아-에티오피아 전쟁과 스페인 내란은 이 법안을 시험대에 올려 놓았다. 루스벨트는 미국 석유회사들이 자발적으로 교전국에 대한 석유 수출을 자제할 것을 요구했으나 수출업자들은 이것을 거부했다. 그럼에도 불구하고 정부는 이 같은 행위를 금지하지 않았고, 그러면서도 이것이 미국의 참전 또는 직, 간접 개입으로 이어지지 않도록 매우 조심스런 행보를 계속했다. 스페인 내전을 계기로 중립법은 더욱 강화되어 교전 당사

국에 대한 일체의 차관 공여가 금지되고 모든 군수 물자는 현금 판매로만 수출이 가능하도록 했다. 요컨대 미국의 정책은 경제적 이익은 포기하지 않으면서 정치적으로는 중립을 지킨다는 것이었다. 독일, 이탈리아, 일본 등 전쟁의 주축국들은 미국의 이 같은 정책을, 그들이 어떤 행위를 하든 미국의 이익을 직접 해치지만 않는다면 미국은 이를 방해할 의사가 없다는 의미로 받아들였다.

그러나 시간이 갈수록 미국의 이런 모호한 중립 정책은 비현실적일뿐 아니라 불가능하다는 것이 명백해졌다. 특히 아시아에서의 상황이 심상치 않았다. 1936년 일본은 독일과 반코민테른 조약을 맺고 본격적인 해외 무력 진출에 나섰다. 특히 일본은 중국에 대한 침략을 본격화하면서 다른 나라들에 개방된 도시들을 폭격하고 항구를 폐쇄하고 외국 선박들을 무차별 격침하고 외국의 학교, 병원, 교회를 파괴했다.

일본의 이런 중국 침략 행위에 대해 미국은 일본을 침략자로 낙인찍는 이상의 어떤 적극적 대응도 자제했다. 일본이 추구하는 아시아의 신질서, 곧 '대동아 공영권'을 인정하지 않겠다는 뜻을 밝혔으나 무력으로 이를 저지할 의사는 없었다. 오히려 일본의 침략이 격화되는 와중에도 미국은 구리, 철, 석유, 기계 등의 준전쟁 물자를 일본에 판매하고 있었다. 루스벨트는 전면적 대일 금수 조처가 일본의 팽창 정책을 더욱 부추기는 결과가 되지 않을까 몹시 두려워했다.

사실은 전혀 그 반대였다. 미국의 불개입 의지를 확인한 일본은 1939년에 이르자 더욱 노골적인 팽창주의로 나가기 시작했다. 미국령 필리핀 인근의 섬들을 강점하고 인도차이나에까지 침략의 손길을 뻗쳤다. 일본의 대동아권 구상에서 미국이 설 자리는 없다는 것이 분명해졌다. 급기야 1940년 독일, 이탈리아, 일본 간의 삼자동맹은 미국에 어느 한 쪽으로의 선택을 실질적으로 강요했다.

결국 미국은 중립 정책을 수정할 수밖에 없었다. 의회는 원유, 고철, 비행기용 휘발유 등 전쟁 물자의 대일 금수 조치를 내리고 중국 장제스 정부에 대한 군사 원조를 시작했다. 극동에 거주하는 자국인들을 귀국 조치하고 미

불타는 진주만. 1941년 12월 7일 오전 7시 55분 진주만 미군 기지는 나구모 중장이 이끄는 일본 연합 함대에서 날아오른 200대 이상의 일본기에게 1차로 기습 공격을 받았으며, 1시간 뒤 제2공격대 170기의 폭격이 뒤를 이었다. 오전 10시에는 모든 것이 끝나 있었다. 2,400여 명이 희생됐으며 전함 7척과 200대 이상의 비행기가 파괴되었다

국 내 일본 자산을 동결했다. 일본에 대해서는 침략 중지, 중국으로부터의 군대 철수, 그리고 삼자동맹으로부터의 탈퇴를 요구했다.

물론 일본은 미국의 이런 요구에 굴복할 의사가 전혀 없었다. 특히 미국의 대일 금수 조치에 대해 이것은 미국이 표방해온 중립의 원칙에 어긋나는 것이며 빠른 시일 내에 이 조치가 해제되지 않을 경우 미국을 적대국으로 간주하겠다고 위협했다. 일본의 중국 철수와 미국의 대일 금수 해제 문제를 두고 양국간에 1941년 11월 최후의 협상이 시도되었다. 그러나 예상대로 협상은 결렬되었고 그 후로는 전쟁으로의 외길이 있을 뿐이었다.

사실 협상은 명분에 불과했다. 양국은 이미 협상 이전에 협상의 결렬과 전쟁을 필연적인 것으로 간주했다. 협상이 진행되는 중에 일본은 353대의 전투기를 탑재한 항공모함 6척을 비밀리에 발진시켰다. 미국은 전쟁을 예상하고는 있었으나 일본이 미국을 상대로 그렇게 빨리 직접적 행동에 나서리라고는 상상도 하지 못했다.

1941년 12월 7일 오전 7시 55분, 하와이 오하우 섬 진주만에 자리 잡은 미 해군 기지는 일요일 아침의 평온에 잠들어 있었다. 킴멜 기지 사령관은 주말 휴가로 자리를 비웠고 전투기들은 지상요원들의 사보타주에 대비해 좁은 운동장에 날개를 맞댄 채 빽빽히 계류되어 있었다. 갑자기 북쪽으로부터 전투기 편대가 날아들어 항구에 정박 중인 해군 함정들과 지상 군사 목표물에 무

차별 폭격을 가하기 시작했다. 전혀 무방비 상태의 진주만 미 해군기지에는 일본 항공편대의 파상공격이 하루 종일 계속되었다.

불의의 일격을 당한 미군의 피해는 엄청났다. 하루 동안의 공격에 2,403명의 군인과 민간인이 사망하고 1,178명이 부상했다. 149대의 전투기가 지상 또는 배 위에서 파괴되었다. 애리조나, 오클라호마, 테네시, 웨스트버지니아, 네바다 등 미국이 자랑하던 해군 전력들이 바다 속으로 가라앉았다. 거의 비슷한 시각 맥아더 장군 휘하 마닐라 주둔 미 육군 항공부대도 대만에서 발진한 일본군 전폭기의 공격을 받아 궤멸하는 비운을 맞았다.

이 와중에도 일본은 진주만 공격 2시간 전 미국에 선전포고하는 것을 잊지 않았다. 다음날 긴급 소집된 미 의회도 즉시 대일 선전포고를 결의했다. 12월 11일에는 독일과 이탈리아가 미국에 선전포고를 했다. 이렇게 해서 미국은 다시 한 번 세계대전의 거대한 소용돌이에 휘말려 들어갔다.

맨해튼 프로젝트,
그리고 부도덕한 최종병기:
원자폭탄 투하 (1945년)

그때 세계는 −
1943년 카이로 선언, 한국의 독립을 결의
1945년 독일 항복, 휴전협정 조인
1945년 일본, 무조건 항복

일본의 진주만 폭격으로 전쟁에 어쩔 수 없이 뛰어든 미국은 신속히 전시 비상 체제로 들어가 승리를 위해 총력을 기울이기 시작했다. 미국은 이미 제1차 세계대전을 통해 세계 제일의 강대국으로 부상했지만 전시동원 체제에서 드러난 미국의 잠재력은 실로 엄청났다. 모병과 징병을 통해서 순식간에 1천만 명의 전투 인력이 확보되었다. 기간 산업이 모두 군수 산업으로 전환되어 전쟁 물자들이 엄청난 양과 속도로 쏟아져 나오기 시작했다. 전쟁이 최고조에 달했던 1944년에 이르러 보잉을 비롯한 항공회사들은 연간 10만 대의 전투기를 생산했고 전차는 너무 많이 만들어 생산량을 줄여야 할 판이었다. 캘리포니아 카이저 조선소에서는 평균 일주일에 한 척씩 대형 전함이 건조되어 부두를 떠났다. 소총, 군복, 심지어는 내무반 옷걸이에 이르기까지 전쟁에 소용되는 것이면 무엇이든 실제 전투에서 손실되는 것보다 훨씬 많은 양이 공장에서 쏟아져 나왔다. 1944년 초 미국 군수 산업의 생산 능력은 독일, 이탈리아, 일본을 합한 것보다 두 배나 많았다.

연합국이 제2차 세계대전에서 승리할 수 있었던 것은 루스벨트와 처칠의 탁월한 지도력, 아이젠하워, 맥아더 같은 위대한 전쟁 영웅의 전투 지휘력,

군인과 국민들의 애국심 등 여러 가지를 들 수 있겠지만, 가장 중요한 것은 미국의 이런 경제적 잠재력이었다. 1941년 말 미국이 전쟁에 뛰어들었을 때 이미 연합국의 승리는 보장된 것이나 마찬가지였다.

미국은 일본 때문에 참전하게 되었지만 전쟁에서 실제 힘을 더 기울인 지역은 태평양이나 아시아가 아닌 유럽이었다. 일본은 중국과 아시아 전역에서 이미 힘을 소진해 태평양을 건너 미국에 직접적 위협을 가할 여력이 없었다. 러시아를 무리하게 침공하면서까지 최후까지 저항하던 히틀러는 연합군이 베를린을 포위해오자 1945년 4월 30일 지하 벙커에서 스스로 목숨을 끊었다. 5월 7일 독일의 무조건 항복으로 유럽에서의 전쟁은 끝났다.

한편 태평양에서는 맥아더 휘하 미군이 일본군을 거세게 몰아쳐 1944년 10월 필리핀을 탈환하고, 이듬해 4월에는 가미카제 특공대의 필사적 저항을 물리치고 일본 열도 남단 오키나와 섬에 미군이 상륙, 바야흐로 일본과의 전쟁도 막바지에 다다른 느낌이었다. 그러나 일본 군부가 미국의 항복 요구를 완강히 거부하고 무모한 항전을 계속하는 바람에 결국 일본은 그때까지 미국이 숨겨왔던 최후의 비밀 병기, 원자폭탄의 희생물이 되고 말았다.

미국은 이미 몇 년 전부터 '맨해튼 프로젝트'라는 암호명으로 원폭 제조 사업을 극비리에 추진해오고 있었다. 원폭의 핵심 원리인 인공 핵분열은 이미 전쟁 전에 독일 과학자들이 실험에 성공한 바 있으나 페르미가 통제된 핵연쇄 반응 실험에 성공함으로써 이를 무기 제조에 이용할 수 있는 길이 열렸다.

1943년 초부터 뉴멕시코주 앨라모고도에서 로버트 오펜하이머가 이끄는 유수의 물리학자들이 구체적으로 원폭 설계와 제조 작업을 시작했다. 2년에 걸친 각고의 노

최후 본토 결전에서 승리를 외치던 일본 정부와 군부의 숨통을 누른 원자폭탄 투하. 8월 6일에는 히로시마, 이어 9일 나가사키에 떨어졌다.

나가사키에 떨어뜨린 것과 같은 형의 원자폭탄.

력 끝에 최초의 시제품이 완성되었다. 1945년 7월 16일, 최초의 핵폭탄 실험이 있었다. 폭발과 동시에 높이 15킬로미터, 폭 1.5킬로미터에 이르는 버섯 모양의 거대한 불꽃이 대지를 덮었다. 사람들은 이것을 단순 무기 폭발 사고로만 여겼다.

핵실험 성공은 즉각 트루먼 대통령에게 보고되었고 트루먼은 그 내용을 숨긴 채 일본에게 무조건 항복하라는 최후통첩을 보냈다. 예상대로 일본 군부가 이를 거부하자 트루먼은 일본에 대한 원폭 공격 계획을 승인했다. 8월 6일 오전 9시 15분, B29 전폭기에 실린 U-235 원자폭탄이 히로시마에 떨어졌다. 6만여 명이 즉사하고 폭탄이 떨어진 지점에서 반경 2킬로미터까지는 풀 한 포기 남지 않고 모든 것이 불에 타 없어지고 말았다. 사흘 뒤, 나가사키에 또 다시 원폭이 투하되어 3만 6천 명이 목숨을 잃었다. 8월 15일, 일본 천황은 무조건 항복을 선언했다.

비록 일본의 항복을 가져오기는 했으나 미국이 과연 당시 원자폭탄을 사용해야만 했느냐에 대해서는 오늘날까지도 논쟁이 계속되고 있다. 이를 찬성하는 사람들은 핵폭탄 투하가 전쟁을 일찍 종식시켜 수십만 미국인의 귀중한 생명을 구했다고 주장한다. 비판자들은 이미 일본의 항복이 기정사실로 된 상황에서 핵폭탄 투하는 전혀 불필요했을 뿐 아니라, 수많은 무고한 인명을 희생시켰고 무엇보다 세계에 나쁜 전례를 남겼다고 주장한다.

1945년 이후로 핵무기가 전쟁에서 다시 사용된 일은 없다. 그러나 지금 세계 각국이 보유하고 있는 핵무기의 양은 지구를 송두리째 몇 번을 파괴하고도 남을 정도이며, 핵무기의 또 다른 사용은 곧 인류의 공멸을 의미한다. 대부분의 미국인들은 당시 미국이 전쟁 종식을 위해 불가피하게 핵무기를 사용하지 않으면 안 되었다고 믿고 있다. 그러나 핵무기가 인류 생존 자체를 위협하는 급박한 현실로 다가온 지금 미국의 행위는 분명 도덕적으로 비난받을 만한 충분한 소지가 있다고 보아야 할 것이다.

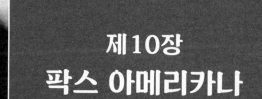

제10장
팍스 아메리카나

United States
of America

달러는 금이다:
브레튼우즈 체제
(1944년)

그때 세계는 −
1944년 연합군, 노르망디 상륙작전
1948년 한국, 제주 4 · 3항쟁

전쟁은 아직 끝나지 않았지만 미국이 참전을 결정하는 순간 전쟁의 운명은 이미 결정된 것이나 마찬가지였다. 미국의 힘은 실로 상상을 초월했다. 날이 갈수록 전쟁이 연합국, 아니 미국의 승리로 끝나고 전쟁이 끝나면 미국이 세계를 지배하게 될 것은 불 보듯 뻔했다. 미국 또한 이제는 더 이상 예전에 그러했듯이 발을 뺄 수 없다는 사실을 잘 알고 있었다. 그렇다면 차라리 먼저 적극적으로 나서 미국이 지배하는 세계 질서를 구축해 놓는 것이 미국 자신을 위해 유리할 것으로 판단되었다.

이를 위해서는 정치 · 군사와 경제 · 무역, 곧 힘과 돈에서 미국의 패권적 지위를 강화하고 이를 주도적으로 행사할 수 있는 국제 질서를 세워야 했다. 전쟁이 끝나기 전부터 미국은 이를 위한 작업을 시작했다. 전자는 국제연합(UN)의 창설과 전후 동맹 체제에 대한 구상으로 구체화되었다. 경제 · 무역 분야에서는 1944년 뉴햄프셔주 브레튼우즈에 44개 연합국 대표들이 모여 전후 세계 경제 질서의 원칙, 규칙, 제도적 장치에 관해 합의했다. 이 합의는 중간에 몇 번의 중대한 수정을 거치기는 했지만 커다란 틀은 유지된 채 지금도 세계 경제와 무역을 규제하는 기본 질서로 작동하고 있다. 최초 합의한 장소의 이름을 빌어 이를 브레튼우즈 체제라고 부른다.

브레튼우즈 체제는 기본적으로 1930년대 초 전 세계를 강타한 대공황에 대한 반성에서 비롯된 것이다. 공황에 직면한 각국 정부는 자국 산업 보호를 위해 관세 장벽을 높게 쌓고 이것도 모자라 자국의 화폐 가치를 일제히 떨어뜨렸다. 두말할 나위 없이 수입을 줄이고 수출을 늘리려고 하는 의도였는데, 쉽게 말해 이는 이웃의 돈을 빼앗아 자신의 어려움을 모면하려는 것이다. 경제학 용어로는 이를 '이웃을 거지로 만드는'(beggar-thy-neighbor)정책이라고 한다. 그러나 누구도 앉아서 거지가 될 수는 없기 때문에 모든 나라가 경쟁적으로 이 싸움에 뛰어들었고, 여기에서 비롯된 관세 전쟁과 환율 전쟁이 결국 세계대전을 불러왔던 것이다.

이 같은 인식 하에 브레튼우즈에 모인 각국 대표들은 두 가지 문제를 중점적으로 논의했다. 하나는 국제통화와 금융의 안정성 확보 문제이고 다른 하나는 무역자유화였다. 먼저 안정된 국제 금융 체제 구축을 위해 모든 통화를 미국 달러에 고정시키고 미국은 다시 이를 금에 고정시키기로 했다. 다시 말해 달러를 금이라는 안정된 자산으로 만들고 다른 화폐는 이 달러를 기준으로 가치를 부여받도록 한 것이다. 달러에 대한 각국 화폐의 이 상대적 가치, 다시 말해 환율은 일단 정해지면 다른 국가들의 동의가 없으면 바꿀 수 없도록 해 대공황 시대에 벌어졌던 환율 전쟁을 미연에 방지하고자 했다. 이런 일련의 조치로 인해 나라들은 상호간 무역 거래나 금융 거래, 그리고 자산 보유에 미국 달러를 사용하게 되었다(국제 거래와 자산 보유의 표준이 되는 이런 화폐를 기축통화라고 한다). 어떤 의미에서 이는 세계가 미국 달러의 단일 통화권이 되는 것을 의미했다.

동시에 이를 보완하기 위해 국제통화기금(IMF)과 국제부흥개발은행(IBRD, 나중에 세계은행으로 개칭)이라는 두 개의 국제기구가 설립되었다. IMF는 단기적으로 유동성 위기를 겪고 있는 나라에 긴급 구제 금융을 해주는 것이 목적이었고, IBRD는 경제 개발을 위해 자본이 필요한 저개발국에 필요한 자금을 지원하는 것이 목적이었다.

무역자유화 논의는 1947년 관세와 무역에 관한 일반 협정(GATT)체결로 결실을 맺었다. 몇 가지 품목, 그리고 특별한 사정이 있다고 판단되는 경우를 제외하고는 국가 간 무역 거래에서 관세를 폐지함으로써 모든 나라가 자유롭게 다른 나라와 물건을 사고 팔 수 있도록 했다.

브레튼우즈 체제는 제2차 세계대전 이후 세계 경제의 기본 질서로 자리 잡으면서 국가들 간의 평화적이고 안정적인 무역·금융 거래에 크게 이바지했다. 물론 이 질서는 기본적으로 미국에 유리했다. 자유 무역, 기축통화로서의 달러가 미국에 절대적으로 유리한 제도라는 것은 누가 보아도 명백한 일이었다. 동시에 이 체제는 미국의 강력한 경제력과 군사력이 없으면 유지될 수 없는 체제이다. 역으로 말하면 미국의 힘이 약화되거나 사라지면 미국에 유리한 이 국제 경제 질서도 무너질 가능성이 있다는 것이다. 실제로 미국은 베트남 전쟁의 여파로 1971년 달러의 금 태환 정책을 포기했고 이로써 브레튼우즈 체제의 한 축이 무너졌다. 그러나 일부가 우려한 국제 금융의 파국 사태는 오지 않았다. 오늘날 미국 달러의 위세와 가치는 과거와 비교할 때 크게 낮아진 것이 사실이다. 그러나 달러는 여전히 가장 안정적인 기축 통화로서 지위를 유지하고 있다. 최근 무섭게 성장하는 중국의 위안화가 달러를 위협하고 있다고 하지만 위안이 달러를 대신하려면(설령 그렇게 된다 해도) 앞으로도 수십 년은 지나야 할 것이다.

브레튼우즈 체제의 다른 한 축인 자유 무역 제도는 오히려 그 체제가 더욱 강화되는 추세에 있다. 관세와 무역에 관한 일반 협정(GATT)은 1995년 세계 무역 기구(WTO)설립으로 규정의 내용과 범위가 크게 확대되었고 위반 국가들에 대한 제재도 강화되었다. 최근의 자유 무역 협정(FTA)논쟁도 크게 보아서는 GATT, WTO가 추구하는 자유 무역 원칙의 연장선상에 있다.

브레튼우즈 체제가 아직도 세계 경제 질서의 기본축으로 작용하고 있다는 것은 결국 미국의 패권적 지위가 아직은 유지되고 있다는 반증이다. 이 질서에 심각한 균열과 해체의 위기가 올 때 우리는 비로소 미국의 진정한 쇠퇴를 말할 수 있을지 모른다. 그때가 언제일지는 아무도 모른다. 그렇지만 최소한 앞으로 수십 년 동안은 미국이 주도하는 지금의 세계 경제 질서가 여전히 국가들 간의 무역과 금융 거래를 주도하게 될 것이다.

미국 vs. 소련,
냉전과 열전 사이:
동서 냉전의 시작 (1947년)

그때 세계는 –
1945년 얄타 회담
1945년 포츠담 선언
1946년 필리핀 독립
1947년 파리 평화 조약
1947년 인도 독립

제2차 세계대전은 서로 상이한 체제를 신봉하는 두 강대국 미국과 소련이 한편이 되어 싸운 매우 특이한 전쟁이었다. 그러나 미소 동맹 체제는 전쟁의 역학 관계에 따른 일시적인 것이었으며 종전과 더불어 필연적으로 붕괴될 운명에 있었다. 1948년까지 소련은 소련 군대에 의해 해방된 동유럽의 모든 국가들에 공산 정부를 세웠다. 독일이나 다른 서방 국가들로부터의 군사적 위협에 대비하는 한편 동유럽에서의 영향력을 확대하는 것이 목표였다. 또한 이를 통해 공산주의와 소련의 체제를 세계적으로 확산시키고자 했다.

이에 대응하여 미국은 마셜 플랜을 통해 서유럽을 영향권 안에 두려 했고, 그 결과 유럽은 적대적인 두 진영으로 나뉘었다. 아시아에서는 막 일본으로부터 독립한 한국이 남북으로 나뉘어 각각에 미국과 소련의 대리 정부가 들어섰다. 미국-소련을 축으로 하는 전후 이런 대치 상태를 우리는 보통 '냉전'이라고 부른다. 미 대통령 보좌관을 지낸 버나드 바루크가 1947년에 최초로 이 말을 사용했다.

냉전은 1948년에서 1953년에 최고조에 이르렀다. 이 기간 동안 소련은 독자적 핵무기 개발에 성공함으로써 군사적으로 미국과 맞설 수 있게 되었고,

소련판 냉전. 이 러시아 만화에서 무장한 미군이 유럽 지도 위를 마마자국처럼 미군기지 표시로 뒤덮고 있다. 그의 뒷주머니에는 정치 선동꾼이 올리브 가지를 한 손에 든 채 위선적인 구호를 외쳐대는 중인데도 그는 그리스에 또 군기지를 그려넣고 있다.

미국은 미국대로 점증하는 소련의 위협에 맞서 1949년 나토(NATO), 곧 북대서양 조약기구라는 유럽 군사 동맹 체제를 구축했다. 1949년에는 중국 본토에 공산당 정권이 들어섰다. 양 진영 간의 긴장 상태는 1948년 소련의 베를린 봉쇄로 위기를 맞았다가 1950년 한국에서 열전으로 폭발했다. 이 열전은 1953년에야 끝이 났다.

1953년 한국전 종식과 스탈린 사망은 냉전의 긴장을 잠시나마 완화시켰다. 그러나 1955년 동구 공산주의 국가들이 소련을 중심으로 바르샤바 군사 동맹 체제를 구축하고 같은 해 서독이 나토에 가입하면서 냉전은 더욱 구조화되고 심화되었다. 미국과 소련은 경제 군사적 원조와 동맹관계 구축을 통해 아시아 아프리카, 그리고 중동에서 영향력을 확대하기 위해 부심했다.

냉전의 마지막 단계는 1958년에서 1962년에 이르는 시기이다. 이때 냉전은 또 다시 격화되는 양상을 보여 미국과 소련은 경쟁적으로 핵무기와 장거리 미사일을 개발하고 이런 핵무기 경쟁이 결국 1962년의 쿠바 사태를 몰고 왔다. 이 사태로 한때 미소간의 전면 핵전쟁이 우려되기도 했으나 아직은 열세에 있던 소련이 마지막에 굴복함으로써 위기를 가까스로 넘길 수 있었다.

쿠바 사태는 핵전쟁의 위험을 당사자인 미국 소련 뿐 아니라 전 세계에 다시 한 번 일깨워주는 계기가 되었다. 이후 미국과 소련은 핵무기 선제 사용의 가능성을 배제한 채 상대방이 먼저 공격하지 못하도록 억지력을 갖추는 데 전략의 초점을 맞추게 되었다.

한편 유럽과 일본이 경제력을 회복하고 핵무기 확산으로 미소의 핵무기 독점 체제가 무너지면서 냉전 체제도 서서히 변모하기 시작했다. 미소를 정점으로 세계가 두 개의 적대적 진영으로 명확히 구분되던 양극 체제가 무너지고 이른바 다극 체제가 도래한 것이다. 이는 국제 관계를 더욱 복잡한 양상으로 몰고 갔다. 핵무기로 무장한 강대국들, 특히 프랑스와 중국 등이 미소의 권력 독점 체제에 맞서 독자 노선을 걸으려는 경향이 뚜렷해졌다. 미국과 소련은 더 이상의 '권력 누수'를 막기 위해서도 핵무기 확산 억지에 서로 협력하지 않을 수 없었다. 미소 간 전략무기 제한협정이나 핵확산 금지협정이 모두 이 같은 사태 발전의 결과였다.

1972년 닉슨 미국 대통령의 중국 방문은 30년 가까이 계속된 양극 냉전 시대가 데탕트, 곧 화해의 시대로 접어들었음을 공식 선언하는 것이었다. 동시에 세계의 다극화 현상도 더욱 가속되어 중국, 일본, 서독이 그들의 강대한 군사력 또는 경제력을 바탕으로 새로 열강의 대열에 합류했다. 1970년대 중소간의 이념 분쟁은 세계가 더 이상 자본주의와 공산주의라는 이분법의 도식으로 설명될 수 없음을 보여주었다. 정치적 이념 대신 경제적 실리가 국가들이 추구하는 최고의 대외 목표로 되었다.

1970년대 이후 간신히 틀만을 유지하고 있던 전후 냉전 체제는 결국 1980년대 후반 소련의 붕괴와 더불어 공식적으로 해체되기에 이른다. 소련의 붕괴에 이어 동구 공산주의 정권들이 순식간에 무너져 내렸고 소련은 수개의 국가로 분할되었으며 베를린 장벽이 무너졌다. 세계는 바야흐로 새로운 질서를 향해 발걸음을 재촉하고 있다.

이 새로운 질서가 어떤 모습일지는 아직 확실치 않다. 그렇지만 분명한 사실 한 가지는 지금 세계는 탈이데올로기적 성격의 지역 블럭들로 쪼개지고 있다는 점이다. 유럽연합(EU), 북미 자유무역지대(NAFTA), 아시아-태평양 경제협력체(APEC) 등이 그러한 예이다. 이런 탈이데올로기적 다극 체제가 세계 평화와 안보에 어떤 결과로 나타날지는 아무도 모른다. 냉전 시대에는 한국, 베트남처럼 양 진영의 대치선 위에 있던 약소국들은 전쟁의 참화를 입었지만 적어도 강대국들 사이에 전쟁은 없었다. 역사가들은 인류 역사상 이렇게 오래 강대국들 사이에 평화가 유지되었던 적이 없었다고 말한다. 그러나 다른 한편에서 볼 때 냉전의 평화는 억지로 만들어진 평화였다. 지금 다극화되어 가는 세계가 불확실성과 분쟁의 시대를 향하고 있다면 어떤 의미에서 이는 냉전의 잠재된 모순과 갈등이 드러나는 것이라고 말할 수도 있다.

서유럽 경제 재건:
마셜 플랜
(1948년)

그때 세계는 –
1948년 유엔, 세계인권선언 채택
1949년 중화인민공화국 성립

제2차 세계대전이 연합국의 승리로 막을 내리고 채 2년이 지나가기도 전에 강대국들에 의한 위대한 동맹의 이상은 깨어져 나가기 시작했다. 그 대신 전쟁을 겪으면서 탄생한 두 초강대국 미국과 소련이 자본주의와 공산주의 이념을 기치로 내걸고 '냉전'을 시작했다.

트루먼 대통령은 전후 소련의 팽창을 목격하면서 공산주의가 더 이상 퍼져 나가도록 방치해서는 안 된다는 생각을 굳히게 되었다. 그의 이런 생각은 1947년 3월 12일 이른바 트루먼 독트린의 발표로 이어졌다. '자유 정부의 전복을 위협하는 무장한 소수 공산주의자들로부터 자유민들을 보호하기 위해' 미국이 이들 국가들에 군사 지원 등 필요한 원조를 하겠다는 것이 핵심적 내용이었다.

트루먼은 지리적으로 양 진영의 중간에 위치하면서 공산주의의 위험이 매우 높았던 그리스와 터키를 특별히 지목하여, 이들 국가의 공산화는 곧 중동의 공산화를 의미하기 때문에 이들 국가에 대한 군사 원조가 시급한 상황이라고 말했다. 그는 그리스와 터키에 대한 긴급 군사 지원금 4억 달러를 의회에 요청했고 의회가 별다른 이의 없이 대통령의 요청을 승인함으로써 이들 국가에 대한 대규모 군사 원조가 시작되었다.

이런 군사적 원조와 더불어 서유럽에 대해서는 경제 재건을 재정적으로 지원하기 위한 이른바 마셜 플랜이 추진되었다. 마셜 플랜은 국무장관 마셜의 1947년 하버드대 졸업식 연설에서 처음 언급되었다. 이 연설에서 마셜은 유럽 국가들이 재건을 위한 구체적 계획을 마련해오면 미국이 전적으로 이를 지원할 용의가 있음을 밝혔다.

사실 전후 유럽의 경제 상황은 한 언론이 "콘스탄티노플 함락 이후 유럽 최대의 비극"이라고 할 만큼 극도로 악화되어 있었다. 엎친 데 덮친 격으로 1946년 겨울에는 유럽 전역에 유례없는 한파가 몰아닥쳐 수많은 동사자와 아사자가 발생했다. 미국이 서유럽을 방패로 공산주의의 팽창을 막아내려면 우선 유럽의 이 같은 경제적 어려움을 해결해주어야만 했다. 유럽의 경제적 위기가 계속되면 공산주의 침투가 상대적으로 용이해질 것이고 나치와 같은 군국주의가 부활할 우려도 있었다.

동시에 유럽에 대한 경제적 지원은 미국 경제를 위해서도 절대 필요하다는 것이 당시 미국 정부의 인식이었다. 우선 유럽 국가들이 경제적으로 일어서야만 전쟁 중 빌려주었던 엄청난 액수의 빚을 일부라도 되돌려받을 가능성이 있었다. 장기적으로 보면 미국 상품의 시장 확보를 위해서도 유럽의 경제 발전이 꼭 필요했다.

이런 유럽의 경제적 어려움과 미국의 이해 관계가 맞아떨어져 곧 유럽에 대한 미국의 대규모 경제 원조가 시작되었다. 영국, 프랑스를 비롯한 유럽 16개국 외상이 모여 우선 급한 대로 미국에 224억 달러에 이르는 원조를 요청했다. 미 의회는 대외원조법을 통과시켜 우선 50억 달러를 긴급 지원하고 추가로 120억 달러를 지원하도록 승인했다. 일부 의원들은 이같은 엄청난 규모의 지원이 미국 경제를 오히려 파탄시킬 수도 있다며 반대했으나 1948년 체코에 공산 쿠데타가 발생하고 이탈리아 총선에서 공산당이 득세하는 상황이 벌어지면서 반대하는 목소리는 작아졌다.

결과적으로 마셜 플랜은 매우 성공적이었다. 서유럽 국가들의 경제 재건은 예상보다 훨씬 빨리 추진되어 농업과 공업 생산이 획기적으로 증가하고 미-유럽간 무역도 급증했다. 유럽 국가들이 원조금의 대부분을 미국 생산 설비와 물품을 사들이는 데 사용했으므로 미국 경제 역시 전례 없는 호황을 누렸다. 1951년에 이르러 유럽 경제는 이미 전쟁 이전의 수준을 회복한 것으로 평가되었다.

마셜 플랜은 또한 유럽의 통합을 촉진시키는 결과를 가져왔다. 베네룩스 3국, 프랑스, 이탈리아, 그리고 서독은 유럽결제동맹을 맺고 통화, 관세 등 상호 무역 증진과 산업 발전을 위해 노력했다. 동시에 외교, 국방 등 정치적 문제의 상호 의견 조율을 위해 유럽위원회가 설립되었다. 미국은 전략적 이해관계에 따라 유럽의 이 같은 공동체 건설 노력을 적극 지원했다.

마셜 플랜은 표면적으로는 유럽 재건이라는 명분을 내세우고 있었지만, 이면에는 이를 통해 서유럽을 확실한 영향력 아래 두려는 미국의 의도가 있었다. 이런 점에서 본다면 마셜 플랜의 의도는 아주 성공적으로 달성되었다고 할 수 있다. 마셜 플랜은 경제 회복을 통해 유럽의 통합을 일구어냈고, 통합된 유럽은 다시 1949년 북대서양 조약기구(NATO)를 결성함으로써 공산주의에 대한 강력한 대항 블럭으로 성장했기 때문이다.

미·소, 한반도에서 충돌하다:
한국 전쟁
(1950~1953년)

그때 세계는 –
1950년 중 · 소, 우호동맹 상호 원조 조약 체결
1953년 이집트, 공화정 선언
1953년 소련, 수소폭탄 보유 발표

한국은 1945년 해방과 함께 '일본군의 무장 해제를 위해' 소련군과 미군에 임시 점령되었다. 전후 미 · 소 간 대립이 격화되면서 양국은 자국 군대들을 철수시키지 않은 채 남과 북에 각각 그들의 친위정부를 세웠다. 한반도는 순식간에 미국과 소련의 힘이 맞닿은 냉전의 최전방 지역이 되고 말았다. 유럽에서 미국이 구축한 강력한 저지선에 막혀 진출이 봉쇄된 소련은 상대적으로 방어가 취약한 한반도에 힘을 집중했다. 때마침 중국 대륙에는 1949년 공산당 정부가 들어섰고 북한의 지도자 김일성은 한반도 적화의 꿈에 부푼 대단히 호전적인 인물이었다. 소련과 중국의 지원을 등에 업은 김일성은 드디어 1950년 6월 25일 새벽 38선을 넘어 남한에 대한 대대적인 군사 행동을 개시했다.

북한의 남침 소식을 접한 트루먼 미국 대통령은 북한의 남침을 소련의 사주에 의한 것으로 확신하고 즉각 개입하기로 결정했다. 미국의 요구로 소집된 유엔 안보리는 북한의 침공을 비난하고 북한군의 즉각적 철수를 요구하는 결의안을 채택했다. 상임이사국 소련은 투표에서 기권했다. 동시에 결의안은 유엔 회원국들에게 침략군 격퇴를 위한 노력에 협조할 것을 요구했다.

웨이크 섬에서 만난 대통령과 군사령관. 맥아더는 직속 상관이자 군통수권자인 트루먼 대통령에게 대항하는 자세를 취한 결과 전격 해임되었다. 1950년 10월 15일의 회동에서 맥아더의 태도는 불손했으며 그에 대한 트루먼의 해법은 다음과 같았다. "당신이 해리 트루먼에 대해 어떻게 생각하든지간에 뭐라 말은 않겠지만 나는 더 이상 당신을 사령관직에 두지 않겠소."

　6월 27일 유엔 안보리는 한반도 사태에 대한 유엔의 군사적 개입을 결의하고 제2차 세계대전의 영웅 맥아더 장군을 유엔군 사령관에 임명했다. 북한의 남침에 대한 이같은 대응은 겉으로는 유엔의 기치를 내걸었으나 실제로는 미국에 의해 모든 것이 주도되었다. 겉으로는 남한과 북한의 대결처럼 보였지만 이 전쟁이 미국과 소련의 대리전이라는 사실을 의심하는 사람은 아무도 없었다.

　전쟁 초기에 북한의 공세는 대단히 신속하고 효과적으로 전개되었다. 8월에는 한반도 전체가 공산군의 수중에 떨어질 위기에 처하기도 했다. 그러나 9월 들어 연합군의 대반격이 시작되었고 침략군은 순식간에 붕괴하여 38선 이북으로 패주를 거듭했다. 북한군이 압록강까지 쫓겨오자 이번에는 중국이 개입했다. 절대적인 수적 우세를 바탕으로 중국 공산군은 그해 말까지 연합군을 38선 이남으로 다시 밀어내는 데 성공했다.

　1951년부터 한국전은 북위 38도 선 부근에서 전선이 교착되었다. 중공군의 보급선 차단을 위해 맥아더 장군은 압록강 북쪽 만주에 대한 폭격을 대통령에 건의했다. 그러나 전쟁이 강대국간의 또다른 대전으로 발전할 것을 우려한 트루먼 대통령은 맥아더의 요청을 거부했다. 트루먼의 소심함에 화가 난 맥아더는 공공연히 대통령을 비난하기 시작했고 대통령은 그를 유엔군 사령관직에서 해임해버리고 말았다.

다른 한편으로 트루먼은 소련 중국과 한반도 사태를 종식시키기 위한 비밀 협상을 시작했다. 어느 한편도 양보할 의사가 전혀 없는 상황에서 더 이상 전쟁을 계속한다는 것은 쓸데없는 희생을 의미할 뿐이었다. 그러므로 어느 한쪽의 일방적 패배나 승리가 아닌, 양측 모두가 패배자요 동시에 승리자로서 전쟁 상황을 끝내야 한다는 점에서는 모두가 암암리에 인식을 같이 했다. 문제는 구체적으로 어느 선에서 타협을 하느냐는 것인데 전선에서 유리한 측이 협상에서도 유리할 것이므로 양측은 협상 중에도 한 치의 땅이라도 더 빼앗기 위해 38도선을 중심으로 치열한 공방을 계속했다. 그러는 중에도 미국과 소련은 전쟁과 전선이 더 이상 확대되지 않도록 매우 신중하게 일을 진행했다.

한편으로는 사활을 건 피비린내 나는 전투가 계속되고 다른 한편으로는 휴전을 협상하는 이상한 상황이 거의 2년이나 계속되었다. 마침내 1953년 7월 27일 양측은 현 전선에서 군대를 각각 2킬로미터 후방으로 철수시키고 전쟁을 일단 종식시키는 합의문에 서명했다. 3년에 걸친 전쟁, 그리고 막대한 인적 물적 희생을 치른 끝에 한반도는 다시 전쟁 전의 냉전 상태로 되돌아갔다.

한국 전쟁을 거치면서 미국의 대소 봉쇄 정책은 유럽에서 동아시아 지역으로까지 확대되었다. 한반도를 통해 공산주의가 진출하는 것을 막기 위해서는 우선 남한을 군사적으로 요새화하고 이를 견고하게 수호해야 할 필요성이 있었다. 이에 따라 미국은 전후 남한과 상호 군사 동맹 조약을 체결하고 남한에 대한 군사 원조와 경제 원조를 강화했다.

동시에 일본의 전략적 중요성이 새롭게 인식되었다. 한반도와 함께 일본을 대소 봉쇄의 전초기지화하기 위해서는 미군의 일본 점령, 그리고 일본의 무장 해제는 결코 바람직하지 않은 것으로 여겨졌다. 1951년 9월 미국은 그동안 미루어 왔던 일본과의 평화 협정을 마무리하고 점령군을 철수시켰다. 일본에 부과된 전쟁 배상금을 낮추고 제한된 범위에서 자위적 군사력을 갖는 것이 허용되었다. 결국 한국 전쟁은 미국의 아시아 정책, 특히 일본에 대한 정책을 크게 변화시켰으며 일본 재무장과 산업화의 결정적 계기를 마련했다.

  동서독의 분단과 함께 한반도의 남북 분단은 미소 냉전의 직접적 산물이면서 동시에 오랫동안 이의 상징과도 같은 것이었다. 소련의 붕괴, 그리고 냉전 체제의 와해로 동서독은 분단 45년 만에 다시 통일을 이룩했다. 그러나 한반도에는 냉전의 아픈 상처인 듯 아직도 분단과 남북한간 위험한 군사대결 상황이 계속되고 있다.

반공이라는 이름의 마녀사냥:
매카시즘 선풍
(1950년대)

그때 세계는 −
1952년 이집트, 나기브의 쿠데타와 파루크 왕의 망명
1953년 한국, 휴전협정 조인

냉전은 그 효과가 꼭 국가 간의 대결에만 국한되지는 않았다. 국내적으로도 냉전의 분위기는 적대국의 공작에 의한 국내 체제 전복의 공포를 몰고 왔고, 이런 두려움은 다시 극단적인 전투 이데올로기의 등장으로 이어졌다. 1950년대 초 미국을 휩쓴, 흔히 매카시즘으로 불리는 극단적 반공주의가 바로 그것이다.

공산주의에 대한 경계심은 사실 전후 냉전의 산물이었다. 1946년 하원 첩보활동 조사위원회는 공산분자들이 1930년대를 통해서 정부에 침투해 들어왔을 가능성이 있다는 결론을 내렸다. 구체적인 증거는 제시되지 않았음에도 공산주의에 대한 두려움이 커지고 있는 시점이라 여론은 민감하게 반응했다. 강력한 반공주의 외교 노선을 펴고 있던 트루먼 대통령은 곧 모든 정부 공무원들에 대한 사상 검증을 명했고 이 결과 수천 명의 공무원들이 자리를 떠나야만 했다.

이처럼 어수선한 상황에서 1948년 8월 이른바 앨저 히스 사건이 터졌다. 〈타임〉지 편집장을 역임한 휘태커 챔버스라는 자가 전직 국무성 관료 앨저 히스를 공산주의 첩자로 언론에 고소한 사건이다. 트루먼은 이를 한 극우 반

공주의자의 근거 없는 '빨갱이 사냥'일 뿐이라고 말했으나 챔버스는 히스가 호박 속에 숨겨놓은(또는 그렇다고 그가 주장하는) 국무성 비밀 문서를 찾아내어 히스를 정식 고소했다. 히스는 혐의를 완강히 부인했으나 재판에서 위증혐의로 5년 징역의 유죄 판결을 받았다. 간첩 혐의에 대해서는 증거 불충분과 공소시효 경과로 무죄가 선언되었다.

히스가 고소된 지 2주일 뒤에 이번에는 바다 건너 영국에서 저명한 물리학자인 클라우스 푹스가 소련에 핵무기와 관련된 기밀 서류를 빼돌렸다는 혐의로 기소되는 사건이 발생했다. 이 사건에 미국인 공범들이 있다고 푹스가 진술하는 바람에 곧 이들에 대한 체포영장이 발부되고 이는 히스 사건에 이어 이른바 '적색 공포'(Red Scare)를 더욱 증폭시키는 결과를 낳았다. 줄리어스 로젠버그 등 푹스의 미국인 공범 3명은 결국 간첩과 국가 전복 시도의 유죄가 인정되어 1953년 사형에 처해지고 말았다.

중국의 공산화, 소련의 핵무기 실험 성공, 한국 전쟁을 거치면서 미국의 공산주의에 대한 두려움은 더욱 커져갔다. 여기에다 오랫동안의 정치적 열세를 만회하려는 공화당이 정치적 무기로 반공주의를 들고 나오는 바람에 1950년대 초 미국의 정가에는 이른바 '매카시즘'이라는 극우 반공주의의 격랑이 몰아쳤다. 이는 당시 극우 반공주의자였던 조셉 매카시의 이름에서 나온 것이다.

조셉 매카시는 위스콘신 출신의 신출내기 연방 상원의원이었다. 그를 유명인사로 만든 것은 국무성이 온통 공산주의 첩자로 가득 차 있다고 주장한 그의 1950년 2월의 한 연설이었다. 구체적인 증거도 없이 그는 국무성 내 첩자 205명의 명단을 가지고 있다고 주장했다. 5개월 후 타이딩스 의원이 이끄는 상원 조사위원회가 매카시의 주장에 전혀 근거가 없다는 결론을 내렸으나 매카시는 한 술 더 떠서 이제는 애치슨이나 마셜 같은 저명 정치인들에까지 공산주의자 혐의를 씌웠다.

문제는 매카시의 주장에 근거가 있느냐를 떠나 당시 미국 여론이 극우적 반공주의로 흐르고 있다는데 있었다. 매카시는 조금이라도 의심이 가면 누구든 상관없이 공산주의자로 매도하기를 주저하지 않았고 일단 그의 블랙리

'레드 퍼지(Red Purge)', 곧 적색분자 숙청의 회오리바람을 일으킨 장본인 매카시가 매카시 위원회를 주재하고 있다(가운데). 그러나 너무 극단적으로 치달아 반발을 자초, 1954년 12월 상원의 '비난 결의'에 의해 급속히 영향력을 잃었다.

스트에 이름이 올라간 정치인은 그것으로 모든 것을 잃었다. 매카시는 노동자 계급, 가톨릭교도들, 소수민족, 그리고 중서부 보수적 공화당원들로부터 절대적 지지를 받았다. 한창 위세를 부릴 때 그는 "국가의 법 위에 군림하는 인물"로까지 불렸다.

그러나 권력을 과신한 그는 결국 넘어서는 안 될 선을 넘고 말았다. 고위급 군장교들까지를 공산주의자로 몰아가는 결정적 실수를 저지른 것이다. 그가 고발한 내용의 사실 여부를 심리하기 위해 의회 청문회가 개최되고 이것이 텔레비전으로 중계되었다. 수백만 시청자들은 매카시가 피고인들을 거만하게 위협하며 증거도 없이 공산주의자로 몰아가는 것을 보고 아연실색할 수밖에 없었다. 마치 지금까지는 전혀 모르고 있었다는 듯 언론은 매카시의 무모한 공산주의 사냥을 맹렬히 비판했다.

여론이 등을 돌리면서 그의 정치 생명도 끝이 났다. 몇 년 동안 그의 공세에 시달려왔던 민주당 의원들이 공화당 온건파 의원들의 지지를 얻어 1954년 12월 그의 의원직을 박탈했다. 그러나 그가 만들어낸 극단적 반공주의는 매카시즘이라는 이름으로 1950년대 미국 정계를 유령처럼 떠돌아다녔다. 1954년 제2차 세계대전의 영웅 아이젠하워가 대통령에 당선된 것도 매카시즘의 영향이 절대적이었다.

매카시가 냉전 초기에 미국을 공산주의의 위협으로부터 지켜낸 절대적 공헌을 했다고 말하는 극소수의 사람들이 있기는 하지만, 아무리 그렇다 해도 그의 행동은 지나쳤다. 사실 책임은 매카시라는 한 개인에게 있다기보다는 공산주의를 위험한 마귀의 모습으로 그린 냉전의 정서, 그리고 이런 분위기에 편승하여 정치적 목적을 달성하려 한 정치가 집단과 언론에 있었다고 보아야 할 것이다. 아무튼 매카시즘의 돌풍에 휘말려 수많은 무고한 사람들이 공산주의자의 누명을 쓰고 직장과 사회로부터 추방당했다. 현대판 마녀 사냥이었다. 그러나 결국은 매카시 자신도 명성을 얻을 때만큼이나 신속하게 정치 무대에서 사라져갔다. 냉전이 빚어 낸 1950년대 미국의 슬픈 한 단면이었다.

아름다운 시절:
미국 역사상 최고의 황금기
(1945~1965년)

그때 세계는 –
1945년 제2차 세계대전 종결
1950년 한국, 한국 전쟁 발발
1960년 벨기에령 콩고 독립

한국 전쟁이라는 예기치 못한 사태에 휘말리기는 했지만 제2차 세계대전이 끝난 1945년부터 1965년 무렵까지의 약 20년은 미국 국력이 역사상 최고에 달했던 시기다. 1950년대는 오늘날 미국인들에게 '좋았던 그 시절'로 기억되는 역사의 황금기다. 경제적 풍요, 자유와 낭만, 평화 등 인류가 꿈꾸던 행복이 거기에 있었다.

이런 미국의 황금 시대를 이끈 원동력은 무엇보다도 눈부신 경제 성장에 있었다. 대부분의 선진 공업국들이 전쟁으로 폐허가 되어버린 상황에서 엄청난 산업 기반, 기술력, 자원, 그리고 군사력까지 뒷받침된 미국산 상품(Made in U. S. A)은 국내외 시장에서 그야말로 거칠 것이 없었다.

1940년 2천억 달러 정도였던 국민 총생산 규모는 1960년에 5천억 달러로 늘었다. 자동차업계는 매년 거의 네 배씩 생산 대수를 늘렸지만 늘어나는 수요를 맞추기에는 턱없이 모자랐다. 텔레비전은 1945년에 전국적으로 1만 대정도가 보급되어 있었는데, 1960년에는 전체 가구의 4분의 3이 최소한 한 대의 텔레비전을 보유하게 되었다. 1945년에 전국적으로 8개에 불과하던 대형 쇼핑몰도 1960년에는 무려 4,000개로 늘었다.

지금까지 상대적으로 발전이 더뎠던 서부와 남서부 지역도 눈부시게 발전했다. 휴스턴, 마이애미, 피닉스, 로스앤젤레스 등이 인구 수백만의 대도시로 성장했고, 마침내 1963년에는 캘리포니아주 인구가 뉴욕주 인구를 앞지르게 되었다.

이 시기의 경제적 번영은 사회적으로도 큰 영향을 미쳤다. 생산 자동화와 공장들의 해외 이전으로 육체 노동자, 이른바 블루칼라가 줄고 매니저, 교사, 세일즈맨, 사무직 근로자 같은 화이트칼라가 늘어났다. 기업들은 눈덩이처럼 불어나는 이윤을 처리할 방법이 없어 직원들에게 높은 임금, 장기고용 계약, 종신연금, 의료보험 등의 혜택을 아낌없이 베풀었다. 자연히 노사분규도 줄고 계급간 갈등도 완화되어 급속도로 사회통합이 이루어졌다.

1950년대에는 일종의 사회적 일체감이 미국인들의 의식을 지배했다. 사람들은 되도록 사회적 규범에 순응하고자 했고 이것이 도덕적으로 칭찬을 받았다. 물론 경제적 번영이 이런 사회적 통합에 토대를 제공했지만, 사실 숨은 공로자는 따로 있었다. 바로 텔레비전이었다. 사람들은 하루 평균 5시간을 텔레비전 앞에서 보냈고, 〈미키마우스 클럽〉(The Mickey Mouse Club), 〈내 사랑 루시〉(I Love Lucy)가 방영되는 시간에는 그야말로 전 국민이 텔레비전 앞에 모여 이야기꽃을 피웠다. 텔레비전이 만들어 낸 이 사회를 저명한 사회학자 데이비드 리스먼은 '고독한 군중'이라 불렀다. 사람들이 사회적 모임들로부터 일탈해 가정과 개인적 삶으로 빠져든 현상을 지적한 말이다. 사회성은 상실했지만 비슷한 가치관과 경험을 공유하고 있다는 점에서 이런 고독한 군중은 사회적 안정의 든든한 버팀목이기도 했다.

물론 예외가 없지는 않았다. 목을 죄는 사회적 규범과 나태한 일상에 반항하는 가벼운 몸짓들이 단조로운 삶에 활력소를 제공했다. 이른바 '비트 세대'로 불린 일단의 작가들이 전통과 형식을 뒤엎는 '외설적' 글을 발표해 커다란 사회적 반향을 불러일으켰다. 10대들은 약간은 우울하고 반항적이며 자학적 폭력의 이미지를 지닌 청춘 배우 제임스 딘에 열광했다. 그가 주연한 영화 〈이유없는 반항〉, 〈에덴의 동쪽〉은 반항, 섹스, 스포츠카로 상징되는 이 시기 젊은 세대 문화의 생생한 표현이었다. 딘은 자신의 영화에서처럼 스포츠카로 거리를 질주하다 스물넷 꽃다운 나이에 생을 마감했다.

그렇지만 이 시기 대중 문화의 대표적 아이콘을 말하라면 단연 엘비스 프레슬리였다. 엘비스 프레슬리는 오리 궁둥이 모양의 헤어스타일, 선정적인 춤, 그리고 무엇보다 로큰롤이라는 새로운 대중음악으로 일약 세계적 스타로 떠올랐다. 점잖은 기성세대는 눈살을 찌푸렸지만 흑인 음악을 백인들의 무대로 끌어와 대중화했다는 점에서 엘비스 프레슬리는 미국 사회를 또 다른 차원에서 하나로 묶어 낸 위대한 예술가였다. 1977년 그가 사망했을 때 지미 카터 대통령은 "엘비스는 미국 대중 문화의 얼굴을 영원히 바꿔 놓았다"며 그를 애도했다. 아마 모든 미국인들이 그렇게 생각했을 것이다.

편안하고 조금은 권태로웠던 이 아름다운 시절은 1960년대 들어 봄눈처럼 사라졌다. 사실은 이 편안함 속에 이미 불행의 씨앗이 심어져 있었는지도 모른다. 겉으로는 풍요롭게 보였지만 그 이면에는 빈곤과 인종 차별과 정신적 허무의 어두운 그림자도 함께 드리워져 있었다. 이는 닥쳐올 1960년대 미국 사회의 격변을 예고하는 것이었다.

어느 흑인 여성의 용기:
로자 파크스와
몽고메리 버스 보이콧 투쟁 (1955년)

그때 세계는 −
1954년 영국 · 이집트 협정 성립, 영국군, 수에즈 철수
1955년 아시아 · 아프리카 회의 개최
1955년 제네바 4거두 회담
1955년 바르샤바 조약기구 성립

링컨의 역사적 노예해방 선언이 나온지 1세기가 지났지만 미국 사회에서 흑인들의 처지는 사실 크게 나아진 것이 없었다. 물론 경제적 형편은 전반적으로 조금 나아졌으나 사회적 차별은 여전했다. 특히 남부에서 흑인은 거의 모든 생활 영역에서 백인들로부터 완벽하게 격리되어 있었다. 백인들과는 다른 학교를 다녀야 했고, 공공장소에서는 백인들로부터 따로 서 있어야 했다. 버스를 탈 때는 뒷문을 이용해야 했고, 공원의 수도꼭지는 백인과 흑인용이 구별되어 있었다. 화장실이 따로 되어 있는 것은 물론이었다.

제2차 세계대전의 종결과 더불어 트루먼 대통령은 법무성에서 시민권을 다루는 부서의 권한을 강화시키고, 1948년에는 군에서의 흑백 차별을 공식적으로 금지시켰다. 아이젠하워 대통령도 전임자를 이어받아 군대 내 흑백 차별 완화에 힘을 기울였다. 그러나 흑백 문제에 관한 그의 임기 중 최대의 업적은 대법원의 한 판결로부터 유래하는 것이다.

1954년 대법원은 공립학교 내 인종 차별 문제에 관한 '브라운 대 토피카 교육위원회 사건'을 심리하게 되었다. 1950년대 흑인 민권운동의 가장 큰 사건으로 간주되는 이 사안에 관하여 판사들은 만장일치로 공립학교 내 흑백

'연행당하는 흑인 인권'. 1961년 격렬했던 흑인 시위로 체포된 흑인들이 무장한 주병(州兵)의 엄중한 감시 하에 버스로 호송되고 있다.

차별이 헌법에 위배된다는 판결을 내렸다. 이는 흑백 문제에 관해 50년 이상 표준적 판례로 인용되어온 1896년의 '플레시 대 퍼거슨 사건'의 판결을 뒤집는 것이었다. 플레시 대 퍼거슨 사건은 흑인에 대한 사회적 차별은 차별이 아닌 구별일 뿐이며 평등의 문제와는 아무런 상관이 없다는, 이른바 '구별되지만 평등하다'는 원칙으로써 흑인 차별이 위헌이 아님을 밝힌 유명한 판례이다.

플레시 대 퍼거슨 판례의 번복을 발표하면서 얼 워런 대법원장은 흑백의 공공 교육시설이 따로 되어 있는 것은 명백히 위헌이라고 말하고, 모든 주가 가장 빠른 시일 내에 이를 시정할 것을 명령했다. 이렇게 해서 이른바 '학생 실어나르기'(busing)가 일부 주에서 시작되었다. 이는 흑인 또는 백인 밀집지역으로부터 학생들을 타 지역의 백인 또는 흑인 학교로 실어날라 한 교실 내에 흑인과 백인 학생들이 같이 앉아 공부하도록 하는 것을 말한다.

하지만 남부의 주들은 법원의 이런 결정과 명령을 거의 무시했다. 아이젠하워 대통령 역시 법이 수백 년의 관습을 하루아침에 갑자기 바꿀 수는 없을 것이라면서 대법원의 명령에 불복하는 주정부에 특별한 압력도 가하지 않았다. 1950년대 말에 이르기까지 흑백 통합학교를 다닌 흑인 아동들은 전체의 1%에 불과했다.

그럼에도 불구하고 브라운 대 교육위원회 사건에 대한 대법원의 판결은 흑인 인권 신장의 중요한 전기를 마련했다. 1957년에 제정된 시민권 규약은 흑인들의 유권자 등록과 투표 행위를 교묘한 수단으로 방해하는 관리들에게 법무장관이 이의 시정을 위한 강제 명령을 내릴 수 있도록 했다. 또한 동 법에 의거 법무성 산하에 흑인 인권 신장과 흑백 차별 철폐 문제를 다루는 시민권 위원회와 실무 담당 부서가 설치되었다.

이런 분위기 속에서 흑인들 사이에도 정당한 대접을 받기 위해 스스로 나서고 수백 년된 흑백 차별의 사회적 관습에 용기 있게 도전해보려는 움직임들이 일기 시작했다. 그 중에서도 로자 파크스라는 한 여인의 용기 있는 행동은 1960년대 절정을 이룬 흑인 민권운동의 선구와도 같은 것이었다.

로자 파크스가 살던 앨라배마주 몽고메리에서는 오랫동안 버스 좌석이 흑백으로 나뉘어 있었다. 1955년 12월 1일, 한 버스에 올라탄 로자 파크스는 백인만 앉을 수 있는 맨 앞좌석에 자리를 잡았다. 운전사와 승객들이 자리를 옮기라고 말했으나 움직이지 않았다. 로자 파크스는 곧 경찰에 체포되었다.

때마침 흑인 인권신장 문제가 민감한 사안으로 떠오르던 시점에서 이 사건은 전국적으로 큰 파장을 몰고 왔다. 곳곳에서 로자 파크스의 행동을 지지하고 흑백 차별의 철폐를 외치는 시위와 항의가 잇달았다. 몽고메리 거주 흑인들은 젊은 목사 마틴 루터 킹의 지도 아래 시내버스 안 타기 운동을 조직적으로 전개하기 시작했다. 흑인들이 시내버스 타기를 거부하고 삼삼오오 짝을 지어 시내와 교외의 길을 걸어가는 모습이 텔레비전으로 전국에 방영되었다.

미국흑인지위향상협회(NAACP)와 흑인 민권운동가들이 로자 파크스 사건을 법의 심판대로 끌고 갔다. 이 미묘한 사건에 대해 연방 대법원은 1년 후 버스 내에서의 흑백 구별이 위헌이라고 선고했다. 흑인들은 크게 고무되었다. 지금까지 난공불락으로 여겨졌던 인종 차별의 벽이 자신들의 평화적이고 합법적인 노력으로 무너질 수 있음을 발견한 것이다. 이 노력을 성공적으로 이끈 킹 목사가 하루아침에 전국적 인물로 부상했고 그를 중심으로 1960년대 미국에서는 흑인 민권 신장 운동의 거센 물결이 일어 흑인의 지위 향상에 획기적 전기가 마련되었다. 이 모든 것이 로자 파크스라는 한 여인에게서 비롯된 것이니, 개인의 작은 용기가 때로는 역사의 거대한 물줄기를 뒤바꿀 수 있는 위대한 힘이 될 수도 있는 것이다.

핵전쟁 위기일발:
쿠바 미사일 위기
(1962년)

그때 세계는 –
1961년 한국, 5 · 16 군사쿠데타 발생
1962년 중국 · 인도 국경분쟁 악화

1960년 존 F. 케네디의 대통령 당선은 하나의 작은 혁명이었다. 전임 대통령 아이젠하워는 인기는 있었지만, 사람들은 지금까지 보아왔던 노회한 정치가, 그리고 그들이 하는 낡은 정치에 조금씩 싫증을 내고 있었다. 이런 분위기에서 새로운 개척정신(New Frontier)을 외치는 젊고 잘 생긴 대통령 후보에 미국인들은 열광했고 이런 지지를 바탕으로 대통령에 당선된 케네디 역시 미국의 정치에 새로운 활력을 불어넣기 위해 노력했다. 하지만 그의 열정에도 불구하고 그의 정치적 능력을 의심받게 한 의외의 사건이 발생했다.

1961년 4월 케네디는 공산주의자 카스트로가 혁명으로 정권을 잡은 쿠바에 대한 은밀한 침공 계획을 허락했다. 이른바 피그만 사건으로 불리는 이 계획은 무참히 실패했고, 케네디 행정부는 도덕성에 큰 상처를 입었다. 더불어 미소 관계가 이 사건으로 크게 악화되었다. 1961년 6월에 있었던 케네디와 흐루시초프의 회담에서 흐루시초프가 보여준 위협적 태도는 이들의 사이를 더욱 나쁘게 만들었고, 이런 불편한 관계는 소련이 쿠바에 장거리 공격용 미사일 기지를 건설하려 한 1962년 10월에 최악의 사태로 발전했다.

쿠바 미사일 위기는 1962년 10월 어느 날 케네디 대통령이 아침 식사를 하고 있을 때 시작되었다. 국가안보담당 보좌관 맥조지 번디가 소련이 쿠바에 핵미사일 기지를 건설하고 있다는 CIA의 정보를 알렸다. 소련의 그러한 움직임은 당시 몇 주일 동안 정가와 언론가에 소문으로만 떠돌고 있었다. 그러나 번디가 가져온 CIA 항공사진에는 미사일 기지의 여러 시설물과 건설 장비가 선명하게 찍혀 있었다. 전문가들은 일주일 내에 그 기지가 작동 가능하며, 이는 미국에 심각한 안보 위협이 될 수 있다고 평가했다.

그날 오전 케네디 대통령은 긴급 국가안보회의를 소집했다. 여기에서 맥나마라 국방장관을 비롯한 대다수 참모들이 소련이 쿠바에 핵무기와 미사일을 들여오지 못하도록 해군력을 동원해 쿠바 해안을 봉쇄할 것을 건의했다. 이는 미국 해군이 소련 선박을 정지시켜 무기 탑재 여부를 검색하는 것을 의미했으며, 경우에 따라 심각한 무력 충돌 상황으로 치달을 수 있는 가능성을 내포하고 있었다. 케네디는 전쟁의 위험성에도 불구하고 미국의 뒷마당에서 소련이 위험한 장난을 계속하도록 방치할 수는 없다고 생각했다. 10월 22일 케네디는 방송을 통해 쿠바를 봉쇄할 것이라는 사실을 전 세계에 알렸다.

소련은 당황했다. 미국이 반발할 것은 예상했지만 그렇게 즉각적으로 대응하리라고는 생각지 못했던 것이다. 소련 정부는 쿠바의 미사일 기지는 방어용일 뿐이며 공격용 장거리 미사일이나 핵무기가 이곳에 배치되지는 않을 것이라고 말했다. 그러나 이러는 동안에도 기지 건설은 가속화되었고 핵무기를 탑재한 것으로 의심되는 소련 선박이 쿠바에 점점 가까이 다가오고 있었다.

긴장이 고조되어 감에 따라 군에는 비상 사태가 선포되었다. 10월 26일 쿠바를 향해 항진하던 소련 선단이 속도를 늦추었다는 소식이 전해지면서 사태가 평화적으로 해결될 것이라는 전망이 나돌았다. 그러나 미사일 기지 건설 사업은 조금도 속도를 늦추지 않았다.

같은 날 TV 뉴스에서는 미국이 쿠바를 침공하지 않겠다는 약속만 한다면 소련은 기지 건설을 포기할 것이라는 소련 정부의 비공식 발표가 보도되었다. 뉴스 방영 2시간 후 소련의 흐루시초프 서기장으로부터 케네디 대통령 앞으로 전보가 날아들었다. 여기서 그는 미국이 쿠바의 항구 봉쇄를 해제하

쿠바 위기를 빚은 두 주역. 미·소 양대국 정상인 케네디와 흐루시초프가 1961년 빈에서 열린 정상회담에서 악수를 나누는 장면. 1년 뒤 이 둘은 인류의 공멸을 가져올지도 모를 핵전쟁 도박을 벌였다.

고 쿠바를 침공하지 않겠다는 것을 약속한다면 소련도 쿠바로부터 손을 뗄 용의가 있음을 밝혔다.

그러나 다음날 두 번째 전보가 도착했다. 소련이 쿠바에서 철수하는 조건으로 미국이 터키 내 나토 군사 기지를 철수시켜야 한다는 새로운 요구 조건이 포함되어 있었다. 케네디는 그러한 소련의 압력에 절대 굴복할 수 없다고 생각하고 쿠바 봉쇄와 미사일 기지에 대한 정찰 활동을 더욱 강화했다. 이 와중에 미국 정찰기 한 대가 쿠바 상공에서 격추되고 핵무기를 탑재한 것으로 여겨지는 소련 선박이 봉쇄망을 치고 있는 미 해군 함정들의 코 앞까지 다가왔다. 바야흐로 미·소간 무력 대결이 임박한 듯했다.

정부 내 강경론자들은 소련의 도발을 기다릴 것도 없이 미국이 쿠바 미사일 기지를 선제 공습할 것을 주장하기도 했다. 그러나 소련과의 전면전을 우려한 케네디 대통령은 이런 건의들을 묵살하고 소련과 최후의 담판을 시도했다. 미국의 입장은 두 개의 전문 중 첫 번째 전문에서 제시된 조건만을 수용할 수 있다는 것이었다. 이런 내용을 담은 케네디 대통령의 전문이 흐루시초프 서기장에게 전달되었다.

공은 이제 소련에게 넘어갔다. 미국의 제의를 받아들여 사태를 평화적으로 해결할 것인가, 아니면 전면전의 위험을 무릅쓰고라도 강경하게 나가 미국의 양보를 얻어내야 할 것인가. 결국 흐루시초프는 굴복했다. 10월 28일 흐루시초프는 쿠바 미사일 기지의 폐쇄와 소련 무기의 철수를 약속하고 미국 관리들이 기지 폐쇄 상황을 감시하도록 허용하는 내용의 발표를 했다. 약속대로 기지 내 미사일 시설이 제거되었고 미국의 쿠바 해상 봉쇄도 해제되었다. 이렇게 해서 전 세계를 공포에 떨게 한 2주간의 핵전쟁 위기가 무사히 해소되었다.

쿠바 사태는 미국이 국력의 절정에서 전 세계에 미국의 힘이 어떤 것인지를 행동으로 보여준 상징적인 사건이었다. 앞서 쿠바에서의 군사 작전 실패로 위신을 구겼던 케네디 대통령에게는 그야말로 구세주였다. 그의 인기는 하루아침에 하늘을 찌를 듯 치솟았고 자유, 민주, 인권의 미국적 가치에 대한 자긍심과 애국심의 물결이 다시 한 번 전국을 휩쓸었다.

흥미로운 사실은 위기가 해소되면서 미소 관계가 오히려 크게 좋아졌다는 점이다. 미국과의 힘의 대결에서 열세를 뼈저리게 절감한 소련은 당분간 대미 강경노선을 포기할 수밖에 없었고, 미국 역시 소련을 상대로 이런 위험한 도박을 다시 벌이고 싶지는 않았다. 위기의 재발을 막기 위해 백악관과 크렘린 사이에 직통전화, 이른바 '핫라인'이 개설되었다. 이렇게 시작된 대화 분위기가 10년 후 데탕트라는 동서 진영간 부분적 화해로 이어졌음은 우리가 잘 아는 사실이다.

댈러스의 총탄,
못 다 핀 미국의 희망:
케네디 암살 (1963년)

그때 세계는 -
1962년 한국, 김종필 · 오히라 메모 합의
1963년 아프리카 통일기구(OAU) 결성

영웅은 극적인 죽음으로 인해 더욱 영웅이 된다. 링컨이 그랬고, 미국의 새로운 영웅 케네디가 그랬다. '뉴 프론티어', 곧 새로운 개척정신을 외치며 일약 미국의 희망으로 등장한 케네디는 꿈을 채 펼쳐보기도 전에 어디선가 날아온 두 발의 총탄에 목숨을 잃고 말았다.

1917년 매사추세츠주 브루클린에서 금융업자 조셉 케네디의 4남 5녀 중둘째로 태어난 존 F. 케네디는 처음에는 그의 형 조셉 2세의 그늘에 가려 있었다. 조셉은 하버드 대학과 법학 대학원을 졸업하고 일찍부터 정치에 뛰어들어 젊은 나이에 이미 미국의 미래를 이끌 지도자 가운데 한 사람으로 각광을 받고 있었다. 존 역시 형의 뒤를 이어 하버드 대학에 진학하여 국제정치학을 공부했다. 1940년 대학을 졸업하면서 제2차 세계대전 직전 영국의 대독일 유화 정책을 비판한 학위 논문을 제출했는데, 이 논문은 후일《왜 영국은 잠들었는가》라는 제목으로 정식 출판되어 국제정치학 분야의 베스트셀러가 되었다.

제2차 세계대전 중에 존은 해군 장교로 태평양 전쟁에 참전했는데 전투중 그의 배가 일본군 구축함의 공격을 받아 격침되고 말았다. 케네디는 등에

케네디 암살 사건. 저격받기 직전의 케네디(1963. 11. 27.), 케네디가 저격당하는 순간 재클린의 요청으로 차에 뛰어오른 경호원, 알링턴 국립묘지의 케네디 묘, 체포된 범인 오스월드가 저격당하는 순간(위에서부터 시계방향으로).

중상을 입었음에도 불구하고 부하들이 무사히 탈출하는 것을 지켜보고 마지막으로 배를 빠져나왔다. 이 공로로 그는 무공훈장을 받았다.

부상 치료를 위해 보스턴의 한 병원에 입원하고 있을 때 또 하나의 나쁜 소식이 전해졌다. 역시 공군 장교로 유럽 전투에 참전했던 형 조셉이 폭탄 투하 임무를 수행하던 중 사망한 것이다. 이제 케네디 가의 희망은 동생 존에게로 옮아갔다.

1946년 케네디는 보스턴에서 연방하원 선거에 출마했다. 사람들은 그의 당선 가능성이 매우 희박하다고 보았으나 참모들의 헌신적 도움과 열정적 유세에 힘입어 뜻밖의 승리를 거두었다. 여세를 몰아 그는 1952년 35세의 나이로 상원의원에 도전, 공화당의 현역 상원의원 헨리 롯지를 밀어내고 역사상 최연소 상원의원이 되었다. 의회에서 그는 빛나는 의정 활동으로 실용적 자유주의자로서의 정치적 입지를 확보했다. 이미 유명 인사였던 그는 1953년 재클린 부비에라는 미모의 여기자와 세기의 결혼식을 올려 다시 한번 세간의 화제를 불러일으켰다.

1958년 압도적 표차로 상원의원에 재선된 그는 드디어 대통령에 출마하겠다는 선언을 했다. 당시 그가 민주당 대통령 후보로 지명받는 데에는 두 가지 장애가 있었다. 하나는 너무 젊다는 것이고 다른 하나는 가톨릭 신자라는 것이었다. 하지만 그의 젊고 참신한 면이 오히려 장점으로 작용해 민주당 대통령 후보로 지명되었고, 이어 본선에서도 노회한 공화당의 닉슨 후보를 물리치고 미 역사상 최초의 가톨릭교도 대통령, 최연소 대통령이 되었다.

케네디의 취임 연설은 오늘날까지도 사람들 입에 오르내리는 명연설이다. "조국이 나에게 무엇을 해 줄지 묻지 말고 내가 조국을 위해 무엇을 할 수 있는지를 물어라"라는 구절이 잘 알려져 있지만 사실 그의 취임연설은 주로 대외정책에 대한 그의 새로운 계획을 밝히는 데 할애되었다. 취임 후 몇 주일 만에 그는 '평화봉사단'과 '진보를 위한 동맹'의 창설을 제안했다. 이 둘은 모두 후진국에 대한 미국의 새로운 원조 정책에 관계된 것이었다.

피그만 사건은 그에게 일시적으로 정치적 타격을 안겨주었다. 그러나 쿠바 위기를 성공적으로 수습하면서 그의 인기는 단숨에 회복되었다. 1963년에는 미국 주도의 핵실험 금지 조약을 성사시켰고, 공산주의의 위협이 커지는 인도차이나에 대해 군사적 개입을 확대하기 시작했다. 그의 외교 정책은 여론의 절대적 지지를 얻었다.

그는 국내적으로도 여러 혁신적인 정책들을 추진했다. 교육에 대한 연방정부의 지원을 확대하고 저소득층을 위한 국민의료보험 제도를 시작했으며 흑인과 여성의 인권 신장을 위한 여러 획기적 조치들을 단행했다. 여기 대해 의회가 제동을 걸고 나오자 그는 자신의 의도를 관철시키기 위해서는 다음 선거에서 압도적 승리를 거두는 방법밖에 없다고 생각했다. 1963년 11월 텍사스로의 선거 유세 여행은 이런 목적에서 계획된 것이었다.

1963년 11월 22일 금요일 오후, 텍사스주 댈러스. 무개차를 타고 환호하는 군중 사이를 지나가던 그는 리 오스왈드가 쏜 총탄에 머리를 맞아 사망했다. 오스왈드는 현장에서 즉각 체포되었으나 이틀 후 그는 또 다른 암살자의 손에 살해되었다.

온 나라, 아니 전 세계가 엄청난 충격에 휩싸였다. 사람들은 다만 한 사람의 젊고 유능한 인물을 잃은 것이 아니라 미국의 희망, 미래에 대한 평화와 진보의 이상을 함께 잃었다고 생각했다. 그의 사후 미국이 베트남전과 경기 침체의 늪에 빠져 들면서 이 위대한 지도자를 잃은 사람들의 아쉬움은 더욱 컸다. 그의 동생이자 역시 촉망받는 정치가였던 로버트 케네디가 형의 뒤를 이어 1968년 대통령 선거에 출마했으나, 역시 유세 도중 암살자의 손에 희생되고 말았다. 이로써 그의 네 형제 중 막내 테드를 제외한 세 명이 불행하게 생을 마감했다. 그의 형제, 자매, 조카들 가운데 많은 이들이 정치가, 법률가, 사업가 등으로 명성을 쌓았고 사람들은 케네디 가문을 선망해 마지않았다. 그러나 명성 못지않게 각종 사고와 질병 등으로 불행한 삶을 살다 간 이들도 많았다. 사람들은 이를 '케네디 가의 비극'이라 불렀다.

그의 암살 직후 사건의 진상을 규명하기 위해 설립된 특별조사위원회는 오랜 조사와 심리 끝에 암살자 오스왈드의 단독 범행이라는 결론을 내렸다. 그러나 아직도 많은 사람들은 케네디의 암살에 어떤 음모가 있었다고 믿고 있다. 마피아의 소행이다, 소련의 짓이다, 심지어는 미 중앙정보부(CIA)가 개입되어 있다는 등, 오늘날까지도 확인되지 않은 여러 가지 소문이 떠돌고 있다. 그의 장례식에는 세계의 거의 모든 국가가 조문 대표를 보냈고 시신은 알링턴 국립묘지에 안장되었다.

나에게는 꿈이 있습니다:
인권운동과
사회변혁운동 (1960년대)

그때 세계는 -
1967년 중동전쟁 발발
1968년 핵확산방지조약 조인

1960년대 미국 사회는 혼란과 동요의 시기였다. 젊은이들이 도덕적 가치를 재창조하고 정의로운 사회를 건설하고자 했던 이상주의의 시기이면서 동시에 암살, 폭력시위, 시위진압 경찰과 군의 잔혹 행위들을 목격할 수 있었던 시기였다.

오늘날까지도 계속되고 있는 많은 부문에서의 사회변혁운동이 1960년대를 거치면서 시작되었다. 여권신장운동이 그 뿌리를 이 시기에 두고 있으며, 흑인들도 이때부터 권리신장을 위해 본격적으로 행동으로 나서기 시작했다. 이런 운동의 최전선에는 언제나 대학생으로 상징되는 젊은이들이 있었다.

하지만 1960년대 젊은이들의 반란은 정치적 문제에만 국한된 것은 아니었다. 성, 의복, 머리 모양, 그리고 음악에 대한 기존의 모든 가치들에 그들은 도전했다. 새로운 삶의 방식을 창조하려는 몸부림 속에서 젊은이들은 마약을 하고, 청바지를 입고, 머리를 기르고, 비틀스에 열광했다. 애비 호프만과 제리 루빈이 주도한 '국제청년단' 곧 '이피즈'(Yippies, Youth International Party) 운동이 미국 사회의 물질주의를 비판하고 젊은이들로 하여금 정치, 사회적 항의의 대열에 설 것을 촉구했다. 1969년 뉴욕 우드스탁에서 열린 록 페스티

벌에는 무려 40만 명이 넘는 젊은이들이 미 전역과 세계 각지에서 몰려들어 사흘 동안 광란의 축제를 벌였는데, 이는 1960년대 청년운동의 절정과도 같은 것이었다.

이런 정치, 사회적 분위기에 힘입어 여성들이 행동에 나섰다. 시민운동과 학생운동에 참여해 권리 주장을 체험한 여성들이 여성에 대한 사회적 차별의 철폐를 주장하며 거리에 나선 것이다. 미국 내 여성의 지위가 비록 다른 나라들에 비해 그래도 나았던 것은 사실이지만, 그래도 여성은 가정과 직장과 사회에서 남성에 비해 훨씬 불공정한 대우를 받고 있었다. 기업들은 여성 채용을 기피하고 여성들에게 훨씬 적은 임금을 지불하고 승진의 기회를 제한했다.

초기 여성운동 지도자 중 하나인 베티 프리던은 1963년에 펴낸《여성의 신비》라는 책에서 제한적이고 자아 실현의 여지도 없는 가정주부로서의 역할이 미국의 여성들을 극도의 정신적 불만 상태로 몰아가고 있다고 주장했다. 1966년에는 그녀와 몇 명의 여성 운동가들이 모여 전국여성동맹(NOW)이라는 여성운동 단체를 결성했다. 이 단체가 주동이 되어 여성에 대한 공정한 임금과 고용기회 보장, 낙태 합법화, 탁아 시설의 확충, 그리고 남녀평등을 위한 관련 법률 개정 운동이 불길처럼 퍼져 나갔다. 결혼과 더불어 '……의 부인'이 되고 마는 처지에 불만을 느낀 여성들이 스스로를 '미즈'(Ms.)라는 중립적 호칭으로 부르기 시작했다.

물론 모든 여성들이 이를 지지하지는 않았다. 많은 여성들은 여성해방운동이 가사노동을 하는 가정주부를 너무 평가절하하고 있다고 생각했다. 그럼에도 불구하고 1960년대 미국 사회는 가정과 직장에서 벌어진 이런 여성해방운동에 큰 영향을 받았다. 1964년의 시민권법이 성에 기초한 차별을 금지시킨 것은 여성운동이 이룩한 대표적 성과였다.

1960년대 시민권 운동의 또 한 주류는 흑인의 지위와 관련된 것이다. 여권신장운동의 성공은 흑인들의 기대 수준을 한껏 높여 주었으나 미국 사회의 흑인에 대한 편견과 불신은 여성에 대한 그것과는 비교할 수 없을 정도로 뿌리가 깊었다. 깊은 좌절감 속에서 흑인들은 좀 더 과격한 방식으로 그들의 요구와 불만을 표출하기 시작했다. 1965년 로스앤젤레스에서 흑인 폭동이 일어나 30여 명이 사망하고 약탈과 방화가 엿새 동안이나 계속되었다. 유사한 폭동이 뉴욕과 시카고를 비롯한 전국 여러 도시로 확산되었다.

흑인인권운동의 방향을 두고 급진파와 온건파간에 심각한 노선의 갈등이 빚어졌다. 학생비폭력조정위원회(SNCC)의장 스토클리 카마이클, 또 다른 흑인 과격 집단 흑표범(Black Panthers)의 지도자 휴이 뉴턴이 급진파의 선두에 섰다. SNCC의 카마이클은 흑인 인권신장운동에 백인들을 일체 배제시킬 것과 운동의 방향을 평화적인 시위에서 좀 더 직접적이고 폭력적인 수단으로 전환할 것을 주장했다. 심지어 휴이 뉴턴은 한 걸음 더 나아가서 "권력은 총구로부터 나온다"는 마오쩌둥의 말을 인용하며 흑인의 무력 투쟁을 촉구했다.

그러나 1960년대 흑인인권운동의 지도적 인물은 역시 마틴 루터 킹 목사였다. 로자 파크스 사건 때 흑인들의 버스 안 타기 운동을 주도해 일약 흑인인권운동의 기수로 등장한 그는 이후 남부 기독교지도자 회의(SCLC)를 이끌면서 간디의 비폭력주의에 바탕을 둔 평화적 흑인인권운동을 전국에 확산시켰다. 링컨의 노예해방 선언 100주년을 기념해 1963년 8월 수도 워싱턴에서는 전국에서 수십만 명의 흑인이 모여 건국 이래 최대 규모의 흑인시위를 벌였다. 여기에서 킹 목사는 "나에게는 꿈이 있습니다."(I have a dream)라는 명연설을 남겼고 사람들은 흑인 영가 〈우리 승리하리라〉를 합창하며 워싱턴의 중심가를 행진했다.

킹 목사의 흑인인권운동은 수백 년 동안 흑백 차별의 관행에 익숙해 있던 미국 사회에 이제 거역할 수 없는 현실로 다가왔다. 1964년 1월에 〈타임〉 지는 킹 목사를 올해의 인물로 선정했고, 그해 말에는 흑인인권신장에 대한 공로로 노벨 평화상을 수상했다. 국내에서는 흑인에 대한 모든 정치, 사회적 차별 철폐를 규정한 1964년의 시민권법이 의회를 통과해 흑인인권신장의 획기적 전기가 마련되었다.

미국의 베트남전 개입으로 킹 목사의 흑인인권운동은 새로운 도전에 직면했다. 그가 미국의 참전을 반대한다는 공식 입장을 발표하면서 미국 정부, 그

암살되기 1주일 전의 마틴 루터 킹 목사오른쪽에서 두 번째). 테네시주 멤피스에서 평등권을 위한 시위 현장에서 다른 민권 지도자들과 팔짱을 낀 채 행진하고 있다.

리고 흑인지위향상협회(NAACP)와 같은 보수 인권단체들조차 그에게 등을 돌렸다. 다른 한편으로는 흑표범, 말콤 엑스 등의 폭력투쟁론이 점점 흑인 젊은 이들의 마음을 사로잡아가고 있었다. 이런 상황에서 킹 목사는 워싱턴에서 또 한 번의 대규모 평화 시위를 계획했다. 그러나 행사 준비를 위해 동분서주하던 중, 1968년 4월 테네시주 멤피스에서 한 극렬 백인 우월론자의 손에 목숨을 잃고 말았다.

킹 목사의 암살에 격분한 흑인들은 전국의 대도시에서 무력 폭동을 일으켰다. 하지만 지도자가 사라진 상황에서 이들의 목소리는 갈수록 힘을 잃었고 연일 계속되는 폭동의 와중에 인종 갈등의 골은 깊어만 갔다. 그러나 킹 목사의 영웅적 투쟁은 많은 흑인들에게 그들의 가치를 새롭게 깨닫는 계기가 되었고 흑인들의 인종적 일체감과 단결을 가져왔다. 이런 자긍심과 단결을 바탕으로 흑인들은 더욱 활발히, 그리고 조직적으로 인권신장운동을 계속해나갔으며, 이런 노력에 의해 오늘날 흑인들은 적어도 법적으로는 백인들과의 완전한 평등을 보장받을 수 있게 되었다.

악몽의 전쟁,
수렁에 빠진 제국:
베트남 전쟁 (1964~1975년)

그때 세계는 -
1964년 프랑스 · 중국, 국교 수립
1967년 제3차 중동전쟁 발발
1973년 1차 오일 쇼크

베트남은 오랫동안 프랑스의 식민지였다. 제2차 세계대전 중 잠시 점령했던 일본이 물러가자 베트남에는 다시 프랑스 군대가 들어왔다. 베트남 민족주의자들과 공산주의자들은 곧 무력 독립 투쟁을 시작했고 1954년 드디어 프랑스를 몰아내는 데 성공했다. 그러나 기쁨도 잠시, 베트남은 민족주의적이고 친서방적인 남베트남과 공산주의적이고 친소적인 북베트남으로 나뉘었다. 마치 한반도에서 그랬던 것처럼 남북 베트남은 중립국 감시 하의 국민투표를 거부하고 내전의 긴 늪에 빠져들었다.

미국에 있어 베트남은 매우 중요한 전략 거점이었다. 만약 이곳이 공산화되면 인도차이나는 물론 남아시아 전체가 공산주의의 위험에 직면하고 미국의 대소 세계 전략 또한 결정적 타격을 입게 될 것이었다. 그래서 프랑스군이 물러가자마자 미국은 공산 게릴라의 공격에 시달리는 남쪽의 응오딘지엠 정권을 지원하기 시작했다. 이런 지원은 이미 아이젠하워 행정부 때 시작되었으며, 케네디가 암살될 즈음에는 이미 1만 6천 명의 미군이 베트남에서 군사 작전을 수행하고 있었다.

1964년 북베트남 수뢰정이 통킹만에서 미 구축함을 공격하는 사건이 발생

베트남, 1967. 미군의 제 1보병사단 전투원들이 헬리콥터에서 뛰어내리고 있다. 미국은 이 인기 없는 전쟁에 뛰어들어 1970년까지 4만여 젊은이들의 꽃다운 생명을 산화시켰다.

했다. 이 소식에 접한 미국 의회는 월맹의 미국에 대한 군사적 공격을 격퇴하고 이후의 공격을 사전에 차단하기 위해 필요한 조치들을 취할 수 있는 권한을 존슨 대통령에게 부여했다. 미국의 본격적인 베트남 참전이 시작된 것이다.

존슨 대통령은 즉각 대규모 전투 병력의 투입과 월맹의 군사 시설에 대한 폭격을 승인했다. 1965년 말에 이르기까지 18만 4천 명의 미군 병력이 베트남에 파견되었고 1968년에는 그 숫자가 무려 53만 8천 명에 이르렀다. 열대 정글에서의 전투를 효과적으로 수행하기 위해 네이팜탄, 고엽제 같은 비인도적 무기가 광범위하게 사용되었다. 그러나 압도적으로 우세한 화력과 병력을 가지고도 게릴라 전술로 맞서는 월맹군에 대해 미군은 결정적 승리를 거두지 못했다.

전쟁이 길어지고 사상자가 늘어나면서 국내에서 반전 여론이 거세게 일기 시작했다. 1970년까지 벌써 4만여 명의 미국인이 베트남에서 목숨을 잃었다. 반전 운동의 본거지는 대학이었다. 앨라배마, 캘리포니아, 뉴욕 등 전국의 대학에서 격렬한 반전 시위가 벌어졌고 시위 진압을 위해 출동한 군대와 시위대가 충돌 사상자가 발생하는 등 사태가 점점 악화되어갔다. 그러나 존슨 행정부는 군부와 정부 내 매파에 끌려 가망 없는 전쟁을 계속했다. 미국은 점점 베트남전의 수렁에 깊이 빠져들고 있었다.

마침내 미국 국민들은 1968년 대통령 선거에서 베트남전의 조기 종식을 공약으로 내건 공화당의 리처드 닉슨 후보를 당선시켰다. 그의 승리는 국민들이 이제 베트남에서의 무모한 전쟁을 더 이상 원치 않고 있다는 명백한 증거로 받아들여졌다. 닉슨은 취임하자마자 베트남전의 종식을 위해 미군의 단계적 철수와 국제 감시 하의 총선을 월맹 정부에 제안했다. 그러나 승리를 예감한 월맹 정부가 미군의 무조건 철수만을 고집해 닉슨의 노력은 난관에 봉착했다. 국내에서는 반전론자들이 연일 대규모 집회를 벌이며 닉슨에게 압력을 가해 왔다. 진퇴양난에 빠진 닉슨 행정부는 한편으로 미군을 조금씩 철수하면서 다른 한편으로는 월남 정부에 대한 군사 지원을 강화하는 어정쩡한 정책을 계속했다.

1972년 대통령 선거가 다가오자 닉슨은 결국 중대한 결심을 하지 않을 수 없었다. 그해 2월 닉슨과 키신저 안보담당보좌관이 중공을 방문해 중국의 유엔가입과 양국간 비정치적 교류에 합의했다. 소련과도 같은 해 5월 전략무기제한협정(SALT)에 서명, 양국 관계 개선과 핵무기 통제에 중대한 진전을 이룩했다. 이른바 데탕트라는 동서 화해 시대가 시작된 것이다.

이런 분위기 속에서 미국과 월맹은 베트남전 종식을 위한 회담을 재개, 이해 10월 전쟁의 종식, 미군 철수, 전쟁 포로 송환에 합의했다. 대통령 선거를 바로 앞둔 시점에서 키신저는 미국과 월맹이 휴전에 합의했다고 발표했다. 닉슨이 대통령에 재선된 것은 물론이고 협상의 주역이었던 키신저와 월맹의 레둑토는 이에 대한 공로로 그해 노벨 평화상을 수상했다.

드디어 1973년 1월 27일 월남, 월맹, 그리고 미국 사이에 역사적인 종전 협정이 체결되었다. 협정은 남과 북 베트남 전역에 걸쳐 다음날 아침부터 효력을 갖는다는 것과, 모든 미군 병력의 조속한 철수, 베트남 내 미군 기지 폐쇄, 전쟁 포로 석방, 국제연합군의 휴전 감시 등을 규정했다. 북위 17도선이 재통일시까지 남북 베트남의 임시 경계선으로 확정되었다. 이에 따라 미국 의회는 그해 8월부터 인도차이나 반도에서 미국의 군사적 행동을 일체 금지했고, 1973년 말까지 거의 모든 미군이 베트남에서 철수했다.

그러나 불행하게도 남북 베트남간의 전쟁은 계속되고 있었다. 미군이 철수하자 공산군의 공세가 더욱 강화되었고 1974년에 이르러 베트남 정부는 더 이상 수비가 불가능해진 북쪽의 전초 기지들을 포기해야만 했다. 1975년 1월 월맹군의 대공세가 시작되어 4월에는 남베트남의 북쪽 절반이 공산군의 수중에 넘어갔다. 사이공 함락이 임박하면서 미국인들은 해로와 공로를 이용해 황급히 월남을 탈출했다. 티우 대통령은 타이완으로 도주했다.

4월 30일 남베트남 정부는 드디어 무조건 항복을 선언했고 북베트남 공산군은 아무런 저항도 받지 않고 사이공에 진입했다. 곧 임시 혁명 정부가 들어서 토지 개혁, 반혁명 분자 숙청을 단행했다. 이듬해인 1976년 7월 2일 하노이를 수도로 하는 통일 베트남 사회주의 공화국이 정식 출범했다.

사실 월맹의 승리는 1973년 휴전 협정 발표 때 이미 예고된 것이나 마찬가지였다. 미군이 떠난 후에도 휴전 협정이 준수될 것이라고 믿은 사람은 거의 없었다. 베트남에서 어떤 사태가 벌어지든 미국이 다시 개입하는 것은 사실상 불가능했기 때문이다. 미국 역시 이 점을 잘 알고 있었다. 그럼에도 불구하고 협정에 서명한 것은 단지 베트남에서 발을 빼기 위한 명분을 얻기 위해서였다.

장기간에 걸친 베트남 전쟁은 관련된 모든 국가들에 가혹한 희생을 가져다 주었다. 베트남 정부군 25만 명이 사망하고 60여만 명이 부상했다. 월맹의 경우는 희생이 더욱 커 90만 명의 군인이 사망하고 200만 명이 부상당했다. 수백만 명의 민간인들이 폭격과 기타 전쟁과 관련된 살상 행위로 목숨을 잃었다. 네이팜탄 폭격과 고엽제 살포로 전 국토가 거의 황폐화되고 말았다.

한편 미국은 4만 7천 명의 미군이 작전 중 사망하고, 30만 명이 부상당하는 인적 피해를 입었다. 10년간 전쟁을 치르는 데 무려 2천억 달러의 돈이 들었다. 그럼에도 불구하고 결과는 참담한 패배였다.

이 '인기 없는 전쟁'은 여러 면에서 미국 현대사의 한 획을 긋는 대사건이었다. 무엇보다 아시아의 한 소국을 상대로 전쟁에서 졌다는 사실은 미국이 더 이상 세계의 초강대국이거나 자유 세계의 경찰이 아니라는 사실을 전 세계에 알리는 것이었다. 말하자면 베트남 전쟁의 패배와 함께 미국의 '좋았던 시절'도 끝이 난 것이다.

오늘날까지도 많은 미국인들은 미국의 베트남 참전이 중대한 실수이고 국력의 쇠락을 가져온 결정적 계기가 되었다고 말한다. 제2차 세계대전과 한국전 참전 용사들이 아직도 이를 자랑스럽게 이야기하고 미국의 참전을 기념하기 위해 수도에 화려한 기념비가 서 있지만, 베트남에서 부상한 수많은 미국인들은 그들의 애국 행위를 인정받지 못하고 사회의 밑바닥을 전전하며 미국의 아픈 상처를 건드리고 있다.

사회 최후의 양심:
반전 학생 시위
(1964~1973년)

그때 세계는 −
1972년 한국, 7 · 4 남북공동성명 발표
1973년 베트남 평화협정 조인
1973년 제4차 중동전쟁

미국에서 학생 시위는 오랜 역사를 자랑한다. 기록을 보면 1766년 하버드 대학에서 최초의 시위가 발생한 것으로 되어 있다. 이후로 대학 교정에서의 학생 시위는 하나의 관례처럼 되어 버렸는데, 대부분은 하찮은 문제들에 대한 소동이고 일상적 삶의 지루함에서 벗어나려는 학생들의 가벼운 몸짓에 불과한 것들이었다.

아무튼 대학들은 오랫동안 이상주의적 자극의 원천이었다. 1830년대에 들어서면서 노예제도 폐지 운동이 학생들을 사로잡기 시작했다. 남북전쟁이 일어나기까지 북부와 남부의 많은 대학들에서 노예제도 철폐를 위한 학생 시위가 잇따랐다.

제1차 세계대전 중 대학 캠퍼스는 평화 운동과 반전 운동의 강력한 진원지였다. 전쟁이 끝나고 잠시 평화가 찾아왔지만 대공황에 의한 경제적 사회적 불안은 학생들을 노동조합 운동과 루스벨트 대통령의 뉴딜 정책으로 끌어갔다. 일부 대학생들은 공산당과 기타 좌익 단체에 가담하여 활동을 벌이기도 했다. 1934년에는 영국을 근거지로 하는 '옥스포드 운동'이 미국 캠퍼스에 몰아쳐 수천 명의 미국 대학생들이 어떠한 전쟁, 심지어는 조국 수호를

즉결처분. 베트콩 혐의를 받은 한 여인이 베트남 경찰에 의해 현장에서 처형되는 장면. 이 같은 광범한 인권 유린이 자행된 미국의 베트남 참전은 줄기찬 반전 운동을 불러일으켰다.

위한 전쟁에도 참가하지 않겠다는 서약을 했다.

1960년대에 이르러 남녀 대학생들이 대규모로 시민권 운동과 반전 운동에 동참하면서 학생운동은 또 하나의 분수령을 만나게 된다. 1964년 시민권 법안이 의회를 통과하는 데에는 학생 주도의 대규모 농성, 시가행진, 흑인 투표 참여 확대 운동 등이 결정적 역할을 했다. 이런 활동들은 대부분 학생 비폭력 조정위원회(SNCC)라는 전국적 학생 조직이 주도했다.

1965년에서 1968년 기간에 베트남 전쟁이 고조되면서 학생들은 미국의 전쟁 개입을 반대하는 운동을 대규모로 벌이기 시작했다. 최초의 학생 시위는 1964년 가을 버클리 대학에서 있었다. 일부 학생들이 언론자유운동(FSM)이라는 반전 서클을 결성하고 대학건물을 점령하는 등 격렬한 반전 시위를 벌였다. 교내로 진입한 경찰이 주동자들을 체포하고 시위를 강제 해산시키기까지 극심한 혼란 상태가 두 달이나 계속되었다. 이것은 단지 더 큰 혼란의 시작을 의미할 뿐이었다. 유사한 학생 시위가 급속히 전국적으로 확대되어 나갔다.

이런 반전 시위가 벌어지고 또 그것이 널리 학생들 사이에 공감을 얻을 수 있었던 이유는 무엇인가? 많은 학생들은 미국의 베트남전 참전이 명분도 없고 비도덕적인 행위라고 믿었다. 심지어 지성의 상징인 대학들조차 전쟁과 관련된 연구 사업에 경쟁적으로 참여하여 정부의 비도덕적인 행위에 동참하고 있었다. 가난하고 힘이 없는 사람들만이 전장에 끌려가고, 부유한 사람들은 징집을 기피하며 살아가는 사회적 비리에도 학생들은 분노했다. 여기에 시민권 운동에 참여한 많은 학생들이 인권 문제로부터 벗어나 운동의 새로운 명분과 방향을 찾고 있었다. 베트남전이 바로 그 새로운 명분을 제공했다. 학생운동 지도자들은 '민주 사회를 위한 학생연합'을 조직하고, 토론회와 농성 시위 등을 통해 학생들의 참여를 유도했다.

1968년 컬럼비아 대학의 반전 시위는 1960년대 말 학생 운동의 한 획을 긋는 중요한 사건이었다. 민주사회를 위한 학생연합과 흑인 학생들은 다섯 대학의 건물을 점거하고, 대학의 비밀 군사 연구 및 대학 내 소수민족 정책과 관련된 자신들의 요구가 수용되지 않는 한 절대 물러서지 않을 것이라고 선언했다. 점거 8일째 그레이슨 커크 총장이 경찰에 협조를 요청했다. 출동한 경찰은 항의하는 학생들뿐 아니라 무고한 사람들까지 곤봉으로 마구 폭행하고 700여 명을 체포했다.

이 사건 이후 전국에서 학생들의 폭력 시위가 더욱 격화되었다. 이런 학생들의 노력이 전쟁을 종식시키지는 못했지만 적어도 많은 대학에서 학교 운영 방식을 획기적으로 바꾸는 데는 성공했다. 학생들은 교과목 선정 등 캠퍼스 내 주요 사안들에 있어 좀 더 강력한 발언권을 행사할 수 있게 되었고, 소수민족에 대한 정책도 그들에게 좀 더 공평하고 다양한 기회를 제공하는 방향으로 개선되어 갔다.

학생들의 반전 운동은 1970년 미국의 캄보디아 내전 개입과 더불어 절정에 달했다. 시위는 더욱 격렬해지고 폭력이 동반되는 일도 잦았다. 1970년 5월 4일 오하이오주 켄트 주립 대학에서는 학생들이 학생군사교육단(ROTC) 건물을 사제폭탄으로 폭파하면서 격렬한 시위를 벌였다. 출동한 진압군의 발포에 의해 4명의 시위학생이 죽고 9명이 부상당하는 사건이 발생했다. 5월 15일에는 미시시피주 잭슨 주립 대학에서도 2명의 학생이 군대의 발포로 사망했다. 1970년 1학기에 학생들의 시위로 전국 448개의 대학 캠퍼스가 파괴되었으며 더 많은 수의 학교가 문을 닫고 학생들을 집으로 돌려보냈다. 이런 학원 소요는 1973년 베트남에서 미군이 철수하면서 비로소 잠잠해지기 시작했다.

사실 이 시기의 학생 운동은 미국에만 국한되지 않은 전 세계적 현상이었다. 사회의 마지막 양심을 자처하는 학생들은 전쟁, 기아, 인권 유린, 독재 등의 사회 문제에 대하여 이전의 수동적 태도를 버리고 행동으로 나섰으며, 그들이 기대했던 것보다 훨씬 많은 것을 성취할 수 있었다. '대학생들의 힘'(Students′ Power)이라는 말도 이때부터 나오기 시작했다.

이 시기 학생 운동에 대해서는 여전히 비판적인 평가가 일부 있는 것도 사실이다. 그러나 전쟁에 지치고 삶의 의미를 회의하는 많은 사람들에게 젊은 이들의 진보적 사고와 행동은 큰 자극제가 되었다. 히피, 록 음악과 더불어 학생 시위는 당시 미국 젊은이들의 이상과 낭만, 그리고 좌절을 상징한다. 대학에서 이상과 낭만이 사라지고 전쟁의 좌절도 경험하지 않은 오늘날의 '신세대' 미국 대학생들에게 학생 시위와 '학생의 힘'은 그저 먼 옛날의 추억일 뿐이다.

달세계 여행:
인류의 달 착륙
(1969년)

그때 세계는 −
1968년 핵확산방지조약 조인
1968년 체코슬로바키아, 민주화 선언
1969년 한국, 3선 개헌안 국민투표로 가결

달나라에 가보고 싶은 인류의 꿈은 역사가 얼마나 오래된 것일까? 아마도 그것은 인류의 역사와 더불어 시작되었을 것이다. 그러나 이것은 어디까지나 꿈이고 아련한 향수일 뿐이지, 어느 누구도 사람이 정말 달에 갈 수 있다고 믿지는 않았다. 적어도 1961년 케네디 대통령의 아폴로 계획이 발표되기까지는.

사실 케네디 대통령이 1960년대 말까지 인류를 달에 보내겠다는 원대한 계획을 발표했을 때만 해도 이를 믿는 사람들은 그리 많지 않았다. 이제 겨우 초보적인 유인 우주선 발사에 성공했을 뿐인데, 사람을 달에 보내겠다고? 그러나 과학자들은 계획을 착착 진행시켰고, 케네디의 호언장담이 결코 잠꼬대가 아니었음을 증명해 보였다.

1968년 미 항공우주국(NASA)이 최초의 달나라 우주인을 공모했을 때, 신청자들이 그야말로 밀물처럼 밀려들었다. 결국 제비뽑기를 통해 닐 암스트롱, 버즈 올드린, 마이크 콜린스 세 사람이 행운을 잡았다. 1969년 7월 17일 이들이 탄 아폴로 우주선이 굉음을 일으키며 지구를 이륙했다. 텅 빈 우주를 사흘간 날아가 그들은 생명체라고는 찾아볼 수 없는 황량한 달나라 궤도에 진입했다.

드디어 7월 20일, 암스트롱과 올드린은 착륙선 이글호를 달 표면에 착륙시키는 데 성공했다. 6억의 지구인들이 TV로 이 역사적 장면을 지켜보는 가운데, 암스트롱이 착륙선의 문을 열고 달에 첫 발을 내디뎠다. 이것은 그의 말대로 "온 인류의 거대한 도약"이었다. 몇 분 뒤 올드린이 뒤를 이어 달 표면에 내려왔다.

이들이 달 표면에 꽂은 깃발은 "온 인류의 거보"를 상징하는 유엔기나 만국기가 아닌 미국 국기였다. 그렇지만 달 표면을 걷는 이들의 모습만은 그야말로 환상적이었다. 중력이 지구의 6분의 1에 불과하기 때문에 80킬로그램이나 되는 우주복을 입고도 그들은 마치 헤엄치듯 커다란 반원을 그리며 달 위를 달렸고, 그들의 발이 땅에 닿을 때마다 우산살 모양의 흙먼지가 피어올랐다. 그들이 지나간 땅에는 마치 덜 마른 시멘트 위를 걸은 듯 발자국들이 선명하게 남았다. 돌과 분화구가 널려 있는 달의 황량한 풍경, 그 뒤로 보이는 깜깜한 우주는 경이 그 자체였다.

암스트롱과 올드린의 뒤를 이어 모두 24명의 인류가 달에 다녀왔다. 그들 모두는 달나라에서 정말 신비한 체험을 했다고 말한다. 아폴로 8호의 우주인 빌 앤더스는 달 지평선 위로 지구가 떠오르는 것을 보며, 우주에서 지구와 인간이 얼마나 미미한 존재인가를 똑똑히 깨달을 수 있었다고 했다. 아폴로

달을 밟은 인류의 첫걸음. 1969년 7월 20일, 우주인 올드린이 달의 '고요의 바다'에 발을 내딛고 있다. 암스트롱은 "이는 한 인간에게는 작은 걸음이지만, 인류에게는 도약의 거보이다"라고 말했다.

14호의 에드 미첼은 "신은 바로 우주 안에 존재하는 이성"이라는 철학적 깨달음을 얻었다고 말했다. 아폴로 15호의 짐 어윈은 달나라에서 신의 존재를 절실히 깨달았다고 말했다. 그 뒤 20년 동안 그는 전 세계를 돌며 자신의 영적 깨

달음을 전파했다.

인류에게 무한한 꿈과 경이를 안겨준 인류의 달 착륙. 그러나 무엇 때문인지 미 항공우주국은 더 이상 달에 사람을 보내지 않는다. 달에 대한 인류의 환상과 동경이 달 착륙으로 깨어져버린 때문일까? 아니면 실제로 가보니 달에 쓸 만한 것들이 별로 없어서일까? 아마도 둘 다일 것이다. 그렇지만 우주를 향한 미국의 꿈은 아직도 계속되고 있다. 유인 우주왕복선을 쏘아 올려 미래의 우주 여행을 준비하고 화성과 태양계 너머의 우주에까지 탐사선을 보내고 있다. 많은 사람들이 이 '실속 없는' 일에 막대한 돈과 인력을 들이는 것을 비판한다. 그러나 우주 탐험은 미국을 오늘날의 미국으로 만든 용기와 개척정신을 상징하며, 이는 돈으로 살 수 없는 미국의 소중한 정신적 자산이다. 언제일지 모르지만 미국이 우주의 꿈을 접을 때 우리는 아마도 미국이라는 제국이 쇠퇴하고 있다고 말할 수 있을 것이다.

석유의 역습:
제3차 중동전쟁과 석유 위기 (1973년)

그때 세계는 –
1973년 칠레, 피노체트 쿠데타로 아옌데 정권 붕괴
1974년 한국, 인혁당 사건

1973년 10월 어느 날, 자동차에 기름을 넣기 위해 주유소를 찾은 사람들은 크게 당황했다. 1갤런에 30센트 남짓 하던 기름값이 하루아침에 두 배로 오른 것이다. 게다가 문을 닫은 가게들도 많아 문을 연 주유소마다 기름을 넣으려는 사람들이 장사진을 치고 있었다. 그러나 이는 시작에 불과했다. 기름값이 연일 치솟자 급기야 정부가 나서는 비상 상태가 벌어졌다. 기름값을 통제하고 주유소에 배급제를 실시하고 주말에는 자발적으로 문을 닫도록 유도했다. 비싼 건 둘째 치고 아예 기름을 구하기가 어려웠다. 주유소마다 늘어진 차량의 긴 행렬에 끼어 하루 종일, 밤새워 기다려야만 겨우 자동차에 기름을 채울 수 있었다. 자동차 없이는 출근은 물론 일상생활조차 하기 어려웠던 미국 사람들이 겪은 불편은 이만저만이 아니었다.

그해 겨울에는 좀 더 심각한 상황이 벌어졌다. 난방용 기름을 구하지 못한 노인들이 얼어죽고 손님이 줄어든 쇼핑몰들이 줄줄이 문을 닫았다. 정부가 크리스마스 트리에 불을 밝히지 말도록 권고하는 바람에 그해 크리스마스는 깜깜하고 우울한 명절이 되고 말았다. 기름 배급제에 항의하는 트럭 운전사들이 전국적으로 파업을 하고, 펜실베이니아와 오하이오에서는 이를 거부

하는 운전사들과 파업 참여 노조원들 사이에 총격전이 벌어지기도 했다. 이런 혼란이 거의 반년이나 계속되다가 이듬해 4월이 되어서야 겨우 진정 국면에 들어섰다. 그래도 공급 부족이 조금 풀렸을 뿐 한 번 오른 기름값은 다시 내려가지 않았다.

1973년 미국 사회를 큰 혼란에 빠트린 이 석유 위기의 직접적 원인은 중동 산유국들의 석유 수출 가격 인상과 수출

1973년 중동 산유국들의 석유 수출 가격 인상과 수출 금지 조치로 인해 미국과 전 세계는 심각한 에너지 위기를 겪게 되었고 사회는 엄청난 혼란에 빠졌다. 기름을 넣기 위해 자동차들이 장사진을 치는 것도 일상적인 풍경이 되었다.

금지 조치였다. 1973년 10월 6일, 시리아와 이집트가 이스라엘을 기습 공격하면서 제4차 중동전쟁(욤 키프르 전쟁)이 터졌다. 시리아와 이집트를 지원하는 중동 산유국들의 강력한 경고에도 불구하고 미국은 즉각 이스라엘에 무기를 공급하며 지원에 나섰고, 그러자 산유국들은 원유 수출가 70% 인상, 생산 감축, 이스라엘 지원 국가들에 대한 석유 수출 금지(엠바고) 조치를 전격 발표했다. 이로써 미국뿐 아니라 전 세계에 제2차 세계대전 후 처음으로 심각한 에너지 위기 사태가 벌어지게 된 것이다.

그러나 이 위기의 뒤편에는 좀 더 심각한 근본적 문제가 있었다. 바로 미국의 힘의 약화였다. 이전까지 세계 석유 시장은 소위 '칠공주'(Seven Sisters)라는 메이저 석유회사들이 장악하고 있었다. 이들은 최대 산유 지역인 중동 유전의 85%를 소유하고 카르텔을 맺어 석유의 생산, 유통, 정제, 판매를 독점했다. 물론 이들의 뒤에는 미국과 서방의 강력한 힘이 있었다. 미국은 중동 각국에 친미 정권을 세우고 주변에 강력한 군사력을 배치하여 만일의 사태에 언제든지 무력으로 개입할 준비를 하고 있었다. 상황이 이렇다 보니 중동 산유국들은 말만 산유국이지 자신의 유전에서 나온 석유에 손가락 하나 대

지 못하는 처지였다.

그러던 상황이 베트남 전쟁을 거치면서 급변했다. 미국은 막대한 전비를 조달하느라 달러를 마구 찍어내기 시작했고 그 여파로 심각한 인플레, 경기 침체, 재정 위기가 찾아왔다. 부담을 견디지 못한 미국 정부는 마침내 1971년 8월 일방적으로 브레튼우즈 협정의 근간인 달러화의 금 태환 정책을 포기했고 이로써 달러화는 '표류'(float)하기 시작했다. 산유국들은 석유 수출 대금으로 받아오던 달러화의 가치가 급락하자 석유 수출 가격을 올려 손실을 보전하고자 했다.

더욱 심각한 것은 미국이 그토록 막대한 자원과 군사력을 동원하고도 실질적으로 전쟁에서 패하고 말았다는 사실이었다. 그것도 베트남이라는 아시아의 한 후진국을 상대로. 이는 동맹국 뿐 아니라 변방의 제3세계 국가들에게도 미국의 힘에 대한 의구심을 불러일으키기에 충분했다. 지금까지 미국의 위세에 눌려 지내던 변방의 야심만만한 정치 지도자들은 호시탐탐 미국에 한번 도전해 볼 기회를 노렸다. 때마침 터진 중동전쟁이 그 기회를 제공한 것이다.

어떻게 보면 미국은 전혀 예상치 못하게 기습을 받은 꼴이었다. 그러나 방법은 없었다. 석유 금수 조치가 다른 동맹국들에까지 확대되고 일부 동맹국들이 산유국들과 개별 협상을 벌이면서 전열에서 이탈할 조짐을 보이자 미국은 서둘러 협상을 시작했다. 산유국들과 석유 수출 가격 현실화 방안을 놓고 협의하는 한편, 골란 고원과 시나이 반도에서 철수하도록 이스라엘에 압력을 가했다. 이 땅은 1967년 제3차 중동전쟁(6일전쟁)이후 이스라엘이 점령하고 있었고 이번 4차 중동전쟁의 직접적 원인이었다. 결국 이스라엘은 미국의 압력에 굴복하여 1974년 3월 점령지에서 철수했다. 이에 맞추어 아랍 산유국들은 석유 금수 조치를 해제했고 이로써 6개월 동안 전 세계를 뒤흔든 석유 위기가 가까스로 수습될 수 있었다.

미국이 받은 충격은 엄청났다. 사실을 말하자면 이 석유 위기가 반드시 안좋은 결과만을 낳은 것은 아니었다. 사람들의 에너지에 대한 경각심이 높아지고 에너지 절약을 위한 각종 정책들이 시행되었다. 대체 연료에 대한 관심이 높아지고 연구도 본격화되었다. '기름 잡아먹는 귀신'이라 불리던 대형 승용차들이 점차 도로에서 사라졌다. 잠시 미국과의 협조 체제에서 이탈하는 듯했던 동맹국들도 다시 돌아왔다. 위기가 사라지면서 산유국들의 기세도 함께 사라졌다. 이들의 대외 창구였던 석유 수출국 기구(OPEC)는 거의 해체 위기를 맞기도 했다.

그러나 석유 위기는 제2차 세계대전 이후 공고하게 유지되던 미국의 세계적 패권 체제에 치유할 수 없는 균열을 남겼다. 일단 위기는 넘겼지만 미국의 힘이 약화될 조짐이 보이거나 중동에 급변의 사태가 발생하면 비슷한 위기는 언제든지 다시 찾아올 수 있었다. 실제로 1979년에 또 한 번의 석유 위기가 찾아왔고, 이후로도 미국이나 중동에 중대한 사태가 벌어질 때마다 석유 가격은 춤을 추었다. 석유 위기는 1970년 이후 본격화된 미국 쇠퇴의 서막을 알리는 소식이었다.

제11장
변화의 기로

United States
of America

미국, 소련·중국과 악수하다:
동서 화해의 시대
(1970년대 초)

그때 세계는 –
1970년 한국, 경부고속도로 개통
1970년 한국, 노동운동가 전태일 분신
1971년 중국, UN 가입

제2차 세계대전의 종전과 함께 시작된 미국과 소련의 냉전은 1950년대와 1960년대 세계 질서의 축이었다. 냉전의 뒤에는 핵무기가 도사리고 있었다. 상대방의 핵무기에 의한 보복을 두려워한 두 초강대국은 어느 한 쪽도 감히 상대국을 군사적으로 먼저 공격할 수 없었고 이를 통해 '공포의 균형'(Balance of Terror)이라는 불안한 평화를 유지할 수 있었다. 즉 직접적 군사적 충돌이 핵무기에 의해서 억지되고 있었던 것이다.

냉전은 한국 전쟁과 베트남 전쟁에서 보듯이 때로는 열전으로 비화하기도 했다. 미국과 소련의 입장에서는 먼 변방의 국지전에 불과했지만 이는 언제라도 강대국들 사이에 전쟁을 몰고 올 위험이 있었다. 베트남 전쟁은 미소 양국에게 이런 냉전의 위험을 다시 한 번 일깨우는 계기가 되었다. 냉전의 지속이 자신들의 국익에 결코 부합되지 않는다는 인식이 공감대를 넓혀가고 다른 한편으로 미소 국력의 상대적 약화에 따라 세계가 다극화의 조짐을 보이기 시작했다. 이런 상황을 배경으로 1960년대 후반부터 미소간의 냉전이 조금씩 완화되는 조짐이 보였다. 이른바 데탕트(detente, 프랑스어로 '긴장 완화'라는 뜻)의 시대가 도래한 것이다.

중·미의 데탕트. 한커우에서 열린 만찬회의 저우언라이(왼쪽)와 닉슨. 1972년 닉슨의 중국 방문은 동서 양 진영의 데탕트 바람을 타고 성사된 것이다.

해빙의 서막은 1972년 미국과 중국의 화해였다. 1970년대 초 미국 대외 정책의 주도권은 닉슨과 국가안보담당 보좌관 헨리 키신저가 쥐고 있었다. 베트남에서 궁지에 몰려 있던 닉슨 행정부는 미국의 이런 외교적 어려움이 동서 냉전 체제에서 비롯된 것으로 보고 이를 타개하기 위한 돌파구를 모색했다. 소련과의 전면적 관계 개선이 현실적으로 어려운 상황에서 미국이 선택한 대화 상대는 중국이었다.

탁구를 통한 교류, 이른바 '핑퐁 외교'로 어느 정도 분위기가 잡히자 닉슨과 키신저는 1972년 2월 역사적인 중국 방문길에 나섰다. 이 방문을 통해 미국과 중국은 국교 수립, 중국의 유엔 가입과 대만의 축출, 그리고 상호간 문화 경제적 교류에 합의했다.

미국과 중국의 화해가 급물살을 타자 사정이 급해진 소련도 미국과의 대화에 적극 나서게 되었다. 그해 5월 미국과 소련은 역사적인 전략무기 감축 협정(SALT)에 서명했다.

이런 화해의 분위기 속에서 베트남에서는 종전 협상이 급진전되었고, 1973년 드디어 미국과 월맹 간에 휴전 협정이 조인되어 데탕트는 절정에 달했다. 이 모든 노력에 주역이었던 헨리 키신저는 그 공로로 그해 노벨 평화상을 수상했다.

그러나 많은 사람들이 기대한 것처럼 1970년대 초의 데탕트가 양 진영 간 전면적 화해나 이념적 대립의 종식을 가져오지는 못했다. 오히려 1970년대 말 도덕성 회복의 기치를 내걸고 출범한 지미 카터 행정부가 소련의 인권 유린을 비난하면서 양국 간에 신냉전이라 불리는 새로운 긴장 관계가 조성되기 시작했다. 여기에 1979년 12월 소련이 아프가니스탄을 침공하자 미국은 전략 무기 감축 협정 파기, 모스크바 올림픽 불참, 새로운 장거리 미사일 개발로 맞섰다. 신냉전의 대결 상황은 카터의 뒤를 이어 레이건, 부시 행정부에도 지속되었으며 1980년대 후반 고르바초프의 소련 개혁 정책, 그리고 이것이 몰고 온 소련의 붕괴와 더불어 비로소 막을 내렸다.

이처럼 1970년대 초의 데탕트는 결국 그 당시로서는 실패했다고 볼 수 있다. 그럼에도 불구하고 데탕트의 세계사적 의미는 결코 과소평가할 수 없다. 데탕트는 제2차 세계대전 후 30년 가까이 지속되어 온, 미국과 소련이라는 두 강대국을 정점으로 한 양극 대결 체제의 종식을 의미했다. 이후 미소가 대결 국면으로 되돌아갔다 해도 화해 분위기는 각 체제의 내부 분열과 체제간 이념적 대립의 완화를 가져왔다. 데탕트 이후의 세계 질서는 미국, 소련, 중국, 일본, 유럽을 중심으로 한 다극 체제로 재편되었고, 각 진영간의 이념적 대립이라는 것도 이전의 냉전 체제와는 비교할 수 없을 정도로 완화되어 갔다. 엄격히 말해 데탕트 이후 미소간의 신냉전도 미국과 소련 두 강대국 간의 대결일 뿐이지, 이전처럼 전 세계적 범위에서 양 진영 간의 총체적 대결을 의미하는 것은 아니었다.

이런 의미에서 본다면 데탕트는 미국과 소련이 수십 년 동안 유지해온 세계 초강대국으로서의 지위를 잃었다는 공식적인 선언이라고도 볼 수 있다. 마치 이를 상징이라도 하듯 데탕트의 주역 닉슨 대통령은 워터게이트 사건이라는 정치적 사건에 휘말려 불명예스럽게 대통령직을 사임하고 말았다.

닉슨의 불명예 퇴진:
워터게이트 사건
(1972년)

그때 세계는 −
1972년 동서독의 관계 정상화를 정한 '동서독 관계의 기본에 관한 조약' 조인
1973년 제4차 중동전쟁

월남에서의 평화 협상 진전, 중국과의 국교 수립이라는 외교적 성과에도 불구하고 닉슨은 재임 기간 중 별로 인기가 없는 대통령이었다. 1972년 선거에 대중적 인기를 누리고 있던 맥거번이 민주당 대통령 후보로 나서자 닉슨의 불안감은 고조되었다. 그의 재선을 확신하지 못한 백악관의 참모들은 비열한 음모를 하나 꾸몄다. 워싱턴 시내 워터게이트 호텔에 자리한 민주당 선거운동 본부에 도청 장치를 가설하기로 한 것이다. 전직 FBI 요원 고든 리디, CIA 요원 하워드 헌트가 총지휘를 맡았고, 배관공으로 위장한 정보부 요원들이 민주당 선거 본부에 도청 장치를 가설했다. 그러나 우연한 일로 이 도청 장비가 발각되고 범인들이 체포되면서 사태가 심각해졌다. 처음에는 그저 단순 주거 침입 정도로 여겨졌다. 그해 치러진 선거에도 아무런 영향을 주지 못했고 닉슨은 예상 외로 무난히 재선에 성공했다. 그러나 이후의 재판 과정에서 닉슨이 이 사건의 뒤에 있었다는 것이 밝혀졌고, 의회의 탄핵에 직면한 그는 끝내 대통령을 사임하고 말았다. 이것이 1970년대 초 미국 정가와 사회를 뒤흔들었던 워터게이트 사건이다.

처음 이 사건이 알려졌을 때 닉슨은 자신이 이 사건에 어떠한 책임도 없다

반전 시위대 앞에 안전모를 쓰고 나타난 닉슨(1970. 5. 8, 뉴욕). 그는 워터게이트 사건으로 불명예 퇴진했다.

고 주장했다. 헌트와 리디는 사건의 주모자로 체포되어 유죄 판결을 받았으나 배후에 대해서는 굳게 입을 다물었다. 사건은 그런 식으로 흐지부지 종결되는 듯했다. 그러나 체포된 요원 중 한 사람인 제임스 매커드가 담당 판사에게 보낸 한 장의 쪽지가 문제였다. 그는 자신이 백악관에 의해 고용되었고 법정에서 이를 누설하지만 않으면 사면 혜택을 받게 해주겠다는 약속을 받았음을 폭로했다.

상원에서는 이 사건을 조사하기 위해 노스캐롤라이나주의 샘 어윈 의원을 위원장으로 하는 특별위원회를 구성했다. 청문회에 소환된 증인 중 몇 사람이 대통령을 이 사건에 연루시켰고, 이 사건의 모의와 처리 과정에서 있었던 담당자들 사이의 대화 내용이 테이프에 기록되어 백악관에 보관되어 있음이 밝혀졌다.

위원회는 닉슨에게 테이프 제출을 요구했다. 그러나 닉슨은 대통령의 특권을 내세우며 거부했고, 이 때문에 여론은 완전히 그로부터 등을 돌리고 말았다. 마침내 닉슨이 사건 수사를 담당한 아치볼드 콕스 검사를 해임하고 엘리엇 리처드슨 법무장관이 이에 반발, 사임하는 사태가 벌어지면서 언론은 닉슨의 탄핵을 요구하기 시작했다. 궁지에 몰린 닉슨이 문제의 녹음 테이프를 제출했으나 이미 때는 늦었다. 더구나 테이프의 내용 일부가 의도적으로 지워지고 내용 자체가 조작된 흔적마저 있었다.

1974년 여름, 상원 법사위원회는 마침내 닉슨의 탄핵을 결정했고, 탄핵안

이 상원을 통과할 것이 확실해지자 닉슨은 8월 8일 자진해서 대통령직을 사임했다.

워터게이트 사건은 이처럼 대통령의 사임까지 몰고 온 대사건이었지만, 우리 입장에서는 이것이 왜 그런 큰 사건이 되었는지 깨닫기가 쉽지 않다. 야당 사무실에 도청 장비를 설치한 것이 그렇게 중대한 범죄인가? 온 나라가 이 사건을 두고 난리법석을 피우고 결국 대통령이 탄핵을 받아 사임해야 할 만큼? 많은 사람이 이 질문에 고개를 갸우뚱하는 것은, 이보다 훨씬 더한 비도덕적 행위들이 정치라는 이름으로 묵인되어온 우리의 정치 현실과 무관하지 않을 것이다.

도덕 정치의 좌절:
이란 인질 사태
(1979년)

그때 세계는 −
1976년 남아공 흑인 폭동
1979년 팔레비 이란 국왕 탈출 망명

베트남 전쟁의 실패는 미국의 국제적 위상에 치명적 타격을 가했다. 여기에 1973년 불어닥친 석유 위기로 미국은 경제적으로도 엄청난 충격을 받았다. 에너지값이 치솟으면서 인플레이션이 뒤따랐고 기업들이 도산하고 실업자수가 크게 늘었다. 워터게이트 사건의 여파로 국내 정치 분위기는 여전히 어수선하기만 했다. 한마디로 제2차 세계대전 이후 미국이 누렸던 번영도 이제 끝난 것처럼 보였다.

이처럼 어려운 상황에서 1976년 대통령에 당선된 지미 카터에게 국민들이 높은 기대를 걸었던 것은 당연했다. 침체된 분위기를 쇄신하기 위해 카터는 도덕 정치를 내걸고 평화와 인권 신장을 위한 외교 정책을 의욕적으로 추진했다. 인권 문제를 빌미로 한국, 이란, 아르헨티나, 남아프리카의 내정에 간섭했고, 인권 문제로 소련을 압박하여 전략 무기 감축 협상에서 양보를 얻어내기도 했다. 지도자 마오쩌둥이 사망하면서 혼란에 빠진 중국과도 괄목할 만한 관계 개선을 이루었다.

카터 대통령의 가장 잘 알려진 업적은 수십 년간 전쟁을 벌여온 이스라엘과 이집트를 화해시킨 것이다. 1978년 9월 그의 초청으로 이집트의 사다트 대통령과 메나헴 베긴 이스라엘 수상이 메릴랜드주 캠프 데이비드 대통령 별장에서 만나 협상을 벌였다. 2주에 걸친 끈질긴 노력의 결과로 9월 17일 드디어 이집트와 이스라엘 사이에 역사적인 평화 협정이 체결되었다. 이 협정에 따라 이스라엘은 1967년 6일 전쟁 이후 점령하고 있던 이집트 영토에서 철수하는 것에 동의하고, 이에 대한 보상으로 이집트는 이스라엘을 외교적으로 인정했다.

그러나 카터의 행운은 예기치 못한 곳에서 파탄이 났다. 이란의 국왕 샤 팔레비는 중동에서 오랫동안 미국의 든든한 동반자였다. 하지만 무비판적인 친미주의와 독재로 국민들에게 미움을 받고 있었다. 1979년 추방되었던 종교 지도자 아야톨라 호메이니가 이끈 혁명으로 팔레비 정권은 붕괴되었고, 팔레비는 국외로 도망쳤다.

미국이 팔레비의 입국을 허용하자 분노한 테헤란 시민들은 미국 대사관을 점거하고 58명의 미국인을 인질로 붙잡았다. 이란인들은 미국이 팔레비를 이란으로 돌려보내고 미국의 은행에 있는 그의 재산을 내놓아야만 그 인질들을 석방할 것이라고 선언했다. 카터는 이런 제의를 단호히 거절하고, 국왕을 돌려보내지도, 그의 재산을 동결하지도 않았으며, 오히려 인질들이 석방될 때까지 이란과의 무역을 금지한다고 맞섰다.

카터의 이런 단호한 조처는 사태 해결에 전혀 도움이 되지 못했다. 호메이니는 카터의 위협에 결연히 맞섰고, 궁지에 몰린 카터는 1980년 4월 특공대를 동원하여 사로잡힌 인질들을 구출하고자 했으나, 불행히

이란에 인질로 잡혀 있다가 석방된 미국인들이 라인-메인 공군 기지에 도착, 기쁜 얼굴로 트랩을 내려오고 있다(1981. 1. 21).

도 요원들을 태운 헬기가 중간에 사막에서 추락하고 말았다. 이 사건으로 카터 행정부는 대내외적으로 더욱 궁지에 몰렸고, 이는 결국 그의 정치적 몰락을 가져왔다. 이란 사태의 부담을 짊어진 채 1980년 선거에 다시 나섰지만, 예상했던 대로 로널드 레이건 공화당 후보에게 모든 주에서 참패하고 말았다.

새로운 공화당 정부가 들어서자 이란은 화해의 표시로 444일 동안 억류하고 있던 인질들을 석방했기로 했다. 사실 이란으로서도 이라크와의 싸움 때문에 미국과의 싸움은 더 계속할 여력이 남아 있지 않았다. 레이건의 당선 가능성이 확실해지자 알제리가 중재자로 나선 가운데, 호메이니와 레이건의 참모들이 인질 석방 협상을 벌였다. 이란은 미국 내 팔레비 재산의 환수를 조건으로 인질 석방에 합의했다. 1980년 1월 20일, 레이건의 대통령 취임에 맞추어 52명의 인질들이 오랜 억류 생활을 마치고 조국과 가족의 품에 안겼다. 그렇지만 이란 인질 사태는 베트남전의 패배로 좌절감에 빠진 많은 미국인들에게 국력의 쇠락을 알려주는 또 하나의 슬픈 소식이었다.

보수 대회귀:
레이거노믹스
(1981년)

1981년 대통령에 취임한 레이건 행정부의 대내외 정책은 1970년대 석유 위기 이래 심화되어온 인플레이션 해소와 국내 경제의 회복, 그리고 실추된 미국의 위상을 높이기 위한 군비 강화에 모아졌다. 이의 목적으로 단행된 일련의 경제 조치들을 '레이거노믹스'라고 부른다.

선거에서 압도적 지지로 당선된 그는 우선 의회를 압박해 세금을 인하하고 사회 보장 사업에 대한 연방정부의 개입을 대폭 축소했다. 레이건의 이런 정책은 이른바 '공급 경제학' 이론에 바탕을 둔 것인데, 이에 의하면 세금 감면으로부터 축적된 자금이 기업 활동에 대한 투자로 전환되고 이에 따라 생산 증대, 고용 창출, 그리고 소득 증대 효과가 나타날 것으로 기대되었다. 많은 전문가들이 이는 1930년대에 이미 실패한 후버 경제학의 재판이며 현실을 무시한 무책임한 정책이라고 비판했다. 그러나 대중의 인기를 등에 업은 그는 아랑곳하지 않고 정책을 밀어붙일 기세였다. 여기에 1981년 3월 30일에 벌어진 그에 대한 암살 시도도 결과적으로는 그에게 유리하게 작용했다. 심각한 총상으로 목숨이 위태로운 상황에서도 그는 침착함과 유머를 잃지 않았고 사람들은 깊은 감명을 받았다. 그의 인기는 다시 한 번 하늘을 찔렀

신·구 대통령의 임무 교대. 퇴임하는 지미 카터가 새 대통령 레이건과 그의 부인 낸시를 맞이하고 있다.

고 이제는 어떤 비판도 그를 꺾을 수가 없었다.

실제로 그의 정책은 어느 정도 효과를 가져오는 듯했다. 1982년 말에는 실업률이 10%로 치솟고 연방정부의 재정적자 규모가 크게 늘기도 했지만 인플레이션은 연 4% 정도로 낮아졌고, 이를 바탕으로 정부는 긴축 통화 정책을 어느 정도 완화할 수 있었다. 돈이 풀리면서 기업의 투자가 늘었고 유효 소비도 확대되었다. 1984년에 이르러 실업률도 4% 이하로 떨어졌다.

그러나 풀린 돈이 생산 활동에 대한 투자보다는 소비재 구매에 집중되고 여기에 군비 증강을 위해 군사비 지출이 눈덩이처럼 늘어나면서 미국 경제는 다시 심각한 인플레이션의 위험에 직면했다. 마침내 행정부 내에서도 군사비 감축과 재정 적자를 해소하기 위한 세금 인상의 필요성이 제기되기 시작했다. 그러나 소련과의 대결이라는 냉전 논리에 집착하고 있던 레이건은 이런 주장들을 단호히 거부했다. 오히려 그는 내부적 어려움을 대외적 군사 행동으로 극복하려 했다. 공산주의자들이 니카라과의 좌익 정부와 엘살바도르 반군에 무기와 자금을 공급하고 있다고 주장하며 이 지역에 대한 군사적 개입을 강화하기 시작했다. 1983년 10월에는 그라나다를 침공, 미국에 적대적 태도를 보여온 좌익 군사 정부를 무너뜨렸다. 베트남과 이란에서의 치욕을 기억하고 있었던 국민들은 레이건의 이런 '용기 있는' 태도에 전적인 지지를 보냈다. 1984년 대통령 선거에서 그는 월터 먼데일 민주당 후보를 압도적 표차로 꺾고 재선에 성공했다.

두 번째 임기를 시작한 레이건 행정부의 최대 화두는 경제가 아닌 소련이었다. 1985년 3월 소련에 공산주의의 이단자 미하일 고르바초프가 공산당 제1서기장에 취임하면서 미소 관계에 새로운 국면이 전개되기 시작했다. 고르바초프는 글라스노스트(개방)와 페레스트로이카(개혁)의 기치 아래 국내 정치의 민주적 개혁을 단행하고 미국에 대해서도 미소 간에 합의된 제2차 전략 무기 감축 협정(SALT II)준수 의지를 밝히는 등 유화의 손짓을 보냈다. 레이건은 처음에는 소련의 태도를 의심하고 임기 초기부터 시작한 '스타워즈'로 불리는 군비 증강 계획을 밀고 나가기도 했으나 결국 고르바초프 이후 소련 내부의 변화가 심상치 않음을 인식하게 되었다.

1986년 레이건과 고르바초프는 아이슬란드에서 만나 핵무기 감축 등 미소 대결의 종식을 위한 협상을 벌였다. 이 회담은 비록 최종 합의를 끌어내지는 못했지만 2년 후 아이슬란드에서 다시 회동하여 그 동안 미소 핵무기 회담의 최대 난제였던 중거리 미사일 감축 방안에 합의했다. 세계는 이 회담의 성공을 40년 이상 계속되어온 미소 대결의 공식적 종결의 의미로 받아들였다. 이 일로 레이건의 정치적 인기는 다시 한 번 급상승했다. 많은 사람들은 그의 강경 노선이 결국 소련과의 대결에게 미국의 승리를 가져왔다고 생각했다.

그러나 국내 문제에 있어서만은 레이건은 실정을 거듭했다. 대외 정책의 승리에 한껏 고무된 레이건 행정부는 이미 심각한 부작용을 낳고 있던 조세 감면 정책을 계속 밀고 나가 개인 소득세율을 50%에서 28%로, 기업에 대한 세율을 46%에서 34%로 인하하는 새로운 소득 세제안을 의회에 제출 통과시켰다. 이 법안은 탈세를 방지하는 여러 조치들을 포함하고 있었지만 세율 인하의 혜택은 주로 기업과 부자들에만 돌아가 경제적 배분을 심각하게 왜곡시켰다. 정부 수입의 결손을 보충하기 위해 막대한 공채가 발행되었고 이에 따라 연방정부의 재정적자는 또다시 천문학적 숫자로 늘어났다.

외교에서도 그는 몇 가지 치명적인 실수를 저질렀다. 이란 인질 사태에 대한 기억이 아직도 생생한데 그는 이란에 비밀리에 무기를 수출하고 여기에서 조성된 비자금의 일부를 니카라과 반군(콘트라)을 지원하는 데 사용했다.

이는 콘트라에 대한 지원을 금지시킨 1984년 볼랜드 수정안에 대한 명백한 위반이었다. 이른바 이란-콘트라 스캔들로 알려진 이 사건은 레이건의 재임 기간 중에는 세상에 알려지지 않았다.

이런 국내외적 실정에도 불구하고 레이건은 국민의 절대적 지지와 사랑 속에 두 번의 임기를 무사히 마쳤다. 베트남전 이후 쇠락하는 미국의 처지에 힘을 잃고 있던 많은 미국 사람들에게 레이건의 보수주의는 미국의 새로운 희망처럼 보였다. 아직도 많은 미국인들은 '소련을 무릎 꿇린' 위대한 지도자로 그를 기억한다.

그러나 1980년대 미국은 이미 이전의 미국이 아니었다. 미국의 세계적 위상 변화와 국내 경제의 어려움은 외교와 내치에 있어 과거와는 다른 전혀 새로운 접근 방법을 요구하고 있었다. 레이건의 보수주의는 대중의 인기에만 영합하여 미국이 처한 문제의 심각성을 외면하고 이를 더욱 심화시켰다는 비난을 면하기 어렵다. 공산주의의 붕괴라는 유리한 상황에도 불구하고 미국이 아직도 대내외적으로 어려움을 계속해나가고 있는 것은 상당 부분 레이건의 왜곡된 국내외 정책에서 비롯된 것이다.

IT 영웅들,
21세기 미국을 구하다:
애플과 마이크로소프트 (1975년)

그때 세계는 –
1976년 남아공 흑인 폭동
1980년 한국, 5.18 광주항쟁

　1975년 4월 4일, 뉴멕시코주 앨버커키 시에 마이크로소프트라는 이상한
이름의 회사 하나가 등록을 신청했다. 회사 대표는 빌 게이츠, 하버드 대학을
중퇴한 약관 스무 살의 청년이었다. 이 회사가 하는 일은 마이크로컴퓨터를
제어하는 명령어를 만드는 것이었다. 마이크로컴퓨터가 무엇인지, 이것을
어떻게 명령하고 명령을 해서 무슨 일을 하도록 하는 것인지 아는 사람은 당
시로서는 극소수에 불과했다.

　그로부터 1년 후, 로스앤젤레스 교외 한 평범한 가정집 차고에 20대 청년
둘이 마주 앉았다. 그들 앞에는 이들이 지난 몇 년 동안 밤을 새워가며 조립
한 작은 상자 모양의 이상한 기계가 한 대 놓여 있었다. 이들은 이 기계에 '애
플'이라는 이름을 지어 주고 이 기계를 팔기 위해 회사도 하나 만들기로 했
다. 회사명은 애플 컴퓨터. 두 청년의 이름은 스티브 잡스와 스티브 워즈니악
이었고 나이는 각각 21살, 26살이었다.

　자신들이 시작한 이 일이 얼마나 엄청난 일이었고 세상에 어떤 엄청난 변
화를 가져올지 빌과 두 명의 스티브는 알고 있었을까? 빌 게이츠의 마이크
로소프트는 세계 굴지의 컴퓨터 제조 회사 IBM에 그가 개발한 도스(DOS)라

는 컴퓨터 운영 체제를 납품하면서 본격적인 사업을 시작했다. 1981년 도스를 장착한 IBM 컴퓨터가 첫선을 보였고 이후 폭발적으로 늘어난 IBM 계열 컴퓨터들이 이 운영 체제를 채택하면서 마이크로소프트 사도 덩달아 매출과 사세가 급성장했다. 동시에 마이크로소프트 사가 개발한 사무실용 소프트웨어가 컴퓨터가 보급된 개인, 학교, 사무실, 관공서의 모든 책상을 점령해 나가기 시작했다. 1995년에는 그래픽 사용자 환경(GUI)과 동시다중작업(멀티태스킹)기능을 탑재한 윈도우 95, 그리고 인터넷 웹브라우저 익스플로러를 동시에 발표했다. 윈도우 운영체제, 오피스, 익스플로러는 이후 모든 IBM 호환 PC의 표준 소프트웨어로 자리를 잡았고 지금도 그 독점적 지위를 굳건히 유지하고 있다. 오늘날 마이크로소프트 사는 연간 매출 740억 달러(약 85조 원), 순이익 17억 달러(약 20조 원), 그리고 9만 4천 명의 종업원을 거느린 세계 최대의 소프트웨어 기업이다. 최대주주인 빌 게이츠는 약 600억 달러(약 70조 원)의 재산을 가진 세계 최고 부자 가운데 한 사람이다. 마이크로소프트 사 임원이나 직원 가운데 재산 10억 달러 이상의 재산가가 빌 게이츠를 포함해 세 명이고 100만 달러 이상 부자는 무려 1만 2천 명에 이른다.

빌 게이츠의 마이크로소프트 사가 비교적 순탄하게 성장을 거듭한데 비해 스티브 잡스가 세운 애플 컴퓨터는 굴곡이 많았다. 처음 만든 컴퓨터가 예상 외로 날개 돋친 듯 팔린 덕분에 그는 25살도 채 되기 전에 이미 백만장자가 되었다. 1984년에는 사람 얼굴 모양의 깜찍한 외관과 직관적인 그래픽 사용자 환경을 채택한 매킨토시 컴퓨터를 발표했다. 아직까지도 역대 개인용 컴퓨터의 최대 걸작 가운데 하나로 꼽히는 모델이다. 비교적 높은 가격에도 불구하고 매킨토시는 엄청난 대수가 팔려 나갔고 애플 사의 매출도 폭발적으로 늘어났다.

그러나 1985년 설립자 스티브 잡스와 회사 이사진 사이에 심각한 내분이 벌어져 잡스는 자기가 만든 회사에서 쫓겨나고 말았다. 야인으로 돌아온 잡스는 넥스트(NeXT)라는 또 다른 컴퓨터 회사를 설립해 재기를 모색했으나 사업은 그리 성공적이지 못했다. 잡스가 물러난 애플 사도 사정은 비슷했다. 의욕적으로 추진한 사업들이 잇달아 실패하면서 애플 사는 부도 위기에 몰

1984년에 발표된 애플의 매킨토시 컴퓨터. 아름다운 외관, 직관적인 그래픽 인터페이스, 마우스를 갖춘 개인용 컴퓨터의 걸작이다.

렸고, 막다른 길에서 다시 스티브 잡스에게 구원을 요청하는 수밖에 없었다. 1996년 애플 사에 복귀한 그는 예의 천재적 사업 수완을 발휘하여 불과 2년 만에 무너져 가던 회사를 일으켜세웠다. 그가 복귀 후 처음 시장에 내놓은 아이맥 컴퓨터와 아이팟을 사기 위해 사람들은 장사진을 쳤고, 뒤이어 발표한 휴대용 전화기 아이폰과 태블릿형 휴대용 컴퓨터 아이패드는 전 세계적으로 수억 개가 팔려 나갔다. 지금 애플 사는 연간 매출 1천억 달러(약 110조 원), 순이익 26억 달러(약 30조 원)에 종업원 6만 명을 거느린 컴퓨터, 전자기기, 소프트웨어 분야의 세계적 기업이다. 그러나 애플을 일구고 세계 최고의 회사로 우뚝 서게 한 스티브 잡스는 병마에 시달리다 2011년 56세의 젊은 나이로 파란만장한 삶을 마감했다.

좋든 싫든 오늘날 우리의 삶은 컴퓨터와 인터넷이 지배하고 있다. 혹자는 1980년대 이후 전개된 컴퓨터와 정보통신 혁명이 가장 짧은 시간에, 가장 극적으로 인간의 삶을 송두리째 바꿔 놓은 인류 역사상 최대의 사건 중 하나라고 말한다. 그런 의미에서 본다면 빌 게이츠와 스티브 잡스야말로 인류 역사의 위대한 혁명가들이다.

동시에 이들은 쇠퇴하는 미국을 다시 일으켜 세운 영웅이기도 하다. 이들이 없었다면 오늘날 미국의 경제와 세계적 위상이 어떻게 되었을까? 미국이 거의 모든 전통적 산업 분야에서 경쟁력을 상실했음에도 불구하고 아직 세계 초강대국으로서의 경제, 군사적 지위를 유지하고 있는 것은 이들이 이룩한 컴퓨터와 정보통신 혁명에 절대적으로 힘입은 것이다. 사실 어떻게 보면 이 두 사람의 개인에게만 모든 공을 돌리는 것도 문제가 있다. 이 뛰어난 천재들이 그저 우연히 다른 나라가 아닌 미국에 태어난 것이 아니라, 바로 미국이었기 때문에 이 영웅들의 탄생이 가능했다고 볼 수도 있기 때문이다. 빌 게이츠와 스티브 잡스, 이들의 모험적 사업, 그리고 이들이 만들어 낸 컴퓨터는 그런 의미에서 미국과 미국 정신의 또 다른 상징이다. 인류에게 컴퓨터가 사라지지 않는 한 미국도 사라지지 않을 것이라고 말한다면 이는 지나친 과장일까? 마이크로소프트, 애플, 인텔, 구글, 아마존, 오라클 등 이름만 들어도 알 수 있는 미국의 거대 정보통신 기업들이 오늘날 세계 경제에서 차지하는 위치를 생각한다면 이 말이 반드시 과장이라고는 할 수 없을 것 같다.

베를린 장벽, 무너지다:
공산주의의 붕괴와
한 시대의 종언 (1991년)

그때 세계는 -
1987년 한국, 6월 민주항쟁
1992년 제1차 걸프전쟁

1989년에서 1990년 사이에 소련을 비롯한 공산권 국가들이 하루아침에 무너진 것은 프랜시스 후쿠야마의 말대로 "역사의 끝"은 아닐지 몰라도, 적어도 한 시대의 종말을 의미하는 것임은 틀림 없다. 그 한 시대란 제2차 세계대전 이후 확립된 것으로, 미국과 소련이라는 초강대국간의 대결, 또는 그들로 대변되는 자본주의와 공산주의의 대결의 시대였다. 비록 데탕트 이후 이러한 미소 양극 체제가 무너지는 조짐이 보였다고는 하나, 미국과 소련은 여전히 세계의 최강자로 국제 정치의 구석구석에까지 막대한 영향력을 행사해 오고 있었다.

사실 공산권의 붕괴는 너무도 갑작스럽게 다가왔다. 그것은 소련에 고르바초프라는 '이단 공산주의자'가 등장하면서 시작되었다. 소련은 이제부터 공산권의 수호자가 아니라는 그의 선언이 있자마자, 동유럽 공산주의 국가들은 정신을 차릴 수 없을 정도의 속도로 무너져 내렸고 무너진 공산당 정부들 위에 민주주의와 자유시장 경제를 표방하는 새로운 정부들이 들어섰다. 루마니아를 제외하고는 이러한 혁명이 평화적으로 달성되었다. 1989년 11월 4일, 그렇게도 견고해 보이던 베를린 장벽이 무너졌고, 급기야는 소련 자체가 무너져 내리는 세계사의 대변혁이 일어났던 것이다.

왜 공산주의는 이렇게 갑자기 몰락한 것일까? 결과를 두고 하는 이야기일 수도 있지만 공산주의의 몰락은 시기가 문제였을 뿐 언젠가는 벌어질 역사의 필연일지도 모른다. 공산주의 이데올로기와 체제의 모순은 본질적이며 치유 불가능한 것처럼 보이기 때문이다. 이유야 어찌 되었든 공산주의는 적어도 겉으로 보기에는 스스로 무너진 것이 아니라 자본주의와의 대결에서 패배해 무너진 것이다. 자본주의 세계를 이끌며 공산주의와의 대전쟁을 승리로 이끈 미국이 진정한 승자로 떠오른 것은 당연한 일이다. 이제 많은 사람들은 세계가 유일의 초강대국으로 우뚝 선 미국의 패권적 질서 아래 놓이게 될 것이며 지금부터 진정한 의미에서 '팍스 아메리카나'의 시대가 열릴 것이라는 성급한 전망을 내놓기도 했다.

이러한 생각에 대한 시험무대가 곧 등장했다. 베를린 장벽이 무너지고 미국이 승리감에 한창 들떠 있을 때 중동에서 난데없는 사태가 발생했다. 이라크의 사담 후세인이 미국의 맹방 쿠웨이트를 침공한 것이다(제1차 걸프전쟁, 1992). 혼란을 틈타 은근슬쩍 미국에 도전하면서 이를 계기로 중동의 패자로 등극해 보려는 후세인의 의도가 명백해 보였다. 미국은 잠시 당황했으나 곧바로 단호한 응징에 나섰다. 오히려 이 기회에 북한의 김일성이나 리비아의 카다피 같은 다른 야심가들에게도 미국에 도전하면 어떻게 되는지를 확실히 한번 보여줄 필요도 있었다. 미군은 마치 '사막의 폭풍'(당시 미국의 군사 작전 이름)처럼 이라크군을 몰아쳐 지상 작전 불과 100시간만에 이들을 쿠웨이트 국경선 밖으로 몰아냈다. 최첨단 무기로 무장한 미군의 거침없는 진격이 CNN을 통해 텔레비전으로 생중계되었다. 미국은 '너그럽게도' 패주하는 이라크군을 추격하지 않고 후세인에게 따끔한 경고를 하는 선에서 사태를 마무리했다. 미국의 자신감은 다시 하늘을 찔렀다.

그러나 곧 이어 터진 유고슬라비아 사태는 이와는 달랐다. 공산주의가 무너진 유고슬라비아는 민족과 종교에 따라 사분오열되고 곧 이들 사이에 피비린내나는 내전이 벌어졌다. 내전이 격화되면서 '인종청소' 같은 잔인한 일들이 벌어지고 주변 지역으로까지 분쟁이 확대될 조짐을 보였다. 사태를 우려한 미국이 적극 중재에 나섰으나 세르비아의 밀로셰비치를 비롯한 전쟁 당사자들은 아랑곳하지 않고 전쟁을 계속했다. 결국 유고슬라비아 사태는 10년 가까이 끌다가 미국과 나토의 군사적 개입으로 가까스로 수습될 수 있었다.

마지막으로는 북한의 핵 문제였다. 전 세계 공산주의 국가들이 대부분 몰락했지만, 북한만은 굳건히 살아남았다. 그 사실

시간의 혁명. 공산권의 붕괴는 누구도 예측하지 못하던 사이에 갑자기 찾아왔다. 세계사의 뒷마당으로 사라져가는 레닌의 동상.

만으로도 미국의 신경을 건드릴 만한데 북한은 아예 한 걸음 더 나아가 미국의 패권에 공개적으로 도전했다. 핵무기를 개발하려 한 것이다. 지금까지 핵무기는 강대국들의 전유물이었다. 미국, 소련, 중국 등 강대국들은 사사건건 대립하면서도 이 문제에서만은 이해 관계가 일치했다. 핵확산 금지조약(NPT)을 맺어 5개의 이른바 '핵국가' 이외에는 핵무기 보유를 금지했고 국제 원자력기구(IAEA)를 설립하여 각국의 핵에너지 프로그램을 면밀히 감시했다. 북한은 이런 국제 핵감시 체제를 따돌리고 1980년대부터 비밀리에 핵무기 개발 프로그램을 추진했고, 이 사실을 알게 된 미국이 제재에 나서려고 하자 아예 핵확산 금지조약에서 탈퇴해 버렸다. 미국은 군사적으로 위협도 해보고 유인책도 써보았지만 미국이 동북아에서 섣불리 군사 행동에 나설 수 없음을 잘 아는 북한은 오히려 미국을 농락하며 외교적 궁지에 몰아넣었다. 거의 2년을 끌었던 북한 핵문제 협상에서 미국은 국교 정상화와 경제 원조라는 큰 양보를 하고서야 합의를 끌어낼 수 있었다. 그러나 이후로도 북한은 미국과의 합의를 일방적으로 파기하고 핵무기와 장거리 미사일 개발을 계속했다. 이를 제지할 마땅한 수단이 없었던 미국은 속절없이 북한의 도발을 앉아서 지켜보는 수밖에 없었다.

이 모든 것은 공산권이 무너진 후 미국의 외교가 새로운 중대한 도전에 직면해 있음을 암시한다. 물론 미국은 여전히 의심할 수 없는 세계의 초강대국이며, 앞으로의 국제 질서 재편에도 주도적 역할을 담당하게 될 것이다. 그러나 1990년대 벌어진 위의 몇 가지 사례들에서 볼 수 있듯이 미국 유일의 패권적 질서를 미국이 세계에 일방적으로 강요할 수는 없을 것이다. 공산주의와 소련이라는 적은 사라졌지만 이제는 미국 스스로가 그만한 능력이 없는 것이 오늘날 미국의 현실이다. 중요한 것은 어떤 새로운 질서를 추구하든 미국은 앞으로 세계와의 관계에서 타협과 협조, 때로는 양보를 필요로 할 것이라는 사실이다. 오랫동안 일방적 강요에만 익숙해왔던 미국으로서는 이런 식으로의 발상의 전환이 쉽지만은 않을 것이다. 그러나 자신의 온몸으로도 현실의 벽이 무너지지 않을 때 미국은 어쩔 수 없이 현실에 타협하는 태도를 배우게 될 것이며, 이런 과정을 통해 세계 위에 군림하는 존재가 아닌, 세계의 일원으로서의 자신의 위치를 새롭게 깨닫게 될 것이다.

깊어만 가는 흑인의 좌절감:
LA 인종 폭동
(1991년)

그때 세계는 −
1991년 소련 해체
1993년 보스니아 내전
1993년 EC 12개국 통합조약 발표
1994년 만델라, 남아공 총선에서 승리

1991년 3월 어느 날, TV로 저녁 뉴스를 시청하던 많은 미국인들은 화면에 비친 한 충격적인 장면에 경악했다. 몇 명의 백인 경찰이 흑인 한 명을 자동차에서 끌어내린 후 곤봉으로 무차별 구타를 가하고 있었다. 흑인이 의식을 잃고 길바닥에 나동그라진 후에도 경찰들은 발길질과 구타를 계속했다. 야만적 행위에 분노한 흑인들의 항의전화가 언론사와 정부로 빗발쳤고, 사건이 발생한 로스앤젤레스 당국은 즉각 해당 경관들을 체포하여 사태의 조기 수습에 나섰다.

피해자는 로드니 킹이라는 한 흑인 청년이었다. 사건은 한국산 소형 승용차를 몰고 시내를 과속 질주하던 그가 교통 경찰의 정지 신호를 무시하고 도망친 데서 비롯되었다. 그는 곧 뒤쫓아온 경찰에 붙잡혔으나 격렬한 몸짓으로 체포에 저항했고, 흥분한 경찰관들의 구타가 시작된 것이다.

아무리 로드니 킹이 잘못했다 해도 일반인들이 보기에 경찰의 행위는 분명 지나친 면이 있었다. 특히 경찰관 모두가 백인이라는 점 때문에 많은 흑인들은 참을 수 없는 분노를 느꼈다. 더구나 1965년 대규모 흑인 폭동이 일어났던 로스앤젤레스에서 다시 비슷한 사건이 일어나 많은 사람들은 이것이

LA 흑인 폭동. 흑백 인종 차별에 대한 흑인의 분노가 다른 소수민족을 향해 폭발된 대표적인 예다.

또 다른 대규모 유혈 사태로 이어지지 않을까 염려했다.

모든 사람들의 불안한 시선이 집중되는 가운데 관련 경찰관들에 대한 재판이 시작되었다. 경찰의 과잉 행위가 명백한 듯했으나, 배심원들은 놀랍게도 이들에게 무죄 평결을 내렸다. 이것은 비극의 시작이었다. 평결 소식을 들은 로스앤젤레스의 흑인들이 거리로 몰려나와 무차별적 파괴와 약탈을 시작했다. 마침 그곳을 지나던 백인 트럭 운전사가 폭도들에게 붙잡혀 돌로 짓이겨지는 장면이 TV를 통해 생생히 보도되었다.

비단 백인들뿐 아니라 동양인과 히스패닉도 곤경을 당했다. 폭동의 중심지에는 마침 한국인 교포들의 가게가 밀집해 있었다. 흑인들은 이를 불태우고 약탈을 자행했으며, 한국인 교포들은 무기를 들고 그들의 삶의 터전을 지키려 필사의 노력을 기울였다.

로스앤젤레스에서 시작된 사태는 방화, 상점 약탈, 백인 공격, 총격 등을 동반하면서 점점 더 고조되어, 전국적 범위의 흑인 폭동으로 발전했다. 뉴욕에서는 흑인들의 집단 거주 지역인 할렘 가를 중심으로 폭력 사태가 발생하여, 트럭을 몰고 가던 백인 운전자 두 명이 대낮에 폭행당하는 일이 벌어지기도 했다. 폭동이 전국적 범위로 확산되고 있는 가운데 정부는 로스앤젤레스 일원에 비상 사태를 선포하고 군대를 진주시켰다.

무법 상태에 이르렀던 상황은 정부의 비상 사태 선포와 연방군의 투입으로 진정 국면에 접어들었다. 폭동 사태를 촉발한 당사자 로드니 킹은 기자회견을 통해 흑인들의 자제를 촉구하고, 폭력 행위의 즉각 중단을 호소했다.

결국 폭동은 44명의 사망자와 엄청난 재산 피해를 내고 사흘 만에 수습되었다. 사망자 대부분이 흑인과 중남미계였으며, 백인 다섯 명과 아시아인 두 명도 포함되어 있었다. 흑인들의 분노가 사태를 직접 야기한 백인이 아닌, 다른 소수민족과 흑인 자신들에게로 표출된 셈이다.

로스앤젤레스 사태는 미국의 인종 문제가 전통적인 흑백간의 싸움에서 흑인과 다른 소수민족 간의 싸움으로 확대되어 가는 것을 보여주는 중대한 사건이다. 수백 년 동안 벌여온 싸움에도 불구하고 흑인들은 백인이 쌓아올린 인종 차별의 벽을 넘을 수가 없었다. 여기에 새로이 미국 사회에 몰려들기 시작한 아시아, 남미 출신의 이민들이 그들보다도 훨씬 빨리 자리를 잡고 부를 축적해가는 것을 보면서 흑인들의 좌절감은 더욱 깊어만 갔던 것이다.

결국 로스앤젤레스 사태는 지금까지의 수많은 노력에도 불구하고 미국의 인종 문제가 조금도 개선되지 않았을 뿐 아니라 오히려 더 악화되고 있음을 보여주고 있다. 신대륙의 역사와 더불어 시작된 미국의 인종 문제, 과연 여기에 해결책은 없는 것일까? 미국의 장래를 걱정하는 많은 사람들에게 이것은 정말 고민스러운 질문이 아닐 수 없다.

테러, 또 하나의 전쟁:
9·11 사태
(2001년)

그때 세계는 -
2001년 체첸 반군의 러시아 오페라극장 진압 사건
2002년 한·일 월드컵 공동개최
2003년 이라크 전쟁 발발
2005년 교황 요한 바오로 2세 서거

2001년 9월 11일 화요일 아침, 사람들은 텔레비전 화면에 비치는 믿을 수 없는 광경에 경악했다. 두 대의 대형 여객기가 뉴욕 맨해튼에 있는 세계무역센터 빌딩에 충돌하여 거대한 쌍둥이 빌딩이 화염에 휩싸이고 있었다. 1시간 후 높이 100여 층의 빌딩은 마치 거짓말처럼, 거대한 흙먼지와 함께 천천히 위로부터 무너져 내렸다. 같은 시각 버지니아 알링턴 소재 미 국방부 건물에도 여객기 한 대가 충돌하여 아비규환의 혼란이 벌어졌다. 또 다른 여객기 한 대는 펜실베이니아주 남쪽의 산지에 추락했다. 방향으로 보아 이 여객기는 수도 워싱턴에 있는 백악관이나 국회의사당을 향하고 있었음이 분명했다.

이는 미국에 대한 전면적인 군사적 공격이었다. 60년 전 진주만에서 그랬던 것처럼 완벽한 기습이었고 거의 완벽한 성공이었다. 3천 명의 사람들이 목숨을 잃었고 미국은 순식간에 전쟁의 공포에 빠져 들었다. 누구도 예상치 못한 일이었다. 사건이 벌어진 시각 부시 대통령은 플로리다주 한 초등학교에서 어린이들과 동화책을 읽고 있었다. 도대체 누가 미국에 대해 이런 상상도 할 수 없는 일을 벌였단 말인가?

화염에 휩싸인 세계무역센터 빌딩. 9·11은 전 세계 사람들에게 엄청난 충격을 안겨주었고, 그 여파는 20여 년이 지난 지금까지도 계속되고 있다.

온 나라가 충격에 빠진 가운데 정부는 신속한 대응에 나섰다. 국가 비상 사태가 선포되고 모든 공항에서 비행기 이착륙이 금지되었다. 의회는 대통령에게 테러리스트들에 대한 전면 무력 사용을 허가하는 비상 법안을 통과시켰다. 중앙정보부(CIA)는 모든 정보를 총동원하여 이 비극적 사태의 배후를 찾아 나섰다. 항공기 납치범들은 알 카에다라는 한 반미 이슬람 무장단체 단원들이었고, 오사마 빈 라덴이라는 사우디아라비아 왕족 출신의 테러리스트가 조직을 이끌고 모든 일을 계획했음이 밝혀졌다. 빈 라덴은 아프가니스탄 정부의 비호 아래 그곳에 은거하고 있다는 사실도 알게 되었다. 미국은 아프가니스탄 정부에 그의 인도를 요구했고 아프가니스탄 정부가 거부하자 즉각 군사 행동에 나섰다. 10월 7일 폭격기에 의한 공습을 시작으로 미국의 아프가니스탄에 대한 전면적 군사 작전이 펼쳐졌다. 아프가니스탄 정부는 힘껏 저항했으나 전 군사력을 동원하다시피 한 미군과 나토군의 공세를 막을 수는 없었다. 11월 12일 수도 카불이 미군에 함락되었고, 이후 몇 차례 대규모 전투에서도 미군과 연합군이 승리하여 전쟁은 사실상 미국의 승리로 끝났다. 미국이 찾던 빈 라덴은 추적을 교묘히 따돌리며 도피를 계속했으나 결국 2011년 5월 2일 파키스탄의 은신처에서 미군 특수 부대에 의해 사살되었다.

미국의 공세는 아프가니스탄과 알 카에다에 그치지 않았다. 부시 대통령은 '테러와의 전쟁'이라는 이름으로 미국에 테러 공격을 기도하는 모든 세력과 이들을 비호하는 국가들에 대한 전면전을 선포했다. 이라크, 이란, 북한을 테러리즘을 지원하는 '악의 축'으로 규정했다. 그중 이라크에 대해서는 2003년에 군사적 공격을 감행하여 반미 후세인 정권을 무너뜨렸다. 이란과 북한에 대해서도 군사적 공격을 위협하며 그들의 테러리스트 지원과 대규모 살상 무기(WMD)개발 계획을 포기하도록 압력을 가하고 있다.

국내적으로도 또 다른 테러리스트 공격을 막기 위한 여러 조치들이 시행되었다. 이른바 애국법을 만들어 공항과 항구에서의 검문 검색을 강화하고 반정부 활동에 대한 전면적 감시 체제를 구축했다. 외국인들의 미국 입국과 이민에 대한 제한 조치도 뒤따랐다.

그러나 이 모든 조치에도 불구하고 미국은 아직 9·11 사태의 충격에서 헤어나지 못하고 있다. 빈 라덴과 알 카에다를 제거한 것, 이후 다행히 미국에 대한 또 다른 대규모 테러리스트 공격이 없었다고 하는 것을 제외하면, '테러와의 전쟁'에서 미국은 아직 결정적인 승리를 거두지 못하고 있다. '공식적인' 승리 선언에도 불구하고 미국은 아직 아프가니스탄, 이라크에서 완전히 발을 빼지 못하고 있다. 이란과 북한은 미국의 위협에도 아랑곳하지 않고 위험한 행보를 계속하고 있다. '테러와의 전쟁'에 대한 국내외 여론도 급격히 나빠지고 있을 뿐 아니라 지나치게 공격적인 미국의 태도를 비난하는 여론이 오히려 높아지고 있다.

무엇보다 9·11 사태가 몰고 온 정신적 충격이 아직 완전히 가시지 않고 있다. 그렇지 않아도 오랜 경기 침체와 국력 쇠퇴로 실의에 빠져 있던 미국인들에게 9·11 사태는 절망적 좌절감을 안겨주기에 충분했다. 20여 년의 세월이 지났지만 9·11 사태는 아직도 미국인들의 삶과 생각에 어두운 그늘을 드리우고 있다.

9·11 사태는 분명 현대 미국사의 가장 충격적 사건 가운데 하나다. 그러나 이의 역사적 의미를 지금은 다 알 수가 없다. 자본주의와 미국에 비판적인 사회학자 월러스틴은 "세계무역센터와 함께 미국과 자본주의도 무너져 내렸다"면서 9·11 사건을 자본주의와 미국 패권의 종식을 알리는 하나의

상징으로 받아들였다. 《문명충돌론》의 저자 새뮤얼 헌팅턴에게 9·11 사건은 본격적인 '문명 충돌'의 시작처럼 보였을지 모른다. 그런가 하면 9·11 사건 자체는 비극이지만 오히려 이것이 미국에게는 새로운 패권적 질서 구축의 기회가 될 수 있다는 주장도 있었다. 물론 아직까지 이런 주장을 하는 사람들은 그리 많지 않다.

분명한 것은 '문명의 충돌'까지는 아니더라도 9·11 사태는 최소한 앞으로 벌어질 미국과 이슬람 세계의 갈등, 그리고 중동에서의 위험한 사태 발전을 암시한다. 9·11 사태가 수십 년에 걸친 미국의 친이스라엘적 중동 정책에 대한 반발과 불만에서 비롯된 것이므로 미국이 전반적으로 정책을 수정하지 않는 한 앞으로 중동에서는 미국에 도전하는 위험한 소요 사태와 전쟁의 불안한 상황이 조성될 가능성이 매우 높다. 이것이 미국에 대한 또 다른 테러 시도로 이어지지 않으리라는 보장은 어디에도 없다.

또 하나 말할 수 있는 것은 9·11 사태 이후 벌여온 '테러와의 전쟁'에서 미국이 결국 패배할 가능성이 매우 높다는 것이다. 분명 미국은 '테러와의 전쟁'이라는 이름으로 각국을 이 전쟁에 끌어들이고 이를 통해 미국의 위상과 지배력을 강화하려는 복안을 가지고 있었다. 그러나 이후의 사태 진전에서 볼 수 있듯이 미국은 그런 능력을 이미 상당 부분 상실한 것처럼 보인다. 한때 세계 경제력과 군사력의 절반을 호령했던 그 미국이 아닌 것이다. 이 어쩔 수 없는 현실을 어떻게 받아들이느냐에 바로 미국의 미래가 달려 있다고 해도 과언은 아닐 것이다.

흑인 대통령의 탄생:
오마바 대통령 당선
(2008년)

그때 세계는 –
2008년 한국, 숭례문 화재로 전소
2008년 서브프라임 모기지 사태 발생

　2008년 미국 대통령 선거는 여러 가지 면에서 미국사의 한 획을 긋는 중요한 사건이었다. 물론 가장 눈에 띄는 것은 미국 역사상 처음으로 흑인이 대통령에 당선된 것이다. 지금까지 미국의 대통령은 모두 이른바 와스프(WASP, White Anglo-Saxon Protestant)로 불리는 부자 백인 계층 출신이었다. 한 사람도 예외 없이 모두가 백인이었고 개신교 이외에 다른 종교를 가졌던 사람도 존 F. 케네디 대통령이 유일했다(케네디는 가톨릭 신자였다). 2008년 선거에서 당선된 버락 오바마는 흑인이면서 가난한 집안 출신에 비기독교적 색채가 강한 인물이었다. 이 점에서 2008년 대통령 선거는 대통령의 '자격'에 관한 미국의 관행적 생각을 송두리째 뒤엎은 일대 사건이었다.

　그러나 이 선거의 진정한 중요성은 흑인이 대통령이 되었다고 하는 단순한 사실에 그치는 것이 아니다. 오바마의 대통령 당선은 흑인이 대통령이 될 수 있을 만큼 미국이 변했고 동시에 이를 통해 미국 사회가 다시 뭔가 새로운 변화를 모색하고 있음을 보여주는 증거로 보아야 한다. 또는 이런 극적인 대안을 모색하지 않으면 안 될 만큼 미국이 중대한 상황, 중대한 기로에 서 있음을 반증하는 것이기도 하다.

버락 오바마는 1961년 하와이 호놀룰루에서 태어났다. 아버지는 케냐 출신의 유학생, 어머니는 캔자스 출신의 백인으로 같은 학교에 다니던 학생이었다. 사랑에 빠져 결혼하고 잠시 행복한 생활을 하기도 했지만 이들은 곧 이혼했고 학업을 마친 아버지는 고국으로 돌아갔다. 이들 사이에 태어난 오바마는 이후 주로 어머니와 외조부모 밑에서 자랐다.

오바마의 어린 시절은 평범했다. 인도네시아 출신 유학생과 재혼한 어머니를 따라 잠시 인도네시아에 가 살다가 10살 때 다시 하와이로 돌아왔다. 가끔 술도 마시고 공부에는 별로 관심이 없던 '평범한' 청소년기를 보내고 1979년 로스앤젤레스 소재 옥시덴탈 칼리지에 진학했다가 1981년 뉴욕 컬럼비아 대학으로 옮겨 국제관계학을 공부했다. 그의 말을 빌면 "정체성에 혼란을 느끼며" 삶의 목표도 없이 방황하던 시절이었다.

그의 인생에 전기가 찾아 온 것은 1985년 '지역발전프로젝트'(DCP)라는 시카고의 작은 시민 운동 단체 책임자로 부임 이후부터였다. 빈민층을 대상으로 직업 교육, 청소년 무료 교육, 세입자 권리 보호 활동을 벌이는 단체였는데, 여기서의 활동을 통해 그는 비로소 사회 의식에 눈을 뜨고 삶의 뚜렷한 목표를 갖게 된다. 1989년 하버드 법학 대학원에 입학하여 1991년에 우수한 성적으로 졸업했다. 재학 중 그는 흑인으로는 처음으로 하버드 법학 대학원에서 발간하는 〈하버드 법률 리뷰〉 편집장에 임명되었다. 버락 오바마라는 이름이 전국적으로 알려진 것도 이를 통해서였다.

졸업 후 오바마는 시카고로 돌아왔다. 시카고 대학에서 법학을 가르치는 한편 그전부터 해왔던 인권 운동도 계속했다. 특히 심혈을 기울였던 것은 흑인 참정권 운동이었다. 이를 통해 그는 인권 변호사로 지역에서 확고한 지위와 명성을 얻었다. 이렇게 쌓은 명성을 기반으로 1996년 일리노이주 상원의원에 출마하여 당선되었고, 이후 그의 정치적 행보는 거칠 것이 없었다. 2004년 연방 상원의원에 출마하여 70%의 압도적 지지로 당선되었다. 이때 이미 그는 민주당의 거물 정치인이 되어 있었다. 그리고 마침내 4년 후 대통령에 출마하여 수많은 경쟁자들을 물리치고 47세의 젊은 나이에 제44대 미국 대통령에 당선된 것이다.

오바마가 흑인이라는 결정적 불리함을 딛고 대통령 선거에서 승리할 수 있었던 데에는 여러 가지 이유가 있다. 우선 2001년 9·11 사태 이후 미국이 처해 온 곤경, 특히 이라크와의 전쟁이 장기화되고 경기 침체가 계속되는데 대해 국민들의 불만이 쌓여 있었고, 여기에 공화당이 상징하는 낡은 정치, 늙고 노회한 정치가들에 대해서도 국민들은 극도의 염증을 느끼고 있었다. 사람들은 뭔가 새로운 정치, 새로운 사회, 새로운 지도자를 갈망했다. 이런 상황에서 등장한 버락 오바마는 흑인이지만 젊고 자유분방하며 지극히 서민적인 모습으로 대중에게 다가왔다. 이라크 전쟁이 잘못되었고 미국 외교가 잘못된 방향으로 가고 있으며 복지, 경제, 교육 정책이 근본적으로 바뀌어야 함을 주장하면서 국민들에게 미국 사회가 지향해야 할 목표와 가치를 분명히 제시했다. 이를 위해 모든 국민이 인종과 계층을 뛰어넘어 화합할 것을 호소했다. 그의 대통령 후보 수락 연설인 '미국의 약속'은 흑인이 꿈꾸던 희망의 약속을 미국 보편의 가치로 승화시킨 명연설로, 전당대회에 운집한 민주당 당원들뿐만 아니라 텔레비전으로 이를 지켜본 수많은 사람들에게 큰 감동을 안겨주었다. 많은 미국인들, 특히 변화를 갈망하는 젊은 세대에 그가 흑인이라는 사실은 이제 조금도 문제가 되지 않았다. 오히려 이 젊은 정치가는 이제 마지막 남은 미국의 희망처럼 보였다.

물론 현실은 희망과는 다르다. 미국은 여전히 이라크에서 쉽게 발을 뺄 수 없었고 핵무기로 불장난을 계속하는 북한을 어떻게 할 수가 없었으며 경제도 기대했던 만큼 뚜렷이 나아지지 않았다. 그럼에도 불구하고 미국은 이 젊은 지도자와 함께 변화의 노력과 미래에 대한 희망의 끈을 놓지 않고 있다.

오바마의 등장은 어떤 점에서 오늘날 미국이 처한 급박한 현실을 상징하면서, 동시에 과거에 그랬던 것처럼 끊임없는 자기 변화와 혁신을 통해 어려운 시대를 헤쳐 나가는 미국의 힘을 보여주기도 한다. 물론 그에 대해서는 앞으로 역사적 평가가 달라질 수 있고, 여전히 미국 일부 주류 백인 사회 내에 강한 거부감이 있는 것도 사실이다. 그렇지만 그가 상징하는 진취적 사고, 변화를 두려워하지 않는 용기야말로 오늘의 미국을 있게 한 소중한 정신적 가치이며 미국의 미래를 밝히는 희망이기도 하다.

미국은 어디로 가는가:
미국의 미래는 어떻게 될까

미국은 어디로 가는가? 미국의 미래는 어떻게 될 것인가? 당연하지만 이 질문에 대한 최종적인 답변은 없다. 불확실성이야말로 미래의 본질이기 때문이다. 그렇지만 지금까지 이 질문에 대한 사람들의 의견은 대체로 비관적인 것처럼 보인다.

우선 1960년대 이후 미국의 상대적 국력, 특히 경제력이 약화되는 추세에 있다고 하는 데에는 의심의 여지가 없다. 이는 몇 가지 통계 숫자로 분명히 알 수가 있다. 1980년대 이후 미국은 무역적자와 재정적자라는 '쌍둥이 적자'에 시달려 오고 있다. 미국의 대외무역 적자는 기본적으로 미국 산업의 대외 경쟁력 약화에 따른 결과이다. 자동차, 철강, 조선, 섬유 같은 전통적 제조업 분야는 말할 것도 없고 전기전자 같은 첨단 산업 분야에서도 미국 기업들의 경쟁력은 눈에 띄게 약화되는 추세에 있다. 오늘날 미국이 확실히 경쟁력을 유지하고 있는 것은 항공우주, IT, 금융, 서비스 등 극히 일부 산업 분야에 불과하다. 그 결과 수출은 줄고 수입은 계속 증가하여 현재 미국의 대외무역은 매년 5천억 달러 이상의 적자를 기록하고 있다.

정부의 재정도 심각한 상황이다. 가계와 마찬가지로 정부의 살림도 기본적으로는 수입과 지출의 균형을 맞추는 것이 중요하다. 수입은 줄거나 그대로인데 지출이 자꾸 늘어난다면 가계나 정부 살림도 언젠가는 파산에 이르게 될 것이다. 지금 미국의 재정상황이 그렇다. 모자라는 돈을 빚을 내어(다시 말해 국채를 발행하여) 충당하다 보니 국가 부채가 눈덩이처럼 불어났다. 현재 미국의 누적 국가부채 규모는 10조 달러 이상으로 추정된다. 이는 미국의 1년 경제총생산에 거의 맞먹는 규모이다. 최악의 경우 미국 정부가 이 부채를 상환하지 못하는 '국가부도' 사태가 올 수도 있다.

미국의 재정이 이렇게 악화된 데에는 여러 이유가 있지만 가장 중요한 것은 바로 막대한 군사비 지출이다. 최근 수년간 미국의 군사비 지출은 연간 7천억 달러 이상, 전 세계 군사비 지출의 35~40%에 달하는 엄청난 규모다. 미국의 경제력 규모가 지난 50년 동안 전 세계의 40%에서 25%로 줄었음에도 불구하고 군사비 지출은 여전히 과거 '제국'의 수준을 유지한 채, 지금도 미국은 세계 곳곳에서 전쟁과 분쟁에 개입하고 있다. 이는 많은 사람들에게 '제국'으로서의 미국의 장래에 대한 심각한 우려를 낳고 있다. 현대의 유명한 역사학자 폴 케네디(Paul Kennedy)는 《제국의 흥망성쇠》라는 책에서, 역사상 모든 제국은 흥하는 것과 마찬가지로 망하는 것도 비슷한 과정을 거치게 된다고 주장한다. 곧 경제력은 급격히 쇠퇴하는데 비해 군사력은 축소되지 않고 이 불균형이 계속되어 한계 상황을 넘어서면 결국 파국이 오게 된다고 하는 것이다. 이런 시각에서 본다면 미국이라는 '제국'의 운명도 이제 쇠퇴의 길목에 들어섰다고 말할 수 있다.

이미 그런 징후는 곳곳에서 나타나고 있다. 오늘날 미국은 세계에 더 이상 압도적 패권국가나 제국이 아니다. 유럽연합, 중국, 일본이 경제적으로나 군사적으로 미국에 거의 대등한 수준으로 올라섰다. 특히 무섭게 성장하는 중국의 기세가 만만치 않다. 현재의 추세대로라면 빠르면 2030년 정도면 중국이 미국을 딛고 세계 최강대국의 지위에 올라설 것이란 분석도 있다. 이란, 북한 같은 제3세계의 이단아들이 미국의 패권에 공공연히 도전하는 일도 벌어지고 있다. 특히 '테러와의 전쟁' 이후 중동과 동유럽에서의 사태 전개는 앞으로 미국 외교에 지금까지 겪어 보지 못한 심각한 어려움을 안겨줄 것으로 예상된다.

미국이 겪는 어려움은 비단 대외 문제만이 아니다. 국내적 상황도 만만치가 않다. 경기침체에 따른 실업률 증가, 빈부 격차, 불법 이민, 범죄, 인종간 갈등의 문제가 심각하다. 특히 남미 스페인계 이민의 빠른 증가로 백인, 기독교로 상징되는 미국의 정체성 자체가 흔들리고 있다. 이미 많은 주에서 영어와 함께 스페인어가 공용어로 사용되고 있다. 스페인계를 비롯한 소수 민족 인구의 급격한 증가 추세로 볼 때 앞으로 수십 년 내에 미국에서 백인의 비율은 50% 밑으로 떨어지게 될 것으로 예상된다. 그것이 어떤 사회가 될지, 그 과정에서 어떤 혼란이 초래될지는 아무도 모른다. 극우 백인우월주의자 도널드 트럼프가 대통령에 당선되고 이후 미국이 심각한 사회 정치적 분열로 치닫는 상황을 지켜보면서 우리는 이미 이러한 우려가 어느 정도 현실이 되어 가고 있다는 느낌을 지울 수가 없다.

물론 미국의 미래에 대해서는 비관적인 전망만 있는 것은 아니다. 예를 들어 조셉 나이(Joseph Nye)라든지 심지어 위에서 언급한 폴 케네디조차 미국은 옛날 로마가 그랬듯이 세계의 패권 국가로서 당분간 그 지위를 유지할 것이라고 말한다. 우선 미국 국력의 퇴조는 사람들이 생각하는 것보다 훨씬 느리게 진행될 수 있다. 중국이 국력에서 이미 미국을 따라잡았다거나 곧 그럴 것이라는 전망은, 미국이 장기적으로 경기 침체를 벗어나지 못하는 반면 중국은 지난 몇십 년간의 가파른 경제성장을 이어갈 것이라는 가정 위에 서 있다. 그러나 중국이 앞으로 수십 년 동안 지금의 폭발적 경제성장세를 유지하기는 현실적으로 어려울 것이다. 미국의 경제성장률 전망을 조금만 올리고 중국은 조금만 내려도 중국이 미국을 따라잡는 데에는 지금 예측보다 더 많은 시간이 걸릴 수 있다. 중국의 정치적 혼란이나 내부 분열 같은 최악의 경우까지 고려한다면 중국은 영원히 미국을 따라잡을 수 없을지도 모른다.

다른 하나는 미국이 지닌 '무형'의 자산, 곧 GNP나 군사력만으로는 따질 수 없는 '소프트파워'에 대한 믿음이다. 미국의 소프트파워는 자유, 인권, 민주주의, '명백한 천명' 같은 이념적 요소일 수도 있고, 개척정신, 용기, 혁신과 같은 정신적 가치일 수도 있으며, 학문, 기술 같은 지식적 요소일 수도 있다.

이러한 무형적 자산은 눈에 보이지도 않고 그 가치를 계량화하기도 어렵다. 그러나 미국이 자랑하는 경제력이나 군사력도 결국은 이러한 정신적 자산의 기반 위에 이룩된 것이므로 어떤 의미에서 이는 눈에 보이는 유형의 자산보다 더 중요할 수도 있다.

예를 들어 지식을 소프트파워의 중요한 요소로 보고, 국가의 지식은 대학에 있다고 쉽게 가정해 보자. 권위 있는 세계 대학 평가 기관인 U.S. News and World Report의 2023년 자료에 따르면 전 세계 상위 20개 대학 중 15개, 50개 대학 중 25개, 100개 대학 중 41개가 미국 대학이다. 이 정도면 적어도 대학(=국가지식)만을 놓고 볼 때 미국을 초강대국이 아니라 '초초강대국'이라 불러도 조금도 이상하지 않다.

이 뿐만이 아니다. 지금 세계의 정치와 경제는 미국이 전파한 현실주의와 자유주의 이론 그리고 이의 제도들에 의해 움직이고 있다. 집단안보를 구현하는 UN, 자유무역의 실현을 목표로 하는 세계무역기구(WTO), 세력균형의 원칙에 기반한 국제동맹체제 등이 그것이다. 이러한 규범과 제도들은 원래 미국이 강력한 힘으로, 자신의 이익을 위해 세계에 강요한 것이기는 하지만, 한 번 정착되면서 미국은 물리적 힘을 통하지 않고도 이를 통해 세계를 더욱 효과적으로 지배할 수 있었다. 로마 제국은 망했지만 로마의 법은 아직 살아 있는 것과 마찬가지로, 미국이 세계에 심어 놓은 '미국의 법'도 앞으로 오랜 기간 미국이 세계를 지배하고 세계에 영향력을 행사할 수 있는 중요한 수단이 될 것이다.

이처럼 혼란스러운 전망 속에서 우리는 미국의 장래에 대해 어떻게 말할 수 있을까? 지금 미국이 대내외적으로 매우 어려운 상황에 처해 있는 것은 부인하기 어렵다. 그러나 아마도 이것 때문에 미국이 아주 짧은 시간 내에 무너져 내리고 역사의 뒤안으로 사라지는 일은 없을 것이다. 지금까지 역사가 보여 주듯이 미국은 위기를 극복하여 번영을 이루고 온갖 다양한 이질적 요소들을 한 데 녹여 통일된 정체성을 만들어내는 특별한 능력을 가진 사회다. 미국 사회를 '용광로'(melting pot)에 비유하는 것이 그저 빈 말은 아니다. 내부적으로 수많은 분열적 요소들이 있고 이것이 미국 사회에 상당한 혼란

순위	대학	소재국가
1	Harvard University	미국
2	Massachusetts Institute of Technology (MIT)	미국
3	Stanford University	미국
4	University of California Berkeley	미국
5	University of Oxford	영국
6	University of Washington Seattle	미국
7	Columbia University	미국
8	University of Cambridge	영국
9	California Institute of Technology	미국
10	Johns Hopkins University	미국
11	Yale University	미국
12	University College London	영국
13	Imperial College London	영국
14	University of California Los Angeles	미국
15	University of Pennsylvania	미국
16	Princeton University	미국
17	University of California San Francisco	미국
18	University of Toronto	캐나다
19	University of Michigan	미국
20	University of California San Diego	미국

2022-23년 US News and World Report 세계 대학 평가순위

을 초래할 가능성은 있지만 미국은 이를 극복할 수 있는 소중한 역사적 경험을 가진 나라다.

미국은 여전히 세계의 초강대국으로서의 능력과 잠재력이 있고, 이의 패권적 지위를 유지하기 원한다. 그리고 어쩌면 세계가 이것을 원하고 있을지도 모른다. 싫든 좋든 패권 국가와 이의 패권적 질서가 무너지면 세계에 큰 혼란이 온다는 것이 인류의 역사적 경험이다. 더욱이 미국의 패권이 다른 경쟁국, 예를 들어 중국이나 러시아로 넘어간다면? 아마 대부분의 나라가 이보다는 차라리 미국이 그냥 패권 국가로 남아 있기를 바랄 것이다.

그렇지만 미국과 세계의 이러한 희망에도 불구하고 최근의 흐름으로 볼 때 미국의 대외적 힘과 위상은 어쩔 수 없이 앞으로도 계속 약화될 가능성이 높다. 현재의 추세가 지속된다면 수십 년 내 미국이 세계 유일의 초강대국으로서의 지위를 상실하고 중국, 유럽과 더불어 그저 하나의 '강대국'으로 전

락할 가능성마저 있다. 이러한 변화의 과정에 수많은 시행착오가 있을 수 있고 그것이 미국의 상대적 쇠퇴를 조금 앞당기거나 늦출 수 있다. 잘만 하면 미국의 리더십이 유지된 채 미국을 중심으로 하는 새로운 전 지구적 협조체제가 탄생할 수도 있다. 반대로 미국이 과거의 패권적 사고와 전략을 고집한다면 미국의 쇠퇴는 오히려 가속화되고 세계는 혼란과 분열로 치닫게 될 것이다. 그 때 미국에 남는 유일한 대안은 아마도 대외적 관계에서 전면적으로 발을 빼고 자신의 울타리 안으로 들어가는 '신고립주의'가 될 가능성이 높다. 미국을 위해서나 세계를 위해서 이는 결코 반가운 소식은 아닐 것이다.

미국이냐, 중국이냐 – 당신의 선택은?

국가명	중국 선호	미국 선호
일본	8	81
필리핀	12	77
스웨덴	14	76
대한민국	11	73
호주	14	72
캐나다	15	71
네덜란드	16	71
폴란드	6	68
영국	17	67
이스라엘	13	65
프랑스	21	65
케냐	30	65
스페인	26	63
독일	19	58
나이지리아	36	55
브라질	28	51
멕시코	41	48
그리스	26	46
남아공	38	45
헝가리	9	45
인도네시아	22	43
이탈리아	17	37
아르헨티나	35	33
튀니지	64	26
러시아	35	13
평균	19	63
미국	6	88

세계적 여론조사기관 Pew 연구소(Pew Research Center)의 조사결과에 따르면, '세계의 리더로 미국과 중국 중 누구를 선호하는가?'라는 질문에 대부분 나라에서 사람들은 압도적으로 미국을 선택했다. 한국과 일본은 그 중에서도 미국에 대한 선호도가 특히 높은 나라에 속한다.

∷ 미국사 연표

1873	금융공황으로 뉴욕거래소 일시 폐쇄
1875	하와이와 호혜통상조약
1876	벨, 전화 발명
1877	남북전쟁 후 재건시대 종료
1880	철도 대건설시대
1881	미국 · 캐나다 노동조합연합 결성
1882	록펠러에 의한 석유 트러스트 성립,
	중국 이민 금지법의 성립
1885	외인 노동계약법 제정
1886	노동총연맹(AFL) 성립
1887	하와이로부터 진주만 사용권 획득
1889 - 93	해리슨(공화당) 대통령 취임
1889 - 90	제1회 범아메리카회의 개최
1890	셔먼 독점 금지법과 매킨리 관세법 성립
1892	인민당 성립,
	스탠더드 석유 트러스트 해산 명령,
	게리의 중국인 배척법 성립,
	홈 스테드 철강파업(홈 스테드 학살 사건)
	:철강노동조합과 카네기 제강의 쟁의
1893	하와이 혁명
1894	하와이 공화국 성립
1897 - 01	매킨리(공화당) 대통령 취임
1897	미국 · 하와이 합병조약 조인
1898	미국 · 스페인 전쟁 발발
	:미국의 승리로 파리조약에서 종결,
	쿠바 독립, 하와이 병합
1899	미 국무장관 헤이, 영 · 독 · 러에
	청국의 문호개방 각서 통고
1900	금본위제 채택,
	헤이 · 폰스포트 조약
	:파나마 운하의 건설 및 관리에서
	영국이 미국에 자유 재량권을 부여
1901	모건 철강 트러스트:US스틸 사 성립,
	매킨리 암살, 루스벨트 부통령 승계
1903	파나마 운하지대 영구조차,
	라이트 형제 비행기 발명,

1903	포드 자동차 설립
1905	생 도밍그, 미국의 보호령이 됨
1908	제1회 범아메리카 과학자회의,
	미 · 일 신사협정 체결, 일본인 이민 제한
1909 - 13	태프트 대통령 취임
1909	미 · 콜롬비아 협약 조인
1910	루스벨트 '뉴 내셔널리즘' 발표
1911	독점 금지법에 의해 스탠더드 석유회사
	및 아메리카 연초회사에 해산 명령
1912	진보당 결성
1913 - 21	윌슨 대통령 취임
1913	언더우드 관세법 성립
1914	제1차 세계대전에 중립 선언,
	클레이턴 독점 금지법 성립
1915	미 · 아이티 조약 조인, 아이티 점령
1916	멕시코와 군사 충돌
1917	독일과 단교 :독일에 선전포고,
	징병제 실시
1918	윌슨, 14개조 강령 발표
	:최혜국조약의 전폐 선언
1919 - 20	철강 대파업
1919	공산당 결성
1920	사코와 반제티 사건,
	부인 참정권 의결
1921 - 23	하딩 대통령 취임
1921	오스트리아와 단독 강화,
	워싱턴 군축회의 개최
1923	하딩 사망, 쿨리지 부통령 승계
1924	일본인 배척 이민법
1927	팬암 항공회사 설립,
	린드버그, 대서양횡단 비행 성공
1929 - 33	후버(공화당) 대통령 취임
1929	암흑의 목요일 :뉴욕 주가 대폭락,
	경제 대공황 시작
1930	스무트 할리 관세법 성립
1931	후버 대통령, 모라토리움 선언

1932	부흥금융법 성립 : 공황 대책,	1950	매카시 선풍,
	대영제국 경제회의 개최		트루먼, 한국 전쟁에 군대 파견 명령,
1933-45	루스벨트(민주당) 대통령 취임		로젠버그, 원자력 스파이 용의자로 체포
1933	뉴딜 정책 성립, 농업조정법(AAA) 제정,	1951	샌프란시스코 강화 조약,
	테네시 유역개발(TVA) 성립,		미·일 안전보장조약 조인,
	소연방 승인		독일과 전쟁 상태 종결 선언
1934	쿠바 독립 승인, 미군 아이티 철수	1952	수소폭탄 실험
1935	와그너 노동법 제정	1953-61	아이젠하워 대통령 취임
1937	일본에 대한 금수 조치	1954	비키니 환초 수소폭탄 실험,
1938	공정노동표준법 성립,		공산당 통제법 성립,
	미주 각국 상호불가침 승인		미·중 상호방위 조약
1939	미·일 통상조약 파기 통고,	1955	월남에 직접 원조 개시
	무기 수출 금지 국가 비상 사태 선언	1956	덜레스 국무장관 '극단 정책' 발표
1940	루스벨트, 노변 담화 발표	1957	신중동정책(아이젠하워 독트린) 발표,
	:"미국이 민주주의의 병기창이 되겠다"		바그다드 조약기구 군사위원회 참가,
1941	미국·파나마 방위협정 조인,		지하 핵실험, 대륙간 탄도탄 실험 성공,
	미·소 경제원조협정 체결,		흑인의 투표권 보장
	루스벨트·처칠의 대서양헌장,	1958	미·소 문화교류협정 조인,
	일본군, 진주만 공격,		인공위성 익스플로러 제1호 발사,
	독일·이탈리아와 미국 개전		레바논 파병
1942	맥아더, 서남태평양 연합합동사령관 취임	1959	철강 파업,
1943	탄광 노동자 파업,		소련 서기장 흐루시초프 미국 방문,
	연합국난민구제기구(UNRRA) 설립,		하와이, 미국의 50번째 주 확정
	브레튼우즈 회의	1960	미·일 안보조약 조인,
1944	모겐소 안 공표 : 독일에 대한 전후처리안		쿠바 수출 금지
1945	미·영·소 얄타회담 개최,	1961-63	케네디 대통령 취임
	루스벨트 사망, 부통령 트루먼 승계,	1961	핵실험 재개 발표
	샌프란시스코 회의,	1962	대(對) 쿠바 전면 금수,
	유엔헌장 성립,		메레디스 사건,
	일본에 원폭 투하		해상봉쇄령(10월),
1947	마셜, 국무장관 취임, 캐나다와 군사협정,		해상봉쇄령 해제(11월)
	트루먼 독트린 발표, 마셜 플랜 발표	1963	인종 차별 반대 흑인시위 시작
1948	마셜 플랜에 의한 대외원조법 성립,		케네디 암살, 존슨 부통령 승계
	보고타 헌장(미주 기구 성립)	1964	신공민권법 성립
1949	트루먼, 페어딜 정책 발표,	1965	공군, 월맹 폭격 개시,
	국무장관 애치슨 취임, 파나마와 단교		워싱턴에서 정전 요구 시위

1966	하원 대외활동위	1975	빌 게이츠, 마이크로소프트 사 창립
	베트남 반전운동 청문회 실시	1976	다국적기업 부정헌금문제 발생,
1967	흑인 폭동, 워싱턴 반전 대집회		미·소 어업협정 조인,
1968	푸에블로호 사건, 킹 목사 피살,		스티브 잡스와 스티브 워즈니악,
	흑인폭동 속발, 비상 사태 선언,		애플 컴퓨터 창립
	핵확산 방지조약 조인	1977	한국 전쟁 비밀 문서 공개,
1969-74	닉슨 대통령 취임		파나마 운하 신조약 조인
1969	우주선 아폴로 11호 발사,	1979	미·국 국교 정상화,
	대대적인 베트남전 반대 시위		미·소 SALT II 기본 합의 도달,
1970	닉슨 대통령 평화 3개 원칙 발표,		미 대사관 직원 인질로 이란 억류
	반전시위 도중 학생 4명 사살됨	1980	소련의 아프가니스탄 침공에 미국 항의
1971	상원, 18세 이상 남녀의 선거권을	1981-89	레이건 대통령 취임
	부여하는 헌법수정안 가결,	1981	이란 인질 사건 해결,
	우주선 아폴로 15호 발사		샌드라 오코너,
1972	닉슨 대통령 중국 방문,		여성 최초 미 연방대법원 판사 임명
	미·중국 평화 5원칙에 합의,	1982	레이건, 소련에
	닉슨 대통령 소련 방문,		제로옵션(O의 선택) 협상 촉구,
	〈워싱턴 포스트〉지가 미국 국방성의		미·소, 제네바에서
	월맹 교섭 비밀문서 폭로		전략무기감축협상(START) 개막
1973	워터게이트 재판 개시,	1983	미군 그라나다 침공, 유네스코 탈퇴
	베트남 평화협정 조인,	1984	베이루트에서 미군 철수 시작,
	닉슨, 달러 10% 절하 발표,		민주당 대통령 후보 게리 하트 선풍,
	키신저, 신대서양헌장 제창,		LA 올림픽 개최,
	미·소 수뇌회담 개시,		레이건 대통령 재임
	키신저, 국무장관 지명	1985	레이건 대통령
1974	이집트와 7년 만에 국교 재개,		·고르바초프 소련 공산당 서기장,
	닉슨 대통령 탄핵 문제 심의 개시,		냉전 종식 선언
	닉슨 대통령 사임	1986	리비아 폭격 :경제 교류 전면 중단,
1974-77	포드 대통령 취임		우주왕복선 챌린저호 폭발 사고
1974	동독과 국교수립,	1987	'검은 월요일' :주가 대폭락
	일·미·영·서독·불	1989	파나마 전쟁 개시
	5개국 외무·경제장관회의 개최,	1990	미·영·불·소 4개국의
	포드, 소련과 SALT 장기협정 체결		2+4 통독회의 개최
1975	포드, 대불황·에너지·인플레 대책으로	1991	부시·고르바초프 전략무기 감축협정,
	감세, 석유 수입 부가세 신설 등을 발표,		1차 걸프전 발발
	신태평양 독트린 발표	1992	LA 흑인 폭동

1993 –2001	클린턴 대통령 취임
1994	공화당, 40년 만에 의회 다수당으로 집권
	아이티 침공, 북 · 미 3단계 회담 타결,
	O. J. 심슨 사건 발생
1995	오클라호마 연방 건물 폭발 사건
1998	연방준비은행 세제 개혁,
	래리 페이지와 세르게이 브린, 구글 창립
1999	클린턴 대통령 기소 무죄 판정
2000	부시 대통령 당선
	:투표 표결 분쟁 덕에 근소한 차로 승리
2001–09	부시 대통령 취임
2001	9. 11 사태 발생
2003	다국적군, 이라크 침공(2차 걸프전),
	사담 후세인 생포
2004	디스커버리호 귀환 중 폭발,
	마크 주커버그, 페이스북 창립
2005	허리케인 카트리나 뉴올리언스 강타
2006	북한, 핵실험 강행,
	사담 후세인 사형 집행
2007	버지니아 공대 총격 사건,
	서브 프라임 모기지 사태,
	애플 사, 아이폰 출시
2008	오바마, 대통령 당선
	:미국 첫 흑인 대통령 탄생
2009–17	오바마 대통령 취임
2011	마지막 우주왕복선 아틀란티스호 귀환,
	NASA 우주 프로그램 마감,
	애플 사 CEO 스티브 잡스 사망
2017–21	트럼프 대통령 취임
2021–	바이든 대통령 취임

∷ 참고문헌과 자료

미국의 역사에 관한 책이나 자료는 너무 방대해서 일목요연하게 정리하는 것이 거의 불가능하다. 아래 제시한 목록은 이 책을 집필하는 데 있어 참고했거나 중요하다고 생각하는 일부 자료들을 정리한 것이며, 자료 선정에는 지극히 주관적인 견해가 들어 있음을 밝힌다. 또한 지은이의 관심이 주로 미국혁명기 정치 사상이므로 그 주제와 관련된 몇 권의 책도 더불어 소개한다. — 지은이

1. 미국 통사
_ 지금까지 출판된 미국 통사 가운데 가장 자세하고 권위 있는 저술은 페이지 스미스(Page Smith)의 《미국통사》(A People's History of the United States, McGraw Hill, 1976)가 꼽힌다. 총 8권으로 구성된 방대한 분량이다. 단행본으로는 유명한 옥스퍼드 역사 시리즈 중 하나인 《옥스퍼드 미국사》(The Oxford Companion to Unites States History)를 추천한다. 미국 대학에서 교재로 가장 많이 쓰이는 책은 마크 칸스(Mark Carnes)(외 1인)의 《미국사》(The American Nation: A History of the United States), 데이비드 케네디(David Kennedy)(외)의 《미국사의 명장면》(The American Pageant: A History of the Republic), 그리고 로버트 디바인(Robert Divine)(외)의 《미국의 과거와 현재》(America Past and Present) 등이 있다.

_ 하워드 진(Howard Zinn)의 《미국 민중사》(A People's History of the United States, 1492-Present)는 수정주의적 또는 민중적 시각에서 바라본 미국 통사로서, 1980년 초판이 나온 이후 지금까지 100만 부 이상이 팔린 명저다. 이 책의 시각과 역사 해석에 대해서는 아직까지도 격렬한 논쟁이 계속되고 있지만 대부분의 미국 중고교, 대학의 미국사 강의에서는 반드시 읽어야 할 책 가운데 하나로 제시되고 있다.

_ 명확히 보수 또는 애국적 시각에서 쓴 미국사도 있다. 래리 슈와이카트(Larry Schweikart)(외)의 《애국자가 쓴 미국사》(A Patriot's History of the United States: From Columbus's Great Discovery to the War on Terror)(2007)가 대표적이다.

_ 미국 정부에서 펴낸 '공식' 미국사로는 《미국역사의 대강》(Outline of U.S. History)(http://www.america.gov/media/pdf/books/historytln.pdf#popup)이 비교적 자세하다. 온라인으로 전문을 읽어볼 수 있다.

2. 식민지사와 미국혁명사
_ 찰스 비어드(Charles Beard)가 쓴 《미국헌법의 경제적 해석》(An Economic Interpretation of the Co nstitution of The United States)은 미국헌법에 대한 자유주의적 시각에서의 전통적 해석을 거부하고, 미국헌법이 기본적으로 부자들이 가난한 대중들로부터 재산을 지키기 위해 고안한 제도라고 주장한다. 미국헌법에 대한 수정주의적 해석의 고전이다. 같은 맥락에서 최근 출판된 테리 부턴(Terry Bouton)의 《민주주의 길들이기》(Taming Democracy, Oxford University Press, 2007)는 미국헌법의 반민주주의적 성격을 논구한 주목할 만한 책이다.

_ 《연방주의자 논집》(Federalist Papers)은 매디슨(James Madison) 등 세 명의 연방주의자들이 쓴 미국헌법 옹호론으로 미국헌법의 정신과 원리를 이해하는 데 반드시 읽어야 할 책이다. 이에 대한 반연방주의자들의 반론을 묶은 책이 《반연방주의자 논집》(Anti-Federalist Papers)이다.

_ 프랑스 사상가 알렉시 드 토크빌(Alexis de Tocqueville)이 쓴 《미국의 민주주의》(Democracy in America)는 지은이가 1820년대 미국을 여행하면서 쓴 미국 사회와 정치에 대한 비평이다. 단순한 견문록에 그치지 않고 미국식 민주주의의 제도와 원리에 대한 심오한 사상적 고찰이 포함되어 있다.

_ 고든 우드(Gordon Wood)가 쓴《미국혁명의 급진주의》(Radicalism of American Revolution),버나드 베일린(Bernard Bailyn)의《미국혁명의 이데올로기적 기원》(The Ideological Origins of the American Revolution), 존 포콕(John Pocock)의《마키아벨리의 전환》(The Machiavellian Moment)은 미국혁명의 공화적 성격과 전통을 논구한 중요한 학문적 업적들이다. 우드는 이 책 외에도 혁명기 미국사상사에 관한 다수의 책을 썼다.

_ 나다니엘 필브릭(Nathaniel Philbrick)의《메이플라워》(Mayflower: A Story of Courage, Community, and War), 존 미첨(Jon Meacham)의《미국의 복음》(American Gospel), 조셉 엘리스(Joseph Ellis)의 《건국의 형제들》(Founding Brothers)도 식민지 시대와 건국의 역사를 다룬 최근의 주목할 만한 업적들이다.

3. 자료집
_ 미국국립문서보관소(www.archives.gov)에 미국사에 관한 거의 모든 중요 1차 자료들이 체계적으로 정리되어 있다. 브루스 프로넨(Bruce Frohnen)이 편집한《미국공화국 1차 사료》(The American Republic - Primary Sources)는 혁명기 중요 문서와 사료를 발췌 수록하고 있다. 한국미국사학회에서 펴낸《사료로 읽는 미국사》(궁리, 2006)는 미국사의 가장 중요한 사료들을 간단한 소개와 함께 번역해 정리했다.

4. 인터넷 사이트
_ 다음 세 개의 인터넷 사이트에서 미국사와 관련된 다양한 문서, 사료, 학습 및 강의자료들을 구할 수 있다.
 · 미국국립문서보관소(www.archives.gov)
 · 히스토리 채널(http://www.history.com/shows/america-the-story-of-us)
 · 오하이오 애쉬랜드 대학의 미국사 프로젝트(TeachingAmericanHistory.org)

5. 영화와 소설
_ 〈하이눈〉(High Noon. 프레드 진네만 감독, 게리 쿠퍼 · 그레이스 켈리 주연)과 〈알라모〉(Alamo, 존 웨인 감독, 주연)는 서부 개척 시대를 다룬 서부 영화의 고전이다. 〈하이눈〉은 소재는 서부 개척 시대지만 1950년대 매카시즘에 대한 정치적 메시지를 담고 있다.

_ 대공황 시절 미국의 사회상을 다룬 존 스타인백 원작 소설을 토대로 만든 〈분노의 포도〉(Grapes of Wrath, 존 포드 감독, 헨리 폰다 주연), 쿠바 위기 사태를 다룬 〈13일〉(Thirteen Days), 1960년대 흑인 시민권 운동을 다룬 〈미시시피 버닝〉(Mississippi Burning, 앨런 파커 감독, 진 해크먼 주연), 현대 미국의 유명한 체제 비판 영화 감독 마이클 무어의 〈화씨 9.11〉(Fahrenheit 9.11), 〈자본주의 : 러브 스토리〉(Capitalism : A Love Story) 같은 영화들이 미국사와 현대 미국 사회를 이해하는 데 많은 도움을 준다.

_ 알렉스 헤일리의 소설《뿌리》(Roots)(1976)는 미국 흑인의 역사를 다룬 논픽션 소설로, 소설보다는 TV 시리즈로 제작되어 더 큰 반향을 불러일으켰다. 미국 텔레비전 역사상 가장 중요하고 영향력이 컸던 드라마 가운데 하나로 꼽힌다. 1985년 퓰리처 상을 받은 래리 맥머트리(Larry McMurtry)의 《외로운 비둘기》(Lonesome Dove)는 서부 개척 시대의 삶을 그린 소설로, 역시 TV 시리즈로 제작되어 높은 시청률을 기록했다. 〈초원의 집〉(Little House on the Prairie)은 미국 NBC 텔레비전이 1974~1983년에 방영한 19세기 한 서부 개척민 가족의 삶과 모험을 그린 TV 연속극이다. 미국 시청자들의 큰 인기를 끌었으며 한국에서도 방영되어 많은 사랑을 받았다.